21世纪全国高等院校物流专业创新型应用人才培养规划教材

逆 向 物 流

主　　编　甘卫华
副主编　曹文琴
参　　编　尹春建　李春芝
　　　　　吴志强

内容简介

本书选择逆向物流作为研究对象,以逆向物流的定义、设计、实施为主线展开描述讨论。本书共分 11 章,分别从逆向物流概述、理论基础;不同行业、不同产品的回收物流运作及设计;逆向物流运作模式决策及技术;各国逆向物流发展概览及展望 4 个部分对逆向物流涉及的理论、技术、方法及应用进行阐述分析。

本书主要内容面向本科生,部分内容面向研究生。本书既可作为高等院校物流工程、物流管理、企业管理、工商管理、电子商务等专业的教材,也可作为各类成人教育、企业人员培训教材,而且也是广大在企业和公司从事物流管理与工程人员的参考读物。

图书在版编目(CIP)数据

逆向物流/甘卫华主编. —北京:北京大学出版社,2012.1
(21 世纪全国高等院校物流专业创新型应用人才培养规划教材)
ISBN 978-7-301-19809-4

Ⅰ.①逆… Ⅱ.①甘… Ⅲ.①物流—物资管理—高等学校—教材 Ⅳ.①F252

中国版本图书馆 CIP 数据核字(2011)第 244730 号

书　　　名:	逆向物流
著作责任者:	甘卫华　主编
策 划 编 辑:	李　虎　刘　丽
责 任 编 辑:	刘　丽
标 准 书 号:	ISBN 978-7-301-19809-4/U·0064
出　版　者:	北京大学出版社
地　　　址:	北京市海淀区成府路 205 号　100871
网　　　址:	http://www.pup.cn　http://www.pup6.cn
电　　　话:	邮购部 62752015　发行部 62750672　编辑部 62750667　出版部 62754962
电 子 邮 箱:	pup_6@163.com
印　刷　者:	河北滦县鑫华书刊印刷厂
发　行　者:	北京大学出版社
经　销　者:	新华书店
	787 毫米×1092 毫米　16 开本　17.25 印张　392 千字
	2012 年 1 月第 1 版　2019 年 8 月第 4 次印刷
定　　　价:	33.00 元

未经许可,不得以任何方式复制或抄袭本书之部分或全部内容。
版权所有,侵权必究　　举报电话:010-62752024
　　　　　　　　　　　电子邮箱:fd@pup.pku.edu.cn

21世纪全国高等院校物流专业创新型应用人才培养规划教材
编写指导委员会

(按姓名拼音顺序)

主 任 委 员	齐二石			
副主任委员	白世贞	董千里	黄福华	李荷华
	王道平	王槐林	魏国辰	徐 琪
委 员	曹翠珍	柴庆春	丁小龙	甘卫华
	郝 海	阚功俭	李传荣	李学工
	李於洪	林丽华	柳雨霁	马建华
	孟祥茹	倪跃峰	乔志强	汪传雷
	王海刚	王汉新	王 侃	吴 健
	易伟义	于 英	张 军	张 浩
	张 潜	张旭辉	赵丽君	周晓晔

丛 书 总 序

物流业是商品经济和社会生产力发展到较高水平的产物，它是融合运输业、仓储业、货代业和信息业等的复合型服务产业，是国民经济的重要组成部分，涉及领域广，吸纳就业人数多，促进生产、拉动消费作用大，在促进产业结构调整、转变经济发展方式和增强国民经济竞争力等方面发挥着非常重要的作用。

随着我国经济的高速发展，物流专业在我国的发展很快，社会对物流专业人才需求逐年递增，尤其是对有一定理论基础、实践能力强的物流技术及管理人才的需求更加迫切。同时随着我国教学改革的不断深入以及毕业生就业市场的不断变化，以就业市场为导向，培养具备职业化特征的创新型应用人才已成为大多数高等院校物流专业的教学目标，从而对物流专业的课程体系以及教材建设都提出了新的要求。

为适应我国当前物流专业教育教学改革和教材建设的迫切需要，北京大学出版社联合全国多所高校教师共同合作编写出版了本套《21世纪全国高等院校物流专业创新型应用人才培养规划教材》。其宗旨是：立足现代物流业发展和相关从业人员的现实需要，强调理论与实践的有机结合，从"创新"和"应用"两个层面切入进行编写，力求涵盖现代物流专业研究和应用的主要领域，希望以此推进物流专业的理论发展和学科体系建设，并有助于提高我国物流业从业人员的专业素养和理论功底。

本系列教材按照物流专业规范、培养方案以及课程教学大纲的要求，合理定位，由长期在教学第一线从事教学工作的教师编写而成。教材立足于物流学科发展的需要，深入分析了物流专业学生现状及存在的问题，尝试探索了物流专业学生综合素质培养的途径，着重体现了"新思维、新理念、新能力"三个方面的特色。

1. 新思维

(1) 编写体例新颖。借鉴优秀教材特别是国外精品教材的写作思路、写作方法，图文并茂、清新活泼。

(2) 教学内容更新。充分展示了最新最近的知识以及教学改革成果，并且将未来的发展趋势和前沿资料以阅读材料的方式介绍给学生。

(3) 知识体系实用有效。着眼于学生就业所需的专业知识和操作技能，着重讲解应用型人才培养所需的内容和关键点，与就业市场结合，与时俱进，让学生学而有用，学而能用。

2. 新理念

(1) 以学生为本。站在学生的角度思考问题，考虑学生学习的动力，强调锻炼学生的思维能力以及运用知识解决问题的能力。

(2) 注重拓展学生的知识面。让学生能在学习到必要知识点的同时也对其他相关知识有所了解。

(3) 注重融入人文知识。将人文知识融入理论讲解，提高学生的人文素养。

3. 新能力

(1) 理论讲解简单实用。理论讲解简单化,注重讲解理论的来源、出处以及用处,不做过多的推导与介绍。

(2) 案例式教学。有机融入了最新的实例以及操作性较强的案例,并对案例进行有效的分析,着重培养学生的职业意识和职业能力。

(3) 重视实践环节。强化实际操作训练,加深学生对理论知识的理解。习题设计多样化,题型丰富,具备启发性,全方位考查学生对知识的掌握程度。

我们要感谢参加本系列教材编写和审稿的各位老师,他们为本系列教材的出版付出了大量卓有成效的辛勤劳动。由于编写时间紧、相互协调难度大等原因,本系列教材肯定还存在不足之处。我们相信,在各位老师的关心和帮助下,本系列教材一定能不断地改进和完善,并在我国物流专业的教学改革和课程体系建设中起到应有的促进作用。

齐二石
2009 年 10 月

齐二石 本系列教材编写指导委员会主任,博士、教授、博士生导师。天津大学管理学院院长,国务院学位委员会学科评议组成员,第五届国家 863/CIMS 主题专家,科技部信息化科技工程总体专家,中国机械工程学会工业工程分会理事长,教育部管理科学与工程教学指导委员会主任委员,是最早将物流概念引入中国和研究物流的专家之一。

前　言

人类社会发展至今，经济发展与资源短缺和环境恶化的矛盾日益深化，伴随着工业化发展，人类制造的废弃物的数量已经达到了令人触目惊心的地步。大量废旧物资的闲置，不仅造成资源的浪费，而且严重污染了大气、地下水、土壤。随着环保意识的不断提高和环境保护法规的日益严格，如何将大量废弃资源回收利用、变废为宝、化害为利、治理污染、改善环境，促进人与自然的和谐发展，就成为摆在人们面前的一个重大问题。

我国政府高度重视经济与环境的协调发展问题，将其作为一个基本国策。十六大报告提出了资源利用率显著提高的目标；十七大报告中提出了"建设生态文明，基本形成节约能源资源和保护生态环境的产业结构、增长方式、消费模式"，这是党代会的政治报告首次提出"生态文明"，是对科学发展、和谐发展理念的一次升华。

循环经济是人类21世纪实现可持续发展的经济模式。所谓循环经济，就是以能源的高效利用为目标，通过废弃物或废旧物资的循环再利用发展经济。循环经济的核心思想可归纳为两点：一是形成闭环的发展结构体系，使资源在经济循环中合理、高效的利用，促进资源节约和生态保护；二是遵循3R（减量化、再利用、再循环）原则指导下的物质循环，实现资源节约和综合利用。建设"两型"（资源节约型、环境友好型）社会的行动给现代物流的发展提供了良好的环境。

近十年来，国际学术界和企业开始逐渐重视逆向物流管理。Stock在1992年给美国物流管理协会（Concil of Logistics Management，CLM）的一份研究报告中最早提出"逆向物流"的概念。Kopicki在1993年提出了逆向物流的原则和实践，讨论了再利用和循环利用的机遇。20世纪90年代后期对逆向物流管理的研究逐渐深入。

我国对逆向物流管理的研究比较晚，有关逆向物流系统模型和优化的研究刚刚起步。近年来，我国相继制定了《循环经济促进法》、《缺陷汽车产品召回管理规定》、《药品召回管理办法》、《缺陷食品召回制度》、《资源综合利用条例》、《废旧家电及电子产品回收处理管理条例》、《废旧包装物回收利用管理办法》等专项法规。全新的资源环境观和经济观的演变，导致逆向物流进入了突破性发展阶段，循环经济下逆向物流系统构建的研究尤为迫切。

为了使读者能清晰地认识逆向物流，本书以逆向物流的定义、设计、实施为主线展开描述讨论，力图做到既有理论又有实践，通俗易懂，便于教师的教学和学生的学习。本书共分11章，第1章　逆向物流概述；第2章　逆向物流的理论基础；第3章　逆向物流系统设计；第4章　制造业领域回收物流运作；第5章　商业领域回收物流运作；第6章　包装物回收物流运作；第7章　再生资源回收物物流运作；第8章　废弃物物流运作；第9章　逆向物流运作模式决策；第10章　逆向物流技术；第11章　各国逆向物流发展概览及展望。

本书由甘卫华教授担任主编并负责审阅和统稿，曹文琴讲师担任副主编。其中，甘卫华教授编写第 1～3 章，曹文琴讲师编写第 4～7 章、第 9 章，尹春建副教授编写第 8 章，李春芝讲师编写第 10 章，吴志强副教授编写第 11 章。

本书在编写过程中，参考了许多著述和资料，特向这些作者表示由衷的感谢！华东交通大学朱雨薇、张婷婷、张倩、黄己酉、阮学云等研究生参与了资料的收集、整理及部分编写工作，对他们的帮助表示感谢！同时，本书的编写不仅得到江西省高教人文社科项目《基于循环经济的江西省逆向物流网络系统设计》（GL1114）、华东交通大学校立课题《基于循环经济的南昌市逆向物流网络系统设计》（JD10JD11）的支持，而且得到载运工具与装备教育部重点实验室资助，在此谨致衷心感谢！

本书特别适合作为高等院校物流专业的教材和参考书，也可供企业管理人员尤其是物流企业的业务人员学习和参考，并可作为普及物流知识的培训班和研讨会的培训教材。

由于逆向物流系统自身的复杂性以及在企业的应用中还处于初级阶段，关于逆向物流的理论和应用实践还都处于不断发展和完善中，由于编者水平所限，书中不足之处敬请广大读者批评指正！联系方式为 weihuagan@163.com。

编　者

2011 年 8 月

目 录

第1章 逆向物流概述 ... 1
1.1 逆向物流的内涵和构成 ... 2
1.1.1 逆向物流的内涵 ... 2
1.1.2 逆向物流的构成 ... 4
1.2 逆向物流的特点 ... 5
1.3 逆向物流发展的影响因素 ... 6
1.3.1 逆向物流发展的驱动因素 ... 6
1.3.2 逆向物流发展的阻碍因素 ... 11
1.4 逆向物流的分类 ... 12
1.4.1 按逆向物流形成原因不同分类 ... 12
1.4.2 按回流物品特征和回流流程不同分类 ... 13
1.4.3 按逆向物流的回收处理方式不同分类 ... 14
1.5 逆向物流的意义 ... 15
习题 ... 16

第2章 逆向物流的理论基础 ... 18
2.1 可持续发展理论 ... 19
2.1.1 可持续发展的内涵 ... 19
2.1.2 可持续发展的主要内容 ... 20
2.2 循环经济理论 ... 21
2.2.1 循环经济的内涵与原则 ... 21
2.2.2 循环经济的本质与目标 ... 24
2.3 绿色物流理论 ... 25
2.3.1 绿色物流的兴起 ... 25
2.3.2 绿色物流与传统物流的差异 ... 26
2.3.3 绿色物流系统 ... 27
2.4 全生命周期理论 ... 28
2.4.1 全生命周期的定义 ... 28
2.4.2 全生命周期的各个阶段 ... 29
2.4.3 企业的生命周期特征 ... 30
2.4.4 针对所处周期选择适当战略 ... 31
习题 ... 31

第3章 逆向物流系统设计 ... 34
3.1 逆向物流系统的功能与设计原则 ... 36
3.1.1 逆向物流系统的功能 ... 36
3.1.2 逆向物流系统设计的原则 ... 38
3.2 逆向物流系统的设计任务 ... 39
3.2.1 绿色供应链的提出 ... 39
3.2.2 绿色供应链的运作 ... 40
3.2.3 绿色供应链管理的要点 ... 42
3.3 逆向物流系统的业务流程分析 ... 42
3.3.1 逆向物流的业务流程 ... 42
3.3.2 逆向物流业务流程合理化 ... 45
3.3.3 逆向物流业务流程改进与简化的方法 ... 46
3.3.4 逆向物流技术流程 ... 47
3.4 逆向物流中的物流活动 ... 48
3.5 回收物流组织模式分析及网络结构设计 ... 50
3.5.1 物流组织模式的发展 ... 50
3.5.2 回收物流系统组织模式设计的理论依据 ... 52
3.5.3 回收物流组织的选择 ... 53
3.5.4 回收物流组织的定向及定位 ... 54
3.6 回收物流成本 ... 56
3.6.1 回收物流成本的构成 ... 56
3.6.2 回收物流成本核算的原则 ... 57
习题 ... 59

第4章 制造业领域回收物流运作 ... 61
4.1 生产者责任延伸制 ... 63
4.1.1 生产者责任延伸制的内涵 ... 63
4.1.2 生产者责任延伸制的责任内容 ... 64
4.1.3 生产者责任延伸制的实施 ... 65
4.2 产品召回 ... 67

4.2.1 召回概述 …………………… 67
　　4.2.2 召回中的逆向物流的特点 …… 71
　　4.2.3 产品召回管理 ………………… 73
　　4.2.4 召回运作的重点 ……………… 75
4.3 产品溯源 …………………………… 79
　　4.3.1 产品溯源概念的提出 ………… 79
　　4.3.2 产品追溯要求和方法 ………… 80
　　4.3.3 产品追溯特点 ………………… 80
4.4 再制造 ……………………………… 81
　　4.4.1 再制造概述 …………………… 81
　　4.4.2 再制造物流系统的特点 ……… 82
　　4.4.3 企业再制造物流网络
　　　　建立中存在的问题 …………… 83
　　4.4.4 建立有效的再制造物流
　　　　网络 …………………………… 85
习题 ……………………………………… 87

第5章 商业领域回收物流运作 ………… 90

5.1 商业领域的逆向物流 ……………… 92
　　5.1.1 商业退货逆向物流 …………… 92
　　5.1.2 商业领域实施逆向物流的
　　　　现实意义 ……………………… 93
　　5.1.3 退货种类与原因分析 ………… 95
　　5.1.4 退货逆向物流处置方式 ……… 96
　　5.1.5 连锁零售退货逆向物流的
　　　　流程 …………………………… 96
　　5.1.6 流通领域逆向物流模式
　　　　选择 …………………………… 97
5.2 电子商务环境中的退货物流 …… 100
　　5.2.1 电子商务基础知识 ………… 100
　　5.2.2 退货的驱动因素 …………… 102
　　5.2.3 电子商务退货物流的预防 … 103
　　5.2.4 退货物流运作 ……………… 104
5.3 国内外商业回收物流运作实例(逆向
　　物流反击战——飞利浦减少退货的
　　策略解读) ………………………… 106
习题 …………………………………… 109

第6章 包装物回收物流运作 …………… 112

6.1 包装物回收物流概述 …………… 114
　　6.1.1 包装和包装废弃物概述 …… 114
　　6.1.2 包装物回收的重要意义 …… 114
　　6.1.3 包装物回收的国内外发展
　　　　状况 ………………………… 115
　　6.1.4 包装物回收利用方法、
　　　　原则和回收方式 …………… 117

6.2 销售包装回收物流运作 ………… 119
　　6.2.1 销售包装回收的物流特点 … 119
　　6.2.2 德国销售包装回收运作 …… 121
　　6.2.3 法国 ECO-Emballages. S. A.
　　　　包装废弃物回收体系 ……… 123
6.3 储运包装回收物流运作 ………… 125
　　6.3.1 储运包装的分类和回收
　　　　物流特点 …………………… 125
　　6.3.2 托盘概述和托盘联营 ……… 125
　　6.3.3 托盘联营下托盘的流通
　　　　模式 ………………………… 127
　　6.3.4 托盘联营公司 ……………… 129
　　6.3.5 我国托盘联营的发展 ……… 130
6.4 绿色包装 ………………………… 132
　　6.4.1 绿色包装的含义 …………… 132
　　6.4.2 绿色包装的意义 …………… 133
　　6.4.3 绿色包装的实现途径 ……… 134
6.5 过度包装 ………………………… 135
习题 …………………………………… 138

第7章 再生资源回收物流运作 ………… 141

7.1 再生资源回收物流概述 ………… 143
　　7.1.1 再生资源回收的理解 ……… 143
　　7.1.2 再生资源回收的意义 ……… 143
7.2 再生资源回收物流的特点 ……… 144
7.3 国内外再生资源回收市场的
　　比较 ……………………………… 145
习题 …………………………………… 147

第8章 废弃物物流运作 ………………… 149

8.1 废弃物物流概述 ………………… 151
　　8.1.1 废弃物的概念 ……………… 151
　　8.1.2 废弃物物流的概念 ………… 152
　　8.1.3 废弃物物流的产生 ………… 153
　　8.1.4 废弃物物流的研究意义 …… 154
8.2 我国废弃物物流现状 …………… 155
8.3 废弃物物流运作 ………………… 156
　　8.3.1 医疗废弃物物流运作 ……… 156
　　8.3.2 餐饮废弃物物流运作 ……… 157
　　8.3.3 建筑废弃物物流运作 ……… 159
　　8.3.4 废旧电子产品物流运作 …… 161
8.4 国内外废弃物物流运作实践 …… 163
　　8.4.1 三种典型的废弃物治理
　　　　范式 ………………………… 163
　　8.4.2 国内废弃物治理范式 ……… 165
习题 …………………………………… 165

第 9 章　逆向物流运作模式决策 ……… 168

9.1 逆向物流自营模式 ……………… 170
　9.1.1 逆向物流自营模式机理 …… 170
　9.1.2 自营模式的优势 …………… 171
　9.1.3 废旧电子产品逆向物流的
　　　　自营模式缺点 ……………… 172
　9.1.4 逆向物流自营模式的适用
　　　　条件 ………………………… 173
9.2 逆向物流外包模式 ……………… 174
　9.2.1 逆向物流外包模式概述 …… 174
　9.2.2 逆向物流外包的优势 ……… 175
　9.2.3 逆向物流外包的风险 ……… 176
　9.2.4 逆向物流外包风险的防范
　　　　措施 ………………………… 178
　9.2.5 逆向物流外包模式的适用
　　　　条件 ………………………… 179
9.3 逆向物流联合运作模式 ………… 180
　9.3.1 逆向物流联合运作模式
　　　　概述 ………………………… 180
　9.3.2 逆向物流联合运作模式的
　　　　优势 ………………………… 180
　9.3.3 逆向物流联合运作模式的
　　　　缺点 ………………………… 181
　9.3.4 逆向物流联合运作模式的
　　　　适合条件及其应用 ………… 181
9.4 政府公共服务系统 ……………… 182
9.5 环保、绿色和平组或民众自发
　　回收行为 ………………………… 183
9.6 逆向物流运作模式的选择和绩效
　　评估 ……………………………… 184
　9.6.1 企业逆向物流主要三种
　　　　运作模式的比较 …………… 184
　9.6.2 影响逆向物流运作模式
　　　　选择的关键因素 …………… 185
9.7 逆向物流绩效评估 ……………… 187
习题 …………………………………… 190

第 10 章　逆向物流技术 ……………… 192

10.1 二维条码 ……………………… 194
　10.1.1 二维条码的起源与
　　　　　发展 ……………………… 194
　10.1.2 二维条码的特点 ………… 196
　10.1.3 二维条码的分类 ………… 199
　10.1.4 二维条码识读设备 ……… 201
10.2 电子监管码 …………………… 202
　10.2.1 电子监管码概述 ………… 202
　10.2.2 电子监管码的特征 ……… 203
　10.2.3 电子监管码与商品条码的
　　　　　区别 ……………………… 204
　10.2.4 电子监管网 ……………… 204
　10.2.5 电子监管码的管理
　　　　　要求 ……………………… 205
10.3 RFID 技术 …………………… 206
　10.3.1 射频技术概述 …………… 206
　10.3.2 RFID 技术的特点 ……… 207
　10.3.3 RFID 的基本原理和工作
　　　　　流程 ……………………… 208
　10.3.4 RFID 技术的应用 ……… 209
10.4 EPC ………………………… 213
　10.4.1 EPC 的发展背景 ………… 213
　10.4.2 EPC 的概念和技术
　　　　　特性 ……………………… 214
　10.4.3 EPC 系统的组成及工作
　　　　　流程 ……………………… 215
　10.4.4 EPC 与 RFID 及 EAN/UCC
　　　　　的关系 …………………… 218
10.5 逆向物流软件 ………………… 219
习题 …………………………………… 222

第 11 章　各国逆向物流发展概览及
　　　　　展望 ………………………… 225

11.1 美国逆向物流发展概览 ……… 226
11.2 欧盟逆向物流发展概览 ……… 228
　11.2.1 EAR 管理体系特点 …… 229
　11.2.2 回收模式 ………………… 229
11.3 日本逆向物流发展概览 ……… 230
11.4 我国逆向物流发展概览 ……… 231
11.5 逆向物流发展创新前景 ……… 235
　11.5.1 企业环境竞争力 ………… 235
　11.5.2 绿色 GDP ……………… 237
　11.5.3 国民幸福指数 …………… 239
习题 …………………………………… 240

附录 A　缺陷汽车产品召回管理规定 ……… 242

附录 B　药品召回管理办法 ……………… 248

附录 C　食品召回管理规定 ……………… 252

**附录 D　资源综合利用目录
　　　　（2003 年修订）** ……………… 257

参考文献 ……………………………… 260

第1章　逆向物流概述

【本章教学要点】

知识要点	掌握程度	相关知识	应用方向
逆向物流的内涵	重点掌握	物流	退货、召回、回收
逆向物流的特点	掌握	正向物流	垃圾处理
逆向物流发展的影响因素	了解	可持续发展	政策规制
逆向物流的价值与意义	熟悉	循环经济	资源的循环利用

逆向物流

知识架构

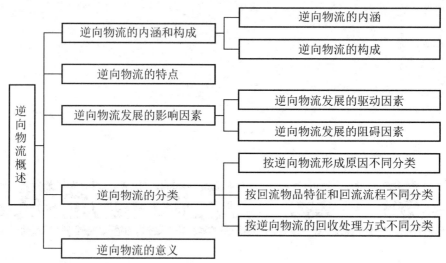

导入案例

购物袋的变化

资源紧缺和环境污染问题已成为制约全球经济发展的普遍性问题。从人们日常购物使用的购物袋可以发现各国对资源短缺和环境问题的日益重视。

我国已经从2008年6月1日起，在所有超市、商场、集贸市场实行塑料购物袋有偿使用制度。

法国人在超市免费购物袋醒目地印着一个大灯泡，下方写的是："请不要随地乱扔此袋，若把它放进垃圾箱得到回收后，可为一只60W的灯泡提供照明10min所需的能源。"从2010年1月1日起，法国在全国超市禁用无法降解的免费塑料袋，改用玉米淀粉等材料生产出来的可降解购物袋。

传统经济生活中的废品收购，如空桶、空瓶、废旧钢铁、纸张等的重复利用是一种司空见惯的社会生活现象，因此，服务于废品回收再用的逆向物流并不是什么新东西。过去十年中人们对环境保护的高度重视，使得逆向物流有了更广泛的对象，如耐用产品和耐久消费包装。后来，新的资源再生利用技术的研究与推广，使逆向物流不仅仅意味着成本的增加，而且由于它能带来资源节约所影响的经济效益、社会效益和环境效益的共同增加。

1.1 逆向物流的内涵和构成

1.1.1 逆向物流的内涵

20世纪80年代以来，随着产品更新换代速度的加快，被消费者淘汰、丢弃的物资日益增多。同时，社会对环保的日益关注，土地掩埋空间的减少和掩埋成本的增加，可利用的资源日益匮乏，引起了人们对物料循环再利用、循环再生、物料增值的日益重视，这就是逐渐受到关注的逆向物流。逆向物流作为物流活动的重要组成部分，早已存在于人们的经济活动中。但长期以来，学者和企业管理者更多关注的是产品的"正向"流动，即供应商-生产商-批发商-消费者，而对这些物品沿供应链的反向流动却不太关注。逆向物流和正向物流方向相反，而且总是相伴发生的（图1.1）。

图1.1　逆向物流和正向物流关系图

关于逆向物流内涵的说法有多种，为了表述方便，这里借助河流中水的运行趋势的顺流和逆流，把从最初的供应源"供应"到最终消费者的一切物质称为顺流物，从最终消费者"返回"到最初的供应源的一切物质称为逆流物。那么，正向物流就是对顺流物的处理，而逆向物流就是对逆流物的处理。

《中华人民共和国国家标准物流术语》（GB/T 18354—2006）对逆向物流下的定义如下。

逆向物流也称反向物流（Reverse Logistics），是指物品从供应链下游向上游的运动所引发的物流活动。

人们对逆向物流的认识经历了一个不断变化、不断发展的过程。

1981年，美国学者Douglas Lambert和James Stock最早提出了逆向物流的概念。他们将逆向物流描述为"与大多数货物正常流动方向相反的流动"。

1992年，美国物流管理协会（The Council of Logistics Management）首次正式给出了逆向物流的定义。

逆向物流是指在循环利用、废弃物处置和危险物质管理方面的物流活动，它广义上包括废弃物的源头削减、循环利用、替代利用及重新利用与处置等各方面与物流相关的一切活动。

1997年，逆向物流界的大师Moritz Fleischmann则认为"逆向物流是指市场中，从用户不能再使用的产品到可再用产品的整个物流活动。"他指出，逆向物流不但需要包含产品和物质的逆向运输，而且还需要有生产者将回收的物品转化为可使用产品的过程。

1998年，逆向物流方面的权威组织、非营利专业组织——美国逆向物流执行委员会（The Reverse Logistics Executive Council，RLEC）主席Rogers博士和Tibben-Lembke博士出版了逆向物流著作 *Going Backwards：Reverse Logistics Trends and Practices*。他们将逆向物流描述为"逆向物流是对原材料、加工库存品、产成品以及相关信息从起始地到消费地的高效率、低成本的流动而进行规划、实施和控制的过程，其目的是恢复物品价值或使其得到正确处置。"

美国物流管理协会2005年更名为美国供应链管理专业协会，该协会在其公布的《供应链词条术语2010年2月版（*Supply Chain Management Terms and Glossary Updated* February 2010）》中，对逆向物流进行了重新解释。

Reverse Logistics：A specialized segment of logistics focusing on the movement and management of products and resources after the sale and after delivery to the customer. Includes product returns for repair and/or credit.

逆向物流是指对售出及送达客户手中的产品和资源的回流所涉及的专业物流。它包含基于修理和信誉的产品回收。

欧洲各国历来非常重视环境问题，从包装容器的回收重新利用，到电子产品、机械产品的回收再利用，都通过立法强制规定了企业的责任。因此，欧洲的逆向物流发展具有与美国不同的特点。1998年，欧洲逆向物流工作委员会(The European Working Group on Reverse Logistics)对逆向物流的定义如下。

逆向物流是指原料、在制品及成品从制造厂、配送站或消费地向回收点或其他处置场所的流动而进行的规划、实施和控制的过程。

与 Rogers 和 Tibben – Lembke 给出的定义相比，该定义的范围更广。该定义强调，逆向物流的起点并非仅是消费地，还包括供应链上没被消费的剩余库存；另外，产品也不一定是被送回到它们的来源地，即逆向物流的终点可以是资源恢复链上的任何节点。例如，被回收的计算机芯片或集成电路板就不一定被返回到原来的供应链中，而是进入到了其他的产品链。

综上所述，虽然不同的学者对逆向物流的定义有不同表述，但其主要思想是一致的，概括起来主要包括以下4个方面的内容。

(1) 逆向物流的目的是重新获得废弃产品或有缺陷产品的使用价值，或是对最终的废弃物进行正确的处理。

(2) 逆向物流的流动对象是产品、用于产品运输的容器、包装材料及相关信息，将它们从供应链终点沿着供应链的渠道反向地流动到相应的各个节点。

(3) 逆向物流的活动包括对上述流动对象的回收、检测、分类、再制造和报废处理等活动。

(4) 尽管逆向物流是指物品的实体流动，但同正向物流一样，逆向物流中也伴随了资金流、信息流以及商流的流动。

1.1.2 逆向物流的构成

逆向物流由回收物流和废弃物流构成。逆向物流的物资中，一部分可回收并再生利用，称为再生资源，形成回收物流；另一部分在循环利用过程中，基本或完全丧失了使用价值，形成无法再利用的最终排泄物，即废弃物。废弃物经过处理后，返回自然界，形成废弃物流(图1.2)。

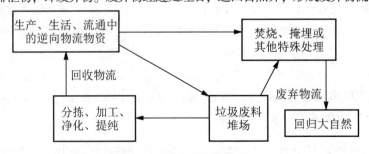

图1.2 逆向物流的构成

1.2 逆向物流的特点

逆向物流和正向物流方向相反,而且总是相伴发生的。逆向物流具有以下特点。

1. 输入的多元性

正向物流的原材料供应主要由供应商实现,而逆向物流的来源来自多方。

(1) 制造商,主要是生产过程中产生的次品和废品。

(2) 经销商,主要包括过量存货、过季存货以及有质量缺陷的产品。

(3) 消费者,主要指终端使用过的返回产品(End of Use,EOU)、报废产品(End of Life,EOL)等。

逆流物的分布广泛,对于某一企业而言,其产品可能针对某一区域或某一市场,这样数据收集起来相对容易。而逆流物的产生不可避免,即使是一定区域或特定市场的产品进入消费者手中以后,也会由于各种原因流通到不同的地区。

2. 产生的难以预见性

废弃和回收物流产生的时间、地点、数量是难以预见的。正向物流系统一般只涉及市场需求的不确定性,而逆向物流系统中的不确定性要高得多,不仅要考虑市场对再生产品需求的不确定性,而且还要考虑废品回收供给和处理的不确定性。逆向物流的不确定性可以大致分为两个方面:内部不确定性和外部不确定性。内部不确定性如产品质量水平、再制造的交货时间、处理的产出率等;外部不确定因素是指处理过程之外的因素,如逆流物返回的时间、数量和质量、需求的时间和水平等。这些将导致不稳定的库存、不准确的生产计划、市场竞争力的缺失等不确定性。

3. 发生地点的分散性

逆向物流可能产生于生产领域、流通领域或生活消费领域,涉及任何领域、任何部门、任何个人,在社会的每个角落都在日夜不停地发生。正是这种多元性使其具有分散性。而正向物流则不然,按量、准时和指定发货点是其基本要求。这是由于逆向物流发生的原因通常与产品的质量或数量的异常有关。

4. 预测的复杂性

由于逆流物是新产品或供应原材料的全部或一部分,那么对某一个产品而言是作为整体出售,只需对其需求进行预测即可。而该产品一旦解体或报废成为逆流物,就会产生一倍或几倍的逆流物种类或数量,这样需要对每一种逆向流物进行预测,就增加了预测的复杂性。

5. 价值的递减性

逆向物流具有价值递减性。即产品从消费者流向经销商或生产商,其中产生的一系列运输、仓储、处理等费用都会冲减回流产品的价值。即报废产品对于消费者而言,没有什么价值。

6. 喇叭形供应链结构

和前向供应链结构相反,逆向供应链是由多到少的结构,使用过的产品是逆向物流供应链的开始,众多产品的消费者都是逆向供应链的供应者,汇集到企业是逆向供应链的终点,所以表现为供应链从源到汇，从下游到上游，数量由多到少，呈现喇叭型（<）的结构。逆向物流产生的地点较为分散、无一定的规则且数量小，不能集中一次向接收地转移。

1.3 逆向物流发展的影响因素

对大多数企业来讲，在正向物流系统中创造并持续保持最佳的业务实践已经是非常艰巨的挑战了，而逆向物流是在原有物流业务上的一个拓展，更具难度性和不可知性，因此没有几家企业愿意全心全意地应对逆向物流的挑战。但是，通过对这个相对较新的逆向物流领域的机会和潜在意义的思考，企业可以占据领先竞争对手的地位。

图1.3是炼钢企业重视逆向物流和忽视逆向物流的两种结果。如果钢铁企业忽视逆向物流，在钢铁生产、使用、消费过程中，将产生空气污染、水污染、固体垃圾，导致人们生活在垃圾中；相反，炼钢企业重视逆向物流，进行回收废气净化处理、回收废水净化处理、分类回收固体垃圾，就会出现社会效益和经济效益双赢的局面。

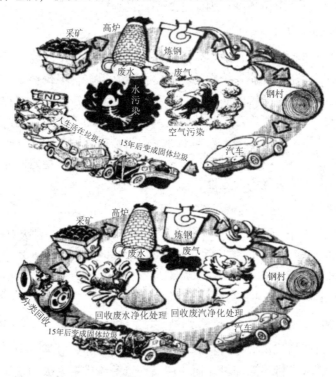

图1.3 钢铁生产消费使用不同处理方式的对比

1.3.1 逆向物流发展的驱动因素

研究逆向物流发展的驱动因素对于提高物流运作效率、及时发现问题、找到有效的管理手段具有重要意义。有不少知名企业将逆向物流纳入企业发展的战略规划中，如伊士曼柯达制造再生循环照相机、惠普和爱普生重复填充利用墨粉盒等。其他企业如通用汽车、IBM、3M、强生、雅诗兰黛等也纷纷开始发展逆向物流业务，使其成为提高企业竞争力、获得经济利益与社会效益的有效手段。

1. 政府立法

政府的环境立法有效地推动了企业对他们所制造产品的整个生命周期负责。顾客对全球气候变暖、温室效应和环境污染的关注也加深了这种趋势。在美国,过去几年中议会引入了超过 2 000 个固体废品的处理法案。1997 年,日本国会通过了强制回收某些物资的法案。

在欧洲,政府出台环境立法的力度更强大。为了减少垃圾掩埋法的废品处理方式,欧盟制定了包装和包装废品的指导性意见,并在欧盟成员中形成法律。意见中规定了减少、再利用和回收包装材料的方法,并根据供应链环节中不同成员的地位和相应的年营业额,提出了企业每年进行垃圾回收和产品再生的数量要求。法规的目的是使生产者共同承担产品责任。欧盟规定,到 2015 年 90%的汽车必须被重新利用或再生;汽车废弃物的填埋量不得超过 5%。欧盟还希望重新利用 75%的各类电池,并在 2008 年前逐渐取消含汞和镉的电池。对于年产包装材料 50t、每年营业额 500 万英镑的企业,英国政府强制要求他们登记并证实在 1998 年以前完成了物资的再生和回收工作。需要进行再生的物资有铝、玻璃、纸张、木料、塑料和钢铁。原材料制造商负 6%的责任、包装商负 11%的责任、包装食品生产厂例如罐头食品制造厂和备件生产厂负 36%的责任、销售给最终使用者的组织负 47%的责任。1998 年再生物资比例为 38%,2001 年上升到 52%。为了让垃圾制造者为污染问题付费,英国政府开征垃圾掩埋税,迫使企业改变处理废品的方法。荷兰则要求汽车制造商对所有废旧汽车实行再生(Recycling)。我国也于 2003 年出台并开始实施《电子垃圾回收利用法草案》,该草案明确规定制造商有义务对废旧产品回收再处理,其他相关法规和条例也将陆续出台。

积极的立法工作仅仅处于开始阶段,聪明的企业并没有消极地应对强制性法规的实行。他们正在为下一代的环境法案做准备,积极思考他们在产品管理上的地位、责任和机会。

2. 来自顾客的退货行为

任何企业,即使是包括全球 500 强在内的跨国公司,都会面临顾客的退货问题。由于经济发展朝着全球化方向运作,纯粹的本国制造和流通活动已少见,大规模的生产和配送运输及存储环节都会造成商品、半成品、原材料和零部件的缺陷和瑕疵,造成递送商品的错位等问题,这里不仅有人为因素,而且还受制于非人为因素。常见的退货包括以下几个方面的原因。

(1) 存在质量问题。

(2) 数量有偏误。

(3) 错误的递送对象等。

从零售终端来看,这种现象的比率较高,如顾客购买手机、DVD、VCD 影碟机等都可能出现正常退货的现象。逆向物流执行协会在一份调查中发现,1999 年全球圣诞节的顾客退货额高达 6 亿美元,2000 年圣诞节后的退货额则高达 10 亿美元。现代物料搬运杂志(*Modern Materials Handling Magazine*)提供的数据显示,2002 年退货额达到 110 亿美元。

3. 来自供应商的产品召回行为

产品召回(Product Recall)制度源于 20 世纪 60 年代的美国汽车行业,经过多年实践，美国、日本、欧洲、澳大利亚等国对缺陷汽车召回都已经形成了比较成熟的管理制度。在欧洲，许多欧盟成员国实施了专门的法律，要求制造商在知晓其产品存在缺陷后采取措施进行召回。2000年是世界汽车业界的"汽车召回年"。福特汽车中国有限公司、三菱汽车公司、瑞典沃尔沃、日本马自达、韩国现代下属的起亚公司、标致公司、戴姆勒－克莱斯勒公司以及通用汽车公司都相继宣布，因各种原因其各自生产的汽车或多或少都存在安全隐患，在全球召回汽车。近几年随着消费者地位的上升、消费者权益的增加，产品召回现象从最初的汽车、电脑行业迅速蔓延到手机、家电、日用品等各行业。为了维护企业的核心竞争力，企业需要通过有效的逆向物流管理来降低召回损失。

4. 日益缩短的产品生命周期

产品生命周期（Product Life Cycle）正在变得越来越短，这种现象在许多行业都变得非常明显，尤其是计算机行业和手机行业。新产品和升级换代产品以前所未有的速度推向市场，推动消费者更加频繁地购买。当消费者从更多的选择和功能中受益时，这种趋势也不可避免地导致了消费者使用更多不需要的产品，同时也带来了更多的包装、更多的退货和更多的浪费问题。因为缩短产品的生命周期而导致的由技术升级带来的产品淘汰，显著地增加了进入逆向物流的物资浪费以及管理成本。

5. 新的分销渠道

消费者可以更加便捷地通过新的分销渠道来购买商品。例如直销，直销电视购物网络和互联网的出现使商品直销成为可能。但是直销产品也增加了退货的可能性。要么是因为产品在运输过程中被损坏，要么是由于实际物品与在电视和网上看到的商品不同。直销渠道给逆向物流带来了压力。一般零售商的退货率是5%～10%，而通过产品目录和销售网络销售的产品的退货比例则高达35%。由于直销渠道面对的顾客是全球范围的，而不仅仅局限于本地、国内或者某一区域，退货物品管理的复杂性就会增加，管理成本也将上升。

6. 供应链中的力量转移

竞争的加剧和产品供应量的增加意味着买家在供应链中的地位提升。在美国，大多数返还给最上层供应商的商品（要么来源于消费者，要么是因为未售出）都被最初的供应商收回，由他们对这些产品进行再加工和处理。这种趋势在所有行业都有所发生，即便是航空业，也会要求供应商收回并处理不需要的包装物品。

7. 经济效益

经济效益也是企业开展逆向物流的主要驱动力，主要表现在以下几个方面。

1）通过逆向物流提高顾客满意度

在当今顾客驱动的经济环境下，顾客价值是决定企业生存和发展的关键因素。企业通过逆向物流可提高顾客对产品或服务的满意度，赢得顾客的信任，从而提高其竞争优势。对于最终顾客来说，逆向物流能够确保不符合订单要求的产品及时退货，有利于消除顾客的后顾之忧，增加其对企业的信任感及回头率，扩大企业的市场份额。如果一个公司要赢得顾客，就必须保证顾客在整个交易过程中心情舒畅，而逆向物流是达到这一目标的有效手段。国际知名的大卖场和零售店目前普遍运用各种退货政策甚至无理由和自由退货方式来吸引和留住顾客,以此来提高客户的满意度,使竞争优势得以巩固和提升。客户满意度和个性化的需求满足已经成为各大企业维持竞争优势地位的最重要的策略。正是厂商采取的自由退货政策导致了退货大量堆积。

行业不同,退货率不同,各行业产品的退货率见表1-1,这是企业施行逆向物流管理的原因之一。1998年Dale Rogers对300多家美国公司的调查表明,有73.9%的公司都认为自己的退货政策是十分自由或比较自由的。在国内,很多商业企业规定,只要不影响使用或再销售都可以退货,如果是质量问题则实行无条件退货。

表1-1 各行业产品退货率

行　　业	退货率/%	行　　业	退货率/%
杂志出版	50	CD-ROM	18~25
书籍出版	20~30	打印机	4~8
书籍发行	10~20	订单销售电脑	2~5
贺卡	20~30	大宗商品	4~15
目录零售商	18~35	汽车业(零配件)	4~6
电子产品分销商	10~12	电子消费品	4~5
电脑制造商	10~20	家用药品	2~3

2)增强企业的竞争优势

如今企业都处在一定的供应链中,独立的企业很难生存和发展,需要用供应链的思想来运作企业。对于供应链的下游企业来说,如果上游企业采取较为宽松的退货政策,则下游企业的经营风险减少,这有助于企业间的相互合作、相互信任,促进企业间战略联盟的形成,从而增强企业的竞争优势。

另一方面,针对终端客户,为了维护和建立商誉,一些企业主动地回收产品,从而形成逆向物流。这种事例在最近数年的各种召回事件中得到了集中体现。世界上最大的芯片制造公司——Intel公司在奔腾Ⅱ时代,曾经将新发售的存在浮点计算错误的所有芯片回收,为此公司蒙受了上亿美元的损失;2003年8月25日广州本田宣布由于发动机产生较大振动时可能导致通气管接头松脱,使发动机内循环的废气排放到大气中,要为2.0L和2.4L新雅阁免费更换发动机通气管组件。这两种车型中符合召回条件的共有3.1万辆。以上这些行为都是公司出于维护商誉而采取的行动。

3)降低企业的生产成本

减少物料消耗,提高物料利用率是企业成本管理的重点,也是企业增效的重要手段。然而,传统管理模式的物料管理仅仅局限于企业内部物料,不重视企业外部废旧产品及其物料的有效利用,造成大量可再用资源的闲置和浪费。由于废旧产品的回购价格低、来源充足,企业回收后直接对其进行再加工,或是将其拆分成零部件后投入再生产,就可以大幅度降低原材料的消耗。此外,广义的逆向物流还强调,为了减少回收的物料和使产品能够更方便地进行再使用,要减少正向物流中的物料使用量。

据统计,目前世界上每年生产的钢铁有40%是使用废钢铁炼出来的;工业发达国家耗用大量铝合金用于易拉罐生产,倘若不及时回收则将难以保证铝的供应;西方国家再生铜已占精铜产量40%以上；美国年耗310万吨新闻纸，其中有100万吨来自废纸再生；日本废旧高分子材料回收率在48%以上。在世界能源紧缺的形势下，一些发达国家正试图用专门设备对经过多次重复利用后已难以恢复使用功能的废旧高分子材料和工业垃圾，经过焚烧等流程有效地转变为热能和电力。

4）提高事故透明度，改进质量管理体系

逆向物流在促使企业改善质量管理体系上，也具有重要的地位。ISO 9001：2000 版将企业的质量管理活动概括为一个闭环的 PDCA 活动（计划、实施、检查、改进），逆向物流的活动恰好处于检查和改进这两个环节上。对此，ISO 9001 要求对不合格品进行控制，采取有效的纠正措施，持续改进，同时制定预防措施防止不合格品的再次发生。从这次的改进到下一次的计划和研发，逆向物流是承上启下，作用于两端的。退货中产生的产品质量和服务质量问题通过逆向物流信息系统传递到企业的管理阶层，增加企业潜在事故的透明度，将有力地推动企业组织不断改进质量管理体系，从系统上根除隐患。

5）全球经济一体化的大力推动

世界经济的发展及信息技术的应用，使整个世界日益成为一个紧密联系的经济体。在这里，各国间的经贸合作日益扩大和加深，一国的经济和政策、法规会受到其他许多国家经济和政策、法规的影响。在全球经济一体化迅速形成的过程中，很多企业，尤其是经济实力雄厚、持续实施规模扩张策略的跨国公司或者国际性大企业，对关联国（地区）的贡献巨大，同时在各国（地区）的法规、政策下生存的压力也越来越大。例如，海尔电器要进入德国市场就必须遵守德国的包装回收法规，进而遵守欧盟的 WEEE(Waste Electrical and Electronic Equipment)法令，因此海尔公司必须对售货进行及时跟踪和对回收产品进行有效管理。又如日本的 7-11 连锁店进驻中国台湾后，带进了他们提倡环保的企业文化，和与之相配套的先进物资回收系统。此举影响了中国台湾本地的便利店竞争者，从而这些竞争者也开始纷纷效仿，进行资源再生和回收利用。由此，逆向物流管理跨出了国界，像磁体一般吸引住每一个有野心的企业，进入经营决策管理体系。

8. 生态效益

随着人们生活水平和文化素质的提高，环境意识日渐增强，消费观念发生了巨大变化，消费者对环境的期望越来越高。另外，由于不可再生资源的稀缺以及环境污染日益加重，各国制定的环保法规为企业的环境行为规定了一个约束性标准。企业的环境业绩已经成为评价企业运营绩效的重要指标。为了改善企业的环境行为，提高企业在公众中的形象，许多企业纷纷采取逆向物流战略，以减少产品对环境的污染及对资源的消耗。1997年，日本国会通过了强制回收某些物资的法案。在德国，1991年的包装条例强制工业企业回收所使用的包装材料。这些国家的企业较早意识到改善企业环境形象的重要性。

9. 社会效益

生产企业回收利用所生产的产品，符合社会发展的"绿色"思路，从而有利于企业在社会中树立良好的公众形象，产生巨大的社会效益。

以上几种驱动因素在实际生产实践中往往是互相交织在一起的。例如，若增加废物的处理成本，则会使得废物减少更多，产生生态效益和社会效益；而消费者的环保意识又表现出另一种新的市场机会，导致经济效益提高。

随着社会的发展，驱动逆向物流出现和增加的因素还会涌现，目前看逆向物流的经济价值已经逐步得到显现，国外许多知名企业把逆向物流战略作为强化其竞争优势、增加顾客价值、提高其供应链整体绩效的重要手段。

1.3.2 逆向物流发展的阻碍因素

由于人们对逆向物流的认识非常有限，对逆向物流实施过程中可能遇到的问题还缺乏了解。因此，逆向物流在发展过程中遇到很多阻碍因素，具体表现在以下几个方面。

1. 企业对逆向物流的认识误区

根据美国逆向物流委员会的一份针对300多位负责供应链及物流的企业经理人所做的调查报告显示，有接近40%的人认为，逆向物流失败的首要因素，是管理阶层对其存在认识上的误区。其主要表现在以下几个方面。

（1）生产企业对回收责任的意识淡薄，还继续持有以往卖方市场的陈旧观点，认为产品一旦售出，所承担的责任就结束。

（2）企业认为逆向物流不仅不能带来经济效益，而且还会造成资源和时间的浪费。这种对外部废旧产品及其物料有效利用的忽视，造成大量可再使用资源的闲置和浪费。

（3）没有认识到逆向物流活动的复杂性，不重视对逆向物流的管理，认为只要投入很少的时间和精力就可以处理产品的逆向物流。甚至在生产繁忙时，将逆向物流活动长期搁置，这不仅延长了产品的退货处理时间，而且也增加了企业的仓储成本和处置成本。

2. 缺乏逆向物流信息系统

企业通过逆向物流信息系统可以收集有用的信息，对退货的产品进行逐一管理，反馈退货原因。而且，可以为其服务商提供包括产品质量评价、产品生命周期分析在内的各类营销信息。其系统功能的实现大大提高了退货的处理速度，使退货在最短的时间内得以分流，节约了大量的库存成本和运输成本。但目前逆向物流信息系统严重缺乏，其原因一方面是逆向物流活动本身非常复杂，对信息系统的柔性化要求高，因而难以在传统物流信息系统的基础上进行扩展；另一方面是经营理念未能跟上时代发展的步伐，大多数企业不愿意在开发逆向物流信息系统上投入资金，使研发捉襟见肘，技术进步缓慢，而且即使已经建立了一定档次的信息系统，也未能使其充分发挥作用。

3. 资金和人员的匮乏

逆向物流系统的建设和实施需要大量的资金和专业人员。一方面，逆向物流回收处理中心的建设、处理设施的配置，以及信息系统的研究和开发等都需要大量的资金，并且资本回收周期很长。对企业尤其是中小企业来说，这种高投资带来的高风险是影响其逆向物流有效实施的一个方面。另一方面，逆向物流系统建设和实施，需要大量的专业技术人员和管理人员。逆向物流管理和实施方面的人才，除了需要具备相应的物流知识外，还必须掌握不同行业之间复杂的退货过程。尽管越来越多的企业已经意识到逆向物流的重要性，但其资金和人员主要还是用于正向物流。因此，资金和人员的匮乏将会在很长时间内制约着逆向物流的发展。

4. 回收产品的供应和需求的不确定性

在传统的正向物流中，生产者可以根据市场需求，控制产品的供应时间、数量、范围等。而在逆向物流系统中，回收产品的供应通常不由生产企业决定。回收产品的数量、质量以及回收时间等通常是由产品的拥有者决定的(产品的拥有者可能是零售商或最终顾客)。他们不会像物料供应商一样，在制造商有需求时提供所需的物料，而是要等到他们不再使用这个产品的时候，才会把这些回收产品提供出来。而且，很多产品的回收状况没有历史数据可以借鉴，因此很难对其进行预测。这种供应的不确定性导致的非经济批量流，会增加企业的运输和处理成本，也使那些使用逆向物流回收材料来生产新产品的企业，难以制订完整连续的生产计划，从而阻碍企业实施逆向物流的步伐。另一方面，由于缺乏成熟的专业化的再使用(二手)市场，回收产品的再分销没有稳定的顾客群。因此，对回收产品市场需求的不确定性也是企业实施逆向物流的障碍。

1.4 逆向物流的分类

为了对逆向物流进行细致而有效的分析，有必要将逆向物流分类，下面从逆向物流形成原因、回流物品特征和所经流程、逆向物流的回收处理方法等角度将其进行不同的分类。

1.4.1 按逆向物流形成原因不同分类

按逆向物流的成因、途径不同，逆向物流可以分为投诉退货、终端使用退回、商业退回、维修退回、生产报废和副品以及包装6大类别。

1. 投诉退货

该类逆向物流形成可能是由于运输差错、质量问题等原因，它一般在产品售出之后的短时期内发生。通常情况下，客户服务部门会首先进行受理，确认退回原因，作出检查，最终处理的方法包括退换货、补货等。电子消费品如手机、家用电器等通常会由于这种原因进入回流渠道。

2. 终端使用退回

这主要是经完全使用后需处理的产品，通常发生在产品出售之后较长一段时间。终端退回可以是出自经济的考虑，最大限度地进行资产恢复，例如地毯循环、轮胎修复等这些可以再生产、再循环的产品，也可能是受法规条例的限制对诸如超过产品生命周期的一些白色和黑色家电等产品仍负有法律责任。

3. 商业退回

商业退回指未使用商品退回还款，例如零售商的积压库存，包括时装、化妆品等，这些商品通过再使用、再生产、再循环或者处理，尽可能进行价值的回收。

4. 维修退回

维修退回指有缺陷或损坏产品在销售出去后，根据售后服务承诺条款的要求，退回制造商，它通常发生在产品生命周期的中期。典型的例子包括有缺陷的家用电器、零部件和手机等。一般由制造商进行维修处理，再通过原来的销售渠道返还用户。

5. 生产报废和副品

生产过程的废品和副品，一般来说是出于经济和法规条例的原因，发生的周期较短，而且并不涉及其他组织。通过再循环、再生产，生产过程中的废品和副品可以重新进入制造环节，得到再利用。生产报废和副品在药品行业和钢铁业中普遍存在。

6. 包装

包装在保护产品、提高物流效率、促进销售等方面起着十分重要的作用，是商品流通不可缺少的部分。不管是商业包装还是物流包装，都要消耗大量的自然资源，且大量的包装物废弃后十分污染环境。为缓解包装对资源的消耗和对环境的污染，包装物的回收再利用就成为一种重要选择。与包装物回收再利用相关的物流活动就形成了包装物回收逆向物流。

包装品的回收在实践中已经存在很久了，逆向物流的对象主要是托盘、包装袋、条板箱、器皿，它考虑经济的原因，将可以重复使用的包装材料和产品载体通过检验和清洗、修复等流程进行循环利用，降低制造商的制造费用。

1.4.2 按回流物品特征和回流流程不同分类

按照逆向物流回流的物品特征和回流流程不同，可以将逆向物流分成以下3类。

1. 低价值产品的物料

例如，金属边角料及副品、原材料回收等。这种逆向物流的显著特征是它的回收市场和再使用市场通常是分离的，也就是说，这种物料回收并不一定进入原来的生产环节，而是可以作为另外一种产品的原材料投入到另一个供应链环节中。从整个逆向物流过程来看，它是一个开环的结构。在此类逆向物流管理中，物料供应商通常扮演着重要的角色，他们负责对物料进行回收、采用特殊设备再加工，而除了管理上的要求外，特殊设备要求的一次性投资也比较庞大。这些要求决定了物料回收环节一般是集中在一个组织中。高的固定资产投入一般都会强调规模经济的重要性，在这里也不例外。此类逆向物流对供应源数量的敏感性非常强，另外，所供应物料的质量如纯度等对成本的影响也比较大，因此保证供应源的数量和质量将是逆向物流管理的重心。

2. 高价值产品的零部件

例如，电子电路板、手机等。出于降低成本和获取利润等经济因素的考虑，这些价值增加空间较大的物品回收通常由制造商发起。此类逆向物流与传统的正向物流结合得最为紧密，它可以利用原有的物流网络进行物品回收，并通过再加工过程，还将进入原来的产品制造环节，在严格意义上，这才是真正的逆向物流。但是，如果回收市场的进入门槛较低，第三方物流也可以介入其中。

3. 可以直接再利用的产品

最明显的例子便是包装材料的回收，包括玻璃瓶、塑料包装、托盘等，它们通过检测和清洗处理环节便可以被重新利用。此类逆向物流由于包装材料的专用性属于闭环结构，供应时间是造成供应源质量不确定性的重要因素,因而管理的重点将会放在供应物品的时点控制上,例如制定合理的激励措施进行控制,通过标准化产品识别标志简化物品检测流程。不仅如此,由于在此类逆向物流的物品回收阶段对管理水平和设备的要求不高,因此可以形成多个回收商分散管理的格局,由原产品制造商对这些回收商统一管理,这种情况下,也可以应用供应链伙伴关系的合作机制进行研究。

1.4.3 按逆向物流的回收处理方式不同分类

收到返回的物资和产品之后,企业可以按照下面可能的6种方式之一对其进行处理。

1. 再制造

与再生相比,再制造则保持产品的原有特性,通过拆卸、检修、替换等工序使回收物品恢复到"新产品"的状态,如飞机发动机的再制造、复印机的再制造等,其流程为:回收—检验—分拆—再加工。对产品进行重新整修和再次制造已经不是一个新的概念,但是却越来越引起人们的注意。缺乏最新功能,但是仍处于可用状态并且可以实现功能恢复的设备,可以重新制造并放到仓库中以备再次使用。设备功能再生的生产制造成本低于制造新品的制造成本。企业运用有效的整修过程,可以最大程度地降低整修成本,并且将整修后的成品返回仓库。在诸如航空、铁路等资产密集型的行业中,这种方法正在被广泛地使用。再生制造成本远远低于重建成本。目前,越来越多的公司开始应用这种方法。这些公司拥有大量机械设备而且频繁使用。其中的设备包括自动售货机和复印机等。例如施乐公司按照严格的性能标准制造再生设备。公司估计,每年可由此节省两亿美元,这些利益最终将带给客户。公司把它视为领先于对手的关键优势。

2. 维修

通过维修将已坏产品恢复到可工作状态,但可能质量有所下降,如家用电器、工厂机器等,其流程为:回收—检验—再加工。如果产品无法按照设计要求工作,企业就需要对其回收。返回维修的物品有保修和非保修的两种类型。客户需要自行付费解决非保修产品的维修问题,所以对企业来说,真正的问题在于保修期物品的回收。维修的目标是减少维修成本,节约产品维修时间和延长产品使用寿命。企业需要认真考虑和平衡维修成本和新建成本。布莱克和戴克公司(Black and Decker)——一家电动工具制造商,他们的保修期产品决策就是在此基础上做出的。如果某产品制造成本低于12.5美元,公司就会直接收回和分解保修期内损坏的产品。其他保修期产品则被送回仓库维修。

3. 再利用、维修后的再利用

产品的再利用主要针对于零部件。到达使用寿命的设备可以分解为部件和最终的零件。其中的部分零部件状态良好,无须重新制造和维修就可以再次使用。它们会被放置在零件仓库中供维修使用。

4. 回收

无法进行整修、修理或者再销售的返还商品将被分解成零件,然后再进行回收。直到现在,人们仍把回收认为是一件费时费力、不值得做的事情。然而当企业面对越来越多的废品管理账单时,他们就开始重新研究替代废品处理的方法。仍以布莱克和戴克公司为例，他们通过回收活动，减少了 50 万美元的垃圾掩埋处理费用，并且从回收物资销售中获得了 46.3 万美元的收益。公司宣布，他们的最终目标是实现零垃圾掩埋，对所有产品进行回收。

为了从回收活动中获得最大效益，企业必须对逆向物流系统进行良好的管理，其中包括减少运输、流程和处理成本，使废弃物价值最大化。

5. 直接再利用

回收的物品不经过任何修理可直接再利用，如集装箱、瓶子等包装容器，其流程为：回收—检验—应用。

6. 再生

为了物料资源的循环再利用而不再保留回收物品的任何结构，如从边角料中再生金属、纸品再生等，其流程为：回收—检验—分拆—处理。

以上 6 种回收方式均有广泛应用。2000 年惠普从其废旧电脑中回收了价值 500 万美元的黄金、铜、银、钢和铝等金属。根据美国汽车零部件制造商协会估计，最先制造出来的启动器中将有 50% 会在回收制造中得以更新整修，这可能会节省数百万加仑的原油、钢铁和其他金属。美国的机器零部件的再制造也是典型的例子，检修后的废旧产品可当成备件或卖给二手市场，而检修费用只是原有产品制造成本的一小部分。美国 NASA 的航天飞机也是由经整修的工具制造成的。NASA 的一个下属部门利用经整修的工具来生产航天器的主体部件，从成本的节约角度来考虑，整修要优于购买新产品设备。

 知识链接

德国人喜欢做垃圾生意

日常垃圾中蕴含大量被人们忽略的宝藏：各种塑料瓶、塑料袋、罐头盒，这些都是十分有用的原材料。十几年前，德国引进黄口袋垃圾分类法，即把各种垃圾分类，对部分有用的垃圾进行回收处理，收到了一定效果。但由于技术处理设备没能同步跟进，效果不是很明显。2005 年 6 月起，德国实施家庭垃圾禁止掩埋规定，要求家庭垃圾必须焚烧处理。一时间，垃圾焚烧站的工作量剧增，由于焚烧能力有限，使得垃圾处理价格成倍增长。

德国一贯的理论是：让市民先分类，利用黄口袋、褐色垃圾桶等方式，对垃圾进行事先分类。但是，实际人们会将大约 30% 的垃圾扔错地方，特别是在大城市。如今随着垃圾分拣技术的进步，德国的垃圾分类已不是问题。垃圾焚烧也不会释放大量有害气体，而是为人们发出大量电能、热能。对垃圾经营企业而言，他们不再是为了处理而处理，而是将整座城市视为原材料仓库。

1.5　逆向物流的意义

逆向物流包含回收物流与废弃物流。逆向物流虽不能直接给企业带来效益，但其对环境保护和资源可持续利用来说，意义却十分重大，也非常有发展潜力。西尔斯公司物流执行副总裁曾说："逆向物流也许是企业成本可以降低的最后的未开垦地了。"

一方面，逆向物流处理得好，可以增加资源的利用、降低能源的消耗、降低经济成本，有效减少环境污染、提高经济效益。例如，目前全世界生产的金属产品中，约45%的钢、40%的铜、50%的铅等，都是由回收的废金属经加工冶炼后而获得的。废金属回收利用的价值和效果，可以通过表1-2的几组数据充分说明。

表1-2 废金属回收利用的价值和效果

品 种	价值和效果			
	能源消耗	空气污染	水 污 染	采 矿
废钢	降低47%~74%	减少85%	减少96%	废物减少90%
废铝	降低90%~97%	减少9.5%	减少97%	
废纸	降低23%~74%	减少74%	减少3.5%，用水量降低58%	
废玻璃	降低4%~32%	减少20%	用水量减少50%	废物减少80%

另一方面，逆向物流如果处理不当，则会造成许多公害。例如：把有毒物质弃入江河，对饮用水的人的健康有害；将废电池随意丢弃，对土壤损害性极大。一枚纽扣电池可以污染600吨水，相当于一个正常人一生的饮水量。一些有毒有害的废弃物已经对土壤、地下水、大气等造成现实或潜在的严重污染。

美国逆向物流委员会1999年对各公司所做的专项调查表明，当年的逆向物流成本超过350亿美元。据有关部门的调查显示，我国可回收利用却没有利用的再生资源价值高达300多亿元，每年大约有500万吨废钢铁、20多万吨废有色金属、1400万吨废纸及大量的废塑料、废玻璃、废电池没有回收利用。

对逆向物流的处理程序是将逆向物流的物资中有再利用价值的部分加以分拣、加工、分解，使其成为有用的物质，重新进入生产和消费领域。另一部分基本或完全丧失了使用价值的最终排泄物或焚烧，或送到指定地点堆放掩埋，对含有放射性物质或有毒物质等一类特殊的工业废物，还要采取特殊的处理方法，返回自然界。

习 题

一、判断题

1. 逆向物流是指原料、在制品及成品从制造厂、配送站或消费地向回收点或其他处置场所的流动而进行的计划、组织、控制和实施的过程。（　　）
2. 逆向物流是对新物流业务的拓展，更具难度性和不可知性。（　　）
3. 逆向物流系统中，回收产品的供应通常由生产企业决定。（　　）
4. 对逆向物流的处理程序是将逆向物流的物资中有再利用价值的部分加以分拣、加工、分解，使其成为有用的物质，重新进入生产和消费领域。（　　）
5. 逆向物流和正向物流方向相反，而且总是相伴发生。（　　）

二、选择题

1. 逆向物流由回收物流和（　　）构成。
   A. 反向物流　　　B. 退货物流　　　C. 废弃物流　　　D. 循环物流

2. 以下( )不是逆向物流的特点。
A. 输入多元性   B. 地点分散性   C. 预测复杂性   D. 信息动态性
3. 企业开展逆向物流的主要驱动力是( )。
A. 政府立法   B. 经济效益   C. 生态效益   D. 社会效益
4. 按( )不同,逆向物流可以分为投诉退货、终端使用退回、商业退回、维修退回、生产报废和副品以及包装6大类别。
A. 成因途径   B. 物品特征   C. 回收流程   D. 回收处理
5. 收到返回的物资和产品之后,按( )不同,企业可以按照重新整修和再次制造、维修、再利用、维修后的再利用、回收,直接再利用和再生。
A. 成因途径   B. 物品特征   C. 回收流程   D. 回收处理

三、简答题

1. 从国际上看,进入20世纪90年代后,逆向物流得到快速发展,主要原因是什么?
2. 试分析企业实施逆向物流管理对产品设计理念的影响。
3. 结合逆向物流的特点,试分析逆向物流的特殊性。
4. 以生活中某一产品为例,试简述该产品的回收流程。
5. 简述未来逆向物流的发展方向和前沿技术。

四、讨论题

1. 试论述国外逆向物流发展中的先进经验对我国逆向物流发展的借鉴意义。
2. 在逆向物流的众多定义当中,下面三个定义具有代表性。试从逆向物流的对象、流向、目的等方面对这三个定义进行分析比较。
（1）美国供应链管理协会于2010年给出的定义。
（2）美国逆向物流执行委员会Rogers博士和Tibben-Lembke博士于1998年给出的定义。
（3）欧洲逆向物流工作委员会于1998年给出的定义。

案例分析

诺基亚的绿色回收大行动

2002年6月18日诺基亚手机正式发布诺基亚在中国的"绿色回收大行动"。公司利用诺基亚授权维修中心网络部署回收箱,减少回收点占地的租金及人工成本,利用公司已有的运输途径和储存条件收集废弃物,建立废弃手机及配件回收系统。到2002年年底,诺基亚在我国98个城市中设置了160个回收箱,收集到半吨以上的废弃手机配件和电池。并且持续地开展"以旧换新"活动,支持环保。

国内企业也不甘示弱。据初步统计,2003年我国电池消费超过100亿只,人均消费约每年9只。中国福建南平南孚电池有限公司作为中国电池工业龙头企业,所生产的LR20、LR14、LR6、LR03、6LR61系列碱锰电池均为无汞、无镉、无铅绿色环保产品,比国家九部委下达的无汞化目标提早了5年。拥有400只/分、600只/分无汞碱锰电池生产线12条,产量居亚洲第三、世界第五。

根据以上案例,试分析电子产品回收对绿色经济的意义。

第2章 逆向物流的理论基础

【本章教学要点】

知识要点	掌握程度	相关知识	应用方向
可持续发展	掌握	共同发展、协调发展、公平发展	可持续经济、可持续生态、可持续社会
循环经济	掌握	内涵发展	两型社会建设
绿色物流	重点掌握	绿色运输、绿色包装、绿色储存	世界环境日
全生命周期	了解	引入期、成长期、成熟期、衰退期	组织生命周期、产业生命周期、技术生命周期

 知识架构

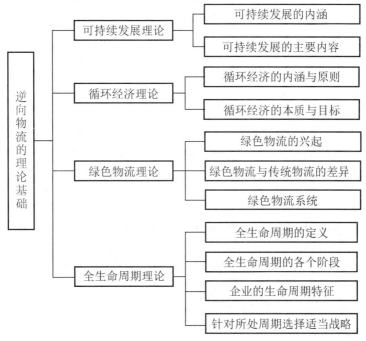

导入案例

家电以旧换新

从2009年6月到2011年1月底,我国"家电以旧换新"工程已累计回收旧家电3 258万台,支付回收额6.27亿元;销售新家电3 132万台,销售金额为1 180.87亿元,财政补贴金额118亿元。

家电以旧换新补贴包括家电补贴、运费补贴以及拆解处理补贴。关于家电补贴,为新家电销售价格的10%,设最高补贴限额。运费补贴根据回收家电类型、规格、运输距离分类分档实行补贴。

逆向物流理论最早在美国、荷兰和日本等主要西方国家兴起,逆向物流的产生也有其特定的理论基础。主要理论基础为可持续发展理论、循环经济理论、全生命周期理论和绿色物流理论。

2.1 可持续发展理论

可持续发展理论是指既满足当代人的需要,又不对后代人满足其需要的能力构成危害。人类在工业革命以后,由于科学技术的迅速发展,大大加速了对自然资源的开采和使用速度。而实施逆向物流可实现产品从消费者至供给者的逆向流动,使自然资源能得到多次重复利用,实现自然资源的可持续发展。

2.1.1 可持续发展的内涵

可持续发展(Sustainable Developement)有以下几个方面的丰富内涵。

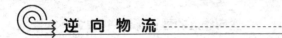

1. 共同发展

地球是一个复杂的巨系统，每个国家或地区都是这个巨系统不可分割的子系统。系统的最根本特征是其整体性，每个子系统都和其他子系统相互联系并发生作用，只要一个系统发生问题，都会直接或间接影响到其他系统的紊乱，甚至会诱发系统的整体突变，这在地球生态系统中表现最为突出。因此，可持续发展追求的是整体发展和协调发展，即共同发展。

2. 协调发展

协调发展包括经济、社会、环境三大系统的整体协调，也包括世界、国家和地区3个空间层面的协调，还包括一个国家或地区经济与人口、资源、环境、社会以及内部各个阶层的协调，持续发展源于协调发展。

3. 公平发展

世界经济的发展呈现出因水平差异而表现出来的层次性，这是发展过程中始终存在的问题。但是这种发展水平的层次性若因不公平、不平等而引发或加剧，就会因为局部而上升到整体，并最终影响到整个世界的可持续发展。可持续发展思想的公平发展包含两个纬度：一是时间纬度上的公平，当代人的发展不能以损害后代人的发展能力为代价；二是空间纬度上的公平，一个国家或地区的发展不能以损害其他国家或地区的发展能力为代价。

4. 高效发展

公平和效率是可持续发展的两个轮子。可持续发展的效率不同于经济学的效率，可持续发展的效率既包括经济意义上的效率，也包含自然资源和环境的损益的成分。因此，可持续发展思想的高效发展是指经济、社会、资源、环境、人口等协调下的高效率发展。

5. 多维发展

人类社会的发展表现出全球化的趋势，但是不同国家与地区的发展水平是不同的，而且不同国家与地区又有异质性的文化、体制、地理环境、国际环境等发展背景。此外，因为可持续发展又是一个综合性、全球性的概念，要考虑到不同地域实体的可接受性。因此，可持续发展本身包含了多样性、多模式、多维度选择的内涵。在可持续发展这个全球性目标的约束和指导下，各国与各地区在实施可持续发展战略时，应该从国情或区情出发，走符合本国或本区实际的、多样性的、多模式的可持续发展道路。

2.1.2 可持续发展的主要内容

在具体内容方面，可持续发展涉及可持续经济、可持续生态和可持续社会三方面的协调统一，要求人类在发展中讲究经济效率、关注生态和谐与追求社会公平，最终达到人的全面发展。这表明，可持续发展虽然缘起于环境保护问题，但作为一个指导人类走向21世纪的发展理论，它已经超越了单纯的环境保护。它将环境问题与发展问题有机地结合起来，已经成为一个有关社会经济发展的全面性战略。具体包括以下内容。

1. 在经济可持续发展方面

可持续发展鼓励经济增长而不是以环境保护为名取消经济增长，因为经济发展是国家实力和社会财富的基础。但可持续发展不仅重视经济增长的数量，更追求经济发展的质量。可持续发展要求改变传统的以"高投入、高消耗、高污染"为特征的生产模式和消费模式，实施清洁生产和文明消费，以提高经济活动中的效益、节约资源和减少废物。从某种角度上，可以说集约型的经济增长方式就是可持续发展在经济方面的体现。

2. 在生态可持续发展方面

可持续发展要求经济建设和社会发展要与自然承载能力相协调。发展的同时必须保护和改善地球生态环境，保证以可持续的方式使用自然资源和环境成本，使人类的发展控制在地球承载能力之内。因此，可持续发展强调了发展是有限制的，没有限制就没有发展的持续。生态可持续发展同样强调环境保护，但不同于以往将环境保护与社会发展对立的做法，可持续发展要求通过转变发展模式，从人类发展的源头、从根本上解决环境问题。

3. 在社会可持续发展方面

可持续发展强调社会公平是环境保护得以实现的机制和目标。可持续发展指出世界各国的发展阶段可以不同，发展的具体目标也各不相同，但发展的本质应包括改善人类生活质量，提高人类健康水平，创造一个保障人们平等、自由、教育、人权和免受暴力的社会环境。也就是说，在人类可持续发展系统中，经济可持续是基础，生态可持续是条件，社会可持续才是目的。新世纪人类应该共同追求的是以人为本的自然—经济—社会复合系统的持续、稳定、健康发展。

作为一个具有强大综合性和交叉性的研究领域，可持续发展涉及众多学科，可以有不同重点的展开。例如，生态学家着重从自然方面把握可持续发展，理解可持续发展是不超越环境系统更新能力的人类社会的发展；经济学家着重从经济方面把握可持续发展，理解可持续发展是在保持自然资源质量和其持久供应能力的前提下，使经济增长的净利益增加到最大限度；社会学家从社会角度把握可持续发展，理解可持续发展是在不超出维持生态系统涵容能力的情况下，尽可能地改善人类的生活品质；科技工作者则更多地从技术角度把握可持续发展，把可持续发展理解为是建立极少产生废料和污染物的绿色工艺或技术系统。

2.2 循环经济理论

2.2.1 循环经济的内涵与原则

发展经济和保护环境似乎是矛盾对立的两个方面。长期以来，人类为了加快经济的发展，改善自身的生活质量，甘愿以牺牲环境为代价，盲目地发展经济，使得地球各种资源出现枯竭，环境恶化。这些结果反过来开始制约经济的发展，损害了生产水平和生活质量。20世纪90年代以来，随着人们对资源环境问题的不断深刻认识，一种以物质闭环流动为特征的经济，即循环经济的理念提出。循环经济（Circular Economy）是物资闭环流动型经济的简称，它以可持续发展原则为基础，是一种关于社会经济与资源环境协调发展的新经济概念。循环经济本质上是一种生态经济，要求按照生态学规律，将人类的经济活动从传统工业社会以"资源—产品—废弃物"的物质单向流动为基本特征的线性经济，转变为"资源—产品—再生资源"的反馈式或闭环流动的经济增长模式，使物质在反复循环流动的过程中，资源得到充分合理利用，提高经济运行的质量和效益。它把经济活动对自然环境的影响降到尽可能低的程度，达到经济发展与资源、环境保护相协调的可持续发展战略目标，从而实现可持续发展所要求的环境与经济的"双赢"。表 2-1 比较了传统经济与循环经济的不同。

表 2-1 传统经济与循环经济的比较

比较项目	传 统 经 济	循 环 经 济
模式	资源→产品→污染排放	资源→产品→再生资源
特点	高开采、低利用、多排放的单向物流经济	低开采、高利用、少排放、包含逆向物流的循环物流经济

自从 20 世纪 90 年代以来，德国、日本、美国等国家把发展循环型经济、建立循环型社会看做是实施可持续发展战略的重要途径和实现形式。许多国家加大了立法力度，要求生产商对自己产品的整个生命周期负责，包括产品废旧后的回收处理，如对各类电子、包装、汽车等产品采取相应的强制回收措施。通过提升物料循环利用的理念，达到资源再生、物料增值和成本节约的目的。我国政府也及时提出了"大力发展循环经济，建立资源节约型社会"的战略。

 阅读助手

> 循环经济是国际社会推进可持续发展的一种实践模式，它强调最有效地利用资源和保护环境，表现为"资源—产品—再生资源"的经济增长方式，做到生产和消费"污染排放最小化、废物资源化和无害化"，以最小成本获得最大的经济效益和环境效益。
>
> 循环经济要求按照生态规律组织整个生产、消费和废物处理过程，其本质是一种生态经济。与传统经济模式相比，循环经济具有以下 3 个重要的特点和优势。
> (1) 可以充分提高资源和能源的利用效率，最大限度地减少废物排放，保护生态环境。
> (2) 可以实现社会、经济和环境的"共赢"发展。
> (3) 在不同层面上将生产和消费纳入到一个有机的可持续发展框架中。

循环经济的基本原则是"3R"原则，即减量化(Reduce)，减少进入生产和消费过程的物的数量，从源头节约资源使用和减少废弃物排放；再利用(Reuse)，要求提高产品和服务的利用率，产品能以初始形式多次使用，减少一次性用品的污染；再循环(Recycle)，要求物品在完成使用功能后能够重新变成再生资源。

1. 减量化原则

减量化属于输入端方法，旨在减少进入生产和消费流程的物的数量，就是用最少的原料和能源投入来达到既定的生产目的或消费目的，即资源缩减原则。通过减少进入生产过程和流通、消费环节的物的数量，既能减少生产中的资源消耗，又能减少消费后的废弃物。资源缩减是解决资源环境问题的首选途径。

减量化原则体现在生产中，就是要求产品体积小型化、产品重量轻型化、产品包装的简单化甚至零包装，从而达到减少资源消耗、减少废弃物排放的目的。制造厂可以通过减少每个产品的原材料用量、改进设计制造工艺来节约资源和减少排放。例如，轻型轿车既节省金属资源又节省能源，仍然可以满足消费者关于各种轿车的安全标准。资源缩减也包括采用环境友好的产品设计方法，例如面向拆卸的设计(Design for Disassembly)、面向循环的设计(Design for Recycling)等，在设计阶段就充分考虑产品报废后的拆卸以及拆卸的零部件在新产品中的再利用问题,将使资源的再循环更加容易。

该原则体现在消费阶段,就是要求人们崇尚绿色消费理念,减少对物质的过度需求。因为不管多么环境友好的产品,也会消耗资源,也会有被废弃的时候,因而会增加环境负担。另外,选择简易包装的或可循环的物品、耐用的高质量物品等,也可以减少对自然资源的压力、减少对垃圾填埋场的压力。

该原则体现在物流过程中,就是通过一系列的优化方法和管理手段,提高物流资源利用率,降低物流成本。

2. 再利用原则

再利用原则属于过程性控制方法,其目的是延长产品或服务的时间强度。它要求产品或包装能以初始的形态被多次重复使用,防止物品过早地成为废弃物。具体来说,就是通过一定的技术手段,对产品进行维护、修复、更换零部件、改制等,恢复产品的使用功能,直接被客户重复使用,延长产品使用寿命。

制造商对于再利用原则的实施有重要影响。采用面向拆卸的设计方法、模块化设计方法、零部件的标准化、系列化等,能使产品的修理和拆解更容易,也使拆卸下来的零部件更容易在新产品中使用。一般来说,一个产品报废了,它的多数耐用零件是不会同时失效的;这些零部件经过简单修整、翻新后直接在新产品中重新使用,将使资源的价值得到最佳利用,大大地降低企业原料成本和生产成本。采用恰当的结构设计,包装容器也能被直接重复使用;玻璃瓶、塑料袋这样的包装材料也可以再利用。

消费者少用或尽量不用一次性产品,能使企业更加主动地实施再利用原则。

3. 再循环原则

再循环原则也称资源化原则,属于输出端治理方法。不管多么环保的产品,都会消耗资源;而在产品重复利用多次后,也终会成为废弃物。所谓输出端治理法,就是在产品成为废弃物后,经过再资源化加工技术,使废弃物再次变成资源,以减少最终处理量。它要求物品在完成其使用功能后能重新变成可以利用的资源而不是无用的垃圾。

再循环有两种不同的资源化方式:原级资源化和次级资源化。前者将废弃物资源化后形成与原来相同的新产品,例如,不能直接被再利用的零部件,就应该分别回收其中的金属、塑料等材料,金属废物返回到冶炼过程;塑料废物清洗后,熔化再成型;纸制品加工成再生纸,等等。次级资源化是将废弃物再加工成不同类型的新产品,例如,废旧轮胎提炼出橡胶后再生加工,可用做跑道、胶囊和胶质沥青等的原料;废旧地毯可加工提炼出尼龙、纤维等材料,被不同行业使用。与原级资源化相比,次级资源化需要的再加工工艺更复杂,资源化成本更高。

再循环一般要经过废物回收、清洗、分离、再加工等过程,再加工需要特殊的设备。与再利用原则相比,再循环的投入更高、产出更低。

循环经济并不仅仅是把废弃物资源化,实际上,循环经济的根本目标是追求整个经济活动中的资源消耗最少量化和废物排放最少量化。因此,上述 3 个原则在实践中并不是并行实施的。资源减量化原则是首要原则,其次是再利用原则,而废物的再循环只是减少最终废物排放和废物处理量的方式之一。

应用上述原则时还必须注意到,废物的再循环利用还存在一个限度问题。废弃物的再循环利用虽然相对于末端治理是重大的进步,但废物的资源化加工需要一定的设备投资和特殊的工艺，再处理过程还需要消耗能源及其他资源；此外，废物的收集、储存和运输过程还会产生新的成本和新的污染；而再生资源的价值较前一次寿命中更低。因此，很多时候，废物的再循环投入大而产出少，只有高价值含量的再生循环才有利可图。

另外，还应该看到，废物循环再生的本质仍然是事后解决问题的方法，而不是一种预防性的措施。废物再生利用虽然可以减少废弃物最终的处理量，但不一定能够减少经济活动中的物质流动数量和物质消耗量。只有综合运用3R原则才是资源利用的最优方式。

2.2.2 循环经济的本质与目标

循环经济的目标是强调经济效益、环境效益和社会效益的统一。经济效益是指在社会的生产和再生产活动中，所占用及消耗的劳动与劳动成果之比，即投入产出之比。讲求经济效益，就是要在一定的投入情况下，尽可能多地获得产出，或者是在产出既定条件下尽可能地节约投入。环境效益是指人类活动所引起的环境质量的变化。人类活动对环境的影响一般需要一段时间以后才显示出来，从而使环境效益见效缓慢，如工厂排放的污染物在水中经过一段时间积累才会发生水体污染。社会效益是指人类活动所产生的社会效果，是从社会角度对经济活动成果的一种评价。从环境保护角度而言，社会效益表现为居民体质的增强、发病率降低、寿命延长，即居民生活质量的提高。

循环经济的本质是强调减少资源消耗，走内涵发展道路，不断提高资源利用效率，提高经济增长的质量和效益。循环经济是一种资源节约战略，它追求的不是简单降低资源消耗，而是使资源尽可能得到高效利用和循环利用，从而达到提高资源利用效率的目的。而实现这一目标的手段就是技术创新。

从循环经济的本质可以看出，其核心是物料的循环，即物料及其附属物质在供应商、制造商、销售商和用户之间反复流动，从而形成循环物流。在循环物流中流动的物质，既有消费者需要的物品，又有消费者使用过的废弃物品。循环物流由两种渠道构成：一种是物品通过"生产—流通—消费"途径，满足消费者需要的正向物流；另一种是合理处置废弃物的渠道，将不再被消费者需求的废旧品变成重新投放到市场上的可用商品的整个过程的所有物流活动。其作用是将消费者不再需求的废弃物运回到生产和制造领域，重新变成新商品或者新商品的一部分。其流动的方向与前者相反，这就是逆向物流（Reverse Logistics，RL）。逆向物流和正向物流一起构成了资源、产品循环流动的渠道，周而复始，资源达到了最大程度的利用，整个过程如图2.1所示。

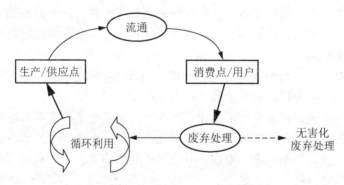

图2.1 循环物流总体框架

注：⟶ 表示正向物流；⟶ 表示逆向物流。

用循环经济的思维方式来指导可持续发展战略的实施,就必须将循环经济的思想贯彻到实际生产和生活当中,用生存学规律指导企业的经营活动,提高物流效率,建立循环物流,形成"资源—产品—(以废物为)资源"的物流模式,从而实现"低开采、高利用、低排放"的物质利用模式。

2.3 绿色物流理论

2.3.1 绿色物流的兴起

物流与经济发展、消费生活、环境之间,在不同的时期存在不同的依赖关系,如图2.2所示。在经济高速发展的工业时代,物流与经济发展的关系最为密切;到了20世纪中后期,物流逐渐从产业物流向产业物流与消费物流双向发展,物流涉及的领域得到扩大;而今,乃至未来,除了从经济发展、消费生活的角度推动物流的深化,还必须从环保的角度促进物流管理的全方位发展。

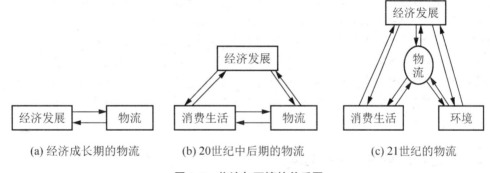

图 2.2 物流与环境的关系图

21世纪,人与人、人与社会、人与自然更加注重协调发展,人们越来越重视环境问题,绿色物流正是在这样的背景下逐渐形成的。

绿色物流(Green Logistics 或 Enviromental Logistics)是指以降低对环境的污染、减少资源消耗、充分利用资源为目标,利用先进物流技术,规划和实施的运输、储存、包装、装卸、流通加工等物流活动。绿色物流的行为主体主要是专业物流企业,同时也涉及有关生产企业和消费者。

中华人民共和国国家标准《物流术语(GB/T 18354—2006)》中对绿色物流(Environment Logistics)下的定义如下。

绿色物流(Environmental Logistics)指在物流过程中抑制物流对环境造成危害的同时,实现对物流环境的净化,使物流资源得到最充分利用。

本书所研究的绿色物流,本质上是具有可持续发展和环境保护内涵的物流,包括以下几个方面。

(1) 物流系统本身具有"绿色"的概念。主要指物流系统本身具有可持续发展和环境保护的双重意义。表现在资源和能源消耗较低、对环境影响较小,是有环保意义的、低污染、低排放的物流系统。

（2）物流过程、物流环节及物流技术"绿色"的概念。主要指物流过程中的各个环节具备上述绿色的特征。例如，绿色运输、绿色包装等，能够有效地实现对物流对象本身的保护，同时防止物流对象损失、浪费和对环境的污染。

（3）物流对象"绿色"的概念。主要指物流对象是"绿色"的商品，这种对象的标志是：生、鲜、活、净。例如，粮食、蔬菜、水果、鲜活的鱼、肉、蛋、奶等。

（4）物流系统的功能和所起的作用中绿色的概念。主要指物流系统的功能和所起的作用在于解决"绿色"的问题，有利于资源的利用，有利于社会的可持续发展。例如，能使资源得到充分利用的物流系统、资源回收的物流系统、资源综合利用和再生利用的物流系统、防止资源污染及污染物处理的物流系统等。

绿色物流是一个多层次的概念，它既包括企业的绿色物流活动，又包括社会对绿色物流活动的管理、规范和控制。从绿色物流活动的范围来看，它既包括各个单项的绿色物流作业（如绿色运输、绿色包装、绿色流通加工等），还包括为实现资源再利用而进行的废弃物循环物流。因而，绿色物流至少还应该从两个层次来定义。一是微观层次；二是宏观层次。

（1）在微观层次，绿色物流从物流活动的开始就注意防止环境污染，以先进设施和科学管理为手段，在运输、储存、装卸、搬运、包装、流通加工、配送、信息处理等功能要素中实现节能、降耗以及减少环境污染，并由此实现赢利目的。

（2）在宏观层次，绿色物流旨在通过对城市、区域乃至全国的产业布局、人口布局进行合理规划，适当调整，尽量减少重复的物流活动，降低总的物流发生量；提倡环境友好的物流技术，用健全的标准体系来规范物流企业的环境行为，建立绿色物流评审制度，从技术和管理上抑制物流对环境的影响；大力发展废弃物流，使之规范化、产业化，最终实现物流与经济、社会的协调和持续发展。

2.3.2 绿色物流与传统物流的差异

绿色物流是近几年才形成的新概念，它与传统物流的概念是不同的（表2-2）。

表2-2 绿色物流与传统物流的比较

比较项目	绿色物流	传统物流
功能和内容	除了传统物流的功能外，还要实现支持绿色生产、经营绿色产品、促进绿色消费、回收废弃物等以环保为目的的特殊功能	实现产品的"空间转移"和"时间推移"，消除生产与消费在时间和空间上的差异
物流活动目标	既要实现企业的经济效益最大化，又要注重节约资源、保护环境等社会效益	利润最大化
物流过程	废弃物物流、产品退回物流和回收利用物流等物流过程，是一个循环往复的逆向物流系统	产品从生产者到消费者流动的过程

具体表现在：绿色物流的目标不同于传统物流。绿色物流的功能不同于传统物流。绿色物流是一种包括产品生产、消费、废旧物回收、可再生资源复用、最终废弃物处理等一系列过程的循环物流。传统物流只重视产品从生产者到消费者流动的过程，而忽略了废旧物资回收、可再生资源的回收利用等逆向物流过程。

2.3.3 绿色物流系统

根据绿色物流的定义，绿色物流系统的实现也分为两个层次。在微观层次，绿色物流系统的实现需要从组织和过程两个方面来保障，其系统结构如图2.3所示。物流组织建立全面的环境管理体系，确保系统中所有环境行为都遵守特定的规范，系统的环境影响日益减少，呈现出良性循环的趋势。物流过程采用先进的绿色技术，如绿色包装、绿色运输等，确保物流活动的废弃物排放和能源消耗不断降低；同时以生命周期评价方法从整体上测度改善情况，监控系统的整体优化效果。

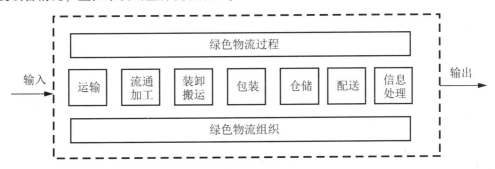

图2.3　微观绿色物流系统结构

在宏观层次，绿色物流系统体现了3R原则：减量化、再利用、再循环，真正实现了以有效的物质循环为基础的物流活动与环境、经济、社会共同发展，使社会发展过程中的废弃物量达到最少，并使废弃物实现资源化与无害化处理。一般物流系统通常在垃圾收集环节才进行物品的回收。绿色物流系统则在每两类物流环节之间进行物品的回收、重用，整个物流循环系统由无数个小的循环系统组成，在完成一次大的物流循环之前，每个小循环系统已经工作了无数次，因此确保物流系统中的物质能得到最大程度的利用。

宏观绿色物流系统的结构如图2.4所示，根据物流的服务对象，由供应物流、生产物流、销售物流、回收物流及废弃物流组成了一个闭环，位于系统的中央，保障这个闭环能正常运转的外部条件包括绿色物流技术、物流环境影响评价标准和物流企业审核制度。

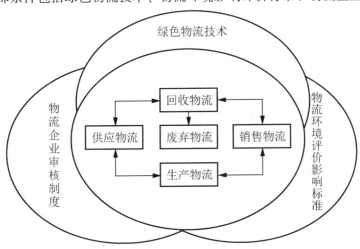

图2.4　宏观绿色物流系统结构

2.4 全生命周期理论

良好的逆向物流管理可以被看做产品生命周期管理的一部分。产品生命周期管理主要是指根据产品在其生命周期的不同阶段，企业提供不同的物流和营销支持。这体现了现代企业在产品设计中"从摇篮到坟墓"的生命周期全过程管理的理念。

2.4.1 全生命周期的定义

管理学者在探讨有关组织演变或发展过程的主题时，生命周期理论（Life Cycle Theory）是最常用的基础理论之一。生命周期理论来自对生命体从出生到死亡这一循环的观察与描述，基于生命体的出生、成长、成熟、衰退、死亡的过程变化，以及不同阶段所呈现的特质，来模拟人类社会中有关组织、产品、市场、产业的相关变化。虽然这样的模拟仍有许多争论和限制，但是在相关的理论中，生命周期理论仍然因为具有较好的解释效果，而被广泛采用。目前国内外比较成熟的生命周期理论主要包括：产品生命周期理论、组织生命周期理论、产业生命周期理论以及技术生命周期理论。其中，产品生命周期理论是一个最重要的理论，并得到广泛的应用。

产品生命周期理论认为，产品的生命周期过程一般划分为4个阶段，即引入期、成长期、成熟期和衰退期。最早提出产品生命周期理论的是美国经济学家西奥多·李维特，他于1965年在《哈佛管理评论》的一篇文章中提出，后来经多位学者加以完善和推广，使之成为一种较为成熟的理论。

产品生命周期管理的核心在于意识到所有的生命都是有限的。不同产品的生命周期也是不同的，并且产品处于生命周期的不同阶段对逆向物流管理和支持的需要也是不同的。此外，为了能够更好地进行产品整个生命周期阶段的管理工作和产品的回收处理，管理者除了要考虑通常意义上的生命周期的4个阶段之外，还需要将产品的研发阶段和产品生命周期的末期——废弃物处理也纳入到规划当中，而且不同阶段对于逆向物流的任务和特征也是不同的。本书将产品的生命周期分为研发、生产、销售、消费、废旧处理5个阶段。产品的生命周期及伴随逆向物流如图2.5所示。

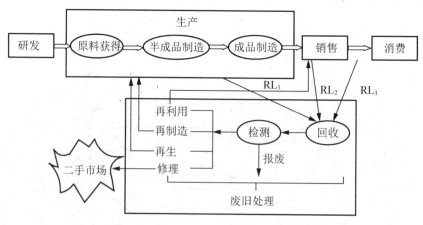

图2.5 产品的生命周期及伴随逆向物流

注：⇒表示前向物流；→表示逆向物流；RL_1表示使用后的废旧产品；RL_2表示商业退货；RL_3表示副产品/不合格产品。

其中,生产阶段还可以细分为原材料获得、半成品制造和成品制造;废旧处理阶段包括对各种逆向物流的回收、分类检测,进而根据不同返品进行不同处理:报废、再利用、再制造、再生和修理。产品经研发、生产、销售等阶段将产品推向消费者,进入产品的消费阶段,消费后进入废旧处理阶段。

2.4.2 全生命周期的各个阶段

1. 研发阶段

研发阶段是产品孕育的开始,是对产品的各个方面进行设计。为了方便以后逆向物流管理,在该阶段就要贯彻逆向物流管理思想。

该阶段贯彻逆向物流管理思想包括以下切入点。

(1)注重选取再生材料。需要做好构成产品所需要的资源准备,包括原材料选取、包装等。为了实现未来回收产品的再利用和再循环,应在设计阶段就重视选取可回收再利用的材料。

(2)方便逆向物流管理的设计,如模块化设计。在产品维修过程中,很多时候需要对不能正常工作的零部件进行更换;在再制造过程中,需要对产品拆卸。模块化设计可以方便零部件更换、简化拆卸过程。

(3)新旧产品主要部件的兼容性。新型号产品如果和老型号产品的主要部件兼容,那么回收回来的主要部件就可通过再制造进行利用,且利用价值高;相反,如果不兼容,大量的旧型号产品的部件就只能作为废旧品处理了。

2. 生产阶段

生产阶段是按照研发阶段的设计结果进行生产的过程。该阶段贯彻逆向物流管理思想包括以下切入点。

(1)注意产品导入市场的时间。新产品导入市场的时间应该慎重考虑,对某些行业的短生命周期产品来说,新产品会影响到旧型号产品的销售,零售商会将大量的没有销售出去的旧型号产品退给制造商,如计算机和手机。所以,要考虑和评价新型号产品对旧型号产品的销售影响,选择合适的新产品导入时间,可避免不必要返品的出现。

(2)注重生产过程中的逆向物流的再利用。生产过程中的逆向物流主要是指产品制造过程中产生的边角余料、废水、废料等。

3. 销售阶段

销售阶段包括产品运输、销售和客户服务过程。该阶段贯彻逆向物流管理思想包括以下切入点。

(1)合理设计分销商政策。Philips公司在2001年联合分销商面向客户调查退货原因,调查结果显示退货的一大原因是销售商向消费者提供了错误信息,原因在于公司没有充分培训分销商。另外,他们公司的分销商不使用任何的检测、修理设备,大部分消费者退回的商品不经过任何检测就作为有缺陷商品退货给了公司。对此,公司加强了对分销商的培训,并重新设计了分销商退货政策,结果一方面提高了客户满意度,另一方面减少了公司的返品。

(2)提供多形式产品使用帮助,减少消费者不必要的退货。Philips公司在2001年联合分销商面向客户调查退货原因的调查结果显示:退货的另一大原因是消费者使用和操作产品困难。消费者退货在很大程度上不是因为实际的产品质量问题,而是因为在产品说明书上没有提供清晰的产品介绍和使用方法说明。针对此,Philips 公司改进了产品说明的清晰性,提高了产品使用和操作的方便性。

4. 消费阶段

消费阶段是消费者对产品的使用过程。围绕逆向物流管理,促进资源再利用,该阶段主要向消费者进行宣传和教育。

5. 废旧处理阶段

废旧处理是对从消费者手中返回的破旧产品进行回收、检测、分类以及资源化的过程。该阶段贯彻逆向物流管理思想的重点是设计逆向物流管理政策和逆向物流网络结构。

2.4.3 企业的生命周期特征

不同的企业存在不同的生命周期,企业经营周期反映的是企业的经济行为在扩张与收缩、繁荣与萧条之间的循环或替代选择,当循环圈越大或增长繁荣期越长时,企业生命周期也就越长。

企业生命周期波动的原因包括外因和内因。外因决定理论,其隐含的理论前提假设是企业生命周期应该是稳定的,只有在受到外力冲击时才会发生波动。内因决定理论认为,企业的劳动生产率会极大地影响企业经营周期,而经营周期的变化方向基本上与企业生命周期的变化方向是一致的。企业生命周期变化规律是以 12 年为周期的长程循环。它由 4 个不同阶段的小周期组成,每个小周期为 3 年。如果再往下分,一年 12 个月可分为 4 个微周期,每个微周期为 3 个月。该规律的行业特征不太明显,适用于各种行业,甚至大部分商业现象。

由于不同的企业存在不同的生命周期,不同的生命周期体现不同的变化特征。尽管它们有共同的规律,但在 4 个不同周期阶段变化各异,各自的发展轨迹也不同。这些不同的变化特征归纳为以下 3 种变化。

1. 普通型

周期运行顺序:上升期(3 年)→高峰期(3 年)→平稳期(3 年)→低潮期(3 年)。普通型变化最为常见,60% 左右的企业属于这种变化。它的 4 个小周期的运行相对比较稳定,没有大起大落。属于普通型变化的企业,即使经营业绩平平,但只要在低潮期不出现大的投资失误,一般都能比较顺利地通过 4 个小周期的循环。

2. 起落型

周期运行顺序:上升期(3 年)→高峰期(3 年)→低潮期(3 年)→平稳期(3 年)。起落型变化比较复杂,不易掌握,属于盛极而衰,大起大落之类型。这类变化的企业比例约占 20%。它的运行轨迹在周期转换过程中突发剧变,直接从高峰落入低谷。处于这个周期阶段的企业,经营者一般都会被眼前的辉煌所迷惑,错误估计形势,拼命扩大投资规模,准备大干一场。殊不知这种投资决策的失误,结果导致前功尽弃,甚至全军覆没。

3. 晦暗型

周期运行顺序:下落期(3 年)→低潮期(3 年)→高峰期(3 年)→平稳期(3 年)。名曰晦暗,隐含韬晦之意。这类变化的企业与上述两类变化相比,运转周期中减少一个上升期，多出一个下落期。这就表明在 12 年 4 个小周期的循环中，这类企业可供发展的机会少了 3 年，而不景气的阶段多出 3 年。这类企业的比例约占 20%。

一个正常运作的企业，如果处于不景气的低迷状态中达 6 年之久，不光众人士气低落，企业决策者也面临严峻的考验。这个周期阶段的企业决策者，容易产生两种心态：一是彻底悲观失望，对前途失去信心，不想作任何努力，任企业自生自灭；另一种则出于孤注一掷的赌徒心理，拼命扩大投资，采取破釜沉舟、背水一战的方式来挽救败局。这种急功近利的做法，不但于事无补，反而在陷阱中越陷越深。所以在这个阶段，以上两种策略都不足取。

晦暗型变化的企业虽有诸多弊端，但也具备独特的优势，它在经历下落和低潮两个小周期阶段的低位循环后，运行轨迹突发剧变，直接从低谷冲上高峰。鉴于这个变化特点，企业决策者要权衡利弊，扬长避短，充分利用这一优势，把不利转化为有利因素。"塞翁失马，焉知祸福"。企业处于低潮，固然不利，但从另一角度分析，这段时间也给企业提供了一个休养生息、调整组合的大好机会，采用相应的战略调整，着眼于中长期目标的投资。

2.4.4 针对所处周期选择适当战略

针对不同的周期应采取不同的战略，从而使企业的总体战略更具前瞻性、目标性和可操作性。依照企业偏离战略起点的程度，可将企业的总体战略划分为以下 3 种：发展型、稳定型和紧缩型。

（1）发展型战略，又称进攻型战略。使企业在现有的战略基础水平上向更高一级的目标发展，该战略宜选择在企业生命周期变化阶段的上升期和高峰期，时间为 6 年。

（2）稳定型战略，又称防御型战略。使企业在战略期内所期望达到的经营状况基本保持在战略起点的范围和水平。宜选择在企业生命周期变化阶段的平稳期实施该战略，时间为 3 年。

（3）紧缩型战略，又称退却型战略。它是指企业从现有的战略基础水平往后收缩和撤退，且偏离战略起点较大的战略。采取紧缩型战略宜选择在企业生命周期变化阶段的低潮期，时间为 3 年。

以上 3 种战略中，可以说所有的企业最不希望采用紧缩型战略，因为这与他们的愿望背道而驰。许多企业即使在时机不成熟的条件下，宁愿采用发展型战略而非紧缩型战略。其实从战略角度考虑，有时候战略上的退却比进攻更有成效。企业要生存并获得发展，必须把这两种战略摆在同等重要的战略位置上。

现今中小企业经营者极容易走入一个误区，认为只要做大做强，企业就能生存发展。在这种经营思想指导下，采取发展型战略盲目扩张。在企业生命周期的高峰期会取得一定成果，一旦进入低潮期就恰得其反，后果不堪设想。而低潮期是周期循环力量衰竭的产物，是必然的发展趋势。企业战略只有选择最佳的时机，才能取得成功。周期战略的应用目的正在于此。

习 题

一、判断题

1. 可持续发展理论是指既满足当代人的需要，又不对后代人满足其需要的能力构成危害。   （   ）

2. 循环经济是物资闭环流动型经济的简称，它以科学发展原则为基础，是一种关于社会经济与资源环境协调发展的新经济概念。（ ）

3. 产品生命周期理论认为，产品的生命周期过程一般划分为四个阶段，即引入期、成长期、成熟期和衰退期。（ ）

4. 采取紧缩型战略宜选择在企业生命周期变化阶段的衰退期。（ ）

5. 逆向物流理论最早在美国、德国和日本等主要西方国家兴起。（ ）

二、选择题

1. 逆向物流的主要理论基础为可持续发展理论、（ ）、全生命周期理论和循环经济理论构成。
   A. 物流管理理论　　　　　　　　B. 供应链管理理论
   C. 绿色物流理论　　　　　　　　D. 低碳产业理论

2. 在具体内容方面，可持续发展涉及可持续经济、（ ）和可持续社会的协调统一。
   A. 可持续生态　B. 可持续科技　C. 可持续政治　D. 可持续资源

3. 循环经济是国际社会推进可持续发展的一种实践模式，它强调最有效利用资源和保护环境，表现为"（ ）"的经济增长方式。
   A. 资源→产品→污染排放
   B. 资源→产品→再生资源
   C. 资源→产品→循环利用
   D. 资源→产品→生态保护

4. 以下（ ）不是循环经济的"3R"原则。
   A. Reduce　　　　　　　　　　　B. Reuse
   C. Recovery　　　　　　　　　　D. Recycle

5. 绿色物流与传统物流的差异不包括（ ）。
   A. 功能和内容　　　　　　　　　B. 物流活动目标
   C. 物流过程　　　　　　　　　　D. 物流内容

三、简答题

1. 可持续发展理论的主要观点是什么？
2. 循环经济理论的内容是什么？
3. 绿色物流理论如何从宏观、微观两个层次加以理解？
4. 什么是全生命周期理论？
5. 结合全生命周期理论，试分析电子产品在各阶段所采取的策略。
6. 基于循环经济理论，浅析逆向物流与正向物流的关系。

四、讨论题

1. 试讨论企鹅丛书开发成功的原因。
2. 所谓"绿色包装"，是指对生态环境不造成污染，对人体健康不造成危害，能循环使用和再生利用，可促进持续发展的包装。也就是说，包装产品从原材料选择、制造、使用、回收和废弃的整个过程均应符合生态环境保护的要求。根据自己的理解，描述生活中，哪些属于绿色包装？（从商品包装材料、包装方式以及有关包装的法规，如禁塑令等方面分析。）

 **案例分析**

德国的废旧汽车处理厂

位于纽伦堡市郊的废旧汽车处理厂是根据德国废旧汽车回收的有关法规由私营业主投资设立的,目前处理规模已达到 3 000 辆/年。

其主要流程为:废旧汽车进入第一个车间后,由技师对汽车的总体情况进行检查诊断,确定哪些零部件可以重新利用,然后将这些部件拆解后进行分类编码,放入可重新利用的零部件仓库,并将这些信息输入计算机系统。同时,汽车中的各类残油也被分类回收,这既是资源的回收,又是安全生产的需要。然后,废车上的塑料、轮胎、金属零部件在其他车间被一一拆解,送往专业化厂进行处理。其中的塑料按照不同的品牌分别送到各个不同的制造商,因为各品牌的塑料成分不同,所以要避免混合后重新利用时因成分不同使性能发生改变。剩下的车体钢架冲压后送往钢厂重新利用。在这里,所有的废旧物资全部被回收利用,处理厂按市场价格将这些废旧物资出售给不同的客户。

废旧金属回收厂

已有上百年历史的纽伦堡地区最大的废旧金属回收公司,下属两个回收工厂与一个冶炼厂,回收厂回收的金属种类很多,以废钢、铁、铜、铝为主。该公司与许多企业和政府部门签定了协议,采取上门取货和送货上门两种办法取得各种废旧金属,前面提到的那个废旧汽车回收厂就是它们的合同签约方之一。废旧金属被送到工厂后,首先进行分类,不同种类的金属被分送到公司内不同的处理场地进行处理。处理的基本原则是把混在其中的杂物分拣出来,然后将分类提纯后的金属加工成方便运输的尺寸和形状,销往全球各地。

根据以上案例,试分析德国废旧汽车及废旧金属回收的可取之处。

第 3 章 逆向物流系统设计

【本章教学要点】

知识要点	掌握程度	相关知识	应用方向
逆向物流系统的功能、原则	掌握	逆向物流系统的原则	回收活动的策划
	重点掌握	逆向物流系统的功能	
逆向物流系统的业务流程和技术流程	了解	逆向物流系统的业务流程和技术流程	流程设计
回收物流通道设计	掌握	回收物流通道设计	通道设计
回收物流组织模式分析及网络结构设计	掌握	物流组织的选择和设计	组织的设立和管理
	了解	网络结构的组建	
回收物流成本	掌握	回收物流成本的内容和计算模式	核算物流成本
	了解	逆向物流系统的费用组成	

知识架构

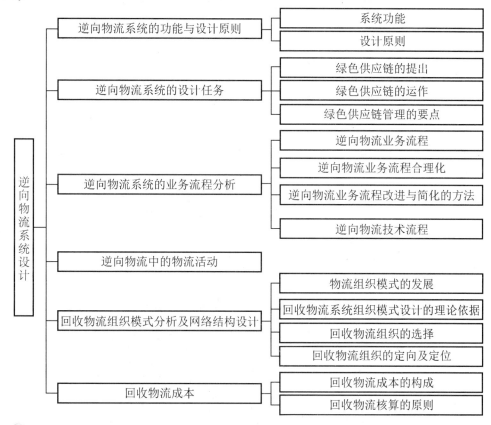

导入案例

Henderson 电器回收系统

Henderson 电器公司开发了一套逆向物流系统，以管理其来自主要经销商的返品。这个系统帮助 Henderson 公司将每个顾客的每一个返品都同初始订单、初始制造厂的数据联系起来。公司的产品和质量工程师利用这些数据评定制造商的缺陷，改善流程，甚至重新设计包装以杜绝以后低劣产品的出现。

Henderson 还在其逆向物流系统里构筑了另外一个复杂元素：极大化其返品利润的能力。收到损坏的返品后，产品工程师立即定位损坏之处，计算零部件的成本和将产品修复到初始状态所需耗费的劳动。例如，当一个冰箱因为底板损坏而不能使用时，工程师马上计算要花费多少费用才能更换底板以便重新使用。基于以上修复成本，Henderson 决定了电器是需要修复还是在二手市场销售或者是拆成备品备件。通过这一系统，Henderson 能够最小化存货成本，同时给公司带来最大收入。

产品由企业到消费者的物流过程，从来都是一对孪生姐妹。逆向物流更多的是针对"返回"供应链渠道中的产品或者材料，主要是指处理损坏、顾客要求退回商品、季节性库存、残值处理、产品召回等，另外还包括废物回收、危险材料处理、过期设备处理和资产回收。

3.1 逆向物流系统的功能与设计原则

3.1.1 逆向物流系统的功能

逆向物流系统仍然是由运输、储存、装卸搬运、包装、流通加工和物流信息管理等物流功能要素构成的。不过与正向物流不同，相关物流功能要素反映的侧重点有所不同。

1. 信道功能

一般而言，逆向物流系统的目标要通过包括图3.1中所示的共同物流功能来实现。

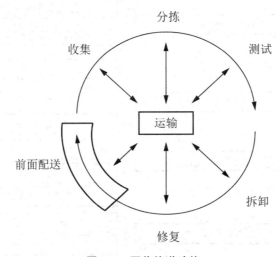

图 3.1　回收信道功能

逆向物流系统的信道功能包括收集功能、分拣功能、测试功能、运输功能、拆卸功能、修复（再加工/再生）功能。

(1) 收集功能：在收集阶段，从客户手中回收用过的、过时的或者损坏的产品和包装等，将其从废物中分离出来，进入回收信道。回收品的收集如果能做到分类进行，将会大大提高逆向物流系统的效率，缩短时间，降低成本。

(2) 分拣功能：在物流活动中，流通加工中的分拣过程是一个相当复杂、烦琐的程序，需要较多的人力、物力等；若实现自动分拣系统操作，又要考虑到企业规模、基础设施、技术支持、维护等因素。然而分拣是必须完成的一个环节，关系到整个再利用、循环或再加工过程中物流网络能否成功，是否有效。如果分拣及时，改进是可能的，如在收集期间用标准容器，如瓶子。

(3) 测试功能：在拆卸前或拆卸期间，要测试所回收部件的质量，按测试结果来决定是否可以修理和再用，所以对回收部件早期的检测可节省不必要的运输和加工处理费用。同时关注在逆向物流流程过程中回收物料的危险性和可用性。例如，某公司对其所要回收的电子设备进行测试，以确定其可维护性或升级性等。

(4) 运输功能：运输是最昂贵的物流活动，通常可以占到物流总费用的50%以上。而在逆向物流环节中，运输同样是回收物流的重要成本因素。其中从最终用户到制造商的回收信道中第一阶段的运输成本特别昂贵，因为涉及的回收物品点广而量少，程序相对复杂。

虽然说是回收物品(有些可能只有部分能用),但运输成本却不会因此而降低。若不考虑整体而强行将产品分解或者预处理,运输成本有可能下降,但也会带来难以预料的不良后果。

(5) 拆卸功能:拆卸主要是考虑到物品在回收前的测试和在回收后进行修复(再加工/再生)之前的拆卸过程。根据流程需要进行相对应的操作。同时要满足操作管理中的即时性原则:如果没有对部件的需求,就没必要去拆卸,消除不必要的操作。其中要注意,拆卸和测试设备的有效性、价格,以及装配和测试所要求的知识,决定拆卸的地点和如何完成拆卸等都需要考虑,而且对逆向物流系统中的各类人员进行必要的培训。

(6) 修复(再加工/再生)功能:回收物品的修复(再加工)过程需要涉及分散、清洗、修理、替代、加工和装配等步骤,通常在再加工的情况下,产品的特性保留下来;而再生是把废旧物分解成可以在完全不同的产品中再使用的原材料。修复的目的是,在法律条件下以最小的成本恢复和创造产品最大的经济价值,并同时满足技术发展、保护生态的需要。

2. 信息管理功能

逆向物流系统中的信息管理功能同样重要。如前所述,在全球经济化的大潮中,加上回收物流具有高度的分散性和多变性,信息涉及回收过程中的每一个环节(包括分拣、装卸、包装、储存、流通加工、修复等),需要考虑的重要因素还包括产品价值、所需设施与知识、修复方式和技术限制等。

然而,从信息获得的角度来讲,许多企业不容易获得可以正确分析产品回收处理问题的信息。因为这些相关的信息通常都相当分散,有的信息在公司内部,有的在整个企业链中,有的信息甚至是无法取得的。而这些必需的信息主要包括以下4种:关于产品组成和构造等相关信息;关于产品回收数量以及不确定性的信息;关于修复、再制造产品、零件以及物料的市场要求和需求信息;关于产品回收处理以及废弃物处置等作业信息。

这些信息的难得性和分散性,使得逆向物流在管理上比正向物流复杂得多,而究其原因在于逆向物流比正向物流增加了许多复杂性和不确定性。恰恰是这些不确定性和复杂性往往会使整个逆向物流的绩效变差。因此,有效的逆向物流系统必然要以完善的物流信息系统作基础,信息管理的重要性就尤为突出。

3. 企业物流管理改造功能

在逆向物流活动中,企业物流活动的流程管理可能产生很大的影响,通常主要涉及以下几个方面:原材料管理、生产过程管理、产品营销管理、回收物品配送管理、物流信息管理。

(1) 原材料管理:一般而言,产品回收引起的原材料的二次供应会使制造企业节省原材料的成本,即原材料二次供应在经济上是有效的。但多少仍有一些缺点,无法保证数量和质量的稳定性,这就要求公司加强对材料的管理,特别是预处理能力的提升。

(2) 生产过程管理:循环处理和再加工不是原始的生产,需要考虑到回收产品中有用和无用的部分,而且需要考虑产品回收修复设计和生产阶段。企业需要在生产流程中充分利用原有的生产工序和增添相配套的设施设备以保证生产的合理进行。

(3)产品营销管理：一般情况下企业的最终目的还是获取利润，因此为回收产品修复/再加工后能否适应市场的需要寻求出路。例如，酒瓶的回收再利用，在保证质量和卫生的前提下，引导公众消费观念的改变，实现环保取向，即"绿色"、"可靠"产品战略，走可持续化发展道路。

(4)回收物品配送管理：配送是逆向物流系统中重要的工作之一。例如，需要确定物品回流的线路，选择外部采购还是内部储存，开拓回收物流网络，利用第三方物流进行回收和配送等。

(5)物流信息管理：逆向物流企业的信息管理，特别需要利用现代的信息技术，能够获得所使用产品过去的历史，例如跟踪、追溯或探测使用频率、维修频率、有无年检记录等，并根据所得信息进行相关的操作。

3.1.2 逆向物流系统设计的原则

在逆向物流设计过程中，只有实现整体过程的合理化，才能完成企业对逆向物流进行回收、管理的主要目标。实现循环经济、清洁生产、降低物流总成本，为社会和企业带来经济效益，谋求共同、可持续化发展。主要包括以下原则。

1. "预防为主、防治结合"原则

逆向物流实施过程中的基本原则是"预防为主、防治结合"，也就是"事前防范重于事后处理"的原则。若没有实现该原则，对回收的各种物料进行处理往往给企业带来许多额外的经济损失和带来环境的污染等问题，这与逆向物流的初衷相悖。所以公司管理理念要提到战略位置上来，不要贪求眼前的小利益，必须实现企业管理层的全局化管理和加强对员工的回收意识，将业务操作流程规范化、标准化，大力推进循环经济。

2. "5R"原则

所谓的"5R"原则即"绿色原则"，就是将环境保护的思想观念融入企业物流管理过程中。在企业的日常运作过程中要实现：研究(Research)、重复使用(Reuse)、减量化(Reduce)、再循环(Recycle)、挽救(Rescue)这5个方面。只有重视企业的环境对策，如循环经济、清洁生产等绿色技术的研究与推广应用，才能真正实现绿色化发展。

3. 信息化原则

通过信息技术的应用(例如条形码技术、RFID射频技术、GPS技术、EDI技术、POS技术等)，一方面加快信息的收集和传递，数据进入系统后，经过加工整理，成为支持物流系统运行的物流信息，进行存储以备使用；另一方面，信息处理将数据(数据预处理、数据挖掘、知识评估等)加工处理成物流信息，可以大大提高企业逆向物流系统的效率和效益。

这些技术的运用在技术上给予实现逆向物流信息系统良好的运作以强大的支持，加快了速度，提高了效率、效益，同时也降低了成本。

4. 合理化原则

在逆向物流设计过程中，合理化原则是非常重要的一点。在逆向物流流程中需要有商品周转、商品拣选、商品保管、流通加工、配送、信息处理等功能的运作，同时需要利用已有的物流回收网络，借助第三方物流的优势等为企业和社会服务，从而降低成本，实现企业的物流过程合理化。

5. 法制化原则

我国现有各类物流法律法规的制定，基本维护目前物流业的经济秩序，但仍不能满足物流业飞速发展的需要。特别是逆向物流活动中难免带有盲目性和无序化的特点，不仅涉及企业本身，而且往往涉及社会公众利益，这就加大了法律法规制定的难度，因此制定逆向物流的规范是势在必行的。

但现今的物流法律法规还存在一些问题，主要有物流业缺乏系统而专门的法律规定，而具有操作性的物流法律法规层次较低，法律效力不大，难以适应目前市场经济环境下物流的发展，更难以适应我国在物流国际化发展的需要，急需补充、修订。

6. 社会化原则

从本质上讲，社会物流的发展是由社会生产的发展带动的，而随着经济的发展和社会的进一步融合，逆向物流不仅只是企业的物流活动，而是社会化、国际化的物流，需要物流企业参加的同时，更需要公众的积极参与。

现在国外企业与公众参与逆向物流的积极性较高，例如麦当劳餐馆和环境保护基金就结成绿色联盟，主要任务是改善作业的生态影响，以增强环境形象、降低成本。

7. 效益原则

逆向物流是社会再生产过程中的一环，物流过程中不仅有物质循环利用、能源转化，同时还有价值的转移和价值的实现。因此，逆向物流涉及了经济效益与生态环境效益，经济效益涉及目前和局部的更密切相关的利益，而环境效益则关系更宏观和长远的利益。经济效益与环境效益是对立统一的。后者是前者的自然基础和物质源泉，而前者是后者的经济表现形式。

8. 回收价值最大化原则

一般认为产品经济性回收的价值评价分为两步：产品设计阶段和产品回收阶段，根据产品的报废程度、回收工艺、市场需求、处理费用等状况，可采用层次分析法对产品零部件重用的拆卸层次进行决策，评价废旧产品的最大回收价值。

9. 产品全生命周期设计原则

与传统产品"从摇篮到坟墓"相反，在逆向物流系统设计中强调产品全生命周期"从摇篮到再现"的设计框架。整个生命周期包括从原材料的开采、加工、产品制造、销售、使用、维护、产品回收、产品逆制造、材料逆制造和处理等环节。这些环节又涉及直接的回收再利用、可重用的部件、回收材料的处理等过程。

3.2 逆向物流系统的设计任务

3.2.1 绿色供应链的提出

设计逆向物流系统必须从供应链的全局出发来进行。绿色供应链从供应链的源头开始，经过储存、配送、包装、运送到消费者那里。在逆向物流系统设计时，要想最小化企业对环境的影响，就必须从系统观点来评价企业的物流管理。绿色供应链提供了这种全局的、系统的观念。图3.2描述了绿色供应链的流程。

图3.2 绿色供应链的流程

绿色供应链管理以循环经济理论、绿色制造理论和供应链管理技术为基础，在供应链管理全过程中综合考虑了生态环境和资源效率，引入全新的绿色产品设计和供应链资源节约的规划思想，对产品从原材料购买和供应、生产、最终消费直到废弃物回收再利用的整个闭环供应链进行资源化和生态化的现代管理模式。

3.2.2 绿色供应链的运作

绿色供应链的运作过程(图3.3)可概括为：制造商进行绿色设计，对供应商进行评估，选择绿色供应商，建立伙伴关系，进行绿色采购；然后，通过绿色制造得到绿色产品，而生产过程中产生的边角废料、残次品与副产品等将进入内部循环系统再利用；对于合格产品，将通过绿色营销渠道或交由第三方物流企业进行专业化运输配送；消费者在产品的消费过程中采用绿色方式，并积极配合回收再造活动的进行，环环相扣，实现绿色供应链管理的有效实施。

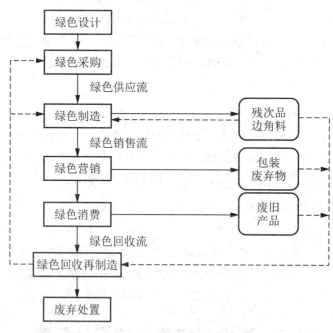

图3.3 绿色供应链的运作

1. 绿色设计

绿色设计是指在产品和流程设计中，充分考虑其生命周期全过程对资源和环境的影响，在注重产品功能、质量、开发周期和成本的同时，优化各种有关设计因素，使得产品及其制造过程对环境的副作用及资源消耗降到最低。包括：绿色产品设计、绿色材料选择、绿色车间设计、绿色工艺设计、绿色包装设计、绿色回收处理。从可持续发展的高度审视产品的整个生命周期，强调在产品开发阶段按照生命周期的观点进行绿色性的分析和评价，将减量化、再用、再生的 3R 思想直接引入产品开发阶段，坚持环境友好、资源节省、可维修性、可回收性、可拆卸性、易处理性等原则，优先考虑选择绿色材料，使得产品及其制造与再制造过程中对环境影响、资源消耗减少到最小。

2. 绿色采购

绿色采购就是在原材料获取过程中综合考虑环境因素，尽量采购对环境和生态无危害或危害小的产品或物流服务，包括采购材料、产品绿色度以及相关物流的绿色化。采购的绿色化程度会直接影响到整个供应链的环境绩效。具体的实施步骤为：首先，企业必须对构成产品的零件材料的绿色性进行评估，选择环境友好的原材料，以避免环境风险；然后，根据材料的绿色性对供应商进行绿色性评估，包括对组织过程和产品的评价，对前者着眼于生产工艺、环境业绩、环境审核，对后者包括生命周期评价、商标和产品标准的评价。应改变采购过时观念，从仅重视采购成本转向相对重视采购品的绿色化程度和绿色运输。

3. 绿色制造

绿色制造包括绿色工艺、绿色生产设备、绿色生产环境等，主要目的是通过削减物耗和能耗，利用内部回收循环来提高资源利用率，减少对于环境的负面影响。绿色工艺是指既能提高经济效益，又能减少环境影响的工艺技术。它要求在提高生产效率的同时必须兼顾削减或消除危险废物及其他有毒化学品的用量，改善劳动条件，减少对操作者的健康威胁，并能生产出安全的与环境兼容的产品。为实现绿色生产，需要综合考虑环境负面影响和资源利用效率，以清洁生产技术为基础，根据实际的制造系统，通过不断地改善管理和改进工艺，尽量使所有生产活动均遵循 ISO 14000 标准，提高资源利用率，减少污染物的产生和排放，以降低对环境和人类的危害。

4. 绿色营销

绿色营销是指企业在经营活动中，按照可持续发展的要求，在注重地球生态环境保护，促进生态、经济和社会的协调发展的前提下，有目的、有计划地实现经济利益、消费者需求和环境利益相统一的管理过程。为实现绿色营销，企业在产品营销过程中应尽可能采用环境友好策略。首先企业的产品应该是绿色产品，产品分销的过程中，尽量少给环境带来污染。企业可以合理规划营销网络，使运输路线最优；充分利用铁路、水路等较为环保的运输；公路运输采用无铅燃料，使用装有控制污染装置的交通工具和节省燃料的交通工具；降低分销过程中的浪费，即对产品处理及储存方面的技术进行革新，尽量采用简单标准、可重复使用的商品包装等。

5. 废弃回收

绿色回收是产品生命周期的废弃回收处理环节，指将具有剩余价值的产品从最终使用者回流到制造商或再制造商，经过适当的加工处理获取价值。这是一种在废弃产品回收处理过程中综合考虑废弃产品和再制造过程对环境的影响以及再用零部件、再生材料等资源的利用效率和效益的现代制造方式。它以产品全生命周期设计和管理为指导，以优质、高效、节能、节材、环保为目标，以先进技术和产业化生产为手段，来修复或改造报废产品。

3.2.3 绿色供应链管理的要点

1. 节点企业的绿色设计

绿色设计从输入端控制的事前预防入手，通过革新产品结构、产品组成材料、加工工艺流程、产品包装、产品维护使用、产品的废弃处理等，实现产品全生命周期的生态化，目的在于强调产品制造的资源减量化和废弃产生的减量化，属于企业战略层。

2. 节点企业的清洁生产

节点企业工艺过程的清洁生产，目的在于通过绿色工艺的改进，降低制造工艺环节的废弃物产生和废弃物的工艺过程内部循环利用，属于操作层。

3. 节点企业的末端治理

末端治理从输出控制的事后补救入手，增加一些处理环节，将所排放的废弃物降低到环境允许的范围之内，目的在于实现制造过程所产生的废弃物排放的减量化，属于战术层。

4. 废弃产品回收再制造

通过废弃产品的回收再利用活动，构建逆向供应链管理模式，减少废弃产品回收再造的集散成本，实现制造业对自然资源需求数量的减少；通过回收产品的零部件的再用处理，可以减少其原始加工的数量，降低生产环节的废物排放数量；通过回收处理废弃产品将会减少污染环境的固体废弃物的数量，节约填埋场地；在保证质量的前提下，利用再生材料、再造零部件、产品级再造，实施低成本和环保竞争战略，涉及企业群体组成的逆向供应链网络，属于社会宏观层。

3.3 逆向物流系统的业务流程分析

3.3.1 逆向物流的业务流程

业务流程(Business Process)是指为达到特定的价值目标而由不同的人分别共同完成的一系列活动。活动之间不仅有严格的先后顺序限定，而且活动的内容、方式、责任等也都必须有明确的安排和界定，以使不同活动在不同岗位角色之间进行转手交接成为可能。活动与活动之间在时间和空间上的转移可以有较大的跨度。它是为专门顾客或市场生产特定产品的一种结构和可预测的活动集合，它是用来集成终端顾客和涉及产品、信息、资金、知识以及观念的动态管理流程的一种动态结构。业务流程是有层次性的，这种层次体现在由上至下、由整体到部分、由宏观到微观、由抽象到具体的逻辑关系（图3.4）。

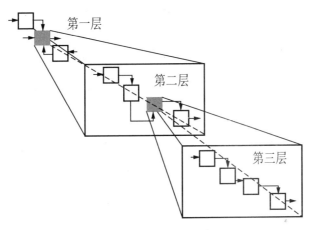

图 3.4　业务流程层次

一般来说，可以先建立主要业务流程的总体运行过程，然后对其中的每项活动进行细化，落实到各个部门的业务过程，建立相对独立的子业务流程以及为其服务的辅助业务流程。

图 3.5 给出了产品循环链和传统供应链活动之间的示意关系，再循环的回收物流活动包括收集、分类、再使用、再制造、再循环、再分配等。如图 3.5 所示，新产品是通过传统的供应链被送到市场的。其中，供应、制造、分配以及它们的流动关系形成了传统的供应链。然而，从回收物流的角度看，废品、残次品和过期产品的流动更为重要，因为这些流动形成了回收物流再循环的输入流。废品主要指的是可以再利用的原材料，例如，室内装修的边角料，可以被回收，并通过再加工，被重新利用。残次品和过期产品主要指产品质量有问题和产品的保质期已过的产品。这些产品和在使用者中没有使用价值的产品一起形成了回收物流的输入。

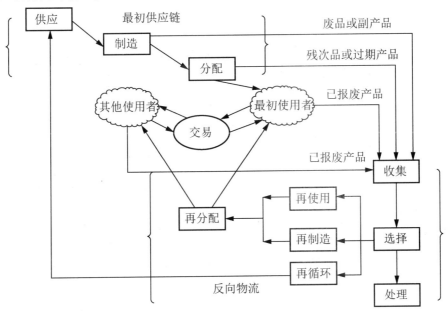

图 3.5　产品循环链和传统供应链活动的关系

例如，某公司买了最新型的计算机，由于该产品耗损及技术的更新，过了一段时间该计算机已不能满足公司的要求，公司便把计算机以低价卖给其他用户，在图3.5中表示为最初使用者、交易过程和其他使用者之间的关系。应指出，通过改变使用者，产品一直按照它的最初功能再继续使用。

从这个例子可看到，该计算机在真正报废之前，可以被要求低的公司或个人再使用。回收物流主要目的是支持和提高产品的再使用率，如计算机硬盘、显示器等可以再使用，计算机主板则可以通过再制造生成电动玩具。总之，产品可以以新的或旧的功能再次进入市场流通。当然，从长远角度看，当产品再次报废时，可能又一次进入回收物流的循环网络中来。

在回收物流业务流程中，首先是产品的收集，包括废品、副产品、过期产品、不再使用产品等的收集，然后把它们运输到固定的地方，并做进一步的检查和处理。

收集或回收：所需收集的废旧产品的准确地理位置、废旧产品的数量、产品目前的使用状况等，这些问题给计划和控制收集过程造成了很大的困难。回收是将顾客所持有的产品通过有偿或无偿的方式返回销售方。这里的销售方可能是供应链上任何一个节点，如来自顾客的产品可能返回到上游的供应商、制造商，也可能是下游的配送商、零售商。

预处理：分类、检验与处理决策。在收集的产品信息中，将根据产品的质量，对产品进行分类，以确定产品的再使用、再重新加工处理或需把它消灭掉等。对于那些质量比较好或不需做什么处理的产品，可再次投放到市场再次使用。对于需要再处理的产品，可作进一步的加工处理，以便投放市场再次使用。该环节是对回收品的功能进行测试分析，并根据产品结构特点以及产品和各零部件的性能确定可行的处理方案，包括直接再销售、再加工后销售、分拆后零部件再利用和产品或零部件报废处理等。然后，对各方案进行成本效益分析，确定最优处理方案。

再处理：包括产品的清洁、分拆、再加工和再装配。分拆是按产品结构的特点将产品分拆成零部件。再加工是对回收产品或分拆后的零部件进行加工，恢复其价值。再处理的过程，也是一个提高技术含量的过程，例如，一个旧家具的恢复，需要很高的工艺技术；一个设备或产品的修复，可能需要更高的先进技术，比如文物和古建筑的修复。

产品再循环：主要指可直接用于其他企业加工的原材料，例如，废钢、废铁可直接作为炼钢厂的原材料直接使用。

产品再分配：把可再使用和再处理过的产品投放到市场中，并运输到使用者手中，该过程包括：储存、销售和运输。

废弃物的报废处理：对那些没有经济价值或严重危害环境的回收品或零部件，通过机械处理、地下掩埋或焚烧等方式进行销毁。西方国家对环保要求越来越高，而后两种方式会对环境带来一些不利影响，如占用土地、污染空气等。因此，目前西方国家主要采取卫生机械处理方式。不过，随着资源再生利用技术的发展，许多人们原以为只能弃之不用的废弃物却也会变废为宝，带来显著的社会效益和经济效益。

 阅读助手

废弃资源再生

长期以来一直被人们废弃的粉煤灰和废旧塑料，经过我国科技人员开发利用，实现了废弃资源再生，"黑白垃圾"变宝。2002年12月10日，由中科院长春应化所承担的中科院、上海浦东新区高新技术种子资金项目——"市政工程用粉煤灰和废旧塑料复合新材料高性能井盖、井座"在长春顺利通过验收。这一技术开拓了我国固体废弃资源再生的新途径，同时可带动相关产业的发展。

根据资料显示，2000年我国废旧塑料约在600万吨以上，粉煤灰年产量达到1.6亿吨，造成十分严重的环境污染，严重地影响了人民的生活质量，制约了国民经济的发展，已成为世界性公害。这一问题已日益引起各国政府的广泛关注，相继投入了可观的人力物力去研究开发这种固体废弃物的再利用。

以粉煤灰与废旧塑料复合新材料制造的高性能井座、井盖具有以下特点：一是性能优良，抗压、抗弯、抗冲击能力高于其他同类产品，制品力学性能高；二是价格低廉，该产品原料的90%为火电厂排放的粉煤灰和废旧塑料，生产成本低，可部分取代钢材、水泥制品；三是净化环境，资源再生；四是美观、安全、不易丢失。

这种井座、井盖完全可取代传统的铸铁井盖、井座，它不仅克服了铸铁井盖、井座易腐蚀、稳定性差和易丢失的缺点，而且可节省大量钢铁资源，其社会效益与经济效益十分巨大。

3.3.2 逆向物流业务流程合理化

逆向物流业务流程合理化的途径主要从业务流程的再造、改进和简化着手，充分采用合理的方案，实现流程的最优。

1. 业务流程再造理论

业流程再造（Business Process Reengineering，BPR）也译为"公司再造"、"再造工程"。它是1993年开始在美国出现的关于企业经营管理方式的一种新的理论和方法。所谓"再造工程"，简单地说就是以业务流程（Business Process）为中心，重新设计企业的经营、管理及运作方式。

业务流程再造需要重新设计和安排企业的整个生产、服务和经营过程，使之合理化。通过对企业原来生产经营过程的各个方面、每个环节进行全面的调查研究和细致分析，对其中不合理、不必要的环节进行彻底的变革。

2. 业务流程再造的主要程序

首先，对原有流程进行全面的功能和效率分析，发现其存在问题。根据企业现行的作业程序，绘制细致、明了的作业流程图，从功能障碍、重要性、可行性着手来分析现行作业流程的问题。

其次，设计新的流程改进方案，并进行评估。在设计新的流程改进方案时，可以考虑如下方案：将现在的数项业务或工作组合，合并为一；工作流程的各个步骤按其自然顺序进行；给予职工参与决策的权力；为同一种工作流程设置若干种进行方式；工作应当超越组织的界限，在最适当的场所进行；尽量减少检查、控制、调整等管理工作；设置项目负

责人(Case Manager)。最后，对于提出的多个流程改进方案，还要从成本、效益、技术条件和风险程度等方面进行评估，选取可行性强的方案。

再次，制定与流程改进方案相配套的组织结构、人力资源配置和业务规范等方面的改进规划，形成系统的企业再造方案。企业业务流程的实施，是以相应组织结构、人力资源配置方式、业务规范、沟通渠道甚至企业文化作为保证的。所以，只有以流程改进为核心形成系统的企业再造方案，才能达到预期的目的。

最后，组织实施与持续改善。实施企业再造方案，必然会触及原有的利益格局。因此，必须精心组织，谨慎推进。既要态度坚定、克服阻力，又要积极宣传、形成共识，以保证企业再造的顺利进行。企业再造方案的实施并不意味着企业再造的终结。在社会发展日益加快的时代，企业总是不断面临新的挑战，这就需要对企业再造方案不断地进行改进，以适应新形势的需要。

3.3.3 逆向物流业务流程改进与简化的方法

1. 识别、测量和改进主要业务流程的方法——六西格玛管理法

六西格玛管理法有六西格玛改进(DMAIC)和六西格玛设计(DFSS)之分，它是系统地解决问题的方法和工具。在这里，从改进业务流程的需要的角度，主要介绍为六西格玛改进。

1) SIPOC：主要业务过程识别和测量的首选方法

SIPOC 是供方(Supplier)、输入(Input)、过程(Process)、输出(Output)和顾客(Customer)的第一个英文字母的缩写。SIPOC 被用在 DMAIC 的界定阶段，并且是经常作为主要业务过程的识别和测量的首选方法。

(1) 供方：即供应商，指供应给流程信息，材料和其他资源等。

(2) 输入：流程的输入(包括信息、机器、材料、方法、环境等资源)。

(3) 过程：将输入转化为输出的一系列增值服务活动。

(4) 输出：指流程所产生的产品或者最终服务。

(5) 顾客：接受输出的企业、人或过程。SIPOC 图(图 3.6)连同过程的框架用来表示在一个业务过程或产品(服务)实现过程中主要活动或子过程。

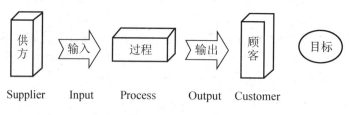

图 3.6　SIPOC 图

2) 六西格玛改进

六西格玛改进(DMAIC)是在 PDCA(Plan，Do，Check，Action)循环法的基础上发展起来的一种业务流程分析方法，它包括界定(Define)、测量(Measure)、分析(Analysis)、改进(Improve)、控制(Control)5 个阶段。

(1) 界定：陈述问题，确定改进目标，规划项目资源，制订进度计划。

(2) 测量：量化顾客 CTQ(Crtical to Quality)，收集数据，了解现有质量水平。

(3) 分析：分析数据，找到影响质量的少数几个关键因素。

(4) 改进：针对关键因素确立最佳改进方案。

(5) 控制：采取措施以维持改进的结果。

2. 简化业务流程的方法

业务流程的简化可以降低物流成本、增强物流系统的响应能力、提高员工及顾客的满意度水平。因此，在回收物流业务流程中简化业务流程是十分必要而有效的。业务流程简化的方法主要有成本导向、时间导向和重组性的流程简化 3 种主要方法。

1）成本导向的流程简化

这是一种最基本的流程简化方法，它旨在通过对特定流程进行成本分析，来识别并减少那些诱使资源投入增加或成本上升的因素。该方法适用于对产品的价格或成本影响较大的活动。操作前提是不能以损害那些必要的或关键的能够确保满足顾客需要的流程或活动为代价。

2）时间导向的流程简化

这是一种在缩短产品周期方面运用日益广泛的流程简化方法。其特点是注重对整个流程各环节占用时间及各环节协同时间进行深入的量化分析。

3）重组性的流程简化

这是一种立足于长期流程能力大幅度改进而对整个业务流程进行根本性再设计的方法。该方法强调在企业组织的现有业务流程绩效及战略发展需要之间寻找差距与改进空间。其实施要求组织自上而下制订跨部门、跨企业的执行计划，相应的资源投入也是非常可观的。

运用 ESCRI 方法，则可以对优化后的流程网络结构图中的子过程进行改造。ESCRI 即取消(Eliminate)——取消不需要的功能和不增值的活动；简化(Simplify)——简化复杂过程；合并(Combine)——不能取消的作业过程考虑是否可以合并；重排(Rearrange)——可否与其他工作转换顺序；新增(Increase)——原企业是否具备现实需要的功能。

3.3.4 逆向物流技术流程

研究物品复用的技术是逆向物流的基础和前提。一般来说，逆向物流技术流程可以概括为以下几个方面。

1. 原厂复用技术流程

原厂产生废旧物品→原厂回收→原厂分类→原厂复用。

采用这一逆向流程的典型例子有钢铁厂的废钢铁回收再利用。

2. 通用回收复用技术流程

通用化、标准化的同类废旧物品→统一回收→按品种、规格、型号分类→达到复用标准后再进行通用化处理。

3. 外厂代用复用技术流程

本厂过时的、生产转户及规格不符合标准的废旧物品→外厂统一回收→按降低规格、型号、等级分类或按代用品分类→外厂验收→外厂复用。

4. 加工改制复用技术流程

需改制的废旧物品→统一回收→按规格、尺寸、品种分类→拼接→验收→复用。

5. 综合利用技术流程

工业生产的边角余料、废旧纸、木制包装容器→统一回收→综合利用技术→验收→复用。

6. 回炉复用技术流程

需回炉加工的废旧物品→统一回收→由各专业生产厂家进行再生产性的工艺加工→重新制造原物品→验收→复用。

例如废玻璃、废布料、废锡箔纸等采用这一类回收物流流程。

3.4　逆向物流中的物流活动

逆向物流中的物流活动也涉及包装、装卸、运输、仓储保管、流通加工、配送、物流信息等项内容。

1. 包装

由于回收品的分散性、多变性、复杂性等特点，对回收物品的包装材料、强度、尺寸及包装方式等均难以实现标准化。因而对于回收品而言，除了一部分危险性强、需要特殊处理的物品(如日军侵华战争期间遗留的生物化学武器、SARS等疫病流行带来的医疗废弃物等各种不同类型的危险回收品)需要专门的包装外，一般的回收品常常是缺少包装，这与回收品的价格低廉、来源随机性强、难于实现包装的标准化有直接关系。但这也可能给社会带来许多意想不到的危害。

2. 装卸

装卸包括对输送、仓储保管、包装、流通加工等物流活动进行衔接活动，以及在保管等活动中为进行检验、维护、保养所进行的装卸活动。伴随装卸活动的小搬运，一般也包括在这一活动中。在逆向物流活动中，装卸活动是频繁发生的，因而是影响回收品再生利用效率的重要因素。对逆向物流过程中的装卸活动的管理，不但是确定最恰当的装卸方式，力求减少装卸次数，合理配置及使用装卸机具，以做到节能、省力、减少损失、加快速度，获得较好的经济效果，而且一定要注意装卸活动中尽可能减少对环境的污染和资源的破坏。

3. 运输

逆向物流中运输根据不同的回收物品特点和回收要求也可以采用车、船、飞机、管道、传送带等不同方式。但是，一般而言，采用车或传送带的可能性最大。此外，铁路运输带来的环境成本小、装载容量大，而公路运输则相对快速、灵活。因而，要根据不同逆向物流的要求选择技术经济效果与环境保护效果兼顾的运输方式及联运方式为宜，同时合理确定运输路线，以实现安全、迅速、准时、价廉的要求。

4. 仓储保管

逆向物流流程中也要涉及回收品的堆存、保管、保养、维护等活动，对这些活动也需要加强管理。以垃圾处理为例,对于生活垃圾的分类收集和堆放需要高度重视,否则后患甚多。目前,在我国部分城市的少数地区开展了垃圾分类处理,其他许多城镇的大部分垃圾都未能实现无害化处理,经常是随意堆放,形成了垃圾"围城"现象。这不但要占用大量的土地资源,而且会造成严重的大气、土壤和地下水资源的污染。目前在我国垃圾填埋场能做到卫生填埋要求的还较少,大多数属于自然填埋,如图 3.7 所示。

图 3.7 生活垃圾堆存

5. 流通加工

流通加工指物品在从生产地到使用地过程中,根据需要施加包装、分割、计量、分拣、组装、价格贴付、标签贴付、商品检验等简单作业的总称。流通加工具有较强的生产性,也是流通部门对环境保护可以大有作为的领域;而逆向物流则经常需要多样化的流通加工,主要包括分拣、分解、分类,压块和捆扎,切断和破碎三大类。例如垃圾的回收处理和资源化利用就是建立在分类收集的基础上,物品的回收常常是人工操作,而分拣设施的自动化对提高流通加工的效率就显得格外重要。

6. 配送

配送是物流进入最终阶段、以送货形式最终完成社会物流并同时实现资源优化配置的活动。配送活动过去一直被看成运输活动中的末端运输形式,而未将其作为物流系统实现的独立的功能要素。但是,事实上,配送作为一种现代流通方式,集经营、服务、社会集中库存、分拣、装卸搬运于一身,已不是单单一种送货运输所能包含其内容,因而现在业界往往将其看成是独立的一项功能或活动,这正如物流从流通业中独立出来一样。在逆向物流系统的设计中,也应考虑如何通过合理的配送过程降低回收物流成本。

7. 物流信息

包括进行与上述各项活动有关的计划、预测、动态(运量、收、发、存数)的信息及有关的费用、生产、市场等方面的信息传递活动。针对回收物流的特点,要实现对回收物流系统的有效管理,就要求组织专门的机构或人员来提供及时而可靠的关于系统运行状况和渠道是否通畅的信息,因而对相关信息的收集、汇总、统计、分析、使用方式等都不容忽视。

3.5 回收物流组织模式分析及网络结构设计

3.5.1 物流组织模式的发展

在讨论回收物流组织机构之前，了解一下物流组织模式的发展。

随着物流组织模式的不断发展，什么样的物流组织才是最佳的这一概念和哲学也在不断变化，企业在追求一体化物流管理的过程中，经历了一系列可以明确区分的阶段。最初，大多数的物流活动是职能驱动的，结果是采用了按职能部门划分的组织结构，物流活动则分别从属于这些职能部门。组织革新经历职能划分到面向过程的进化，垂直的官僚结构逐步让位于集中关键管理程序的水平结构，以一体化过程管理为核心的方式带来了新的组织结构，使得工作关系以最佳的运营为中心运转。一体化管理以过程管理为重心，与按照功能分类建设组织结构不同，它着重于寻求开发工作流之间的联系。图 3.8 描述了物流组织模式发展的过程。

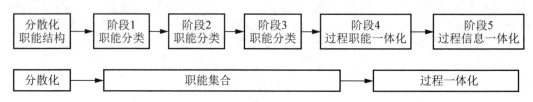

图 3.8 物流组织模式发展过程

1. 物流组织发展的历史变革

早期的物流管理的方式以职能划分为中心进行管理，传统的组织方式在人们的思维中形成了定式以后，把物流活动集中起来、建立统一的物流组织这一思想曾面临着相当大的抵制。但潜在的巨大利益推动着进行组织革新的厂商日益增加，从而带来了物流组织方式的不断进化。功能集合的进化过程可以分为 3 个阶段，着重点都是把与物流有关的职能进行组织划分，只是划分重组的程度不同。

1) 物流活动初步归类(20 世纪 50 年代晚期—20 世纪 60 年代早期)

早期的企业中，物流管理呈现完全分散化的状态，物流活动分散在各个职能管理中，分别从属于传统的职能部门如市场部、制造部和财务部等。最初将物流活动归类出现在 20 世纪 50 年代末和 20 世纪 60 年代初。这时，人们意识到与物料分配和物料供应有关的活动需要密切合作。通常的模式只是将两个或更多的物流功能在运作上进行归组，而对总体上的组织层次不做重大改变。这样，最初的集合就只能发生在职能部门和组织的直线管理层。

2) 物流职能独立期(20 世纪 60 年代晚期—20 世纪 70 年代早期)

随着物流归类管理带来的好处逐渐被企业所认识，物流的组织变革就更进一步了，开始向第二阶段进化了。这一阶段的企业，有部门经理专门负责与物流有关的活动，但原材料供应与成品分销分别由不同专人负责，这使得物流活动之间的协调可以直接控制。

这一阶段的特点在于物流开始具备更高的组织权力和责任，逐渐拥有了独立的地位，开始被作为一种核心能力处理。这样做的动机是将物流定位到一个更高的组织水平上去，增加战略影响。

3) 职能一体化(20世纪80年代物流的复兴)

20世纪80年代初,作为物流复兴的第三阶段开始出现了。最初的信念是,如果传统组织内的物流职能能够归组,受统一的管理和控制,一体化的绩效应该会更便利。如果所有的物流工作被整合进一个组织中去,通常的感觉是这些功能将会得到更好的管理和发挥。第三阶段组织结构层次的趋势是清楚的,它是物流活动的一体化,包括了原材料的供应及产品分销,将实际上可操作的许多物流计划和运作功能归类于一个权力和责任之下,目的是对所有原材料和制成品的运输和储存进行战略管理,以使其对企业产生最大的利益。

促进这一变革的是准时制(JIT)、快速反应及时间竞争等经营哲学的出现,因为它们要求整个企业所有活动的密切合作。而且,原材料的供应和成品的分销可以共享企业的全部资源,为了使资源利用效率最大,也要求物流各部门之间的密切协作。物流信息系统的快速发展,促进了第三阶段组织的形成。

2. 当今:从注重功能到注重过程的转变

当过程一体化的思想逐渐得到关注时,人们开始意识到面向功能的组织方式不是物流管理的最佳方式。目前一个明显的趋势是物流组织不受功能集合或者分隔影响,而是将其运作能力用来更好地支持以过程为导向的管理。

物流的一个重要任务是将库存定位于有利于产生销售利润的地方和时间。这种支持工作必须日夜持续进行,并通常需要在全世界范围内完成,这意味着物流应该是所有过程中的一个部分。物流组织的理想结构应该可以把完成本职工作作为支持过程的一个部分,同时取得跨功能一体化效果。

1) 过程一体化

过程一体化要求物流与其他的诸如市场营销和制造等领域相结合,将运输、库存、新产品开发、柔性的制造和顾客服务整合起来,这才是真正的努力方向。这意味着必须将传统的单一功能部门融入在过程中,这种融入常要求将传统的组织结构分割,然后用新的和独特的方式来重新组合。新的组织形式以管理和分享信息为特征,使用信息技术来协调或指挥整体任务的完成。

过程管理需要对传统的组织方式作反思,组织设计应以过程一体化为目的来进行。这种结构的重新定向与传统的指挥控制的组织结构不同,有点类似于在医院里组织一些有能力的专家来共同完成一个复杂的手术过程。从职能重心到过程重心的转变可以减少对中层管理者的需求,因此,支持职能管理的官僚组织结构开始向着扁平化、面向过程的结构的方向发展。物流管理面向过程的转变,意味着它将把所有努力集中于新产品开发、按客户订货生产、并适时发送产品。

将物流作为过程来管理的奋斗目标在于以下3个方面。

(1) 所有的努力必须集中于对客户的增值方面。

(2) 能满足将物流作为过程的一个组成部分来组织的要求,而且具有不论其功能组织怎样,都能将工作做好的全部技能。

(3) 在一个过程框架中完成的工作应该有利于综合。随着系统整合,作为一种过程的工作设计意味着总的组织利益互换的结构能够实现这样的目标:以最小的投入取得最大的产出。

2) 跨职能过程小组

跨职能的过程小组的实施可能会对传统的命令和控制型的组织结构进行分化。这种分化有3个驱动力。

第一个驱动力就是顾客。全球化市场使得顾客有大量产品可以选择而且能够得到更多的信息，他们要求更多的增加价值的服务和更复杂的选择权，顾客行为正发生着显著的变化，对品牌的忠诚度逐渐下降。企业必须寻求新的方式以满足这些顾客的要求并尝试重新定义市场组合战略，而物流则提供了一个取得竞争优势的途径。

第二个驱动力来自于产品生命周期。产品生命周期也在缩短并且进行分化，产生的结果是研究和开发的时间减少。生命周期的缩短要求新产品的营销和服务加快，并对市场支撑、制造和物流运营提出更高要求。命令和控制型的组织结构限制了应付这种快速竞争结构的柔性。以订货周期为核心的过程管理可以减少浪费和重复操作，从而减少营销的时间，增加系统柔性。

第三个驱动力源于组织结构的变化。分化也发生在组织结构中，多等级的组织结构出现扁平化的趋势，许多原本内部完成的职能开始外包。而且，经理的职责也延伸到传统的职能界限外。

3. 未来：超越结构，虚拟组织和组织的透明化

认为过程即是最终的理想物流组织是不确切的。正式的层次命令和控制组织结构可以被非正式的电子网络，即通常所说的虚拟组织所取代，计算机网络技术为组织在未来的发展提供了广阔的空间。关键的工作队伍会用电子连接、用整合的方式完成至关重要的活动。这些工作队伍就他们成员的正式组织结构而言应该是透明的，换句话说，正式的组织图可以与实际工作流无关。事实上，物流的未来组织，应该在组织中实行功能分隔，将注意力集中于工作流而不是结构。如果以功能分隔信息的协调网络作为现实的物流组织解决方案，那么，就再会使物流组织更为紧凑和有效。当前已经存在的信息技术，已使得电子化结构和协调行为成为现实。

为了完全利用信息技术带来的好处，组织结构和哲学将发生巨大的变化。完全分解原先的组织却是实现虚拟组织的前提，但是从另一方面来说，经过这么多年组织的发展，命令和控制型的结构在人们心底已经根深蒂固，很难接受改变。所以，从这个角度来说，虚拟组织遇到的最大的障碍是如何转变人的观念。

3.5.2 回收物流系统组织模式设计的理论依据

根据威廉姆森的交易成本理论，随着资产专用性增加，交易应分别采取3种组织形式：市场机制、网络结构、等级控制结构(企业模式)。因此，当资产专用性很高时，应将交易内部化，消除市场机制下的机会主义行为，以降低交易成本。由于投资于回收物流的资产对回收产品的交易有较高的依赖性，其资产专用性比较大，因而回收物流不宜采取市场交易机制，应采取企业或网络模式。

另外，根据网络组织理论，一个企业与其他企业所建立的合作关系是企业最有价值的资源，从其他企业获取补充的投资或能力是增强企业竞争力的重要途径。由于回收物流具有投资风险大、结构复杂、地点分散等特点，若由制造商独家经营运作，虽然可以降低交易成本，但增加了库存成本、运输成本，且需求响应迟缓，服务水平低，致使顾客价值下降，企业缺乏竞争力。加上网络组织所固有的优越性，从而网络结构(集成供应链结构)成为回收物流组织模式的最佳选择。

目前，国外企业在运作回收物流时基本上采取这种模式。如美国，平均大约50%的回

流产品返回到供应商和制造商，其余50%却返回到下游的分销商或零售商。另外，有些企业通过补贴的方式委托下游企业运作部分回收品处理业务，以降低回收物流成本，缩短业务运作渠道和时间。

环保物流从环境的角度对物流体系进行改进，形成了环境共生型的物流管理系统。这种物流管理系统建立在维护地球环境和可持续发展的基础上，改变原来经济发展与物流、消费生活与物流的单向作用关系，在抑制传统直线型的物流对环境造成危害的同时，采取与环境和谐相处的态度和全新理念，去设计和建立一个环型的循环的物流系统，使达到传统物流末段的废旧物质能回流到正常的物流过程中来。

3.5.3　回收物流组织的选择

1. 组织结构的类型

企业决定了某种模式的组织结构后，还可能有一些基本的选择，这些选择有3种：正式的物流组织、半正式的物流组织、非正式的物流组织。企业应该根据自身的实际情况来选择。在回收物流组织中，又该如何选择呢？以下就针对各种不同组织形式进行分析。

2. 不同组织形式的特点

1）正式组织形式——职能型组织

在职能型组织结构中，有对于回收物流活动的决策权并承担相应的责任的组织，有具体负责的部门和人员。一般来说，当回收物流活动对企业而言很重要时，企业就会建立正式的回收物流组织结构。如对于某些需回收大量的废旧产品的制造型企业来说，建立一个正式的回收物流部门可以降低回收成本，提高企业效率。这种组织中一般包括以下两点。

（1）任命一个地位较高的回收物流经理统管回收物流部门。

（2）赋予回收物流经理足够的权力以和其他职能部门相互合作。

这种正式组织方式具有以下两点好处。

① 回收物流在企业整个组织结构中被提升到和其他部门相当的地位，这使得回收物流活动与其他部门获得相同的重视程度。在解决部门冲突时，回收物流经理可以和其他部门经理平等对话，有利于实现企业总体的经济目标。

② 回收物流经理下面可设分部门，分部门可独立运作。这样，分部门既可以集中本部门精力提高管理技术，又可和其他分部门之间加强协调工作。

2）半正式组织——矩阵型组织

回收物流计划与运作往往贯穿于企业组织的各种职能中，回收物流管理者负责包括回收物流部门与其他几个职能部门相交叉的合作项目，这种结构方式称为矩阵型组织。

在矩阵型组织中，回收物流经理负责整个回收物流系统，但对其中的具体活动并没有直接的管辖权。企业的传统组织结构仍然没有改变，但回收物流经理可以分享职能部门的决策权。各项活动的费用不仅要通过各职能部门的审查，还要通过回收物流经理的审查。各部门协调合作以完成特定的回收物流项目。

尽管矩阵型组织不失为一种有效的组织方式，但是权力和责任的界定都很模糊，在实际运作中，往往会导致部门间冲突的发生。

3）非正式组织

回收物流组织的主要目标是计划不同的回收物流活动并控制它们之间保持协调一致。

这种协作可以通过一些非正式的组织方式达成，即不改变现有的组织结构，而是靠合作和建议等方式来达成负责这些活动的员工之间的协作，良好地协调各种回收物流活动。

（1）建立激励机制。有的企业把运输、仓储等关键活动分归不同部门管理，为了协调它们之间的关系，往往就需要一些激励机制。但传统的预算控制机制往往不利于激励协作关系。比如说，为了降低仓储成本而导致的运输费用的上升在运输经理的眼中是不合理的，因为运输经理的表现主要是靠运输成本与预算的比较来衡量，这可能就导致各部门经理为了完成自己的预算要求而不愿意提供全力的合作。因此，为了促进协作，常需要一些其他的激励机制，如各种物流活动之间的转换成本机制、共享物流成本的节约等措施。

（2）协调委员会和工作小组。协调委员会也是一种非正式的物流组织，其成员由各主要的回收物流环节的人员组成，这样有利于各环节的沟通和合作，这是解决协调问题的一种简单直接的方式。

与协调委员会类似的非正式组织是工作小组。工作小组的重心是对交叉职能的工作进行安排和管理。这两种非正式组织都可以解决特定情况下出现的某些问题，但委员会一般是为实施某些特定的任务而组建的，工作小组则是一个以完成基本工作为目标的相对固定的组织形式。小组成员复杂，因此在组织工作时，常常会碰到一些障碍。而且，由于成员的背景不同，因此他们之间的沟通和协调也是个难题。因而，建立学习型组织是回收物流企业组织不断完善和发展的必然选择。

 阅读助手

学习型组织

> 在全球500强中，已有三分之一的企业着手建立学习型组织，被奉为"21世纪管理圣经"的《第五项修炼》也迅速攻占了中国企业书架，"创建学习型组织"成为不少本土企业家的新誓言。
>
> 学习型组织是在彼得·圣吉的《第五项修炼：学习型组织的艺术与实务》一书中首先提出的。在书中，彼得·圣吉讲到了为了帮助组织适应越来越纷乱的世界，管理者需要进行变革。
>
> 学习型组织不存在单一的模型，它是关于组织的概念和雇员作用的一种态度或理念，是用一种新的思维方式对组织的思考。
>
> 在学习型组织中，每个人都要参与识别和解决问题，使组织能够进行不断的尝试，改善和提高它的能力。学习型组织的基本价值在于解决问题，与之相对的传统组织设计的着眼点是效率。在学习型组织内，雇员参加问题的识别，这意味着要懂得顾客的需要。雇员还要解决问题，这意味着要以一种独特的方式将一切综合起来考虑以满足顾客的需要。组织因此通过确定新的需要并满足这些需要来提高其价值。它常常是通过新的观念和信息而不是物质的产品来实现价值的提高。

上面讨论了回收物流组织的几种结构，这些结构各有各的优点和缺点，企业选择何种结构需要根据自身的实际情况确定，而不应该盲从，看见某个企业采用哪种结构取得了较好的效果，就马上效仿，这是企业管理者不够成熟的表现。

3.5.4 回收物流组织的定向及定位

任何组织都有自己存在的理由和需要达到的目标，也就是说，所有组织都有自己的定向和定位。同样，回收物流组织作为企业的一个重要组成部分，它也有自己的定向和定位。

1. 回收物流组织的定向

企业选择组织结构的模式主要决定于企业所追求的战略目标，回收物流组织也就要服从于企业的战略目标。而一般来讲，企业组织结构的设计与3种企业战略有关，它们分别是：过程战略、市场战略和信息战略。因此，回收物流组织结构的设计也与这3种企业战略密切相关。

1）过程战略

过程战略的目标是达到从原材料到成品全过程物料移动的效率最大化。组织设计的重心在引起成本上升的活动中，即采购、生产进度计划、库存、运输及订单处理流程等活动将被统一管理，实际采取的组织方式一般可以是前面所述的几种类型。

2）市场战略

追求市场战略的企业尤其重视客户服务，把与客户服务直接相关的销售和物流活动统一管理，由专门的经理负责。组织结构可能贯穿于各经营单位以取得高水平的客户服务。当然，在这种战略下，物流成本很难最低化。

3）信息战略

追求信息战略的企业一般有众多的销售网络和分销组织，这些分散的网络之间的物流活动的协调是最重要的目标，而信息则是有效管理的关键。为了确保信息的充分利用和传递的流畅，组织结构应横贯职能部门、分厂以及经营单位。

2. 回收物流组织的定位

组织结构设计时首先要考虑组织的选择和定向，然后就是为了到达最有效的管理而对物流活动合适定位。定位主要是指把组织结构中的这些活动放到什么部门中去，主要由下列因素决定：分散化结构—集中化结构；员工结构—线性结构；大型企业—小型企业。

1）分散化结构——集中化结构

一个关于组织方式的争论不休的问题是：物流活动应该集中管理还是分散到不同的部门分别运作？分散化结构和集中化结构最根本的区别在于分配到每一运作单位的权力和赢利责任大小。集中化的组织把所有的物流问题从总公司的层面来统一考虑，总部统一指导物流计划和实施，并控制每个工厂所使用的承运人和供应商；分散化物流组织则是把物流职责分别分到各分部中去，在一个完全分散化结构中，每一部分都有自己的物流组织，自己计划物流并独立运作。

集中化管理能够直接控制物流活动，并且统一计划整个企业的所有物流活动，能带来一定规模效应，运输活动就是一例。许多企业都有自己的车队，企业统一安排可能找到合适的回程运输，这种均衡是分散化管理无力做到的。共享仓库、采购、订单处理数据等也可以提高效率。

分散化管理则比较灵活，对顾客需求反应较快。如果不同产品的营销、物流和制造特性显著不同，很难寻求规模经济时，分散化管理是一种有优势的方式。

可见，以上两种方式都有明显的优点和缺点，大多企业把两者结合起来考虑，创造一种能结合两者优点的组织方式。对于回收物流组织而言，由于回收物流分散性、多变性强的特点，回收物流组织中的收集部门应以分散化结构为主，但是对于回收物流的处理应逐步转向集中化为宜，这样便于第三方回收物流企业实现规模效益，保证其持续经营。

2）员工结构—线性结构

传统的组织结构中，虽然在计划制订的过程中可能有员工参与，但是操作过程则是严格按照线性结构的命令和控制方式来进行的。现在这两者之间往往没有绝对的界限。许多企业对物料的移动和存储没有直接的组织方式，而是在物流组织中建立一种建议机制，由专职员工负责的方式，这种情况下物流对于其他线性职能部门（市场或生产等）主要起咨询作用。这种建议的组织一般适用于下述情况。

（1）线性组织在现有人员之间引起不必要的冲突。

（2）物流活动相对销售、生产以及其他活动不太重要。

（3）计划相对行政管理而言较为重要。

（4）产品分销中，物流是作为一种共享的服务。

（5）员工类型的组织可以与分散化/集中化结合应用。物流员工起的是一种建议作用，所以在这种组织定位中，可以给予物流人员以许多间接的权力，事实上，有一些公司层的物流员工和总经理有密切接触和意见交互，事实上比许多部门级组织有更大的权力。

对于回收物流组织而言，在业务流程的具体操作方案设计过程中最好充分发扬民主，鼓励各类员工参与，这样不但有利于提高员工对自身工作的积极性和创造性，增强对执行操作规范的认同感，而且有利于改善回收物流系统效率、降低物流成本。但是，在具体回收业务作业过程则要完全严格按照线性结构的命令和控制方式来进行，以保证回收物流服务的质量，树立企业良好的社会形象。

3）大型企业—小型企业

前文的讨论多是以大型企业为对象进行的，其实小型企业的物流问题并不比大型企业少。从某种角度而言，小型企业的物流活动反而更重要一些，因为它不像大型企业在采购和物料移动时容易产生批量经济，从而成本更难于降低。小型企业一般采用集中化的组织方式，物流活动也不像大型企业那样有明确的界定和清晰的结构。

对于回收物流组织而言，大型企业拥有较为完善的回收网络和运输能力，容易产生规模效应；而小型企业则无此优势，它只能根据自身情况，有选择地进行自营回收业务或者是将业务外包。

3.6 回收物流成本

回收物流成本是指在回收物流过程中所耗费的各种劳动和物化劳动的货币表现。具体说，它是耗费在废旧产品运动过程中，如收集、装卸、运输、储存、处理等各个环节中所支出的人力、物力和财力的总和。

3.6.1 回收物流成本的构成

加强对回收物流费用的管理对降低回收物流成本、提高回收物流的经济效益具有非常重要的意义。所谓回收物流成本管理不是管理物流成本，而是通过成本去管理回收物流活动，可以说是以成本为手段的管理，通过对回收物流活动的管理来降低回收物流费用。

从物流系统的架构来看，可以分为横向物流和纵向物流。以供应链上的价值流动来判定，可以认为，在工厂、物流中心以及批发商、零售商内部的产品的进货、库存管理、包装、分拣作业、货物摆放以及出货等物流活动为横向物流活动；从工厂到物流中心到批发商到物流中心到零售商到顾客这一价值流动到实现的过程称为纵向物流活动。根据这种判断，企业现有的物流活动成本主要有以下几项。

（1）库存以及相关活动成本。库存成本以及入库和仓库内货物的移动、摆放、分拣作业、包装和出库活动带来的成本，主要指供应链参与者内部的价值流动。

（2）运输成本。产品在供应链参与者之间的移动成本，运输带来的是空间价值的增加。

（3）决策成本。包括订单处理、信息共享等影响企业决策的关键性成本，这项成本关系到企业和市场的响应程度，直接影响到企业库存以及运输成本的大小。

以上几项成本是企业实行回收物流效率化的出发点。

3.6.2 回收物流成本核算的原则

在回收物流成本核算中，面对物流成本核算复杂多变的特点，为了在特定经济环境下进行合理的账务处理，就必须做出必要的假设条件，这种假设也是物流成本核算原则确立的基本前提。

1. 回收物流成本核算的一般原则

计算成本应遵循的原则。主要包括以下内容。

（1）合法性原则。指计入成本的费用都必须符合法律、法令、制度等的规定。不合规定的费用不能计入成本。

（2）可靠性原则。包括真实性和可核实性。真实性就是所提供的成本信息与客观的经济事项相一致，不应掺假，或人为地提高、降低成本；可核实性指成本核算资料按一定的原则由不同的会计人员加以核算，都能得到相同的结果。真实性和可核实性是为了保证成本核算信息的正确可靠。

（3）相关性原则。包括成本信息的有用性和及时性。有用性是指成本核算要为管理部门提供有用的信息，为成本管理、预测、决策服务；及时性是强调信息取得的时间性，及时的信息反馈，可及时地采取措施，改进工作，而过时的信息往往成为徒劳无用的资料。

（4）分期核算原则。企业为了取得一定期间所生产产品的成本，必须将川流不息的生产活动按一定阶段（如月、季、年）划分为各个时期，分别计算各期产品的成本。成本核算的分期，必须与会计年度的分月、分季、分年相一致，这样可以便于利润的计算。

（5）权责发生制原则。应由本期成本负担的费用，不论是否已经支付，都要计入本期成本；不应由本期成本负担的费用（即已计入以前各期的成本，或应以后各期成本负担的费用），虽然在本期支付，也不应计入本期成本，以便正确提供各项成本信息。

（6）实际成本计价原则。生产所耗用的原材料、燃料、动力要按实际耗用数量的实际单位成本计算、完工产品成本的计算要按实际发生的成本计算。虽然原材料、燃料、产成品的账户可按计划成本（或定额成本、标准成本）加、减成本差异，以调整到实际成本。

（7）一致性原则。成本核算所采用的方法，前后各期必须一致，以使各期的成本资料有统一的口径，前后连贯，互相可比。

（8）重要性原则。对于成本有重大影响的项目应作为重点，力求精确。而对于那些不太重要的琐碎项目，则可以从简处理。

2. 回收物流成本在管理中的作用

回收物流成本在管理中的作用表现在以下几个方面。

（1）通过对回收物流成本的设计，可以了解回收物流成本的大小和它在生产成本中所占的地位，从而提高企业内部对回收物流重要性的认识，并且从回收物流成本的分布，可以发现回收物流活动中存在的问题。

（2）根据回收物流成本计算结果，制订回收物流计划，调整回收物流活动并评价回收物流活动效果，以便通过统一管理和系统化降低回收物流费用。

（3）根据回收物流成本计算结果，可以明确回收物流活动中不合理环节的责任者，从而可分清责任，提高负责人的管理积极性。

总之，如果能够准确地计算回收物流成本，就可以运用成本数据大大地提高回收物流管理的效率。

3. 回收物流成本的计算范围

回收物流成本一般由3个方面因素决定。

（1）起止范围。回收物流活动贯穿企业活动大部分过程，包括原材料物流、生产物流、销售物流等。

（2）回收物流活动环节。收集、运输、仓储、装卸、处理，以哪几种活动为计算对象其结果是不同的。

（3）费用性质。运费、仓储费等向企业外部支出的回收物流费用，以及企业内部支付的人工费、折旧费、修理费、动力费等，哪一部分列入回收物流成本计算范围，这也应该计划好。

在进行系统评定时，回收物流成本计算范围必须一致。还应该注意到根据企业财务数据计算的回收物流费用，只能反映成本的一部分，有相当多的回收物流费用是不可见的。

4. 回收物流成本合理化管理

回收物流成本合理化管理的主要内容有以下几个方面。

（1）回收物流成本预测与计划。成本预测是对成本指标、计划指标事先进行测算平衡，寻求降低回收物流成本的有关技术和经济措施，以指导成本计划的制订。回收物流成本计划是实际运行过程中成本控制的主要依据。

（2）回收物流成本计算。在成本计划开始执行后，对在回收物流环节产生的各种耗费进行归纳，并以适当方法进行计算。

（3）回收物流成本控制。对日常的回收物流成本支出，应该采取各种方法进行严格的控制和管理，使成本减到最低限度，以达到预期的回收物流成本目标，最好是能够低于预算成本。

（4）回收物流成本分析。这是成本控制的一个重要环节，是下一个成本管理循环过程制订计划的基础。通过对计算结果进行分析，检查和考核成本计划的完成情况，找出影响成本升降的主观和客观因素，总结经验，发现存在的问题。

（5）回收物流成本信息反馈。将收集到的有关数据和资料提供给决策部门，使其掌握实际情况，加强成本控制，保证规定目标的实现。

（6）回收物流成本决策。决策部门根据信息反馈的结果，决定采取能以最少耗费获得最大效果的最优方案，以指导今后的工作，更好地进入回收物流成本管理的下一个循环过程。

习 题

一、判断题

1. 在逆向物流设计过程中,只有实现整体过程的最优化,才能完成企业对逆向物流进行回收、管理的主要目标。( )

2. 逆向物流系统设计应坚持"5R"原则,即重复检查(Review)、重复使用(Reuse)、减量化(Reduce)、再循环(Recycle)、挽救(Rescue)。( )

3. 逆向物流是社会再生产过程中的一环,物流过程中不仅有物质循环利用、能源转化,同时还有价值的转移和价值的实现。( )

4. 绿色设计是指在产品和流程设计中,充分考虑其生命周期全过程对资源和环境的影响,在注重产品功能、质量、开发周期和成本的同时,优化各种有关设计因素,使得产品及其制造过程对环境的副作用及资源消耗降到最低。( )

5. 逆向物流业务流程合理化的途径主要从业务流程的再造、改进和简化着手,充分采用合理的方案,实现流程的最优。( )

二、选择题

1. 在回收物流活动中,企业物流活动的流程管理可能产生很大的影响,通常主要涉及以下几个方面:原材料管理、生产过程管理、产品营销管理、回收物品配送管理和( )。

    A. 物流信息管理　　　　　　　　B. 零部件管理
    C. 运输过程管理　　　　　　　　D. 物流渠道管理

2. 绿色供应链管理以循环经济理论、( )和供应链管理技术为基础,在供应链管理全过程中综合考虑了生态环境和资源效率,引入全新的绿色产品设计和供应链资源节约的规划思想,对产品从原材料购买和供应、生产、最终消费直到废弃物回收再利用的整个闭环供应链进行资源化和生态化的现代管理模式。

    A. 物流管理理论　　　　　　　　B. 绿色制造理论
    C. 绿色物流理论　　　　　　　　D. 闭环物流理论

3. 绿色供应链的运作过程不包括的环节是( )。

    A. 绿色设计　　B. 绿色采购　　C. 绿色营销　　D. 绿色运输

4. 六西格玛改进(DMAIC)是在PDCA循环法的基础上发展起来的一种业务流程分析方法,它包括界定(Define)、测量(Measure)、分析(Analysis)、改进(Improve)、( )五个阶段。

    A. 顾客(Customer)　　　　　　　B. 成本(Cost)
    C. 检查(Check)　　　　　　　　D. 控制(Control)

5. 一体化管理以( )为重心,与按照功能分类建设组织结构不同,它着重于寻求开发工作流之间的联系。

    A. 过程管理　　B. 流程管理　　C. 职能管理　　D. 组织管理

三、简答题

1. 什么是逆向物流系统?逆向物流系统设计的原则是什么?
2. 逆向物流系统具有哪些功能?
3. 逆向物流系统设计的主要任务是什么?

4. 举例说明逆向物流系统的业务流程。
5. 分析企业的资源特性对逆向物流设计的影响。
6. 分析产品特性是如何影响逆向物流组织模式的。
7. 简述废旧家电逆向物流系统和体系构建。

四、讨论题

1. 以自己所在地为例，对废旧家电回收再利用网络进行规划。
2. 选取中国的城市为例，调查该城市生活垃圾逆向物流的运作流程。
3. 试分析制造业企业与零售业企业回收物流组织模式的不同之处。

案例分析

贝克啤酒的船舶运输方式

船舶运输是贝克啤酒出口业务的最重要运输方式。贝克啤酒厂毗邻不来梅港，海运是最大优势。贝克啤酒凭借全自动化设备，标准集装箱可在 8min 内灌满啤酒，15min 内完成一切发运手续。每天，贝克啤酒通过海运方式发往美国一地的啤酒就达 9 000TEU。选择海运方式，贝克啤酒解释为两个字：环保。相对于公路和铁路运输，海运具有运输成本低和运能大、土地资源节约、节能减排的优势，欧洲乃至世界范围陆运运输的堵塞和污染日益严重，贝克啤酒选择海运环保的方式不仅节约运输成本，还为自己贴上环保的金色印记。

根据以上案例，试分析以下问题：

(1) 企业绿色物流包括哪些内容？
(2) 试比较分析荷兰与我国绿色物流的异同点。
(3) 我国应如何推进绿色物流？

第4章 制造业领域回收物流运作

【本章教学要点】

知识要点	掌握程度	相关知识	应用方向
产品召回回收物流运作	重点掌握	产品召回逆向物流的特点、召回预防管理、召回决策管理、召回实施管理、召回评价管理、召回时企业各部门应采取的行动	产品召回回收物流运作
	掌握	召回定义、缺陷产品召回时各方的义务、健全产品信息系统	
	了解	我国建立缺陷产品的召回制度的意义、召回的分类、基于召回的产品可追溯性分析	
再制造产品回收物流	重点掌握	再制造物流系统的特点、企业建立有效的再制造物流网络建议	再制造产品回收物流
	掌握	再制造的过程、企业再制造物流网络建立中存在的问题	
	了解	再制造的基本定义	

逆向物流

知识架构

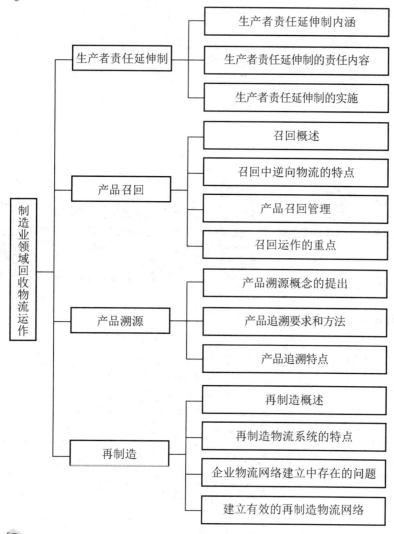

导入案例

东风汽车召回

国家质检总局于 2009 年 5 月 14 日发布消息称，东风汽车有限公司决定从 6 月 12 日起，召回 2004 年 7 月 1 日至 2008 年 4 月 18 日期间生产的部分天籁轿车，涉及数量共计 153 065 辆。

本次召回范围内的车辆，由于所搭载 VQ 发动机空气管材质耐热性能不足，可能导致空气管的接合部在行驶振动中松脱，从而发生速度不稳或熄火，影响行车安全。

东风汽车有限公司将对召回范围内的车辆免费更换发动机空气管道和卡箍，以消除故障隐患。因备件准备原因，本次召回活动自 2009 年 6 月 12 日起正式实施，在此之前如用户车辆出现上述故障现象，可到东风日产专营店先进行车辆免费检修。

东风汽车有限公司将通过东风日产专营店，以信函、电话等方式通知所召回范围内的车辆进行召回维修。

制造业领域的回收物流运作主要是召回和再制造。对于制造业企业来说，回收物流运作涵盖从进厂物流开始直至出厂物流的所有活动，如图4.1所示。

在介绍召回和再制造之前，先来介绍生产者责任延伸（Extended Producer Responsibility，EPR）制度。

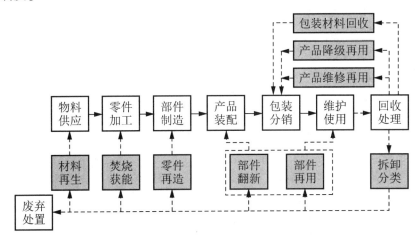

图4.1 制造业企业循环利用的闭环物流链

4.1 生产者责任延伸制

4.1.1 生产者责任延伸制的内涵

生产者责任延伸的概念，最早是在1988年由瑞典隆德大学（Lund University）环境经济学家托马斯·林赫斯特（Thomas Lindhquist）在给瑞典环境署提交的一份报告中提出的。托马斯教授认为：生产者责任延伸是一种环境保护战略，旨在降低产品对环境的总影响。生产者责任延伸中心思想是使生产商应承担环境责任，不仅在产品的生产过程之中而且还要延伸到产品的整个生命周期，特别是对产品的回收（Take-back）、循环利用（Recycling）和最终处置（Disposal）。目的是减轻政府所承担的处置废弃物的财政负担。托马斯教授的EPR设计了生产者须承担的5种责任，并建立了EPR模型（图4.2）。

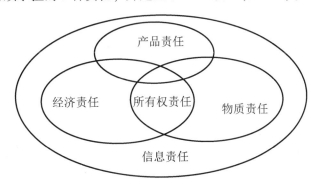

图4.2 EPR制度责任模型

（1）产品责任（Liability）：生产者对已经证实的由产品导致的环境或安全损害承担责任，其范围由法律规定，并且可能包括产品生命周期的各个阶段。

(2) 经济责任(Economic Responsibility，或称财务责任)：生产者承担产品生命周期内全部或部分环境成本，如产品的回收、处理和最终处置费用。生产者可以通过某种特定费用的方式来承担经济责任。

(3) 物质责任(Physical Responsibility)：生产者必须实际地参与处理其产品或其产品引起的影响。这包括：发展必要的技术、建立并运转回收系统以及处理他们的产品。

(4) 所有权责任(Ownership)：在产品的整个生命周期中，生产者仅出售产品的使用权，保留对产品的所有权，该所有权牵连到产品的环境问题。

(5) 信息责任(Informative Responsibility)：生产者有责任提供有关产品以及产品在其生命周期的不同阶段影响的相关信息(如环境标志、能源信息或噪声等)。

当前，欧盟和美国对EPR两种不同的定义。

欧盟定义：生产者必须负责产品使用完毕后的回收、再生或废弃处置的责任。其策略是将产品弃置阶段的责任完全归于生产者。

美国采用的是"产品责任延伸"概念，其基本理念是将产品废物管理的责任从以"产品"为中心转移到原材料的选择、产品制造和使用以及产品废物的回收、再生、处置全过程，其责任主体由原材料供应者、产品设计者、生产者、分销商、零售者、消费者、回收者、再生者和处置者以及政府共同组成。所以，美国的产品责任延伸实质上是产品链条的参与者分担责任。

综合以上两种定义，本书认为：

生产者责任延伸制(Extended Producer Responsibility)是以现代环境管理原则实现产品系统环境性能改善的一种重要制度，它要求生产者对产品整个生命周期(包括生产过程和生命结束阶段)内的环境影响负责，从而达到资源的循环利用和环境保护的目的。

4.1.2 生产者责任延伸制的责任内容

对于制造企业来说，生产者责任延伸原则是传统的"污染者付费原则"的深化和延伸，其中心思想是指将原始设备生产者(Original Equipment Manufacturing，OEM)对于产品的环境责任扩展到产品的整个生命周期之中，不仅包括在产品的生产和使用过程中，还包括产品废弃后的回收和处置。将废弃物的管理与生产者有机联系起来，促进经济与环境的协调发展。目前，生产者责任延伸制度已被大多数欧盟国家所接受，许多国家和地区关于逆向物流的立法都采用了这一制度。我国发展和改革委员会联合多个部门起草的《废旧家电及电子产品回收处理管理条例》也采用了国际上广泛承认的生产者责任延伸制度。通过提升物料循环利用的理念，把经济活动对自然环境的影响降到尽可能低的程度，以达到经济发展与资源、环境保护相协调的可持续发展战略目标，从而实现可持续发展所要求的环境与经济的"双赢"。

生产者责任延伸(Extended Producer Responsibility，EPR)制度需要制造者考虑多生命周期，生产者责任延伸制中的"生产者"不单单是指产品制造者，它还包括所有的产品相关方，即产品在生命周期内的环境影响所有相关方(包括制造者、销售者、消费者和国家)。因此，EPR制度的责任内容强调的不仅是生产者的责任，它同时强调了产品整个生命周期中不同角色的责任分担问题，包括生产者、销售商、消费者和政府等。

1. 生产者的责任

生产者在废弃物回收处理中承担主要责任，包括以下内容。

(1) 负责产品的回收与利用。这一责任可以通过集中责任分担加以分散,一是由政府负责全部或部分的回收,生产者仅负责循环利用;二是生产者设立独立的机构来进行回收利用;三是在生产者负责回收的情况下,通过销售商回收产品,特别是大件耐用产品。

(2) 信息责任。生产者有义务在其产品说明书或产品包装上说明商品的材质及回收途径等事项。

(3) 分担废弃产品的回收处理费用。具体的承担费用可由回收企业、处理单位、废弃物的成本、处理速度、生产者的年生产量等因素决定,按比例在生产者和回收者之间进行分配。

2. 销售商的责任

销售商承担的责任主要包括:选择环境友好商品、回收废旧产品、收取费用、退还押金、选择并储存回收来的产品,并承担一定的信息告知义务,如告知消费者诸如产品信息、消费者返还责任等事项。

3. 消费者的责任

消费者的责任首先是要提高环境保护的意识,进行"绿色消费",积极选购环境友好产品,并有义务将产品废弃物交售给回收处理机构,不能随意丢弃。其次是分担废旧产品的回收处理费用。消费者付费的方式主要有3种:第一种是预先支付方式,即在消费者购买产品时,回收成本已经预先附加到产品价格中,其优点是易于管理,但对于寿命期较长的产品,未来的回收成本可能发生很大的变化,生产者实际回收的数量会大大低于销售的数量;第二种是丢弃时付费的方式,即消费者在决定丢弃时缴纳一定费用,这种模式可以鼓励消费者延长产品的使用寿命,减少丢弃数量,但容易出现不当的丢弃问题;第三种是押金方式,被广泛运用于饮料容器和轮胎等废弃物上。

4. 政府的责任

政府作为EPR制度的制定者和推动者其责任主要是建立健全相关法律制度,研究确定适当的经济手段,并明确主管部门,履行好监管职责。政府在转变发展方式、获得经济增长的同时,应最大程度地保护地球的非经济价值,促进人与自然的和谐共进;制定EPR法律制度以及制定相关参数,包括产品的分类标准、报废标准、回收拆卸的技术规范等;对EPR进行政策支持,培养公众和企业的环境责任意识,培养绿色消费意识,实施政府绿色采购;建立企业绩效评价体系,将EPR的执行情况作为评价的重要内容;加强宣传与教育,完善环境保护监督机构。

建立和实施EPR制度是一个庞大的系统工程,需要研究众多的影响参数,需要各相关方协同配合、共同合理地分担义务。

4.1.3 生产者责任延伸制的实施

1. EPR制度的实施对象

作为一种特殊的环境政策,EPR制度并非适合所有的产品。产品的寿命、原料和成分构成、市场分布状态、再生材料市场、回收利用的技术和经济可行性等,都是确定产品是否适用EPR制度时要考虑的因素,通常产品回收价值的高低和废弃物对环境影响的大小是决定的主要因素。根据以上两种主要因素,经合组织(OECD)工作组将产品划分成4类。

(1) 产品回收价值高,对环境影响不确定。OECD工作组认为由于产品的回收价值高,可以获得正的回收收益,市场的驱动将会使得该部分产品得到良好的回收,从而自发形成市场驱动的回收再生体系，无须刻意对其实施 EPR 制度。

（2）产品回收价值低，对环境影响低。对于该类产品，OECD 工作组认为主要依赖于企业的责任和消费者的行动，是一种自愿行为。

（3）产品回收价值低，对环境影响一般。OECD 工作组认为政府应该对其采取相关的措施，与企业协议解决该部分产品的回收问题。

（4）产品回收价值低，对环境的影响大。由于产品对环境影响非常巨大，且负的回收价值使其缺乏回收再生商业潜力，因此需要政府的强制干预，是实施"生产者责任延伸"制度的首选。

根据回收产品的以上 4 种分类形式，OECD 工作组构造了 4 个决策矩阵，归纳如图 4.3 所示。

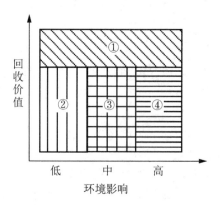

图 4.3　生产者责任延伸决策矩阵

注：①表示市场驱动；②表示自愿行动；③表示协议行动；④表示强制行动。

2. EPR 制度的实施方式和政策性工具

生产者责任延伸制度不仅表现为各种法令或制度，更是一种理念，凡是符合该理念的法规、条例、规定和惯例以及相应的行动都可视为生产者责任延伸制度的实施。

从国家执行的角度看，EPR 法规和制度的制定与实施是执行 EPR 的有力手段。目前许多国家都在制定适合本国的 EPR 法规或制度，尤其是欧美国家和 OECD 成员国。

知识链接

WEEE 指令和 ROHS 指令

2003 年，欧盟发布了《废弃电子电器设备指令》(Directive on Waste Electronical and Electronic Equipment，WEEE)和《关于在电子电器设备中禁止使用某些有害物质指令》(Directive on the Restriction of Hazardous Substances，ROHS)，并且要求这两项指令的内容必须融入欧盟成员国的立法中。指令具体要求是从 2006 年 7 月 1 日起，禁止进口和禁止制造含有下列 6 种有害化学物质的电子电器产品：铬、铅、镉、水银、PBB、PBDE。也就是说，任何电子电器产品在 2006 年 7 月 1 日之后要想进入欧洲市场，必须提供不含有上述 6 种禁用物质的证明。

从企业执行的角度看，基本上存在两种 EPR 执行方式：专用产品回收体系和共用产品回收体系。专用产品回收体系是指由生产者建立自己独立的产品回收体系，主要从事本企业产品的回收业务。这种执行方式适合于回收品可以作为生产者的零部件使用并且回收品和回收处置专用性较强的情况，如电子电气产品。共用产品回收体系是指企业本身并不直接参与对其生产销售产生的回收处置工作，而是通过一定的契约，通过支付转让价的方式将产品的回收处置工作转让给其他联合团体或第三方专业化的回收企业来负责完成。这种执行方式适合于回收品可以用做生产者的原料并且回收处置和利用过程通用性较强的情况，如玻璃。

从 EPR 执行的政策性工具来看，可归纳为三大类：法规性工具、经济性工具和信息性工具。法规性工具主要包括促进 EPR 制度的法律、法规、制度等；经济性工具主要通过经济手段促进 EPR 制度的执行；信息性工具主要是通过信息手段促进 EPR 制度的执行。常用工具见表 4-1。

表 4-1 常用 EPR 实施工具

法规性工具	经济性工具	信息性工具
强制回收	征收原材料税	产品标示使用年限
规定产品中可再生原料比例	环境友好产品补贴	产品标示有害物质含量
规定产品最低回收率	预收押金再退还回收制度	产品标示回收需求
建立能效标准	加收废弃物处理费	产品标示环境标志或生态标签
禁止或限制弃置	提高对环境有害材料的价格，限制其实用	要求生产者提供产品整个生命周期的信息资料
禁止或限制某些有害物质的使用		
禁止或限制特定产品的生产		

4.2 产品召回

4.2.1 召回概述

1. 召回的定义

依据国家质检总局起草的《缺陷产品召回管理条例》2009 年送审稿对召回的定义如下。

召回(Recall)是指按照规定程序和要求，对缺陷产品，由生产者通过警示、补充或者修正消费说明、撤回、退货、换货、修理、销毁等方式，有效预防、控制和消除缺陷产品可能导致损害的活动。

其中生产者，是指在中华人民共和国境内从事产品加工、制作的单位和个人；进口商品的进口商或者代理商视为生产者。缺陷产品，是指因设计、生产、指示等原因在某一批次、型号或者类别中存在具有同一性的、已经或者可能对人体健康和生命安全造成损害的不合理危险的产品。

缺陷一般包括以下 3 种情况。

(1) 生产缺陷，是指产品在制造、装配过程中所产生的缺陷。

(2) 设计缺陷，指产品的设计存在不合理的危险性，导致产品潜在危险的根本因素。具体又分为：产品结构设计不合理、选材不同、未附加必要的安全装置。

（3）警示缺陷，是指产品的提供者对产品的危险性没有做出必要的说明、警告或指导而致使用者构成的不合理危险，也称为说明缺陷。

在确认产品存在缺陷后，经营者应主动采取警告、撤回、召回等措施，及时消除缺陷产品可能导致的危险。警告，是由经营者向社会发布的缺陷产品信息及避免缺陷产品造成危害的任何警示性措施；撤回，是对于尚未售出的产品，为防止继续销售缺陷产品，由经营者采取的任何措施；召回，是对已售出的产品，由经营者通过修理、更换、退货等方式，有效消除产品缺陷可能导致的危险的措施，所发生的费用由经营者承担。

 知识链接

美国的缺陷产品召回制度

美国是世界上第一个建立召回制度的国家。20世纪60年代，由美国律师拉尔夫发起运动，呼吁国会建立汽车安全法规。在他的努力下，美国国会于1966年制定了《国家交通及机动车安全法》。法律规定，汽车制造商有义务公开发布汽车召回的信息，必须将情况通报给用户和交通管理部门，进行免费修理。自《国家效能和机动车安全法》实施以来，该国已经实施了9 000多项汽车召回，涉及几百万辆的机动车和车辆零部件。随后，美国在多项产品安全和公共健康的立法中都引入了缺陷产品召回制度，使其应用到可能对公众造成伤害的主要产品领域。目前，世界上许多国家和地区，如日本、韩国、德国、法国、澳大利亚等，都纷纷效仿美国，相继制定了专门的法律规定产品召回制度。

以下是美国2004年发布的一个召回公告。

厂家	VOLVO
车型	S60、S80、V70
年代	2004年
NHTSA召回ID号	04V029000
召回日期	2004年1月16日
零部件	转向：杆系
可能受影响的车辆数	29 986
概述	一些车辆的前控制臂可能有制造问题，结果造成该控制臂与主销的固定螺栓和螺母可能会松动而使轴向张力减小。在特定的行驶工况下，转向系统的反应可能变得迟缓，驾驶员能够感觉到转向间隙
后果	这种行驶工况可能最终导致前控制臂和主销分离，这样有可能会造成交通事故
修复	经销商将安装一种新型螺母。制造商尚未通知车主召回的具体时间安排。车主应当与Volvo汽车公司联系，电话是：1－800－458－1552
提示	VOLVO召回号为R133。车主也可以联系国家高速公路安全管理局，电话是：1－888－DASH－2－DOT（1－888－327－4236）

2. 我国建立缺陷产品的召回制度的意义

(1) 建立健全缺陷产品召回制度有利于维护消费者的合法权益。缺陷产品召回制度的设置，使消费者在受到或未受到存在危险的缺陷产品的伤害时，得到更好的保护，改变"中外有别"的不平等待遇；也使生产者为了避免大范围的损失，也会在设计、生产等过程中注重产品的质量，从源头上减少侵犯消费者人身、财产安全的危险发生的可能性。

知识链接

"中外有别"的全球召回

在2002年5月28日，广州本田宣布为1999年8月前出厂的3 560余辆广州雅阁轿车进行免费检查修理。日本本田汽车公司则发布消息，决定在全球召回250多万辆存在点火器隐患的汽车。但本田汽车中国办事处和广州本田表示，中国市场不在召回的范围之内，只是建议中国用户送车到特约维修店检修。另外，德国奔驰、日本日产、日本丰田等汽车公司在进行全球召回的时候都表明"中国市场例外"。他们对中国内地用户提供的服务一般是免费检修、更换问题零部件一类。这样，这些汽车生产商对中国消费者和其他国家的消费者承担的责任完全不同。这些"中外有别"的做法，曾经被理解成对中国消费者的歧视。经过媒体的不懈追问，才发现中国的法律确实没有相应的规定，才使外国厂商合法地歧视了中国消费者。

(2) 建立健全缺陷产品召回制度有利于重新塑造企业的诚信形象，促进企业持续发展。由于产品召回措施要求批量性召回存在缺陷的产品，势必给生产者造成利润流失，企业为了自身的发展，必然朝着依靠科技，依靠高质量的方向发展，这必然有利于企业的长久发展。产品由于新技术、新材料的大量采用，即便进行了科学严谨的试验，在使用中也可能暴露缺陷和隐患。如果有缺陷的产品没有被及时召回，造成了消费者的生命与财产的损害或者环境污染，那企业将要付出的不仅仅是经济上的代价，更重要的是信用的丧失，企业的形象受损。缺陷产品召回制度对缺陷产品的处理提供了规则和程序，规定了经营者及相关各方的义务，产品制造商一旦发现自己的产品有缺陷问题，坦诚负责地召回，是向消费者展示企业负责的态度、提升品牌形象的机会。

知识链接

康泰克案例

天津中美史克的康泰克自20世纪90年代初进入中国市场以来成功占据了感冒药市场40%份额，成为感冒药市场龙头老大，1999年销售额达到7亿元。2000年11月，国家下发通知：禁止PPA！康泰克被醒目地绑上媒体的第一审判台，在很多媒体上都可以看到PPA等于康泰克，或者二者相提并论的现象。公司立刻采取积极措施，如市场小组，立即展开召回行动，并负责加快新产品开发；生产小组负责组织调整生产并处理正在生产线上的中间产品。暂停生产和销售；通知经销商和客户立即停止康泰克和康得的销售，取消相关合同；停止广告宣传和市场推广活动；开通消费者热线，配备训练有素的专职接线员，架起中美史克公司与客户、消费者的一道桥梁。这一系列措施重塑了企业形象，现在新康泰克仍占据感冒药市场较大市场份额。

(3) 建立健全缺陷产品召回制度有利于净化市场环境。从制度上设置，使企业朝着有利于自身，同时又有益于消费者这样的"双赢"的方向发展，从源头上使缺陷产品的产生概率降低；又更全面地加强已经出现的缺陷产品的召回，给予消费者双重保护，这样双管齐下，使不利于市场健康发展的不法行为无立足之地，有利于市场环境的净化。

在我国产品召回立法并非空白，近年来，我国制定了以下有关产品召回的规定。

① 2004 年 10 月 1 日起施行的《缺陷汽车产品召回管理规定》。

② 2007 年 8 月起施行的《儿童玩具召回管理规定》、《食品召回管理规定》。

③ 2007 年 12 月 12 日起施行的《药品召回管理办法》。

④ 2009 年国家质检总局起草《缺陷产品召回管理条例》送审稿，已被列入国务院法制办 2009 年一类立法计划。

⑤ 有关《消费类电子电器产品召回管理规定》立法准备工作正在进行。

3. 召回的分类

根据产品召回的启动原因，可以分为自愿召回和强制召回。自愿召回(Voluntary Recall)，也称为主动召回，指制造商经自行判断认为其生产的产品存在危险而自愿地采取的产品召回措施。自愿召回有些是由消费者直接向制造商投诉引发的，更多的是由主管部门督促而成的。另一种是强制召回(Mandatory Recall)，也称为指令召回，指主管部门发现并认定某种产品存在危险，经过一定的程序，向制造商发布命令，要求制造商必须采取的召回措施。

根据产品召回过程中针对产品缺陷而采取的具体措施，可以分为维修召回、更换召回、销毁召回、撤回召回。每一种召回对产品的处理是不同的。例如撤回召回是指生产者或产品提供者将那些已经投入流通、但尚未进入消费领域的缺陷产品，从市场上撤回，并进行处理。维修召回是指生产者或产品提供者对已经出售的缺陷产品进行免费维修，以消除隐患，防止事故发展的召回。更换召回是指生产者或产品提供者对存在缺陷的产品，更换同种类的零部件或进行升级换代，以消除产品安全隐患。销毁召回是指生产者或产品提供者对存在缺陷的产品进行回收并销毁。

知识链接

召回案例回顾

国家质检总局网站公布的信息显示，宝马(中国)汽车贸易有限公司拟于 2009 年 6 月 25 日起，召回新款 BMW 7 系轿车。据该公司统计，中国市场已销售数量共计 1 694 辆。记者从宝马方面了解到，此次召回车型存在油箱管路缺陷，宝马中国将对召回车辆进行更换油箱的维修服务，并不接受退货申请。本次召回范围内的车辆，由于零配件材料原因，密闭油箱中的一个油管接头有可能因连接力变弱而在连接处脱落，导致无法正常向发动机供油。在此情况下，可能导致发动机无法启动，或在极少数情况下，发生行驶途中发动机熄火的现象。

2008 年 5 月 29 日，美国消费品安全委员会与制造商 Provo Craft & Novelty 公司合作，宣布对一批有火灾隐患的中国产蜡烛电加热器实施自愿性召回，数量约为 73 万个。此次被召回的是产品编码分别为 YD0629 至 YD0652、YD0701 至 YD0708 的 Candlsense 蜡烛加热器。此次召回的蜡烛加热器自 2006 年 8 月至 2007 年 10 月期间于全美的沃尔玛店及其他零售商店销售，单台售价为 5 美元~10 美元。

> 2008年5月8日，美国消费品安全委员会与制造商Munchkin公司合作，宣布对一批有火灾隐患的中国产婴儿奶瓶及食品加热器实施自愿性召回，数量约为5 000个。此次被召回的是产品型号为#13301，批号编码为TP-1487的Munchkin豪华奶瓶及食品加热器，可用来加热食物和各种尺寸的奶瓶。Munchkin商标位于加热器正面，TP-1487编码位于加热器底部。此次召回仅限于批号编码为TP-1487的加热器。

4.2.2 召回中的逆向物流的特点

1. 缺陷产品召回时逆向物流的5个特点

（1）突发性强、规律性差。虽然，对产品召回采取主动态度的企业可以有充足的时间为召回做准备，但是，引起召回的产品质量缺陷对企业来讲还是有突发性的。一个对社会负责的企业不可能让自己出现连贯的有规律的缺陷。因此，企业每一次的产品召回的原因都不会相同，而且在时间上也没有规律可循。所以，每次产品召回都是始料未及的，也都是新的内容。

（2）处理难度大。与退货相比，产品召回在物流方面的处理难度要大得多。举例来说，如惠氏奶粉的产品召回，惠氏公司要根据生产记录确定受影响的产品品种、数量和批号；物流中心要在最短的时间内确定受影响的产品的详细流向；回收装车时更要仔细清点数量，辨认品名、批号，并一一与回收清单核对，防止回收遗漏；货物装车需要按经销商贴不同的标志，防止不同经销商回收货物之间互相混淆；回收到物流中心后，还需要对产品按照经销商、品种、批号进行清点，并将最后的明细与惠氏公司的发货记录及销售记录进行核对；产品销毁则是按照环保及相关技术规定，在政府技术监督部门监督下严格进行；不但产品销毁，产品包装同样需要销毁。这样一个严密的环环相扣的物流操作过程，却要在最短的时间内完成。时间紧、操作量大，中间任何环节都不能出错；物流和生产地信息记录不但要完整，而且还要可以准确迅速地逆向查询。

所以，产品召回无论是在生产控制环节还是物流操作环节，其工作量大、精度要求高、时间控制紧的特点对实际处理难度构成了巨大挑战。即便是像广州本田对雅阁产品的召回，只在客户服务中心对有缺陷车进行检修和更换零件，其对零件的检验，整车试验；对有缺陷车用户资料的统计；更换零件的准确及时配送等也都是极其严谨精确的工作，其要求也非日常工作可比。

（3）召回的产品对象非常广、数量巨大、涉及的地域跨度广。产品召回的对象，除法律明确列举的汽车、生物制品、饮水冷却器、婴儿奶粉、环境杀虫剂等产品外，还包括美国消费品安全委员会管辖的15 000多种消费品。由于缺陷产品，是指因设计、生产、指示等原因在某一批次、型号或者类别中存在具有同一性的，所以缺陷产品的数量巨大。由于全球经济一体化的发展，国际贸易发达，产品销售或流动范围往往已超过一国之界，具有跨区域性。

如2009年4月14日荷兰电器巨头飞利浦公司表示，由于该公司生产的700万只Senseo牌咖啡壶有安全缺陷，该公司已在一些国家发起召回及维修行动，不过在中国尚未采取任何措施。迄今为止Senseo牌咖啡壶在全球已售出2 500万只，大部分安全无虞；有安全风险的咖啡壶大约是700万只，为2006年7月至2008年11月生产的产品。此后飞利浦已在西欧和北美多个国家开始召回这批产品或对其提供维修，这些国家包括荷兰、比利时、英国、奥地利、丹麦、法国、德国和美国等。

(4) 召回成本巨大，一般的企业难以承受。召回制度对企业的实质影响是给企业增加偶然性的巨额成本。一旦发生产品召回事件，生产厂商在一次召回事件中所发生的费用从数亿到数十亿美元不等。由于为诺基亚代工的 4 600 万块手机电池存在过热风险，2007 年松下负责为诺基亚全球更换手机电池买单，估计更换成本为 8 600 万~1.74 亿美元。2006 年，索尼生产的笔记本电池被宣布召回，原因是电脑电池中混入的金属微粒可能与电池的其他部分相接触，从而导致在电池内部发生短路。索尼公司估计为苹果和戴尔笔记本电池召回计划提供支持的总成本将达到 20 亿~30 亿日元(1.721 亿~2.581 亿美元)。如以美国为例，克莱斯勒公司在 1984—1994 年生产的 400 万辆厢式车因门锁常无故打开问题进行的召回事件中，仅更换门锁零件的成本价值就达 2 亿美元。

(5) 对高水平信息管理依赖度高。以从产品缺陷确定受影响产品范围为例，确定产品缺陷后，需要尽快知道该缺陷影响了哪些产品及各自的数量。这就需要生产信息系统要对产品生产的时间、批次、配方、所用材料等各类细节信息都有完整的记录，并且记录要与实际生产活动完全一致，决不能有任何遗漏或不符，否则将无法确定产品缺陷实际造成的影响范围有多大。而且产品信息各部分之间必须共享并高度关联。生产信息系统必须足够灵活，能从任何一个产品信息为突破口，在短时间内查到生产链条中与之相关联的信息。如给出一个生产时段，能够很快地查出该时段内生产班次、产品种类、产品数量、产品状态以及生产所用原料、原料批号。而物流系统处于同样的要求，只不过其所判断的是产品的状态、流向、流量。

产品召回需要对产品缺陷影响详细状况进行准确迅速的判断。生产信息管理和物流信息管理都必须详细、完整、及时、灵活，需要能在极短的时间内对产品的影响状况做出详细的描述，为产品召回的方案设计提供重要的信息参考。可以这样讲，产品召回成功的要点，在于企业的高水平信息管理。

从产品召回的特点分析不难看出，产品召回其实是对企业正向供应链管理及其信息管理水平的检验。正向供应链管理做得好，信息记录完整，信息系统反馈灵活通畅，做好产品召回便不难。因此，对于产品召回应该抓好正向信息及运作管理，做足正向物流工夫。

2. 缺陷产品召回时各方的义务

我国《缺陷汽车产品召回管理规定》规定的制造商的义务是：制造商自行发现，或者通过企业内部的信息系统，或者通过销售商、修理商和车主等相关各方发现有关其汽车产品缺陷的报告和投诉，或者通过主管部门的有关通知等方式获在缺陷存在，可以将召回计划在主管部门备案后，按照本规定中主动召回程序的规定，实施缺陷汽车产品召回。制造商获知缺陷存在而未采取主动召回行动的，或者制造商故意隐瞒产品缺陷的，或者以不当方式处理产品缺陷的，主管部门应当要求制造商按照指令召回程序的规定进行缺陷汽车产品召回；制造商应按照国家标准《道路车辆识别代号》中的规定，在每辆出厂车辆上标注永久性车辆识别代码(VIN)，应当建立、保存车辆及车主信息的有关记录档案；制造商应当建立收集产品质量问题、分析产品缺陷的管理制度，保存有关记录，制造商应当建立汽车产品技术服务信息通报制度，载明有关车辆故障排除方法，车辆维护、维修方法，服务于车主、销售商、租赁商、修理商，通报内容应当向主管部指定机构备案，协助缺陷调查，不得以不正当方式处理其汽车产品。

销售商、租赁商、修理商的义务有：应当向制造商和主管部门报告可能的缺陷信息，配合主管部门调查，配合制造商进行召回。

车主权利义务有：有权投诉或反映缺陷，并可提出缺陷产品召回的相关调查的建议，应配合制造商进行缺陷汽车产品召回。

主管部门的权利义务有：国家质量监督检验检疫总局负责全国缺陷产品的汽车召回的组织和管理工作，国家发展改革委员会、商务部、海关总署、国务院有关部门在各自职责范围内配合开展缺陷汽车召回的有关管理工作，各省、自治区、直辖市质量技术监督部门和各直属检验检疫机构负责组织本行政区域内缺陷汽车召回的监督工作，主管部门会同国务院有关部门组织建立缺陷汽车产品信息系统，负责收集、分析与处理有关缺陷的信息；聘请专家组成专家委员会，并由专家委员会实施对汽车产品缺陷的调查和认定，应当对制造商进行的召回过程加以监督，并根据工作需要部署地方管理机构进行有关召回的监督，对已确认的缺陷信息及相关召回信息，在指定媒体上向社会公布。

从以上法律规定可以看出产品召回责任主体范围包括了生产者、销售者、进口者、出租者等所有涉及产品流通的主体。这些主体都有义务在产品存在缺陷时采取各自相应的召回措施。由于产品缺陷可能出现在产品流通的任何一个环节，单纯规定由生产者来承担产品存在缺陷时的召回责任有失公平，召回主体扩大到其他产品提供者将使产品召回的责任得到合理划分。

4.2.3 产品召回管理

产品召回管理包含4阶段的内容：召回预防管理、召回决策管理、召回实施管理、召回评价管理。

1. 召回预防管理

为了有效地应对产品召回，企业除了加强产品质量管理，防止出现产品缺陷，还应该预先建立处理召回的规划。召回预防管理主要通过以下几步完成。

1）建立召回管理机构，明确各部门的职责

要进行召回管理，企业必须成立召回委员会（或召回管理小组），全面负责召回的全过程。委员会的成员应该包括物流、生产、质量、客户服务、财务、法律、公共关系、产品研发、营销和信息系统等部门的负责人，有时公司的一把手也应该参与。召回委员会应该从其中指定一名召回协调员作为负责人。规模较大的企业还必须确定召回委员会的集权化内容，以决定采用集权、分权或集权和分权相结合的组织形式。召回委员会必须明确召回行动中各部门员工的任务和职责。

2）加强安全管理

安全管理和质量管理相互联系，又有所区别。安全管理并非制定更高的质量标准，而是采取一切措施预见和减少新产品在设计、制造和分销过程中，潜在地造成产品缺陷的危害风险。加强安全管理的措施之一是制定有效的安全检测程序，如食品工业中用到的危险控制关键点分析（HACCP），能帮助企业发现食品制造和销售过程中可能发生生物、物理和化学危险的关键点，然后在每个关键点上采取预防措施，降低危害发生的概率。对产品进行严格的出厂前测试是加强安全管理的又一重要措施，它给企业提供了最先发现产品在实际使用过程中存在缺陷的机会，而在这个阶段由于产品还未大规模流通，因此纠正缺陷所需费用相对较低。

3）发展和保持与消费者、中间商等有效的沟通渠道

企业需要与最终消费者、中间商、维修站和客户服务部门建立和保持有效的沟通渠道，一方面能够在需要时及时地与他们取得联系；另一方面，可以通过沟通获得产品使用、产品维修、产品退回、消费者意见等方面的信息。福特汽车公司就把这些信息作为其召回预警系统的重要内容，以帮助其发现安全问题。

4）建立产品与顾客数据库

有效的产品数据库能够进行产品批量跟踪，这样就可以通过产品型号、生产批次、系列号和生产日期等及时确定哪些产品应该召回，这些产品是否已经销售出去；良好的客户数据库，使企业能快速地找到缺陷产品的当前使用者。

2. 召回决策管理

企业有关产品缺陷的信息主要是通过以下几种途径获得的：企业的质量管理记录、消费者投诉、媒体报道、政府管理部门的公告、维修站的维修记录等。当企业认为可能存在产品缺陷时，就必须对是否召回进行决策。

召回决策过程中关键的一个程序是评估产品缺陷的危害风险，这是决定召回的速度和召回方式（在产品上贴警示、维修、更换或退赔标签）的依据。在缺陷产品管理制度比较完善的国家，政府管理部门都对相关的危害风险进行了分类、分级，如美国消费者产品安全管理委员会（CPSC）的危害评级标准，将产品可能引发的危害分为3级。

A级危害——指产品有极大可能会引起死亡或严重伤害、疾病。

B级危害——指产品引起死亡或严重伤害、疾病的可能性不大，但仍有可能引起死亡或严重伤害、疾病。

C级危害——指产品引起死亡或严重伤害、疾病的可能性极小，引起中毒伤害、疾病的可能性也不大，但这种可能性并非完全不存在。

美国食品与药品管理局（FDA）将召回分为类似的3个等级。这些危害风险分类方法为企业进行产品缺陷的危害风险提供了参考。

3. 召回实施管理

当企业决定对缺陷产品进行召回时，就应该按照制订的召回计划进行。召回计划应该就如何实施召回做以下几方面的说明。

1）召回预算

企业必须对召回事件导致的各项费用进行预算，这些费用分为直接费用和间接费用两部分。

2）告知召回情况

进行召回的企业需要将召回的相关事宜告知批发商、零售商、服务中心和消费者。应该告知的情况包括：采取的召回程序、怎样辨识缺陷产品、缺陷的性质、危害的严重程度、缺陷产品的数量、缺陷产品的使用者与企业的联系方式、召回的时间地点等。告知的方式除包括在政府管理部门规定的报刊、网站上公布召回公告外，还可采用信件、电话的方式等。

3）收回缺陷产品

企业收回缺陷产品时，处于不同环节的产品收回难度是不同的。在制品、制造商产品、成品库存、运往中间商（批发商、零售商）的在途产品、中间商（批发商、零售商）库存产品、制造商通过直销方式销售的产品较易收回；最近几年内销售、制造商有记录的产

品相对较难收回；最近几年内销售但制造商无记录的产品或有记录但售出期已经超过 5 年的产品、销售给其他企业的批发商和零售商的产品、被转卖的产品、出口到国外的产品最难收回。

4) 确保及时维修或替换

进行召回的企业应建立明确的召回产品修理或更换程序。消费者可以选择将产品直接邮寄给维修部门，或送给该件产品的销售商。如果产品是模块化的或者是易于组装的零部件，企业可以将需要更换的零部件附上详细的安装说明后再寄给消费者。无论采取什么样的程序，企业都应该提高其服务和维修队伍处理缺陷产品的能力。当需要处理的缺陷产品数量很大时，企业可以将这项工作外包出去，或临时调用其他部门的员工。

4. 召回评价管理

企业应该认识到产品维修结束并不意味着召回的结束，挽回公司的声誉和评价召回效果，是召回结果管理的两项重要工作。

1) 挽回企业的声誉

为挽回声誉，企业应进行的工作有：分析产生缺陷的原因，并采取措施以保证不再因同样的缺陷导致新的召回；为新产品配以新的序列号、产品型号、风格包装和颜色，以防止需召回产品、已维修产品和已达到安全标准的新产品之间产生混淆；增加广告的投放量，告诉消费者产品缺陷已经得到纠正。

2) 评价召回效果

产品召回的效果可以通过召回完成率和客户满意度来衡量。

召回完成率是评价召回效果的最常用的指标，它是指收回的缺陷产品数量占尚在使用中的缺陷产品数量的百分比。国外相关数据显示，大多数召回事件中的召回完成率都很低，如 CPSC（美国一个重要的消费者权益保护机构，是 Consumer Product Safety Commission 的缩写，即消费品安全协会）称召回完成率通常为 2%～50%，1993 年 CPSC 参与的 176 起召回事件的平均完成率只有 11%。

召回完成率可以分解为销售商召回完成率和最终消费者召回完成率两个指标，这两个指标统称为销售渠道召回完成率，上述指标之间的关系为：

$$召回完成率 = \frac{收回的缺陷产品数量}{尚在使用中的缺陷产品数量} \times 100\%$$

客户满意度也是衡量召回效果的指标之一，考察这个指标需要考虑的因素有：热线电话的等待时间、零部件更换的时间、顾客对召回程序的满意度、顾客对完成维修产品的满意度等。

3) 企业可以通过召回审查表评价企业的召回程序

审查表列出了与召回程序相关的问题，通过回答这些问题，可以达到发现有待完善的环节、评价召回参与者的工作和评价企业召回能力的目的。召回审查可以由召回协调员、召回委员会或独立的咨询机构完成。

4.2.4　召回运作的重点

1. 召回时企业各部门应采取的行动

企业收回缺陷产品时，处于不同环节的产品收回难度是不同的。

召回时企业各部门应采取以下行动。

（1）通过技术人员或者外来实验室的调查，确认是否存在健康危害。如果有潜在的问题，必须通知管理层。

（2）配送/消费者服务部门必须追溯所有的相关问题。如果公司无法在24小时之内完美迅速地确定所有可疑产品，那么追溯系统就有必要进行改进。

（3）收集所有和可疑产品相关的产品的生产和质量记录，以及在出问题产品生产前后生产的产品都要收集并检查。

如果公司仍能控制产品，那些材料在技术人员评估期间必须贴上"待处理（不准使用）"的字样。如果产品仍受怀疑或者确定有问题，处于配送网络的产品则必须开始进行回收。保险人、销售和市场、公共关系、质量保证的合作者、法规人员以及贸易团体都必须通知到。每一部门在运行中均要担负起预定的职责。

（1）销售和市场——销售和市场人员应通知购买者要回收产品，将产品从零售柜台上撤下，从寄存的仓库中回收，和零售商合作安排所有的食品的储存和分离。

（2）保险公司——保险公司必须确认出问题的产品的覆盖范围。

（3）市场——市场和公众关系组合作，准备新闻发布会，以给媒体信心和保证商业信用。

（4）采购——如果技术人员确定问题和供应商有关，这一部门就得和供应商联系。

（5）行业关系/人力资源——人力资源部（人事）会把问题通知给雇员，就他们在回收中该做的工作提供指导。

（6）生产——生产部门会被要求停止生产，进行各种必要的调查，确定问题产生的原因。

如果产品进入了配送系统，回收就要公开化，以便让消费者认识到存在的问题和正在进行回收。回收必须要通知报纸、电台和电视台，因为他们有助于快速通知许多人。产品的全部细节都要提供给媒体，也就是：标签信息、容器类型、大小和产品编码。最好还能提供出问题的产品图片。媒体必须给消费者就其所购买的产品的回收提供指导。

2. 健全产品信息系统

产品信息系统的建设在产品召回制度中发挥重要作用，主要体现在以下3个方面。

1）产品信息收集系统

一次成功的产品召回在较大程度上依靠于有效的信息收集、通告系统。产品召回制度的重要价值就是能够尽快地发现产品缺陷，并针对该缺陷采取措施，真正做到防患于未然，把对消费者可能造成的损失降到最低。当某项产品被投放市场后，假如该产品引发了事故，消费者可以通过各种通信、联络方式向包括生产商、销售商以及政府主管部门、消费者权益保护部门进行投诉。生产商应当建立投诉信息的专门收集、处理机构以及广泛、密集的信息交流网络。对被投诉的产品交由权威的检测机构进行检测，进一步判定该产品缺陷是偶然性缺陷，还是系统性缺陷，通告政府主管部门备案。一旦确定该缺陷属于系统性缺陷，那么产品召回程序将正式启动。因此，迅速、高效的信息收集系统能够使生产商对产品事故做出迅速反应，是产品召回制度的重要前提。

2）产品信息发布系统

启动产品召回程序以后，生产商或者政府主管部门以各种方式进行产品召回信息的发布。信息发布的范围应当是该批次产品可能销售的范围；信息发布的对象包括进出口商、批发商、零售商、维修商、消费者等一切商品营销环节中的主体；信息发布的内容包括生产商名称、产品名称、产品批次、产品缺陷、产品缺陷所可能引发的损害后果、销售范围、召回措施、召回部门；最后还应当包括对消费者的补偿措施等其他事项。

3）产品物流信息系统

召回是逆向供应链的高级实现形式。在产品召回过程中，一般会同时发生逆向物流和客户服务改善。召回要求厂家要做到两个方面的可追溯性：①产品及零配件的可追溯性；②用户的可追溯性。产品出了故障，很快就可以明确是哪一批产品，哪些用户出了问题，召回范围很明确。产品的可追查性决定缺陷产品是否能够被快速、全面地召回。

召回数以百万件产品对于一个公司来说影响是非常巨大的，一次大的召回行动的成本非常巨大，同时也受到许多因素影响。有些成本是与召回行动直接相关的，如产品失效调查、给客户的召回通知、召回产品的运输、重新设计和维修成本及缺陷产品本身的价值等。有些成本与产品召回不直接相关，包括在召回期间由于负面的公众影响而造成销售损失等。另外随着召回的宣告，公司市值也可能随之下降，这通常反映在公司股市价格的走低上。产品召回还会对公司利润造成严重影响。

为了实施充分而合算的召回，制造商必须有足够的原始数据，以判断某一产品制造过程中是使用了缺陷部件还是存在工艺问题。可追溯系统有两个目的：① 当发现制造相关缺陷（缺陷部件或工艺问题）时，通过识别特定编号，减少产品需要召回或返回的数量；② 通过提供缺陷产品在组装过程中所涉及的设备、部件、岗位、班次和操作工的相关报告，尽量防止产品返回，将帮助管理层调整制造工艺以保证产品在发货前检测到更多的缺陷。

知识链接

广州联欣自动识别技术有限公司的条码追溯

广州联欣自动识别技术有限公司创立于 1999 年，总部位于国家十大软件产业基地——广州天河软件园，是中国企业条码应用领域的领先者。公司定位于条码产品与系统集成服务供应商，运用先进的条码及 IT 技术，结合卓越的管理模式和丰富实践经验，为企业提供条码管理整体应用解决方案。该公司旗下的条码追溯是 MES 系统和核心模块，也是实现质量控制，提高售后服务品质、加快服务响应速度的最好办法，追溯模块包括了：零件、组件、产成品的批号信息、人员班次、资源/设备状态、不良原因、下一步的执行指导等，它能监控诸如 WIP（Work-in-Process）的状态，以及返工、产出率、产量、损耗等信息，供应商所提供的不良材料可以得到及时的处理以及反馈。

阅读助手

我国的第一起汽车补充召回案

2009 年 7 月 13 日，重庆长安福特马自达汽车有限公司、一汽轿车股份有限公司分别向国家质检总局递交了召回报告，决定将 2009 年 4 月 27 日开始实施的部分福克斯、蒙迪欧致胜、马自达 3

逆向物流

及奔腾轿车召回活动的车辆范围扩大,补充召回的车辆总数共计13 097辆。据悉,此次补充召回的原因是天窗玻璃总成供应商没有建立起产品追溯管理体系,影响了两家厂商对召回车辆范围的确定。这也是我国实施汽车召回近5年来的第一起补充召回案例。

在汽车电子、医疗等注重安全和可靠性的制造领域,对可追溯性的要求愈加强烈。VALOR已经开发出一种Trace Xpert追溯系统,用于实时监控、提高设备性能和对每个器件的精确跟踪。Trace Xpert能提供多种强劲并附带纠错功能的实时装配线设备接口,而这种需要极其专业的相关领域知识的产品特性很容易形成技术强势。

而SONY TiMMS半导体和电子方案部总经理Michael Ford对可追溯性的看法也大同小异,只是用了另一个名词——可追踪性。不同之处在于,SONY TiMMS将其产品价值定义在"无成本"方案上,并且其可追踪性特别针对物料控制这一环节。Michael Ford将可追踪系统概括为:包含对物料核实、分配、准时生产、环保要求4个环节的监控,以满足企业需求为重要基础,能配合各种法例和法律责任,覆盖广阔范围,其资讯详细、稳定、可靠而易于取用,并在上述基础之上赋予理想功能。可追踪系统不应对生产增加负担或成本,所谓"无成本"方案则是将"追踪"整合到他们的精益生产方案当中。

知识链接

车辆识别代号(VIN)简介

VIN(Vehicle Identification Number),中文名叫车辆识别代号。或许您已经注意到,身边车辆的铭牌上多了一个由17位字母、数字组成的编码,这就是车辆的VIN,又称17位识别代码。车辆识别代号经过排列组合,可以使车型生产在30年之内不会发生重号现象,这很像身份证不会产生重号一样,它具有对车辆的唯一识别性,因此又有人将其称为"汽车身份证"。车辆识别代号中含有车辆的制造厂家、生产年代、车型、车身型式、发动机以及其他装备的信息。

1. VIN代码的含义

1~3位(WMI),世界制造商识别代码,表明车辆是由谁生产的。4~8位(VDS),车辆特征。如轿车的种类、系列、车身类型、发动机类型及约束系统类型,载货车的型号或种类、系列、底盘、驾驶室类型、发动机类型、制动系统及车辆额定总重等。第9位,校验位,经过一定的算法防止输入错误。第10位,车型年份,即厂家规定的型年(Model Year),不一定是实际生产的年份,但一般与实际生产的年份之差不超过1年。第11位,装配厂。12~17位,顺序号,一般情况下,汽车召回都是针对某一顺序号范围内的车辆,即某一批次的车辆。

2. 世界制造厂识别代码(WMI)

全球所有汽车制造厂都拥有一个或多个WMI(世界制造厂识别代码),该代码由3位字符(字母和数字)组成,它包含以下信息。

(1)第一个字符是表示地理区域,如非洲、亚洲、欧洲、大洋洲、北美洲和南美洲。

(2)第二个字符表示一个特定地区内的一个国家。美国汽车工程师协会(SAE)负责分配国家代码。

(3)第三个字符表示某个特定的制造厂,由各国的授权机构负责分配。

如果某制造厂的年产量少于500辆,其识别代码的第三个字码就是9。

3. 车型标牌(包含VIN)的位置

(1)除挂车和摩托车外,标牌应固定在门铰链柱、门锁柱或与门锁柱接合的门边之一的柱子上,接近于驾驶员座位的地方；如果没有这样的地方可利用，则固定在仪表板的左侧。如果那里也不能利用，则固定在车门内侧靠近驾驶员座位的地方。

(2) 标牌的位置应当是除了外面的车门外，不移动车辆的任何零件就可以容易读出的地方。

(3) 我国轿车的 VIN 码大多可以在仪表板左侧、挡风玻璃下面找到。

4.3 产品溯源

4.3.1 产品溯源概念的提出

根据 ISO 9000 术语对"可追溯性（Traceability）"的理解是：追溯所考虑对象的历史、应用情况或所处场所的能力。

可追溯性涉及原材料和零部件的来源，加工过程的历史，成品及半成品检验过程，产品交付后的分布和场所。根据 ISO 9000 标准要求：组织应在产品实现的全过程中使用适宜的方法识别产品，以方便进行追溯。一个完整的可追溯系统一方面能减少产品召回成本，另一方面在建立这样一个系统的同时，也能尽可能地避免缺陷产品与产品召回事件的发生。

前面提到，对于企业来说，产品召回是一个既费钱又费时的过程。如果没有良好的可追溯性保证，那些没有缺陷的产品也会被大量地召回并维修或替换，从而给企业造成重大损失。

产品溯源（Product Traceback）的概念最早出现在监控食品安全方面。迄今为止，我国食品安全监控策略还是以最终产品市场抽检为主，表现为媒体所报道的食品合格率和超标情况，无论是质检、卫生、工商、农业等部门均是如此。目前，国际上公认的监控策略是过程管理，即对从农田（源头）到餐桌（终端）的食物链进行全过程监管；而在此食物链的各阶段（如原料生产、食品加工、运输、储存、销售）实施一系列技术规范，包括良好农业生产规范（GAP）、良好加工生产规范（GMP）、良好卫生操作规范（GHP），以及最近被公认为保障食品安全最重要的技术规范"关键控制点危害分析"（HACCP）。在实施过程监控策略中的一个重要技术是溯源，即从农田开始，就给食用农作物和家畜、家禽、水产品戴上一个标记，而此标记将随着食物链中各阶段的前进而一直存在，直至餐桌阶段。这样，一旦在其中的任何一个阶段出现了不合格产品，就可以根据所记录的信息进行追溯，进而找出发生问题的环节和可能的原因。这种技术在国外已普遍采用，全球最大的零售商沃尔玛已采用卫星追踪技术进行产品溯源。我国溯源技术还处于空白或原始阶段。如果说已有了起步，那是局限于食物中毒发生后通过流行病学手段确定造成发病的食物，还不是真正意义上的全程溯源。

美国疾病控制与预防中心（CDC）的报告表明，自美国在对水产品行业强制性实施 HACCP 以来，食源性疾病的发生出现了明显下降。我国虽已制定了一些 GAP 和 GMP，也开展了 HACCP 的人员培训和推广应用，但真正实施的企业数量不多，主要限于某些大型出口企业。

产品溯源通常是用来追寻和控制从原材料的接收到产品的最终销售的程序。产品溯源在逆向物流中的应用具体体现在产品回收、再制造利用等方面。该程序包括产品的回收制度、再制造利用制度、循环利用制度等。例如产品的回收制度应规定：产品详细回收流程、回收行动小组成员的组成、人体包装产品的正确编码系统、产品投诉处理制度等。

4.3.2 产品追溯要求和方法

产品溯源指的是包括对材料、零部件、生产过程、产品交付后的来源、分布和位置的追溯。

1. 产品追溯要求

（1）根据质量控制、质量保证、质量改进的要求确定追溯程度和方法。
（2）根据相关方及其他要求确定追溯程度和方法。
（3）根据 ISO 9001 标准要求确定追溯程度和方法。
（4）根据产品责任要求确定追溯程度和方法。
（5）在无特殊要求的前提下，追溯应达到以下要求。
① 采购产品至少能追查到供方产品责任，且能防止混用、误用。
② 一旦发生不合格及顾客的投诉和索赔时，确定责任人员和日期。

2. 产品追溯方法

（1）追溯是通过标识来实现的，不同的标识就是不同的追溯方法。标识与追溯的关系是：追溯是标识的目的，标识是追溯的手段，但有标识不一定可追溯。
（2）按照过程追溯程度可分为分段追溯和全过程追溯。分段追溯是以某道工序为追溯始点，又以某道工序为追溯终点的追溯方法；全过程追溯是以服务质量形成各个过程为追溯对象的追溯方法。
（3）按照产品数量追溯程度可分为单个追溯和批次追溯。单个追溯是以每个产品为追溯对象的追溯方法，批次追溯是以每批产品为追溯对象的追溯方法。
（4）按照产品责任追溯程度可分为组织追溯和人员追溯。组织追溯是以某个组织为对象的追溯方法，人员追溯是以某个人为对象的追溯方法。

4.3.3 产品追溯特点

（1）追溯是一种能力。这种能力主要体现在能够迅速、完整、准确地满足追查要求的程度。
（2）追溯能力是有限制的。这种限制来自于以下内容。
① 追溯程度与费用成正比，所以追溯要求必须考虑追溯的经济性和必要性。
② 追溯要求是根据质量控制、质量保证和质量改进以及标准和相关方要求确定的。所以追溯能力应适应追溯要求，应与追溯要求相匹配。追溯能力过高是浪费，过低则达不到追溯要求。
③ 追溯可以是无止境的，所以追溯能力必须在限制的条件下才能实现，如应规定追溯对象、范围、长度、深度、起止时间等。

4.4 再 制 造

一台超过设计寿命的机器设备，如何处置？按照常规思维，只能将损坏严重的部件重新修复，勉强而又小心地延长使用年限，或者干脆淘汰报废，然后更换新品。显然，这两者都不是最优选择，前者虽然实现了节约，但却让人如履薄冰，因为这种修复明显地降低了安全系数；后者虽然干脆利落，不留隐患，但没有做到最大限度地利用资源和能源。还有另外一种思维和路径，那就是再制造。美国宇航局重新利用改制与翻新的零部件，使飞机制造费节省了40%~60%。专家称，经过再制造之手，行将报废的机器特别是石化、发电等大型机械设备有可能延长使用寿命20~40年！

4.4.1 再制造概述

1. 再制造(Remanufacture)的基本定义

再制造是以产品全寿命周期设计的理论为指导，以优质、高效、节能、节材、环保为目标，以先进技术和产业化生产为手段，来修复或改造报废产品的一系列技术措施或工程活动的总称。

再制造是在保证产品的功能、质量、成本的前提下，充分利用报废产品的附加值，综合考虑环境影响和资源效率的现代制造模式。

而简单说，再制造是一个将旧产品恢复到"新"状态的过程，在这个过程中，旧产品被清洗、拆卸和检测，有再利用价值的部件被再处理，然后进入库存。将库存中经过再制造的零部件(或者加入适当新的零部件)重新装配成"新"产品，使其具有和原产品一样的使用性能和寿命。可进行再制造的产品一般具有以下的特征：① 耐用型产品；② 某些功能受到损坏；③ 标准件组成；④ 剩余价值较高，且再制造的成本低于剩余价值；⑤ 产品的各项技术指标稳定；⑥ 顾客认同并且能够接受再制造产品。

当前再制造的产品有汽车、计算机、复印机、手机、电视机、电冰箱、空调器、洗衣机、轮胎、印刷电路板等。进行再制造的不仅仅是整体的产品，也还可能是产品的某些关键的零部件和配件，如汽车的发动机等。面对有限的资源和废弃物处理能力，再制造作为一种产品回收处理的高级形式，可以有效实现资源优化利用、环境保护和经济持续发展的综合目标，已经受到工业发达国家的高度重视，成为实现可持续发展的最有效途径之一。

2. 再制造的过程

再制造是一个比较复杂的过程，涉及废旧产品的回收、检测、拆卸、库存、运输等环节，同时还包括对拆卸后没有利用价值的废弃零部件的处理。再制造的关键步骤，如图4.4所示。

(1) 收取报废或使用过的产品(部件)。这个过程一般对回收的废旧产品进行初步清洗和检查以了解其基本情况，如部件的外观、型号、制造时间等，这些数据进入公司数据库，并对零部件加以标识使其容易辨认。

(2) 拆卸和清洗。对回收的废旧产品，需要对其进行拆卸后才方便进行处理。收取的部件经过拆卸后，低价值的或是原制造厂要求强制更换的零部件被去除，有利用价值的零部件予以保留，所有保留的零部件都进行彻底的清洗。

（3）检查和报价。所有零部件经过评估以确定损坏范围，根据检查结果给出详细的翻新方案和需要更换零件的一览表。这些信息可以用来决定恰当的翻新策略和翻新产品所需要的成本。

（4）零部件再制造及入库。所有部件及相关零件都进行再制造加工处理以达到现在的技术要求，通过正常的机械和电气性能测试后，附上标记的再制造零部件被放入仓库。

（5）装配、测试和发货。当所有零件在仓库中备齐后，根据生产计划，再制造部件或产品的装配就进入车间或生产线，经过一步一步装配和测试完成全部装配并通过最终测试后，产品或部件附上再制造标记（这是与新产品不同的），最后产品送入成品库等待销售或附上保修条例（这是与新产品相似的）后发送到用户手中。整个装配、测试和质量控制方式完全按新产品的技术要求进行。

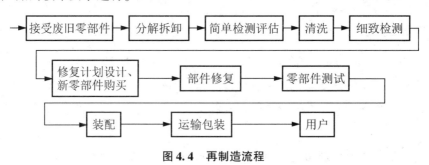

图 4.4 再制造流程

 **知识链接**

再制造在发达国家的普及

再制造在工业发达国家已经受到高度重视。美国福特公司已建立全球最大的汽车回收中心，并花巨资买下欧洲最大的汽车修理连锁公司；包括 IBM 在内的计算机公司正在回收旧机器的芯片；包括朗讯科技公司在内的通信设备公司正在再制造开关装置；一直再制造自己打印机墨盒的莱克斯马克国际公司，正在试验在其打印机上使用再制造部件；惠普公司提出了名为"地球伙伴计划"的全球环保硒鼓回收计划，可将硒鼓重量的 90% 重新利用，收回的硒鼓一部分被转换为原材料，另一部分经过再制造后用于制造过程。从 20 世纪 90 年代以来，富士公司和柯达公司开始回收一次性相机，把它的闪光机和其他部件重新用在新相机上。近年来，在美国越来越多的企业从事再制造，据波士顿大学最近的统计，美国大约 73 000 个企业从事再制造，从业人员达到 48 万人；再制造业的年销售额达到 530 亿美元；其中 360 亿美元再制造零部件占据了美国汽车维修零部件市场的 70%～90%。作为参考，美国钢铁工业全年销售额为 510 亿美元，直接从业人员 24 万余人。美国军队是世界上目前最大的再制造受益者，在军用装备中大量使用再制造零部件。欧洲主要工业化国家的一些大企业都相继开展了再制造，著名的宝马、大众、梅塞德斯汽车企业建立了汽车拆卸试验中心；瑞士的卡斯特林公司专门向世界各国提供再制造服务。富士施乐公司在日本全国建立了 50 个废旧复印机回收点。旧复印机被分解拆卸后，按质量情况将零部件施行数据化管理，对零件进行再加工处理循环再利用。

4.4.2 再制造物流系统的特点

再制造物流系统的主要特点在于其各项活动中包含的各种不确定性，有以下 6 个重要特点。

(1) 回收产品到达的时间和数量不确定。这是产品使用寿命不确定和销售的随机性的一个反映，它集中体现在废旧产品的回收率上。很多因素都会影响废旧产品的回收率（废旧产品所能有效回收的数量与消费区域内所有废旧产品数量的比例），比如产品处于生命周期的哪一阶段、技术更新的速度、销售状况等。回收产品到达的时间和数量不确定，要求解决的一个主要问题，就是对回收产品到达的时间和数量做出预计，将预计能回收的旧产品数量与预测需求和实有需求相比，看数量上是否合适。而在企业的实际操作中，很少有企业会对废旧产品回收的时间和数量进行有效的控制。

(2) 平衡回收与需求的困难性。为了得到最大化利润，再制造必须考虑把回收产品的数量与对再制造产品的需求平衡起来。当然，这就给库存管理带来了较大困难，需要避免两类问题：回收产品的大量库存和不能及时适应顾客的需求。超过半数的公司基于实有需求和预测需求来平衡回收，而剩下近1/3的公司只针对实有需求来控制回收量。这两类公司采用的控制策略也不同。只针对实际需求来控制回收量的公司通常采用MTO（按订单生产）和ATO（按订单装配）的策略，而其余大部分的公司同时选择MTO、ATO和MTS（按库存生产）的策略。

(3) 产品的可拆卸性、拆卸时间及废旧产品拆卸后零部件的可用性等方面的不确定性。回收的产品必须是可以拆卸的，因为只有在拆卸以后才能分类处理和仓储。要把拆卸和仓储、再制造和再装配高度协调起来，才能避免过高的库存和不良的客户服务。

(4) 回收产品可再制造率不确定。相同旧产品拆卸后得到的可以再制造的部件往往是不同的，因为部件根据其状态的不同，可以被用作多种途径。除了被再制造之外，还可以当作备件卖给下一级回收商、当作材料再利用等，这个不确定性给库存管理和采购带来很多问题。

(5) 再制造物流网络的复杂性。再制造物流网络是将旧产品从消费者手中收回，运送到设备加工厂进行再制造，然后再将再制造产品运送到再利用市场的系统网络。再制造物流网络既包含传统从生产者到消费者的正向物流，又包含废旧产品从消费者到生产者的逆向物流，是一个闭环的物流系统。再制造物流网络的建立，涉及回收中心的数量和选址、产品回收的激励措施、运输方法、第三方物流的选择、再加工设备的能力和数量的选择等众多问题。再制造物流网络要有一定的稳定性，才能消除各种不确定因素的影响。

(6) 再制造加工路线和加工时间不确定。再制造加工路线和加工时间的不确定，是实际生产和规划时最关心的问题。加工路线不确定是回收产品的个体状况不确定的一种反映，高度变动的加工时间也是回收产品可利用状况的函数。资源计划、调度、车间作业管理以及物料管理等都因为这些不确定性因素而变得复杂。

4.4.3　企业再制造物流网络建立中存在的问题

1. 回收渠道分散

目前在我国，很少有企业建立专门的回收渠道，废旧产品的回收大多数是由废旧产品收购站来进行的。而深入消费者家中对废旧家电等产品进行回收的通常都是以回收废旧产品谋生的个人，为了谋取经济利益，他们对待回收来的废旧产品并不是返回到原制造企业用于再制造，而是自己进行翻新，然后再销售，这样翻新的产品质量极差，不仅损坏了消费者的利益，使消费者对经过再处理后的产品质量丧失信心，而且极大地浪费了废旧产品资源，使废旧产品没有得到充分的利用。同时，废旧产品的回收率也非常低，许多有再利用价值的废旧产品没有得到有效地回收，造成了资源的浪费，而没有回收的废旧产品消费者都是作为垃圾处理掉了。这样一来也给环境带来了较大的污染。

我国企业没有建立专门回收渠道的原因主要是物流双向渠道系统本身管理的困难。总的来说，物流管理对我国企业来说才刚刚起步，现有的正向物流渠道成熟程度较低，物流渠道包括正向渠道和回收渠道，回收渠道的相关主体恰恰大部分都是正向渠道的主要成员，也要经过运输、加工、库存、配送等环节，难免会与正向物流相冲突。而企业在权衡两种渠道业务时，通常会优先选择常规正向业务，放弃回收业务，造成了回收渠道实施的困难。

2. 经济利益和环境利益的矛盾

在经济社会中，利润是企业经济活动的第一导向作用力或内在基本动力。企业要建立自己的逆向回收物流渠道系统，必须在整合传统物流体系的基础上，增加一些新的成员和元素，同时赋予回流处理的新职能。这样一来，企业势必分散大量的精力和投资在回收业务上，而且企业会担心回收物资处理的经济效益。

3. 回收渠道系统技术层次低

建立回收渠道需要相应的网络结构设计、专业回收、宣传导向技术，此外，在处理物流渠道的过程中，还需要环境成本测算、渠道绩效评估和将环境信息和其他信息有机集成，实现数据和资源共享的信息处理系统(MIS)技术。而在我国大部分企业中，对逆向物流和回收渠道系统技术有比较了解的也少之又少。即使许多已实施回收渠道系统的大型公司，也只是在其传统渠道上的简单变形，缺乏核心支撑技术。

4. 企业缺乏完善的信息系统

再制造物流中，各项活动具有极大的不确定性，如回收产品的数量、消费者的需求、产品的可拆卸性等，这些不确定性对再制造物流网络的有效地运行具有重要的影响，增加了再制造物流网络设计的困难。而要想减少这些不确定性因素对再制造物流网络的影响，就需要依靠完备的信息系统，通过信息系统，企业可以准确地了解从消费者、批发商、回收中心、检测中心等反馈回来的库存、需求、可回收废旧产品量等信息，合理安排生产计划，把整个再制造物流网络较好地整合起来，充分发挥其作用，促进再制造的顺利进行。

而对于我国的大多数企业来说，由于技术、资金和对信息系统重要程度的认识不足，都没有建立完善的信息系统，这也是制约我国企业再制造物流网络建立和有效地发挥作用的重要因素。

5. 企业间的相互信任和合作不够

再制造物流网络的建立和发挥作用，不是单独一个企业自己的问题。再制造物流网络也是一个供应链，在再制造物流网络中，有批发商、供应商、零售商、消费者等许多环节，供应链的目标就是要使整个供应链的利益最大化，为此需要链上的各个环节和企业要相互信任和合作，树立良好的信用，建立企业间良好的伙伴关系，甚至形成战略同盟，来谋取整个再制造物流网络的整体利益最大化。

 阅读助手

回收波音飞机

通常飞机达到一定年限后，维修保养成本很高，只能退役。退役后的飞机不会贬值，进行适当回收作业，旧飞机能发掘出可观的价值。

美国亚利桑那州固特异市就有一家废旧品回收公司——AIRCRAFT 公司，专门回收喷气式客机。听闻德国汉莎航空公司一架波音 747 飞机，飞行年龄 24 年，完成了最后一次航班，等待淘汰。AIRCRAFT 公司闻讯大喜，立即飞往德国，花了 170 万美元收购。

波音 747 飞机 70 多米长，机翼宽度 60 米，亚利桑那州拥有大片沙漠，AIRCRAFT 公司在沙漠中修建了停机坪。拆飞机时，先卸引擎，再把管道、线路、大小设备拿走，然后把无法拆卸的金属压碎溶解。飞机的零部件多数重量在 50kg 以上。机械工必须在机体内部钻来钻去，稍不留神可能受伤。飞机某些部件还存在有毒的残余渣液，叫作磷酸酯液压油，滴在皮肤上会发热而产生灼伤。甚至还有高放射性物质铀的存在。

波音 747 飞机零部件 600 万件，由 6 名工人花费 12 周时间完成拆解。损坏程度低的物品有些可以立即卖掉，大至引擎、黑匣子，小到咖啡机、烤箱，有人专门过来收购，当场出售当场记账。引擎 4 部卖 600 万美元；燃料箱剩余的油料 3 万美元；驾驶舱的仪表 7.5 万美元；电子仪器 10 万美元；飞行气象雷达卖了 5 000 美元，飞机鼻锥（机头盖）卖了 1.5 万美元；制动器卖了 20 多万美元；起落架卖了 25 万美元；机壳及其他零碎金属（仅高强铝就有 66 吨）卖给材料回收公司获得 3 万美元；连飞机上的咖啡机拆下来也值 2 000 美元。拆解后的销售总业绩达到 680 万美元。大型客机 20 世纪 70 年代以来，基本设计几乎没有改变，大多数不同型号的飞机零部件可以互换。由于飞机的安全因素，质量稳定性几乎完美。经翻修后，三分之一的零部件完全能用于新飞机的组装。回收旧飞机正成为美国最赚钱的行业。全球两大飞机制造公司"空中客车"和"波音"早已暗暗在飞机回收项目上较劲。

4.4.4 建立有效的再制造物流网络

1. 建立专业的废旧产品回收中心

专业的废旧产品回收中心可以对回收的零部件进行专业化的清洗和拆卸，对于可以进行再制造的部件分类库存；对于不可修复的部件，提炼其原材料。专业的废旧产品回收中心具有强大的分类功能，遵循再制造行业的标准，按照零部件的规格、结构、性能、用途等进行细致的分类并存入仓库中。这样可以加快处理速度，进行统一有效的处理，同时也节约了库存成本。回收中心可以充分发挥专业化和规模化的优势，对回收的物品可以集中处理，降低了回收的废旧物品在数量上和质量上的不平衡性。回收中心具有大规模运输的优势，也能够降低单位装运成本。回收中心对回收的废旧物品进行集中处理，更能够加大运输批量，发挥运输批量经济的优势。

专业的废旧物品回收中心可以由供应链中处于优势地位的企业来运营，也可以由第三方的专业化公司提供服务。国外部分企业有自己的专业回收中心，如福特汽车回收中心。目前国内再制造行业处于起步阶段，主要集中于汽车发动机再制造行业，如大众联合发展有限公司的发动机翻新则依托大众公司在全国的销售维修服务体系建立起自己的废旧发动机回收体系。同时，一些专业的报废汽车拆车场可依托自己的行业优势，建立再制造中

心。上海远东拆车有限公司利用自己在拆车行业中的龙头地位，建立了专业的回收中心，对汽车零部件进行再制造。

2. 建立再制造产品信息网络数据库

再制造物流的流动不但是物流和资金流，而且包括信息流的双向流动（信息共享）。这些信息包括即时敏感的需求与销售数量、库存数量、货运状况、产品的技术参数以及产品的制造、材料、结构信息等。由于再制造需要的产品信息在时间的地域上跨度很大，因此，要有效和准确地收集、存储和调用这些数据，依靠传统的技术解决，需要大量的人力、物力，并且效果不好。日益发展的 Internet 技术正好提供了这样的解决手段。建立基于 Internet 的产品再制造信息动态网络数据库，处于再制造物流供应链的所有成员，都能够通过 Internet 来及时了解和更新这些数据。于是再制造厂商可以及时了解到废旧产品的回收数量和质量，适当地调整生产计划；反过来，废旧产品回收中心根据生产计划可以调整自己的回收策略和库存量。当废旧产品被送到再制造工厂时，再制造商能够通过网络了解到所有的信息，这样就能够提高再制造的效率。销售商则可以通过网络了解到目前再制造产品的数量、技术参数和加工进度等参数，并可以向再制造商传送自己的需求，自动补充订货。大众联合发展有限公司的发动机翻新厂可以与大众公司分布各地的特约维护站和各零部件供应商建立动态网络数据库，及时了解生产信息。

再制造信息网络对于再制造物流网络具有以下重要的作用。

（1）降低物流网络中的不确定性。在再制造物流网络中存在以下的不确定性，如回收产品的数量时间和质量具有不确定性，即拆解中心的货源具有不确定性；回收产品拆解产生零部件数量、质量具有不确定性，即对制造/再制造的供应具有不确定性。这些不确定性给物流网络中的生产计划、库存控制及物流网络的布局带来一定的困难。而信息网络能及时提供相关信息，可有效地降低物流网络的不确定性。

（2）及时调整物流网络中的物流分配。物流分配的合理与否，直接影响着制造商的利润。在信息网络中，仓储批发商根据所获得的相关区域的消费者对再生品和新产品的需求信息，把自己对再生品和新产品的需求量提供给制造/再制造。这样，制造/再制造可根据各个批发商的需求量及时调整物流分配，以获取更高利润。

3. 合作与信用保障体系

再制造物流网络是一个比较复杂的网络体系，有许多的利益者如制造商、批发商、零售商、废旧产品回收方等。再制造物流网络上的这些企业要达成共赢的认识，要加强相互之间的合作。在再制造物流网络中，供应链上的各个企业应当达成长期共识，发展高标准的信任与合作关系。目的是把买卖关系从对手的关系发展成为合作的团队型企业，彼此为对方着想。随着彼此满意的保障体系在各自的软硬件建设中建立，甚至可以达到相互货物免检。只有这样，才能更好地促进信息流、资金流、物流在网络中的传递，较好地提高整个再制造物流网络的效率，发挥再制造物流网络的作用，保证再制造的顺利进行和各个企业利益的实现。同时，受观念上的束缚和对再制造产品的不了解，用户认为再制造产品是旧产品，心理上难以把再制造产品当成新产品看待。因此供应链上的各成员只有紧密合作，严把质量关，创造良好的信誉，才能确保供应链中成员利益共赢。同时，在再制造信息数据库中建立诚信档案，一旦诚信档案出现成员的不良记录，供应链中其他成员将拒绝与其合作，甚至全行业拒绝与其合作。

 阅读助手

国外报废汽车回收拆解运作

1. 技术成熟

如：瑞典沃尔沃公司参与的"斯堪的纳维亚环境汽车回收设施（ECRIS）"工程，这是一个回收废旧汽车的示范工程。一期工程从1996—1997年，为沃尔沃全部车型的拆车工作建立1个示范工程；二期工程从1997—1999年，为全部欧洲车型建立拆车示范工程。ECRIS不仅讲求环境效益，而且也追求经济效益。它的资金来自出售拆车材料、参股者的出资和科研补助。其研究的内容包括环境影响、材料回收、能源回收、有毒物质、协调运输。其中发动机和变速器若不用花太多钱即可修复，则可以再用，由技师进行测试和修理，然后卖给修理厂再用，ECRIS还给这些二手发动机30天的保修期。

2. 全国性回收网络

如：德国巴伐利亚汽车厂与蒂森公司、普罗伊萨格公司及克勒克纳公司的环保分公司一道建立了类似销售连锁的全国回收网，对废旧汽车的发动机、电池、玻璃、安全带、保险杠、门兜以及汽油、润滑油、冷却剂等进行分门别类处理。还主动向回收商提供大量的计算机软件服务，使各地区的回收工作效率骤然跃升。美国福特公司在汽车回收方面一直走在同行的前列。20世纪末，该公司的前任总裁纳塞尔瞄准了既能减少废车垃圾又能获得丰厚利润的旧车回收业务，先不动声色地买下了美国佛罗里达州最大的汽车回收中心——科佛兄弟汽车零件公司，然后悄然购并了欧洲最大的汽车修理连锁公司——克维格·费特公司，摇身一变成为欧美车坛举足轻重的旧车回收"排头兵"。随后，福特公司又一举在美国自己的势力范围，利用福特制造技术加工二手车零配件，并将有关资料输入计算机网络，供所有修理行上网查询，再利用福特公司的销售运输网络，及时输送和供应二手车零部件，从而组成一个无孔不入的汽车回收利用网络。

3. 管理信息化

北美五大湖废旧物品循环利用研究学会（Great Lakes Institute For Recycling Markets）1998年完成的废旧汽车回收示范项目，包括生产工艺示范、装备示范、仓储物流示范、零部件再利用、再制造示范等方面的内容，所有过程的信息通过计算机管理，并专门为拆车厂提供了业务流程管理软件。英国Doncaster Motor Spares公司提供的 I.D.I.S. 国际拆车信息系统是光盘版，适用于所有拆车厂的业务流程，还可以确定哪些材料可以再利用。

4. 汽车零部件利用率高

2000年，德国所有汽车85%的零部件可回收利用；法国汽车拆解的零部件回收利用率为75%。2002年法国汽车拆解的零部件回收利用率提高到85%。到2015年，德国每辆汽车中被当作垃圾扔掉的部分仅占汽车重量的5%。

习 题

一、判断题

1. 召回是指按照规定程序和要求，对缺陷产品和质量不合格产品，由生产者通过警示、补充或者修正消费说明、撤回、退货、换货、修理、销毁等方式，有效预防、控制和消除缺陷产品可能导致损害的活动。（　　）

2. 产品召回一般都是企业被强制进行的。（　　）

3. 缺陷产品召回时只有生产厂家承担业务。（　　）
4. 中国目前还没有召回制度。（　　）
5. 产品召回是企业销售部门的事情，企业其他部门袖手旁观。（　　）

二、选择题

1. 在确认产品存在缺陷后，经营者可以采取（　　）措施，及时消除缺陷产品可能导致的危险。
   A. 警告　　　　　B. 撤回　　　　　C. 召回
   D. 修理　　　　　E. 换货
2. 产品召回逆向物流的特点有（　　）。
   A. 突发性强、规律性差　　　　B. 处理很简单
   C. 产品对象非常广泛　　　　　D. 数量巨大
   E. 召回成本低
3. 产品召回责任主体范围包括（　　）。
   A. 生产者　　　　　　　　　B. 销售者
   C. 消费者　　　　　　　　　D. 出租者
4. 再制造是一个比较复杂的过程，包括（　　）。
   A. 废旧产品的回收　　　　　B. 检测
   C. 运输　　　　　　　　　　D. 废弃零部件的处理
5. 再制造物流系统的特点有（　　）。
   A. 加工时间不确定　　　　　B. 再制造加工路线确定
   C. 再制造物流网络稳定性好　D. 回收产品到达的时间和数量不确定

三、简答题

1. 什么是产品缺陷？什么是召回？召回逆向物流的特点是什么？
2. 缺陷产品召回时产品制造商、销售商、租赁商、修理商、客户等各方的义务是什么？
3. 产品召回管理有哪些阶段？每个工作阶段的具体内容是什么？
4. 再制造的基本定义是什么？请列举现实生活中有哪些是再制造的产品？
5. 再制造物流有哪些特点？
6. 企业可以采取哪些方式建立有效的再制造物流网络？

四、讨论题

1. 试分析我国家电产品再制造的前景和回收模式。
2. 你买过有再制造零部件的产品么？你愿意购买此类产品么？你购买此类产品有何顾忌？

实际操作训练

1. 上网收集中国家电产品在欧美等国家的召回情况，列举某次召回的时间，召回的产品、召回的原因，国内企业应如何预防和应对。
2. 分析三鹿奶粉的召回运作。

 案例分析

2007年美国美泰玩具公司召回案例的深思

1. 召回事件回顾

(1) 2007年6月13日,美国消费品安全委员会和美国玩具公司RC2联合发出公告,召回RC2公司经营的150万件中国生产的玩具火车。该批产品由广东东莞汉胜木业制品厂生产。

(2) 8月2日,美泰公司旗下子公司费雪向美国消费者安全委员会提出召回96.7万件塑胶玩具,生产商为佛山市利达玩具有限公司。中国质检总局指出,调查发现利达公司生产的玩具含铅量超标,是因为油漆供货商用假冒的无铅色粉加工油漆,并提供给利达公司使用。

(3) 8月11日,佛山市利达玩具有限公司副董事长张树鸿在工厂的仓库内上吊自杀。

(4) 8月14日,美泰公司又宣布召回730万套玩具系列,共计约1820万件中国产玩具,成为美泰历史上数量最多、范围最大的一次产品召回。

(5) 9月4日,美国美泰公司宣布因油漆含铅超标召回84.8万件中国产玩具。商务部立即派出工作小组赴东莞、深圳实地调查。

(6) 9月12日,国家质检总局公布对美泰公司第三次召回中国产玩具事件的初步调查结果。调查显示,所有被召回玩具的油漆中铅溶出量都合格。

(7) 9月21日,美国美泰公司向中国及中国的消费者表示歉意,承认在召回的玩具中,多数产品都是由于美方的设计方面出现了问题,与中国无关。

2. 事件调查

利达公司一下子陷入了困境。除了可能面临来自美泰公司高达3000万美元的召回费用纠纷外,来自有关部门的处理也让利达公司举步维艰。短短10天时间,曾经数千人忙碌的佛山利达公司就已变得门可罗雀了,甚至该公司香港合伙人张树鸿在工厂自缢身亡。

有人士指出,当发生危及与大客户关系的事件时,中国制造商往往会遭受严重损失。这些大客户会取消订单,而工厂常因此被迫裁员。中国的供应商以及关联的下游公司为了确保自身在成本上的竞争力而面临很大的价格压力。按照制造商的说辞,这成为他们偷工减料的原因之一,例如以廉价的含铅涂料代替达到国际安全标准的产品。而利达实业的管理人员上周向中国政府部门反映,他们可能被自己的涂料供应商蒙骗。

由于劳动力过于廉价,中国是世界上最大的玩具生产加工厂,在世界各个市场都能见到中国制造的玩具。据统计,美国每年进口玩具约60亿美元,其中有40%从中国进口。美国是中国第一大玩具出口国,而中国输美玩具80%以上是进口商贴牌加工。所谓"贴牌",就是按照委托方或者合作方提供的技术设计要求、图纸、工艺流程进行生产,或者在商品上使用委托方的商标进行生产经营。

加拿大公布的一份研究报告指出,美泰公司今年8月召回的约2000万件中国产玩具中,80%是因为设计方面的问题造成的,不应把被召回的责任完全归咎于中国生产商。报告说,1988年以来,在美国550次玩具召回中,76.4%以上都是因为玩具公司的设计,只有10%是由于生产商的生产质量问题而导致的。但召回事件发生后,加工企业却要承担100%的责任。

根据以上案例,试分析以下问题:

(1) 召回对企业会产生什么影响?有什么危害?会产生什么成本?

(2) 贴牌生产企业对召回是否要承担所有责任?贴牌企业如何防范召回风险?

(3) 联系采购与供应管理、供应链管理的相关知识,分析利达公司在物料供应和供应商管理方面存在的问题。

(4) 为什么会频发"中国制造"商品海外召回的事件?中国企业如何破局?

(5) 该企业在召回管理方面应采取哪些措施?

(6) 该企业面对这种情形,如果你是公司老板会如何应对?

第5章　商业领域回收物流运作

【本章教学要点】

知识要点	掌握程度	相关知识	应用方向
商业回收物流概述	重点掌握	商业退货逆向物流基本知识 退货种类与原因 退货逆向物流处置方式	商场对消费者的售后承诺
	掌握	连锁零售退货逆向物流的流程 流通领域逆向物流模式选择	
电子商务环境中的退货物流	掌握	电子商务基础知识 退货的驱动因素	网店退货
	了解	电子商务退货物流的预防 退货物流运作	

知识架构

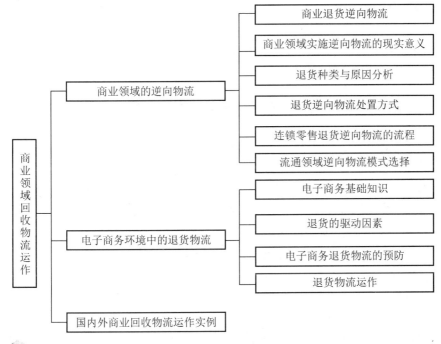

导入案例

退货带来的烦恼

仅在美国，每年退还的货物就超过1 000亿美元。而有些种类的货品，退货量以每年高于50%的速度迅速增加。如今，一个零售商销售的产品，大约有三分之一最后是回归到店里去的。退货中最常见的是产品目录销售以及互联网上销售的东西，其中尤其以电子设备和服饰居多。但是，退货是所有产品都无法幸免的。退货现象如此普遍，以致激发了一项巨大业务的产生，即翻新的产品和"新品二手货"。所谓"新品二手货"是指这些产品曾应客户要求而定制，在运输过程中客户却告知取消购买该产品。另外，企业退货清账涉及一堆麻烦问题。几乎没有公司能预测退货成本，大多数的控制系统也无法做到。经理都是通过以往的经验来进行预测的，或者他们就只是简单地猜测一下。一般会计准则里的税收、保证成本和资产负债表估价及货币贬值，常常处理的只是一些实时问题。这种情况造成的结果是许多零售商因此会和供应商就预付款进行谈判，他们的理由是退货将是不可避免的。他们希望通过这个方式使得减少的预付款数量能够正好抵消退货所带来的成本。或者他们会通过把退还的产品外包给二级市场的经销商，让他们转售，从而避开成本损失。

许多公司已经开始从更积极的角度去看待退货了。他们试着去适应那些要退货的顾客。他们的退货政策非常清晰，且易于操作。销售人员还被授予一定的自主权，对忠实客户放宽退货的限制尺度。

GapKids和babyGap尤其善于公开他们自己设定的利于客户的退货政策，这对于公司的礼品部门是尤其重要的策略。当和顾客谈论他们在Gap公司的购物经历时，发现这些顾客可以分为两类：一类是孩子的衣服全部是从Gap商店购买的；另一类是将要这么做的顾客。

在退货业务上做得比较成功的一些公司发现，慷慨、便捷且有效的退货政策在吸引潜在的消费者过程中体现出很强的竞争力，尤其是在网上销售过程中，购物者往往希望能够规避由于所购产品的不可见性所造成的风险。这种退货政策能够鼓励消费者更多地在网上购物，且减少服务成本。

随着网络直销、电话销售和邮递业务等市场的迅速发展，退货率平均在35%左右，且居高不下，这减少了企业利润，从而迫使企业对逆向物流投入越来越多的关注。退货会引起召回成本、处理成本、库存成本甚至有时对品牌的影响力产生损害，导致无形资产损失。

随着资源枯竭和环境污染的加重，对使用过的产品及材料进行再利用，逐渐成为企业满足消费市场需求的一种重要手段。企业能否控制逆向物流成本，也逐渐成为其在日益激烈的市场竞争中获得优势的重要一步。

5.1 商业领域的逆向物流

5.1.1 商业退货逆向物流

商业退货逆向物流一般指已进入流通渠道的商品，因为各种原因（如零售商的积压库存）而产生的从消费者回到零售商的退货，以及从零售商等中间渠道商（如批发商、代理商等）返回上游供应链节点，进行分类处理和再利用的过程。

商业领域退货逆向物流管理的驱动因素除了第1章提及的逆向物流驱动因素外，还包括以下几点。

1. 外部驱动因素

外部驱动主要是来自顾客的退货。

任何企业，即使是包括全球500强在内的跨国公司，都会面临顾客的退货问题。由于经济发展朝着全球化方向运作，纯粹的本国制造和流通活动已颇为少见，大规模的生产和配送运输及存储环节都会造成商品、半成品、原材料和零部件的缺陷和瑕疵，形成递送商品的错位等问题，这里不仅有人为因素，亦受制于非人为因素。即使是更加精细化的物流与供应链管理运作，也会有一些误差的出现。常见的退货原因有：存在质量问题、数量有偏误、错误的递送对象等。从连锁零售终端来看，各个门店收集的消费者退货集中起来比率较高，如顾客购买手机、DVD、VCD影碟机等都可能出现正常退货的现象。

2. 内部驱动因素

1）新分销渠道

新分销渠道的开拓例如电视直销和网上商店的广泛应用，使得消费者可以更加便捷地购买商品，但是这些销售方式也增加了退货的可能性。因为产品在运输过程中被损坏、实际物品与在电视或网上看到的商品不同、产品发货数量有误或错误递送等都会导致消费者要求退货。直销渠道给逆向物流带来了压力。一般零售商的退货率是5%～10%，而通过产品目录和销售网络销售的产品的退货比例则高达35%。

 知识链接

世界各国的冷静法规

自第二次世界大战以后，直销这一无店铺零售的新形式在美国出现，随后又流行于世界各地。欧洲直销法主要焦点与美国相似，集中在两个问题上：一是冷静法规，二是反金字塔法规。欧洲冷静期规定比美国期限长，大多是7天。冷静期退货制指消费者自购物之日起一段时间内可以自由退货，而不受任何补偿罚款。退货冷静期限各国规定不同，美国是3天，欧洲国家一般是7天，马来西亚是10天，韩国(单层次)直销是10天，多层次传销是20天。

冷静法规的直接目的是保护消费者利益。可以说它间接防止了高压销售。所谓高压销售就是直销商强迫、哄骗、引诱、缠扰消费者购物。所谓冷静期顾名思义就是给消费者一个头脑冷静的时间，并给消费者一个退货的权力。当消费者在几天或十几天之内头脑冷静下来后，发觉不想要这个产品了，可以不讲任何理由地去退货。

2) 物流作业系统不完善

物流作业系统包括运输、装卸搬运、仓储等物流作业过程。物流作业系统的不完善，会导致产品在流通环节的物流过程中造成缺件、功能受损、包装受损或对产品的流通加工功能不到位从而导致客户不满意。电子消费品如手机、家用电器和家私等通常会由于这种原因进入回流渠道。

3) 日益宽松的退货政策

近年来全球范围内普遍出现的商品生产"过剩"和由此引发的激烈的商业竞争以及消费者权益保护法规的日益完善，促使商家和厂家竞相推出各种优惠的退货政策来吸引消费者。在这种浓厚的"买方市场"商业氛围下，"商家先行赔付"、"无理由退货"、"异地退货"，甚至于"无凭证退货"等各种方便的退货措施相继出现。

继家电、家具、珠宝行业推出无条件退换货承诺后，北京市朝阳区在2006年首次推出"商品无理由3日内包退，7日内包换"的商品无理由退换货尝试，并称试行成功后将在全区推广这种做法。这些优惠措施在便利消费者购物的同时，也造成零售业界每天都有大量返品产生。顾客在消费的同时，滥用零售商所提供的各种退货政策，使得零售商日常经营中出现许多不必要退货，造成逆向物流管理成本的增加。

 知识链接

14天手机

什么是"14天手机"？在外国，网络运营商有这样一种服务：只要在网内开通一个号码，签订使用协议，每个月交纳一定数额的话费，交足两年就可以拥有这部手机，并给予14天的试用期，如果你觉得不满意，你可以取消协议，把手机退回给网络运营商。这和我国"中国移动"推出的预交话费送手机有点相似，所不同的是，外国的服务更人性化，你可以有"14天的试用期"，用不用这个网络和要不要这台机，你说了算。

其实，在美国、日本等一些发达国家，"无理由"退货早已成为一种商业习惯。在这些国家，消费者在一定时间之内买到的商品即使没有质量问题，也可以随时退货，顾客在消费中切实体会到了作为"上帝"的感觉。而且，国外一些消费维权案例表明，消费者由于自身的弱势地位，不能在短时间内判断一些大额产品的规格、外观等是否适合自己，应该在短时间内允许消费者拥有"反悔"的权利。

5.1.2 商业领域实施逆向物流的现实意义

由各种原因造成的退货量是巨大的，形成了物流成本的一个重要组成部分。为此要对退货中蕴含的价值因素进行重新的认识,从而使得企业重视退货逆向物流的管理。

1. 降低企业成本,提高收益率

继正向物流作为第三利润源泉之后,国外一些大型知名企业逐渐认识到在退货逆向物流中蕴藏着更大利润,即通过处理退货可以使企业降低因大量退货造成的成本,从而增加企业的利润。美国雅诗兰黛公司为挽回因忽视逆向物流系统而带来的每年1.9亿美元的损失,于2003年投资130万美元发展逆向物流的扫描系统、商业智能工具和甲骨文数据库,效果显著。在系统运转的第一年就为公司追回了原先要通过裁员和降低其他管理费用产生的成本价值。

2. 净化销售渠道,保护利润

供应链的渠道上经常会出现产品销路不好或因产品过季、过时而无法继续销售的情况。如果这些产品继续留在渠道内,会占用销售渠道的销售空间和库存空间,占用企业的流动资金。这样不仅影响企业的利润,而且会使渠道商没有更多的空间来销售那些销路好的产品。因此通过好的退货逆向物流渠道可以及时回收供应链渠道上流通不畅的产品,从而可以使供应链各节点有机会销售适销对路的产品,保护供应链上各成员的利润,并为顾客提供更满意的服务。

3. 提高顾客服务水平,增加竞争优势

在当今以客户为中心的买方市场经济环境下,顾客价值是决定企业生存和发展的关键因素,客户服务理念已成为企业的战略理念。只有维系客户的满意度,并努力培养客户的忠诚度,才能赢得客户的信任,在市场上长久不衰。作为与顾客直接接触的销售终端更应通过退货逆向物流提高顾客对产品或服务的满意度,赢得顾客的信任,从而增加其竞争优势。

 阅读助手

无条件退货

在欧洲,许多零售商仍然在不断地学习北美的服务方式。对于他们来说,具有吸引力的退货政策和举措被证明是全球竞争中的有效方式。ElCorteIngls这家极为成功的西班牙百货公司连锁店现在正在向其他南欧市场扩张。它的最好服务就是采取了"无条件退款"的退货政策,其他竞争者都无法与之媲美。

退货可以摧毁一个品牌,甚至一个公司。如果一个公司从战略的角度处理退货,它就能减少退货的负面影响,甚至可能取得一些收益。英特尔公司在1994年的11月突然发现,它面对着一群愤怒的消费者,他们要求更换据说影响数学计算的奔腾微处理器。公司的第一反应是要求消费者证明它的芯片有问题,只有那样英特尔才同意更换。英特尔公司宣称,大多数用户不可能受到这一瑕疵的影响,因为在90亿次随机运算中才有一次会出问题。但消费者对这一产品的信心已经开始减退。在面对抗议的风暴时,公司顽固地坚持它的立场达1个月有余。此时,奔腾微处理器的主要购买者IBM停止了其装有这种芯片的电脑的销售。最后,在市场灾难即将发生的边缘,英特尔公司出台了一项"不问原因"的回收政策。

4. 进一步改善供应链关系

商业领域实施逆向物流管理，对于供应商来说，能够缩短商品回流时间，并且有利于收集掌握与回流商品相关的资讯，企业可以及时把退货信息传递给供应商，为供应商生产和销售产品提供指导。同时实施逆向物流管理能够降低双方的物流成本，有利于增进供应链伙伴合作关系。

5.1.3 退货种类与原因分析

由于退货发生在供应链的不同环节，产生的原因也不尽相同，按其发生源的不同可做以下分类。

1. 顾客退货

顾客退货通常是由以下几点原因造成的。

(1) 运输短少。遗失整个产品、部件、包装等。
(2) 产品部件缺少。包装完好，内部配件缺少。
(3) 偷盗。内部或运输途中产品被偷导致产品数量的减少或质量的降低。
(4) 订单输入出错。人工输入订单时出现产品品种、规格或数量错误。
(5) 产品缺陷和质量问题。顾客投诉产品无法正常运行。
(6) 产品过期。
(7) 重复运输。同一订单错误地重复送货。
(8) 维修调换。

2. 销售渠道上的退货

销售渠道退货的原因主要有以下几个方面。

(1) 因产品包装过时而滞销造成的退货。这时大量产品积压在零售商处，必然导致产品贬值，影响零售店的销售，进而引起零售商通过逆向物流系统处理这些产品。
(2) 季节性产品在过季后造成的退货。某种季节性产品一旦过了销售季节，还未销售完，零售商为了腾出空间销售应季产品，就必须对这些过季产品进行处理。
(3) 新的替代产品的出现。当某种产品被新产品取代后或者该种产品被禁止使用时，这些产品也必须回收处理。
(4) 过高估计销售量而造成进货过多，库存积压时，也会向上级供应商退回多余产品，从而造成商品的回流。
(5) 部分渠道商因破产而不再从事该行业时，商品也要进行回收处理。

 知识链接

"零返品"购销方式

> 美国部分生产厂家不堪返品处理的烦恼，宁可在商品购销合同中预先约定扣除一定的返品比例，而不再接受返品，这也就是日后人们所熟知的"零返品"购销方式。世界最大的日化用品生产商宝洁公司就是"零返品"购销方式的积极倡导者。

5.1.4　退货逆向物流处置方式

通过合理的管理才能最大限度地挽回退货给企业造成的损失，对不同退货处置方式的选择是十分重要的。根据进入退货逆向物流的产品类型的不同，主要有以下几种处置方式。

1. 直接再售（回收—检验—再售）

如果退回的产品没有使用或受损，可以通过不同的渠道进行销售从而形成再售产品流程。通常可根据产品的现状采用以下方法进行处理。

（1）如果返品没有使用或没有打开就返回到零售商的，零售商可以通过零售店进行重新再售，返回到制造商的产品会再售给另外的零售商。

（2）对于一些包装损坏或者因产品包装过时而滞销的产品，通过对产品进行重新包装后作为新品出售。

（3）对于因市场退货、季节退货、过时或库存积压而进入逆向物流的产品，通过正常渠道无法继续销售，可以通过打折商店进行出售。

2. 原料回收（回收—检验—原料回收—再循环）

有些产品经回收检验后，不能继续销售也不能进行重修再造，可以对产品进行处理。要对这些产品进行原料回收，以便于资源的回收再用，最大限度地从商品中恢复最大的价值或者使销毁成本最低，而回收这些产品的原材料有助于抵消一部分的销毁成本。

3. 垃圾处置（回收—检验—垃圾处理）

对一些垃圾进行处理时，公司的目标就是能够以最低的成本、最小的环境影响来处理这些废品。因此，各公司要根据自己退货品的特点，研究适合本企业的垃圾处理方法，以减少企业的垃圾处理成本，树立良好的公众形象。

5.1.5　连锁零售退货逆向物流的流程

由于供应链上不同渠道商退货物流的流程不同，而处于供应链末端连锁零售企业的流程最长，具有典型性。连锁零售企业逆向物流流程由以下环节组成。

（1）消费者和门店：消费者返还门店退货、维修调换品，门店回收退货、维修调换品和消费废弃物。

（2）门店和配送（逆流）中心：门店把消费退货、维修调换品和废弃物、滞销积压品和误配品返还至配送（逆流）中心，配送（逆流）中心把有价值商品退回配货区进行再次配送，或集中到特定门店进行折价销售，把无法再利用的废弃物或废弃物包装材料进行分解、焚烧、填埋。

（3）配送（返品）中心和供应商：配送（返品）中心判断门店返还商品的可退换属性，决定退货和维修调换品是返给供应商还是在配送（返品）中心就地销毁。

（4）门店和供应商：由门店直接将供应商配送到门店的商品返给供应商。主要是一些供应商直接配送到门店的商品，例如生鲜蔬菜、瓷器等。

（5）门店和门店：门店之间的商品直接调拨。因某些门店紧缺某种商品而从其他门店调入。

逆向物流的流程图如图 5.1 所示。

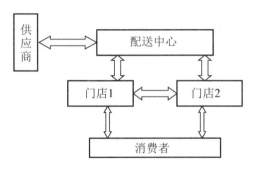

图 5.1　商业领域退货逆向物流流程图

连锁零售企业退货逆向物流系统一般具备以下几项功能。

（1）产品信息的记录。包括产品生产日期、生命周期、出厂编号、使用说明等信息，便于连锁零售商及时对过期产品、不合季节需要的产品、过剩产品及召回产品进行信息收集、提取并作出处理等退货管理活动。

（2）客户退货信息的记录。当连锁零售门店接到客户退货时，及时录入退货信息，包括退货理由、退货损失等，以便总部及时掌握退货信息并作出快速处理。连锁门店与门店之间的商品调剂也要进行详细的记录。

（3）及时向其他有关部门提供信息。例如，门店及时向总部提供退货商品数量、品种、规格等综合信息；及时向财务部门提供财务信息，便于财务部门结算；向订货系统提供退货统计信息，为订货系统制定订货策略提供依据；向上游节点企业提供退货信息，便于上游节点企业掌握产品情况，为下一步决策提供依据或做好接收退货准备。

（4）对不同厂家、不同商品的退货状况、退货原因、退货量的变动趋势等信息进行综合统计和分析，向企业管理层提交相关报告。

5.1.6　流通领域逆向物流模式选择

退货物流与传统的正向物流的差别很大，所以在构建退货逆向物流系统时所采用的模式要综合多种因素来决定。目前国内外所采用的模式主要有以下几种形式，每种形式都有利弊，企业在选择的时候要综合考虑退回商品的种类和数量及对退货的处理方式等因素后做出决定。

1. 共用一套系统

如果流通企业在整个供应链上对于退货不负主要责任或者退货量比较小，对企业的经营影响不大，这时企业可以采用已有的正向物流系统处理退货。但采用此种模式会使得企业忽视退货的存在，不重视退货。退货量一旦增加，会使企业措手不及，造成物流渠道的混乱，从而会影响企业的正向物流系统。采用此种模式的最大好处在于可以节省投资。

2. 采用返品中心模式

这是国外比较流行的退货处理模式。如果企业的退货量比较大，采用正向物流渠道处理退货，将会使得大量退货集中在配送中心，而由于退货通常不会被优先处理，所以会造成大量退货积压。这样低效的处理将导致产品本身价值的消失，对于一些产品因放置时间过长必然导致其功能损耗增加。所以为保证退货的及时处理，更大程度地挽回因退货造成的损失，通常可以采用返品中心模式处理退货。这种模式下，企业要设立一个或多个返品中心，通常返品中心要建在正向物流配送中心附近，退货集中送到返品中心，对退货进行检验后做出处理决定，根据不同的处理决定把退货送往相应的处理部门进一步进行价值回收。在返品中心内有针对退货逆向物流设计的信息系统，通过这套信息系统可以有效地管理退货，充分利用退货信息，从而为企业的决策和发展提供重要的信息。因对退货处理决定的不同直接关系到退货价值回收的程度，所以在返品中心内配备有经过专门培训的技术人员，能够高效处理退货，在企业退货量很大的时候建议采用此种模式来处理退货。

返品中心主要是对退回产品进行检测分类，对产品作初步的处理，其实际的操作过程与步骤如图5.2所示。

（1）返品验收人员验收返品，填写返品退货登记表或回收登记表，产品交工作人员检测分类。

（2）工作人员应认真检测分类并填写返品检测分类表，同时填写初步的处理意见。

（3）工作人员确认的合格产品，放入可销售产品类，准备返回门店销售；具有再利用价值的产品，出具退货产品处理单，返还制造商或供应商，进行再制造，再循环；没有利用价值的产品，给出废弃处置单，并提交制造商或零售商，进行废弃处置。

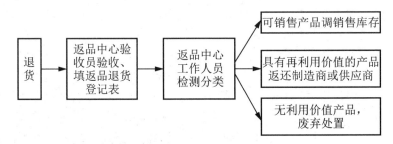

图5.2 返品中心操作过程

阅读助手

沃尔玛的6种配送中心

> 沃尔玛公司共有6种形式的配送中心：一是"干货"配送中心。二是食品配送中心。三是山姆会员店配送中心，它批零结合，有三分之一的会员是小零售商。四是服装配送中心。五是进口商店配送中心。六是退货配送中心，接收店铺因各种原因退回的商品，其中一部分退给供应商，一部分送往折扣商店，一部分就地处理，其收益主要来自出售包装箱的收入和供应商支付的手续费。

3. 采用中间仓库的形式

如果退货是由于中间销售商没能准确预测市场形成过量进货引起，这些退货是能够继续在其他市场销售的。如果不分原因就将退货收回到制造商的库房或退货中心内进行进一步处理，或者再重新进行调运，将会造成毫无效果的损失，增加供应链上的各个企业毫无意义的成本。在这种情况下，如果采用中间库存的形式处理退货，通过供应链上各企业的协商形成合理的成本共担计划，不仅可以减少退货造成的损失，降低无效的成本，而且可以鼓励退货的继续使用。

在通常模式下，当中间销售商发出退货请求后，退货是直接返回到制造商的退货处理中心的。采用中间仓库退货处理模式后,制造商接到中间销售商的退货请求后,虽然接受了退货,但是仍旧把这些退货或者放在中间销售商的库房里,或者放在一个第三方的仓库里一段时间,即中间仓库。放在中间仓库里的退货可以用来满足同一送货网络的其他零售商的紧急订单和同一地区的零售商的补货订单,当超过一定的时间后,如果退货没有被其它销售商订购,那么就要把退货送回到制造商处等待进一步的退货处理。在退货发生和处理的过程中会产生大量的成本,如退货占用成本、库存成本、处理退货的成本等。在此种退货处理模式中,通常由制造商支付除了库存成本之外的所有成本,而库存成本通常由销售商和制造商分摊。如果仓库使用销售商自己的,那么销售商就通过提供库存空间来分担库存成本,但如果使用第三方物流公司的仓库,那么制造商和销售商共同分担支付给第三方物流公司的库存成本。正常的货物订购运输成本是由制造商和销售商共同承担的,但是当满足货物订单的产品是由中间仓库里的退货组成的,那么从中间仓库使用退货的销售商的运输成本由制造商来负担,这将作为制造商促使零售商使用退货的一种激励。采用这种退货模式,不仅可以促进退货的继续流通,而且可以有效地降低原来会产生的无效成本,使零售商和制造商共同分享此种模式带来的效益,达成共赢的局面。

知识链接

美国零售商的返品中心

从1990年开始,美国的一些大型连锁零售商为了提高退货处理效率,按照专门化和集约化的原则,仿照正向物流管理中的商品调配中心的形式,采用逆向思维,分区域设立"返品中心"以集中处理返品业务。许多美国大型零售公司累计在全美各地设立了近百个规模不等的返品中心。其中沃尔玛公司就设立了10家,凯马特公司拥有4家,Universal公司拥有2家,其他如宜家、Target公司等较大的连锁零售商也都有自己的返品中心。此外,一些规模较小的连锁商业公司则采取几家合伙的形式建立返品处理中心。目前,美国通过返品中心处理的返品已占总数的6成以上,集约化处理已成为逆向物流管理的主导方式。返品中心主要具有以下功能。

(1) 接收系统内各零售店的所有返品。

(2) 对返品进行甄别。

按照返品的实际状况把它们分为:可整修后重新销售;可降价批发销售;可向生产厂家退货;可作慈善捐赠用(在美国慈善捐赠可抵减税收);可作废品利用及无利用价值等几类,并作相关处理。返品处理中心内设有相当规模的再生工厂,把可整修后重新销售的返品进行整修、包装后重新融入正向物流销售。

(3) 对返品涉及的资金往来进行统一结算。

(4) 对各厂家、各销售店、各类商品的返品状况及产生原因、返品的变动趋势等信息进行综合统计分析,并及时向总部提交相关报告。

返品中心对美国零售商有以下两大贡献。

(1) 它提高了返品的流通效率,降低了逆向物流耗费,加速返品资金的回收。据分析,由于采用了返品的集中配送、返品票据的统一处理、发掘废弃商品残值等方式,逆向物流管理每年可为商家节约0.1%~0.3%的销售成本,以沃尔玛公司为例,通过逆向物流管理每年平均就可节约资金7.3亿多美元。

(2) 集中处理返品还可以大大减轻零售店和生产厂家的工作量,充分利用零售店卖场空间,同时也有利于收集掌握与返品相关的商业动态。

5.2 电子商务环境中的退货物流

5.2.1 电子商务基础知识

随着 Internet 迅猛发展，各国信息高速公路的建设以及 Internet 主干线通信宽带大幅度提高，Internet 的商业应用得到大幅度增加。商业企业供货能力、客户需求和全球竞争需求的不断增长，使得任何一个商业组织都必须改变自己的组织结构和运行方式来适应经济全球化的变化发展。利用计算机、网络通信技术和 Internet 实现商务活动的国际化、信息化和无纸化已成为各国商务发展的趋势，电子商务正是为了适应这种以全球为市场的变化而出现和发展起来的。

尽管电子商务近年来获取了长足发展，但至今却尚无一个统一并能被各国广泛接受的定义及范围。电子商务，顾名思义是通过电子计算机网络的手段所进行的商业贸易活动。国内外各个有影响的国际组织、跨国公司都有自己对电子商务的定义。

经济合作和发展组织（OECD）对电子商务的定义如下。

电子商务是发生在开放网络上的包含企业之间（Business to Business）、企业和消费者之间（Business to Consumer）的商业交易。

联合国国际贸易程序简化工作组对电子商务的定义：采用电子形式开展商务活动，它包括在供应商、客户及其他参与方之间通过任何电子工具，如 EDI、Web 技术、电子邮件等共享非结构化或结构化商务信息，并管理和完成在商务活动、管理活动和消费活动中的各种交易。

美国政府在《全球电子商务纲要》中认为，电子商务指通过 Internet 进行的各项商务活动，包括广告、交易、支付、服务等活动。

《中国电子商务蓝皮书：2001 年度》认为，电子商务是指通过 Internet 完成的商务交易。交易的内容可分为商品交易和服务交易。交易是指货币和商品的交换，交易通过信息流、资金流和物流完成。

电子商务根据参与交易对象可分为以下几类。

1. 企业间电子商务（Business to Business，B2B）

即企业与企业之间，通过 Internet 或专用网方式进行电子商务活动。企业间电子商务可分为两种类型，即非特定企业间的电子商务和特定企业间的电子商务，前者是指在开放的网络当中对每笔交易寻找最佳伙伴，并与伙伴进行全部交易行为。特定企业间的电子商务是指在过去一直有交易关系或者在进行一定交易后要继续进行交易的企业间，为了相同的经济利益，而利用信息网络来进行设计开发或市场及库存管理。企业间可以使用网络向供应商订货、接收发票和付款。

2. 企业与消费者间电子商务（Business to Customer，B2C）

即通过 Internet 为消费者提供一个新型的购物环境——网上商店，实现网上购物，网上支付。

3. 政府与企业间电子商务（Government to Business，G2B）

这种商务活动覆盖企业与政府间的各项事物。例如：政府采购清单可以通过 Internet

发布，公司可以以电子交换方式来完成。

4. 政府与个人间电子商务(Government to Customer，G2C)

即政府通过网络实现对个人相关方面的事务性处理，例如通过网络实现个人身份的核实、报税、收税等政府对个人的事务性处理。

B2C 是电子商务应用的一个最典型代表，其退货物流量大、渠道长、运作最为复杂。下面以 B2C 为例，分析电子商务环境下的退货物流。

B2C 是企业对消费者直接展开商业活动的一种电子商务模式。这种形式的电子商务一般以直接面向客户展开零售商业为主，主要借助于 Internet 开展在线销售活动。B2C 可谓是互联网最早的成功应用之一，早在电子邮件时代就有很多商家开始了这样的直销商业活动。

最具有代表性的 B2C 电子商务模式就是网上零售网站，如国内最大的电子商务网站淘宝网；中文网上书店当当网(dangdang.com)都是 B2C 电子商务网站的典型。目前 B2C 最成功的例子，属美国的亚马逊网络书店(Amazon)，除了书籍之外，还卖音乐 CD、玩具、软件等商品。只要你在 Amazon 注册了账号，就可以购买它所提供的商品，上面不但提供了丰富的资讯，而且时常提供折扣优惠。

B2C 电子商务市场成功地打破了时空界限、简化贸易流程，但与此同时，也大大提升了虚拟性电子商务市场的不稳定性。主要原因是：其一，信息技术带来的低成本优势让产品入门障碍低，大量信息涌入，给消费者提供参考的同时也增加了虚假信息误导的可能。其二，电子商务市场中有形产品的交易订购和配送与经营者分离，这些分离在给交易提供方便的同时也带来了安全的隐患。

随着电子商务环境的改善，电子商务本身所具备的巨大优势逐步凸现出来，网上销售和网络购物在许多国家受到追捧。网上消费人数和消费数量猛增，网上销售额成倍增长。与网上销售增加相伴的是回流商品的不断增加，有效管理电子商务中的逆向物流，成为许多在线经营企业必须面对的问题。

 知识链接

欧盟：电子商务成为时尚

由于互联网的迅速普及，欧盟国家电子商务从 20 世纪 90 年代后期开始兴盛起来，并将信用消费与网络服务有机结合，小到新潮化妆品与名贵首饰，大到音像图书与家用电器的出售信息，都汇集在互联网之中，商家利用网络提供虚拟的柜台或商场店铺，不仅极大地方便了商家，而且也减少了销售成本，为交易双方带来了更多实惠。

据欧洲电子商务咨询机构(Institution Consulting)2006 年的调查显示，目前在欧盟成员国的互联网客户中，半数以上的人有过电子购物经历，其中，对西欧国家荷兰、比利时、卢森堡、法国、德国、英国、西班牙、意大利、瑞士、奥地利等国 100 多万网民进行的电子购物问卷调查显示，其电子购物的比例为 61%，每年平均电子购物次数为 7~8 次。北欧国家网民利用电子商务网消费的比例高达 75%。其中，车船票、服装和书籍一直排行欧洲电子购物的前三名。据 2005 年和 2006 年的资料显示，欧盟范围内远距离电子购物平台的销售额分别达到 59.7 亿欧元和 96.8 亿欧元，2007 年的数字有可能增长 65% 左右。

5.2.2 退货的驱动因素

由于电子商务在线经营的特殊性,引起退货的原因和传统经营中产生的原因相似但不相同。电子商务中逆向物流产生的影响因素主要有以下几个方面。

1. 法律法规

为了保护环境,促进资源的循环利用,同时为了规范网站行为和保护消费者的利益,许多国家已经立法,明确规定电子商务网站必须采取退货政策。这些法律法规除了政府制定的法律法规外,还可能来自某些协会或者兴趣团体发起的要求规定。

知识链接

《消费者保护(远程销售)规则》

根据欧盟 2000 年 10 月 31 日生效的《消费者保护(远程销售)规则》:"供应商必须自消费者向其发出订单的 30 天内履行合同。无论出现任何原因,供应商未能在规定期限内履行合同,必须尽快通知消费者并返还所涉款项,通知与返还期限在履行期届满 30 天内。"该规则同时规定"消费者有权在最少 7 个工作日内撤销任何远程契约,且不需要给付违约金与说明理由。在撤销契约中,消费者承担的费用仅限于返还货物的直接费用。"

2. 信息不对称

在电子商务模式下,客户往往只能看到商品的电子图片或者电子说明书,从视觉上感知商品,不能全面了解所购商品的特性。当收到商品时发现实物与在网上看到的不一致,就会导致大量逆向物流的产生。

3. 消费者驱动

消费者在线购物时,购买了自己不想购买的商品而引起的退货,或者消费者收到商品后,希望获得更好的产品型号而引起的退货。另外,零售商或者分销商将手中积压,滞销或者过季的商品退还给供应商引起的退货。

阅读助手

你会到一个不提供退货服务的网站购物吗?

美国 Newgistics 公司,是一家为直接零售商提供返品解决方案的提供商,2003 年 11 月的一项调查对 1 020 个成年人进行了调研,90% 的被调查者说方便的退货政策以及处理影响他们的购买决策;约 95% 的被调查者说"非常可能"(Very Likely)或者"有可能"(Somewhat Likely)到那些提供便利退货处理的在线零售商家进行再消费。调查同时显示:85% 的调查者说"不太可能"(Not Likely)考虑到那些不能提供便利退货处理的在线零售商家进行购物消费。可见,电子商务中退货政策的影响非常大,能否退货是影响客户满意度和客户忠诚度的一个关键因素。

小提示：你会到一个不提供退货服务的网站购物吗？

4. 竞争驱动

商家为了在激烈的市场竞争中吸引更多的消费者，往往会竞相推出各种优惠的退货条件，如"不满意就退货"等。这些优惠措施在方便消费者的同时，也造成大量返品的产生。

 知识链接

善于卖鞋的 Zappos

> 对退货利用最为出色的一家公司是 Zappos.com，这是一家销售鞋、手提包和饰品的电子零售商。Zappos 网站上，陈列着超过 500 种品牌、9 万种款式的鞋子，价格从 20~2 000 美元不等。2007 年，Zappos 一共卖掉了 1 000 多万双鞋子，销售额达到 8.4 亿美元，占美国鞋类网络市场总值 30 亿美元的四分之一，被称为"卖鞋的亚马逊"。公司的退货政策非常慷慨。公司鼓励顾客一次购买数双鞋子，因为顾客可以免费把不需要的鞋子退还给公司。公司允许顾客在购物之后的一年内都可以退货，只要保证退还的货物是原封不动的。在运营上，Zappos 承诺顾客，如果鞋不合脚，送货、退货一律免运费。为此，Zappos 付出了 1 亿美元的运费作为代价。尽管退货率高达四分之一，但平均每份订单的金额达 90 美元，仍给 Zappos 留下了足够的利润空间，扣除送货和退货费用后，毛利仍可达 35%。Zappos 还经常做一些看似疯狂的举动，来大幅增加自己的运营成本。比如当顾客不能确定哪一个尺码的鞋子更合脚时，Zappos 会建议他们同时购买两个尺寸的鞋子，试穿后再把不合适的那个尺码免费退回来。所有这些引诱顾客退货的规定，为 Zappos 带来了 20%~40% 的退货率。越高档的品牌，退货率也越高。当然，Zappos 并不会一味迁就顾客。如果有顾客不断把穿过的鞋子退回来，公司客服人员会给这个顾客打电话，也有可能取消他的购物账号。最初在 Zappos 购物的顾客，可以享受 30 天内免费退货待遇。后来，这个退货期限一再放宽，最近的规定是 1 年内无条件退货。而且在退货时，运费也全部由网站承担。
>
> 顾客的满意度和忠诚度最终成就了 Zappos，其销售额在过去的 7 年中突飞猛进。目前，Zappos 的 500 万客户中有 60% 是"回头客"，还有 25% 不断介绍新朋友来买鞋，一年销售额超 8 亿美元。

5. 商品本身原因

引起这类退货的原因有：商品存在瑕疵或者质量问题；商品接近或超过保质期；在配送过程中产生的损伤商品或错配商品等。

5.2.3 电子商务退货物流的预防

关于电子商务中逆向物流的避免和预防，目前研究主要关注网站设计。认为在设计网站时，要充分考虑到退货问题，网站设计上应具有以下功能特点。

1. 网站尽可能提供详细的信息，克服信息不对称弊端

由于网上购物顾客不能直接跟商品见面，常常会发现网上的商品信息和实际看到的不符。提供的信息越详细，越接近实物，顾客错买的可能性就越小，由此退货的可能性就越小。

知识链接

网上试衣间

如今网上购物早已不是什么新鲜事,但如果在网上订购衣服则不免常有因不合体而需要退换的烦恼。2001年,作为欧洲网上购物比例最高的国家——德国开发了一套"网上试衣间"的系统,不仅可以帮助顾客"体验"举手投足之间新衣是否合体,还可以观看不同场合灯光下服装的效果,帮助顾客挑选到满意的新衣。顾客在进行虚拟试衣之前,先通过手持式的三维扫描仪对自身形体进行扫描,获得的数据被传输回服装销售商处,形成顾客自己的虚拟三维映像。之后顾客就可以根据销售商提供的服装目录选取新衣"试穿"上身,并可以通过鼠标控制虚拟映像进行简单的举手弯腰等动作,在电脑屏幕上察看衣服是否合身。此外,顾客甚至可以调控光线等参数进一步观看服装的整体效果。

2. 网站上提供商品对比功能,减少消费者一时冲动而造成的不当购买

网站上要能够提供同类商品的对比功能,消费者在充分的对比选择过程中,挑选到自己最满意的商品。

为了方便顾客挑选不同式样和颜色的鞋子,Zappos为库存的每一款鞋从8个不同的角度拍照。在肯塔基州的仓库中,Zappos存有5.8万种款式的130万双鞋,拍照的任务极其艰巨,但Zappos完成了。

3. 提供取消购物的方便性

当一份订单在网上被创建后,消费者能够有足够的时间考虑自己的决定是否正确,要允许消费者反悔,允许消费者在一定时间段内取消自己的订单。这样做表面上减少了订单的数量,但避免了退货带来的成本增加和不必要的麻烦。

5.2.4 退货物流运作

1. 设计好电子商务环境下退货逆向物流网络

通常B2C的购物网站都应该考虑以下几个方面。

(1) 考虑到退货的可能性。由于消费者看不到实物,所以无论购物网站设计的多么富有吸引力,如果不能处理退货问题,消费者只能是好奇的看客而绝非忠诚的客户。同时要尽量避免由于消费者一时冲动购买产品导致的退货情况,这样在"购买"键旁边创建一个"取消"键,让顾客有改变其主意的可能,并且设置服务热线或E-mail,让消费者在一定时限内有取消订单的权利。

(2) 明确退货规则。网络零售商应当把有关退货规定张贴在网站里显眼的位置,同时将商品的特色以及使用方法标注得清清楚楚。比如注明内衣购买慎重,售出不退;产品包装完好十天内包退包换等。消费者拿到产品后,包装盒中应再次明确具体的退货规定。

(3) 选择合适的渠道,保证消费者购买的商品能及时到达。同时供应商应提供在线订单追踪;售出后还应通过电子邮件,传真等方式积极地征询顾客意见。

(4) 用合适的方式实现顾客退货要求。通常包括在线处理和离线处理两种,前者当电

子零售商在设计购物网站时,就建立一个在线退货管理系统,电子零售商凭借系统进行处理。后者通过第三方来实现,比如设立退货服务代办点。

2. 不同厂商结合自身特点,选择合理逆向物流模式

(1) 对于 B2C 市场中的大型零售企业,他们有较先进的管理理念和方法及有效的信息管理系统,可以考虑自身发展逆向物流。倘若企业自身已经拥有正向物流系统,则可以考虑将两者结合起来,使之成为一个完整的体系。这通常需要在虚拟公司内部建立专门的部门,单独处理。但如果令顾客满意,仅仅要求顾客将商品寄回某某地址,恐怕是远远不够的,所以很多国家都允许顾客将商品交回收集点,比如 BP 澳大利亚公司与 wish-list.com.au 公司和 Caltex 公司合作使用居民区内的便利店接受回收物品。

(2) 对小型企业来说,考虑到自身的经济实力、发展核心竞争力等各方面的因素,自身发展逆向物流存在困难,则可以寻求第三方逆向物流,以保证退货顺畅快速地移动。同时将主要精力放在提高核心竞争能力、经营销售管理等方面上提高企业的经济效益。实际上,由于电子商务的分散性特点,其客户遍布范围通常很广,所以寻求第三方逆向物流是大小企业都常采用的方式,很多公司委托从事第三方物流的公司承担逆向物流管理业务。由此有些公司也逐步发展成为以逆向物流管理为主的专业化公司。如美国 Genco 公司就是逐步发展起来的一个专业化逆向物流管理的公司,UPS 公司也接受退货物流服务。

从宏观角度来讲无论是 B2C 电子商务市场,还是现代逆向物流,暂时都还处于起步阶段。但是在 WTO 的大环境下,要想增强核心能力和综合实力,就不能继续忽视电子商务市场中的逆向物流管理。这不仅需要市场探索发展,同时也需要政府部门对现有的逆向物流管理制度认真研究,对电子商务市场进行有效规范,最终建立一个适应现代逆向物流业发展的法律法规体系,同时在适当的时候构建强大的信息平台,加强逆向物流管理链上各环节的信息沟通。

 阅读助手

电子退货的处理过程

美国亚马逊网站利用第三方 UPS 处理电子退货。退货时,首先登录亚马逊网站,打印一份带有条形码的退货单,到附近的邮局或者 UPS 服务点投递退货。以选择 UPS 退货为例,首先将退货包装好,将从网站上打印出的退货单贴在包装盒上,然后将包装盒放在类似大街上信筒的 UPS 的货物箱里,UPS 会定时将货物取走运送回亚马逊公司。几天后,退款打入消费者的信用卡中。整个退货过程中,如果是因为产品质量问题或者产品不符合顾客要求等原因引起的退货,运费由亚马逊公司支付,如果是由于顾客本身的原因,运费由顾客承担。整个退货过程相对方便。

Genco 公司是美国返品物流管理业界的最大型企业,是专业化的返品物流管理公司。Andera L. Mcrrell 在 2001 年以 Genco 公司为例介绍了逆向物流外包处理的过程。当消费者有退货要求时,登录到出售该商品的零售商网站的客户服务页面上,在客户不知情的情况下,通过超链接无缝链接到 Genco 公司的逆向物流处理软件系统中。客户选择要退的商品后,系统软件提供 7 种退货原因。并针对客户选择的退货原因,提供一些解决问题的小策略,一般这些策略可以减少 20%~40% 的退货。如果客户仍要求退货,软件允许客户打印一个邮寄标签并进行退货。第三方物流提供者根据自己的市场经验,创造出独特有效的逆向物流解决方案。

5.3 国内外商业回收物流运作实例(逆向物流反击战——飞利浦减少退货的策略解读)

产品退货现象越来越严重,每年因退货直接造成的损失高达几千万美元!怎么办?

目前,家电公司的退货现象几乎成为家常便饭,尽管大部分的家电公司都把退货服务看成是推动新的销售渠道及销售额增长所必须付出的成本,但随着退货现象的增加,一个让人不能满意的数据——无缺陷退货率(No Defect Found)也逐渐变得很高。无缺陷退货率在家电产品中占到了70%,PC产品中占85%。一些种类的小家电更是超过了90%。飞利浦家电公司的情况就明显反映了这一点,作为一家非常有名的家电公司,其退货率甚至比行业平均退货率还要高。为了运输这些退回来的产品,飞利浦家电公司和其零售商都付出了巨大的成本;再加上由这些退货现象衍生出来的索赔、反索赔等问题,飞利浦公司每年都会因此造成几千万美元的损失。

为了处理退货问题,飞利浦公司的代理清算公司也费尽了周折,但成效不大。一方面这些代理清算公司本身存在财务问题;另一方面这些公司在飞利浦家电公司的二级市场上所能追回的成本也很少。比如让那些清算公司代为销售的DVD产品,飞利浦1美元的损失也只能追回20~30美分。

飞利浦公司传统的做法是:为了应对因退货产生的运输量的增长,公司开始设计逆向物流的工作流程,以便更有效地沿供应链逆向把这些退货送回去。产品推广部门主管托尼却认为,有效的逆向物流虽然有利于减少损失,但对减少公司在每一个退货流程操作点上所丢失的利润却毫无帮助。要减少因退货而产生的成本,退货管理部门必须在减少退货上做文章,在货物进入逆向物流供应链之前,就努力阻止退货现象的发生。

要真正认识有关退货的各种情况,不仅要知道处理了多少退货,而且还要清楚这些产品是为什么被退回的。那么,造成消费者退货、尤其是对无缺陷退货的原因是什么呢?

一是零售商无节制的退货政策。在调查中他们发现,零售商对三分之二的退货都进行了退款处理。这个数据对飞利浦公司来说尤其麻烦,因为大部分退货都被作为有缺陷产品而被退回到制造商处,由于退货量上升,运输成本也跟着上涨。其实,出现这个问题的主要原因是零售商没有使用修理商服务的意识;另外,零售商的销售人员没有受到很好的培训,不能让消费者很好地明白产品的性能和好处。另外,零售商制定的退货期限过长也是一个重要原因。

二是消费者的错误习惯。为了弄清楚消费者的退货心理,在2001年,飞利浦公司和一家全国性的大零售商合作,就那些超过退货预算的产品种类在这家零售商的顾客中进行了有奖问卷调查。令人感到惊讶的是,居然有超过75%的顾客承认,他们知道其所退回的产品实际上是没有什么质量问题的。在美国,这种现象比在其他国家更加严重。产生这种现象的一个主要原因就是,在零售商这种非常开放、几乎是毫无节制的退货政策的恩惠下,人们逐渐养成了一种把货物"退回去"的习惯;并且大部分的消费者在没有购货发票时仍然得到退款处理的现象,也起到了推波助澜的作用。

三是公司内部的问题。首先,飞利浦公司内部没有人员专门致力于退货的管理,也没有非常清楚的退货管理规定和程序,因此公司内部就养成了一种在任何时候都可以让任何人把任何产品退回来的习惯。产品销售人员从来就不清楚由退货所产生的成本有多少,甚至连公司本身也从来就没有对总的退货成本进行过集中的统计。另外，飞利浦公司从来就没有在公司内部跨部门之间，或与零售商合作推行过什么退货解决方案。

其次，由于各部门缺乏沟通与合作，公司缺乏一种通用退货衡量体系。不但美国和世界其他地区的退货衡量标准不一样，就连飞利浦公司内部的不同部门也使用不同的 IT 系统进行测算。公司各部门对按哪个时间段进行测量和如何对退货进行分类，不能达成一致的意见。

再次，产品的包装或者使用说明书也有问题。调查表明，飞利浦公司产品包装上缺乏透明性，使用说明书不能很好地说明产品如何使用。消费者要在飞利浦公司新推出的一些数字产品上花费太多的时间去弄明白使用问题，如家庭影院、卫星系统、数字摄像机，甚至还有缺天线插孔的 DVD 播放机。除了产品的复杂性和技术问题之外，一些产品的硬件制造商和其他的软件或服务提供商之间的配合也存在问题，使得说明书使用起来非常困难。说明书的缺陷是有硬件、软件双重身份构成的数字网络产品退货率比其他产品高出 25% 的主要原因，无缺陷退货率更是高出了 90%。还有其他一些问题，比如公司对有些产品不能提供上门维修服务，或者是能够提供上门服务的独立服务提供商在逐渐减少等，都进一步加剧了退货现象的发生。另外，调查显示，有 10% 的退货实际上是商品在被偷走之后又被退回来，以换取现金。

托尼和他的管理团队发现，要减少退货，必须提高公司内外的协调性，加强公司内部和外部的合作。最重要的是让公司高层也充分认识到这一点：公司无法独自解决退货的问题，加强公司与零售商、服务商之间的协作非常有必要。在高层领导的直接干预下，2001 年，飞利浦公司终于在公司内部建立了一个跨部门的退货管理协作团队和一些相应的退货衡量标准。这个协作团体决定，将有缺陷产品退货和其他原因的退货（比如承运商损坏、库存平衡失误以及订单失误等原因造成的退货）区别开来。飞利浦公司现在的退货报告都是按照经销商、产品种类和型号分类做出的。为了使退货的各项数据显得更直观和立体一些，这些数据和总的销售额、退货趋向以及整个公司的销售率等数据都体现在一张图表中，这样就很容易看出任何一点退货率的变化。报告还包括退货率和减少退货的目标百分比，这些数据使得协作团队的工作目标和成效一目了然。退货管理部门将这些退货信息向销售、服务、财务和产品部门以及高级管理层进行传达。这些信息按产品型号、部门和经销商分类列出，并同时提出相关的改进措施。为了保持退货报告的连续性，让公司中的任何人，不论在世界上的任何地方，只要能够接触到这些报告，就会看到同样的数据，飞利浦公司安装了 SAP 信息系统。这样连贯持续的退货管理报告，让一些主要部门的人员在收到这些报告的同时，也都接受了相应地减少退货的责任和目标。比如产品经理要注意自己负责产品的退货率，销售部门则会注意全部产品的退货率。另外，SAP 系统将退货报告细分到型号和经销商的层面，其嵌入式适应功能使得退货管理部门可以出具月度或具体日期的退货报告，这些报告出来之后就提供给财物和物流部门，以便他们做出销售预测和库存计划。与此同时，飞利浦公司更加重视与零售商和服务商的紧密合作，共同减少退货现象发生。飞利浦公司采取措施提高产品质量的好处。为了降低产品使用的复杂性，使产品更加容易使用，飞利浦公司采取了很多措施。一是公司着手努力改善产品的售后服务，增加了网上的服务支持，并对电话咨询中心的服务进行了改进，比如常见问题解答（FAQ）、连线下载以及 DVD 或其他数字产品的免费升级等。二是在产品的包装盒内填加"阻止性"说明书。这些说明书都印有大大的"阻止"符号，引导消费者在把商品拿回到零售商店里之前，先和制造商联系。这些措施鼓励消费者通过直接接触制造商去解决产品问题。这对退货现象的减少起到很大的帮助。三是使用IEP。为了提高产品的易用性，2002年，飞利浦公司加入了"易用圆桌协会"（EOU）。EOU是一个计算机和消费类电子产品行业协会，旨在帮助消费者更好地使用高科技类产品。通过这个协会，飞利浦公司引进了一种叫做"初始体验预测表(IEP)"的目录工具。IEP是新产品设计团队所使用的一种工具，其中涉及25个调查问题，可以帮助新产品设计人员预测消费者使用新产品的各种体验。通过这种工具的使用，飞利浦公司的新产品在研发阶段，就可以在设计新产品的操作、包装和使用说明时，充分考虑到末端消费者的需求。这个措施非常有利于提高飞利浦公司产品的易用性，从而减少了电话咨询中心的呼叫次数，提高消费者的满意度，继而减少了无缺陷产品的退货量。这些措施带来的好处，也鼓励了零售商积极采用新的方法和技术防治退货，他们为减少退货和逆向物流的流量做出了一些调整。一是强化退货规定的管理。在最近两年里，零售商们强化执行以前已经存在的一些规定，如Best Buy等。一些零售商现在都把有关的退货规定张贴在商场里非常明显的位置。这些规定都提出了"重新进货费用"的概念，实际上已经有零售商在开始收取这些费用了。Target和Kmart等零售商也在强化实施"退货必须携带发票且必须在规定的退货期限内退货"的规定。为了解决退货问题，其他一些零售商还增加了新的举措，比如向顾客提供制造商和本地服务商的联系方法等，并且事先声明并非在各种情况下都接受退货。另外，随着电子类产品更新速度的加快，零售商们也意识到减少退货期限是其减少退货的一个重要措施。二是改善销售系统。销售商改善销售系统的原因之一，是为了找出那些反复违反退货规定的人并对他们加以防范。这些新系统可以按顾客、信用卡号码甚至产品的序列号对商品进行跟踪，以便于零售商能够确保退回来的商品是顾客在自己的商场购买的，并对那些反复退货的人进行跟踪。此外，许多退货柜台的电脑也开始显示商品及其主要部件的照片，以方便店员对退货加以辨认。这些系统为零售商提供了强有力的证明材料，使得他们可以拒绝那些不合理的或具有欺骗性的退货。其中，SiRAS系统就是应用比较成功的一个。让服务商看到在得到零售商支持的同时，飞利浦公司也把服务商"拉拢"进了阻击无缺陷产品退货的统一战线。对于服务商而言，这是一个"双赢"的格局。随着消费类电子产品升级换代不断加快，再加上这类产品的不易维修性，服务商也需要扩大自己的服务范围，以增加营业收入。因此，服务商很乐意通过对服务网络进行改造，为飞利浦公司提供一些额外的服务，例如退货产品的试验，为零售商进行程序调试；和飞利浦公司及其零售商一道，为购买复杂电子产品的顾客提供安装服务，如家庭影院系统和大屏幕电视类产品；帮助飞利浦公司分析某件产品的质量问题，新产品进入市场遭遇失败的原因以及顾客在产品操作方面存在的问题等；帮助飞利浦公司实施"当日反馈制"，为购买高价产品的消费者及时提供上门服务，预防成本高昂的产品发生退货现象；在得到飞利浦公司的认可后，提供"以旧换新+保修"的服务模式；在有质量问题的产品实际被返回到飞利浦公司之前，替换的产品已经被运到了服务商那里。通过提供诸如此类的解决方案，服务商就可以变成处理制造商退货的"一站式商店"。并且通过这种服务网络的改造，服务商有能力在退货舞台上扮演一个巡视、废品回收和进行调解的中间商角色，以防止高科技产品沿供应链逆向回到飞利浦公司。在过去5年中，所有这些减少退货策略的实施，对飞利浦公司来说意义非常重大。在前两年的时间里（即1999—2000年），飞利浦公司虽然有了一个单独的退货管理部门，退货责任也由多个部门负责，但退货率还是高于消费类电子行业的平均水平。接下来的两年时间里（2001—2002

年），飞利浦公司通过强化实施退货规定等措施，使退货率达到了行业平均水平。在2003年里，飞利浦公司又采取了几项退货管理措施，其退货率已经降到了消费类电子产品的行业标准以下。从1998年到现在，飞利浦公司平均每年减少的退货达50万件，价值超过1亿美元。

习　题

一、判断题

1. 商业退货逆向物流一般指已进入流通渠道的商品，因为各种原因（如零售商的积压库存）而产生的从消费者回到零售商的退货。　　　　　　　　　　　　　（　）
2. 由各种原因造成的退货量是巨大的，是耗费物流成本的一个重要组成部分。为此商业退货逆向物流给企业造成的巨大的财务负担，降低了企业的利润。　　（　）
3. 连锁零售企业退货逆向物流系统的功能就是门店把消费退货、维修调换品和废弃物、滞销、积压品和误配品返还至配送（逆流）中心。　　　　　　　　　（　）
4. 退货物流与传统的正向物流的差别很大，采用返品中心模式处理退货最好。
　　　　　　　　　　　　　　　　　　　　　　　　　　　　　　　　　（　）
5. B2C电子商务中逆向物流量越大，说明该网站信用度越低，经营差。　（　）

二、选择题

1. 根据进入退货逆向物流的产品类型的不同，主要有(　　)处置方式。
   A. 直接再售　　　　　　　　　　B. 原料回收
   C. 赠送给顾客　　　　　　　　　D. 垃圾处置
2. 商业领域实施逆向物流的现实意义有(　　)。
   A. 降低企业成本，提高收益率　　B. 净化销售渠道，保护利润
   C. 提高顾客服务水平，增加竞争优势　D. 改善供应链关系
3. 电子商务根据参与交易对象可分为(　　)。
   A. 企业间电子商务　　　　　　　B. 企业与消费者间电子商务
   C. 企业与政府间电子商务　　　　D. 个人与政府间电子商务

三、简答题

1. 商业领域逆向物流的驱动因素有哪些？并列举某大型商场的退货政策。
2. 根据进入退货逆向物流的产品有哪几种处置方式？并举例说明。
3. 连锁零售企业逆向物流流程有哪几个环节？
4. 连锁零售企业退货逆向物流系统应具备哪些功能？
5. 连锁零售企业构建退货逆向物流系统有哪些模式？每种模式的优缺点是什么？
6. 电子商务中逆向物流产生主要原因有哪些？
7. B2C的购物网站逆向物流模式有哪些？每种模式的优缺点是什么？

 实际操作训练

1. 连锁零售退货物流

   实训项目：连锁零售退货物流体验

   实训目的：体验某连锁零售超市逆向物流的运作

实训内容和要求：到某大型连锁超市购物后，以某种理由要求退货。结合以前学的市场营销学知识，分析该超市的退货政策和服务，分析其优缺点，给出改善建议并提交一份报告。

2. 电子商务退货物流

实训项目：电子商务退货物流体验

实训目的：体验某电子商务环境下逆向物流的运作

实训内容和要求：到某 B2C 电子商务平台购物后，再退货。结合以前学的电子商务的基础，分析该平台的信息流、资金流和正向物流。逆向物流要求分析该平台的退货政策、退货服务，逆向物流模式，分析其优缺点，并给出改善建议。综合上述内容，提交一份报告。

3. 电子商务退货物流

实训项目：电子商务退货物流调查

实训目的：分析各电子商务环境下逆向物流的运作

实训内容和要求：两人一组，查找至少 6 个 B2C 电子商务网站、部分知名网站、部分小型网站。分析其退货政策、退货服务，并比较其中的异同。要求写出一份综合报告。

案例分析

美国出版社怎样处理退货

退货是出版业争论最大的问题之一，美国图书退货一年超过 70 亿美元。发货商、批发商、零售书店都要求把未卖掉的书退回。书店订购的书约 18% 退给发货商，但发货商只能退 2% 给出版社，退回的书很多在书架上已然磨旧。

退货制度几乎与寄售办法一样，出版社受此制约，因为没有退货优惠，书店就不愿意进货，出版社的书便得不到展示。退货的结果往往是微利或零利润的交易，图书出去进来要花很多的劳动，大家忙来忙去，但很多书没有卖掉。

图书界有人一次又一次建议改革退货制度，一种比较受欢迎的办法是：取消退货制度，将省下来的钱以折扣形式让给书店，但这一建议未能采用。

出版社将制定的退货政策发给客户，初次与出版社打交道的经销客户也都要询问你的退货办法。

大多数出版社允许自开发票日起 90 天或一年内可以退货，之所以定为 90 天，因为出版社想弄清一本书这段时间在书架上的销售情况，而一年后退货是出版社认为把书放在那里太长没有意义，而且有的书可能还需要印新版。

书店退货，大多数出版社要求事先得到同意，并有特别的发货指导，退货产生大量文书工作，如确认原来进货的原始发票号、书店付款的准确数量，这些书是否由出版社直接发货等。如果书是从批发商那里进货，就应退给批发商。

退回的书应完好无损，可以再卖，直接退到备货库房。有些书店工作做得不好，出版社收到的书多有损坏，不能再卖。

大型出版社收到退货一般不退现款，作为记账供书店今后进货使用，小出版社交易不多，则要把退货的支票寄给书店。

根据以上案例，试分析以下问题：

（1）既然出版社退货的结果往往是微利或零利润的交易，为什么出版社还允许退货？结合供应链的相关知识，分析如果不允许退货，会造成什么损失？

(2) 出版社退货期限是如何确定的？
(3) 退货的流程是怎样的？
(4) 分析这家出版社的退货政策，分析其缺点并如何改进？
(5) 查找相关资料，分析我国出版业书籍退货的情况。

第 6 章 包装物回收物流运作

【本章教学要点】

知识要点	掌握程度	相关知识	应用方向
包装物回收物流概述	掌握	包装和包装废弃物概述 包装物回收利用方法、原则和回收方式	
	了解	包装物回收的重要意义和国内外发展状况	
销售包装回收物流运作	重点掌握	销售包装回收的物流特点 德国销售包装回收运作	销售包装的回收
储运包装回收物流运作	掌握	托盘联营下托盘的流通模式 我国托盘联营的发展	储运包装的回收，特别是托盘的回收运作
	了解	储运包装的分类和回收物流特点、托盘包装的作用 托盘联营的基本知识 集装箱空箱调运的原因和对策	
绿色包装 过度包装	掌握	绿色包装的实现途径	包装合理化
	了解	绿色包装的含义 绿色包装的意义 过度包装的含义、危害	

知识架构

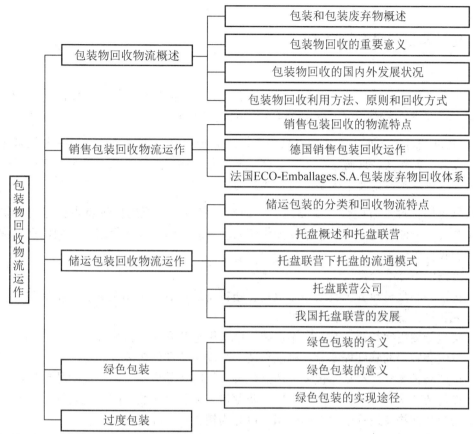

导入案例

包装废弃物

21世纪后，全世界每年仅包装材料与容器的消费总额就超过8 000亿美元，根据美国农业部测算，每消费1美元的食品包含8%的包装。然而，精美坚固的包装往往转瞬间就会成为弃之不用的垃圾，包装废弃物的大幅度增长已成为不容忽视的问题。大多数包装产品属于一次性消耗品，原材料需求量大，废弃物排放量也大。据统计，目前包装废弃物总量已占发达国家固体废弃物总量的1/3左右。我国生产企业每年产生的旧包装物的数量惊人，回收利用潜力巨大。每年用于包装的板纸平均在40吨以上；包装用牛皮纸的用量也很大，仅水泥袋一次一年就需12亿只左右，相当于30t牛皮纸；木材公司每年供应包装用木材约计55万 m^3；每年包装用布2亿多m，麻袋4亿多条；每年生产瓶酒约100万吨，需玻璃瓶20亿只。目前我国包装废弃物的年产量在1 600万吨左右，同时每年还在以超过10%的速度增长。由此引发的环境问题主要表现在自然资源的大量消耗、废弃物的处理问题和废弃物管理压力的增加及废弃物的环境影响等诸多方面。

由于包装物种类繁多，回收方式也不同。故本章将包装物回收分为销售包装回收和储运包装回收，并对两种回收物流的特点、运作方式进行了详细的阐述。同时在包装合理化发展，如绿色包装、防止过度包装等方面作了介绍。

6.1 包装物回收物流概述

6.1.1 包装和包装废弃物概述

1. 包装概述

社会生产过程中,包装既是生产过程的终点,又是物流过程的始点。根据《中华人民共和国国家标准物流术语》(GB/T 18354—2006)的定义如下。

包装(Package)是为在流通过程中保护产品、方便储运、促进销售,按一定技术方法而采用的容器、材料及辅助物等的总体名称。也指为了达到上述目的而采用容器、材料和辅助物的过程中施加一定技术方法等的操作活动。

包装具有保护性、方便性、商品性、心理性、容纳性、复用性等特点,起着保护商品、减少损失、方便运输、促进集散、美化商品、装潢启示、促进销售、方便消费、提供价值和增加收入等作用。

包装可按以下标准分类。

(1) 按包装制品材料分:有纸制品包装、塑料制品包装、金属包装、竹木器包装、玻璃容器包装和复合材料包装等。

(2) 按包装使用次数分:有一次用包装、多次用包装和周转包装等。

(3) 按包装容器的软硬程度分:有硬包装、半硬包装和软包装等。

(4) 按产品种类分:有食品包装、药品包装、机电产品设备包装、危险品包装等。

(5) 按包装技术方法分:有防震包装、防湿包装、防锈包装、防霉包装等。

(6) 按包装在物流过程中发挥的作用,可分为销售包装和运输包装。

① 销售包装(Sales Package),又称内包装,是直接接触商品并随商品进入零售网点和消费者或用户直接见面的包装。这种包装的特点是外形美观,有必要的装潢,包装单位满足顾客的购买量以及商店陈设的要求。在流动过程中,商品越接近顾客,越要求包装有促进销售的效果。

② 运输包装(Transport Package),又称储运包装,以满足运输储存要求为主要目的的包装。它具有保障产品的安全,方便储运装卸,加速交接、点验等作用。

2. 包装废弃物概述

根据《中华人民共和国国家标准包装废弃物的处理与利用——通则》第3条对包装废弃物所下的定义如下。

包装废弃物是指失去或完成保持内装物原有价值和使用价值的功能,成为固体废物丢弃的包装容器和材料。

由于销售包装和运输包装回收物流运作中的特点和回收方式不同,本书将包装物回收物流运作分为销售包装回收运作和运输包装回收运作分别论述。

6.1.2 包装物回收的重要意义

包装废弃物回收就是将用后的旧商品包装,在即将或已进入废物箱或垃圾场时对其进行收集的一切活动。包装产品70%以上为一次性使用，使用后即成为包装废弃物。包装废弃物回收利用对于节约资源、推动循环经济的发展具有重要作用，包装物回收可实现"资源—产品—包装废弃物"生产方式向"资源—产品—再生资源"的循环经济活动方式的转化，不仅有助于我国解决资源不足对经济发展的制约，而且有助于我国经济结构和所有制结构的优化，实现我国经济发展模式从粗放式到集约式的转变。充分有效回收废弃包装，既能节约能源又能减少自然资源开发、保护环境、减少污染，一举多得。研究表明，每回收1t废包装纸可以造出0.85t好纸，节省0.3t木材（相当于少砍17棵成年大树）、600度电、1.2t煤、200m^3的水，还可以减少3m^3的垃圾填埋空间和约100m^3污水和大量废气。每生产1kg PET树脂的能源消耗为183MJ，而1kg煤产生的能量为29 260MJ。依据包装材料的不同，所能节省的资源能源量也不同，见表6-1。

表6-1 天然原材料每生产1kg包装材料的能源消耗

能量消耗	电力/MJ		油漆料/MJ			其他燃料/MJ			总能量/MJ
	生产传达能量	直接使用能量	生产传达能量	直接使用能量	原料能量	生产传达能量	直接使用能量	原料能量	
PET树脂	20.01	7.59	16.09	78.57	60.74	0	0	0	183
液态铝	124.9	63.91	9.89	49	31.12	1.25	14.64	0	295
牛皮纸	16.9	6.41	4.03	19.67	0	0.05	16.63	17.89	81.5
纸板	24.65	9.35	5.25	25.63	0	0.05	16.63	17.89	99.5
玻璃	3.45	1.31	1.77	8.63	0	0.61	5.93	0	21.7
清漆	16.2	6.15	20.6	100.58	151.5	6.23	73.38	0	375
封罐复合物	7.49	2.84	12.35	60.3	96.7	0	0	0	180
纤维素薄膜	31.4	11.91	18.77	91.65	0	0.89	17.93	19.29	192
聚丙烯薄膜	37.38	14.18	11.21	54.71	55.28	0	0	0	173
收缩裹包薄膜	43.68	16.19	12.17	62.36	5.45	0	0	0	187

可见，利用旧包装物能解决企业的部分急需，并能降低生产成本。企业回收旧包装，经过加工整理，重新供企业使用，可以减少企业对包装材料的采购。而且回收利用旧包装的周期比制造新包装用的时间短，常能解决企业生产的急需。另外，企业回收旧包装还会降低企业的生产成本。包装废弃物的回收对社会居民的健康生活具有重要意义。要改善目前资源短缺的现状，包装废弃物的回收是整个社会应该重视的问题。开展包装废弃物回收的意义重大，势在必行。

6.1.3 包装物回收的国内外发展状况

1. 国外包装物回收状况

德国包装法令于1991年4月实施，1992年6月又公布了《德国包装废弃物处理的法令》，这是全世界最早亦是最严格的包装法规，现在约有40%的德国人拒绝使用没有回收价值的包装。这个法令使可再用容器保持多次使用，如饮料的可再用容器在1996年即占

75%，而1999年达78%，2000年即达81%。因回收系统庞大，1997年在德国成立了DSD系统来处理回收，列出各类物料（如玻璃、金属、纸、塑料等）之收集、分类及回收目标，有600多家企业参加。2003年，德国通过废弃包装循环利用节约了641亿MJ的天然能，转化为电能计算，相当于同期德国风力发电量的三分之一。另外，通过循环利用德国减少排放大约132万吨温室气体。

1995年，芬兰包装材料的回收再利用率达到61%，并且其目标是在未来的10年内把全国包装垃圾的"产量"减少70%~90%。2004年9月，芬兰修改了垃圾法，旨在减少包装垃圾的同时提高包装废弃物的再利用率。根据垃圾法的新规定，年营业额超过100万欧元的厂家在向本国市场提供产品和商品的同时对产品包装物的回收利用承担责任。

英国制订了包装材料重新使用的计划，要求2000年前使包装废弃物的50%~75%重新使用，规定2000年实现对60%的工业用品包装物回收再利用。

法国规定2000年生产商、进口商必须完成70%的废旧包装回收率，2003年法国63%的废弃包装类垃圾经再处理后被制成了纸板、金属、玻璃和塑料等初级材料。法国从生产和回收两个环节，避免了包装垃圾的泛滥，使法国未来有望将垃圾年均总量控制在零增长状态。

欧盟为促进可再用和再生包装用品的使用，规定从2000年起将不能复用或不能再生的包装用品排除在市场之外。

日本也于1991年和1992年发布并强制推行《回收条例》、《废弃物清除条件修正案》等法案。奥地利1993年10月开始实行新包装法规，2000年要求对80%回收包装材料必须进行再循环处理或再利用。

2. 我国包装废弃物回收的现状和存在的问题

我国已成为世界第三包装大国，其中纸包装制品年产量已超过1 400万吨，塑料、金属和玻璃等包装制品占世界第四位。但与此同时，我国包装方面的浪费也比较严重。目前，我国对商品包装废弃物的回收再利用存在以下问题。

(1) 回收率低。我国包装废弃物回收的效率低，许多具有潜在利用价值的包装废弃物混杂在生活垃圾中被焚烧、填埋、腐烂，造成了大量的浪费。目前，我国年包装废弃物的数量在160万吨左右，每年还在以超过12%的速度增长，包装废弃物的回收情况除啤酒瓶和塑料周转箱较好外，其他包装废弃物的回收率相当低，整个包装产品的回收率还不到包装产品总产量的20%。回收对象多集中为废旧易拉罐、废纸箱等利润高的物资，而对废旧塑料、玻璃制品和废旧木包装的回收则积极性不高，例如：塑料包装物除PET瓶的回收率约为50%外，其他回收率仍很低，尤其是用量巨大的塑料袋无人回收。另外，废弃包装回收业刚刚起步，一直处于回收种类少、价格低的困境中，这就导致城市垃圾中包装废弃物含量增高，回收率降低。

(2) 回收渠道不规范。我国废弃包装回收行业管理不规范。目前，传统的包装废弃物回收渠道主要有4类：大量的垃圾拾荒者和走街串巷的收废品大军；少量的民办公助型物资回收公司和专用物资回收公司；社区废品回收站；学校、写字楼的保洁员。大多是一些自发的回收机构、大量的个体户和闲置人员从事回收工作。社会上，大量存在的不规范的回收站表面上满足了废弃物的回收需求，然而带来的弊端也不能忽视。表现在：回收站的脏、乱、差，回收效率不高；流动回收的噪声污染；运输不合理造成的城市道路拥挤；影响城市市容市貌等。

(3) 分类工作滞后。我国目前几乎没有对城市垃圾进行分类的工作，各种包装废弃物和厨房垃圾混在一起，被填埋或焚烧，难以有效利用资源。包装废弃物的分类完全靠手工分拣，达不到准确的分类，使后期的处理难以进行，即使处理也只能获得很原始和粗陋的产品。

(4) 物流处理技术落后。提高包装废弃物回收再利用的效率，必须有先进的包装废弃物回收物流处理技术作为支撑。目前我国在提高回收物流技术上取得了一些进展，但回收物流技术的应用与国外相比明显滞后，总体水平比发达国家落后 10~15 年。并且回收、处置技术的开发还缺乏一个强有力的、专业化的组织机构领导。例如：没有统一的标准和检测方法来评价、检测废纸的品质，废纸的脱墨、去除粘物、提高白度和使用次数以及环保等技术问题有待进一步开发等，阻碍了回收利用的深层次发展，导致资源利用效率低。

6.1.4 包装物回收利用方法、原则和回收方式

1. 回收利用方法

包装废弃物的回收可分为两类：资源回收与能源回收，其回收利用方式有 5 种。

(1) 循环复用。一些包装初次使用后完整无缺或破损较少，经过简单地修正，可以返回生产厂家再次使用。如托盘、集装箱、周转箱等储运包装的容器。

(2) 回收再生。回收再生是节约资源和能源的主要方式，它是指一些破损严重的包装废弃物无法原物复用，将其当作再生原料，经过再次加工改制或回炉再生，制成新的包装。这是一种变废为宝，节约资源，保护环境的好方式。

(3) 生物降解。采用生物技术，将无法回收利用的包装废弃物进行生物降解，最终分解为 CO_2、生物质和水。同时也可将分解的产物作为农业化肥，用于农作物的生长。

(4) 焚烧—能源回收。焚烧是能源回收的一种方式，焚烧包装废弃物产生的热能可用于供热和发电。例如：日本大力支持以废塑料为主的发电事业，到 2010 年，在日本建立 150 个废塑料发电厂。但焚烧法节约的能源是回收利用的二分之一。另外，将废弃物焚烧，产生废气，又对环境造成污染，所以焚烧并不是理想的能源回收方法。

(5) 填埋。将包装废弃物当作垃圾深埋于地下，等待自然界的分解、侵蚀。

2. 包装物回收利用的管理原则

依据我国《包装资源回收利用暂行管理办法》，包装物回收利用包括以下管理原则。

1) 节约原则

(1) 各商品经营单位在销售商品后腾空或闲散的各类包装，凡能回收利用的应尽量回收利用，确定不宜继续利用时方予废弃或作最终处理。

(2) 包装回收应及时，并安排一定的人员和场地进行收集、整理、送交等工作。开启包装应尽量避免或减少损坏包装。

(3) 回收包装应遵循"先复用，后回炉"和"可回炉，不废弃"以及以"原物复用为主，加工改制为辅"的原则，尽量使回收包装略经改制修复就能使用。

(4) 专用包装应坚持对口定点回收，非专用包装按合理运输渠道和经济区域就近回收。

(5) 使用包装的单位除军工、军需、出口、供应外轮的商品以及对包装有特殊要求的商品外，都要贯彻"先旧后新"的原则，在保证产品安全的前提下应优先使用复用包装。

（6）商品生产者与销售者，为保护商品在进行适度包装的同时，应尽量减少各种包装物或各种包装容器的体积与重量，以节约使用包装原材料。

2）安全原则

（1）复用包装应符合国家相关产品包装的技术标准和本《办法》的要求，保证商品在运输、储存和使用过程中的安全。

（2）复用食品包装和药品包装应符合国家《食品卫生法》、《药品法》和相关卫生标准的规定。

（3）危险品包装的回收利用应符合国家有关危险品包装和有害固体废物管理的有关标准及规定。同时，对危险品包装应实行定向定点回收复用，未经无害处理前，不得包装其他物品，不得同普通包装混杂或出售。

（4）回收复用一般包装和回收复用危险品包装的收集、堆放、运输及储存应严格分离进行。

（5）危险品包装确有其回收复用价值时，应经无害处理、经检验符合国家相关标准后，方能按一般包装物使用。危险品包装的危险标志在确定期无害之前，不得去除和更改。

（6）凡是达到或超过国家标准和有关规定使用期限的包装，禁止回收复用。

（7）包装回收利用和包装废物处理还应符合国家环境保护、劳动保护、公共卫生和消防安全等方面的规定与要求。

（8）商品销售者不得销售或随商品免费赠送无回收标志的塑料包装或容器，不得销售或随商品免费赠送厚度低于 0.015mm 的塑料购物袋。

3）防假冒原则

（1）申请有外观设计专利的或具有驰名商标的商品销售包装容器，只能由商品的原生产厂家回收和复用。其他任何单位或个人不得回收复用。

（2）同类通用和异厂代用的复用包装，必须将原包装标志及商标全部清除，并重新覆盖复用单位的产品标志和商标，严防假冒行为。

（3）回收比较完好的包装应严加控制和管理，严禁任何单位或个人将其用来包装假冒伪劣商品，违者将依照国家有关法规给予相应的处罚。

4）经营原则

（1）包装回收利用应遵循效率与经济效益相结合、无偿回收与有偿回收相结合的原则。

（2）包装回收利用的经营原则是"有利两头，兼顾中间"，"两头"指回交单位和复用单位，"中间"指包装回收利用经营单位。

（3）包装回收利用经营单位应做好服务工作，在回收、加工、使用、结算等方面都要方便回交单位和复用单位。

3. 回收办法

我国《包装资源回收利用暂行管理办法》第三十二条列举了 10 种回收办法。根据各地区、各部门的具体情况，可采取以下不同办法回收。

（1）门市回收：即包装经营单位设立回收门市部进行回收。

（2）上门回收：即包装经营单位定时定点到各回交单位进行回收。

（3）流动回收：即包装经营单位不定期到各个地段进行回收。

（4）委托回收：即包装经营单位委托其他单位或个人进行代收。

（5）柜台回收：即零售，批发商场（店）在出售商品时折价向顾客回收。

（6）对口回收：大宗专用包装由进货单位或用户直接把包装回交给经营单位或生产厂家。

（7）周转回收：即各生产厂家、商品经营部门内部使用的包装周转箱（桶），采取一定的制度或经济手段组织定向周转回收。

（8）定点回收：即在城镇居民区、街道、工厂、学校、机关、部队、医院、群众团体、写字楼、公园、剧院、车站、码头等公共场所设置不同型号、不同类别的"生态箱"、"生态桶"或"生态袋"，由专门的回收单位负责按纸、木、金属容器、玻璃、塑料分类进行定时、定点、定专人回收。

（9）押金回收：凡应回收的包装资源，各商品经营单位在出售商品时，可采用收取押金的方式，保障如数回收。

（10）奖励回收：各单位、各部门、各机关团体内部均可采取提成奖励的办法，激励有效回收。

4. 回收包装资源的储存和运输

依据我国《包装资源回收利用暂行管理办法》，回收包装资源的储存和运输应按以下要求。

（1）对回收来的包装资源应做好储存、清洗、分类、整理打包等工序；避免雨淋、曝晒、受潮、虫蛀和污染。

（2）危险品包装应单独储存和运输。

（3）可降解塑料包装制品与非降解塑料包装制品也应分开储存和运输。

（4）运输回收包装的车辆应保持清洁卫生。

6.2 销售包装回收物流运作

6.2.1 销售包装回收的物流特点

销售包装是直接接触商品并随商品进入零售网点和消费者或用户直接见面的包装。包装产品70%以上为一次性使用产品，使用后即成为包装废弃物。图6.1为超市中销售的可回收再利用的食品包装。

销售包装相比于储运包装，回收物流方面有以下特点。

（1）多样性。销售包装是以保护商品安全流通、方便消费、促进销售为目的而开展调研设计的。包装根据具体商品的不同性质、形态、流通意图与消费环境要求，确定特定商品包装的功能目标定位，进而依据特定商品包装的功能目的要求开展包装的策划设计。所以销售包装的包装形态丰富多样，常常同一厂家的同一种产品包装形态也不一样；包装材料多采用复合材料，较少采用单一包装材料；每种材料的回收利用方法不一样，材料很难直接被回收利用。大约2/3的塑料包装不是同一种类的，而是由多种不同种类的塑料组成的，需要花费大量的人力、物力和财力才能在分拣设备上分离。这些增加了回收物流运作中的分类成本、运输成本和回收循环利用的成本。

（2）地点的广泛性和不可预见性，时间的不确定性。储运包装回收的地点通常是仓库、工厂、货运站场或大型零售店。而销售包装随着商品的最终销售到达最终消费者，废弃的时间就是消费者使用的时间，地点就是消费者使用的地点，最终消费者遍布的地点广泛。要由分散的多个点通过多次汇合，才能集中在一个或者几个点，以供后续处理。回收的分散性现实与处理集中性要求形成突出矛盾，只能以牺牲运输成本为代价来解决。储运包装回收的时间具有一定的预见性和计划性，而销售包装丢弃的时间具有随机性，难于计划。

（3）一次性使用。为防止假冒产品，申请有外观设计专利的或具有驰名商标的商品销售包装容器，只能由商品的原生产厂家回收和复用。故一般来说，其他任何单位或个人不得回收复用。同时消费者在使用商品后，销售包装的残损很大，一般难以循环使用。在我国绝大多数消费者将销售包装与其他废弃物混合，也增加了回收利用分拣的困难。故销售包装多为一次性使用包装，回收后利用方式多为再生利用。

所以，销售包装的回收方式与储运包装的回收方式有很大的差异。

图 6.1　超市中可回收再利用的商品包装

"可回收再生"标志

国家标准规定塑料包装材料可使用"可回收再生"标志，并且在图形中央标上代表不同塑料标志的编码，以便于废弃后回收再做他用。它被印在各种各样的商品和商品的包装上，在可乐、雪碧的易拉罐上就能找到它。这个特殊的三角形标志有以下两方面的含义。

第一：它提醒人们，在使用完印有这种标志的商品包装后，请把它送去回收，而不要把它当作垃圾扔掉。

第二：它标志着商品或商品的包装是用可再生的材料做的，因此是有益于环境和保护地球的。

编码：01＝聚脂　02＝高密度聚乙烯　03＝聚氯乙烯　04＝低密度聚乙烯　05＝聚丙烯　06＝聚苯乙烯　07＝其他

6.2.2 德国销售包装回收运作

德国于1991年实施《包装条例》，首次就废弃包装的重新利用及利用比率进行了全面规定，并强制要求生产商和经销商必须负责其产品包装的回收和处理。该法规旨在减少包装废弃物的产生。对不可避免的一次性包装废弃物，规定必须再利用或再循环。法规还强制性要求各生产企业不仅对产品负责，而且还要对其包装的回收负责，并责成从事运输、代理、销售的企业、包装企业及批发商回收他们使用后的包装物，同时也可选择将回收责任委托给专门从事回收处理的回收公司。DSD 系统即是根据本法令于当年成立的专门从事废弃物回收的公司。

根据用途不同，德国一般把包装分为保护产品运输中不受损害的运输包装，容纳和保护商品的销售包装，以及装饰性包装。对此，《包装条例》分别就各种包装的回收利用以及生产商和经销商的义务作了具体规定。销售包装占全部包装的比例约为45%，而且直接经过个人消费者之手。针对销售包装，条例规定：生产商和经销商有义务在消费者使用后进行无偿回收，并重新使用或者进行材料利用，这一过程并不属于公共环卫部门的工作范畴。如果商家自己履行回收义务，必须提交有关利用比率的证明。另外，如果商家希望不用自己动手去履行回收义务，可以加入"二元体系"，由它负责废弃包装的回收利用。

1. 双元回收系统

德国的双元回收系统(Dual System Deutscheland，DSD)是1990年9月，由德国95家包装公司和工厂企业及零售贸易商建立的。在"二元体系"中，生产商和经销商只要签订合同并交纳不等的费用，就可以得到许可，在其产品包装上打上"德国二元体系"推行的"绿点"标记，如图6.2所示。若制造商或经销商想使用"绿点"标志，则必须支付一定的注册使用费用，费用多少视包装材料、重量、容积而定，收取的费用作为对包装废弃物回收和分类的经费。这些注册使用费全部用于包装废弃物的管理。例如，每公斤玻璃的收费标准是7.6欧分，每公斤塑料包装物的收费标准是140.3欧分。目前，大约19 000个许可证持有者在使用"绿点标志"，收集的资金用来与收集和分类包装的废弃物回收公司签署合同。目前，德国大约有400家废弃物回收公司已经签署了合同。

有了这个标记，厂家和商家就不必再考虑其产品包装的回收利用了，"二元体系"负责处理所有印有"绿点"标记的废弃包装品。该机构本身并没有包装垃圾分类和利用设施。它与废弃包装分拣处理公司签订合同，由它们负责收集、分拣和循环再生利用。由包装分拣处理公司经手的包装材料，重新进入材料循环，成为二级原材料或者被加工成再循环的产品。"二元体系"中的第四方，是负责验收和利用的担保方，或者是生产商自身或者是专门

图 6.2 德国绿点标志

为利用二级原材料而建立的机构。这些企业关注各自的领域，如铝、纸、玻璃、塑料或者饮料盒，以满足《包装条例》中规定的利用比率。担保方负责包装材料的净化并加工成二级原材料和新产品。包装条例对包装品的收集和再利用有最低比例规定，各州的环境部门作为监管机构负责督察各企业的回收利用工作是否达标。检查手段就是所谓的流量证明，记录企业收集和利用包装品的情况。

德国"二元体系"目前拥有大约1.8万家客户,包括饮料厂商、包装生产商、贸易公司和进口商等,此外还有大约400家负责废弃包装处理的合作伙伴。DSD公司回收标志只使用在一次性销售包装上。对凡印有"绿点"标志的包装废弃物,DSD公司通过"送"和"取"两个系统进行回收。对量大的玻璃(需按绿、白、棕色分开)、纸和纸板废弃物及边角废料,公司通过"送"系统,用垃圾箱、袋集中包装后派车送至再生加工企业进行回收再生;对分散的包装废弃物,公司则在居民区、人行要道附近设置垃圾收集箱(桶),垃圾箱(桶)有大、中、小3种型号,根据需要选用;垃圾箱(桶)还分有不同颜色,对废弃物分类收集,蓝色垃圾箱(桶)收集纸箱纸盒,黄色垃圾箱(桶)收集各类废弃轻包装,如塑料、复合、马口铁罐、易拉罐等废包装,灰色或棕色垃圾箱(桶)收集其他杂物。现在DSD每年回收包装废弃物高达1 300万吨。双元回收系统架构如图6.3所示。

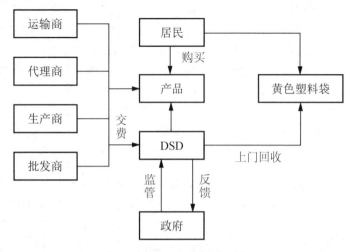

图6.3 双元回收系统架构

废弃包装品的回收再循环依赖社会各环节的合作,为此德国推行了严格的生活垃圾分类。废弃包装品中,纸制包装投入专门投放废旧报纸、杂志的蓝色垃圾桶;玻璃瓶罐按颜色不同分别投入不同的玻璃桶内;而铝、白铁皮、塑料等轻型包装材料则投入专门的黄色垃圾桶;生活垃圾则投入褐色垃圾桶,由环卫部门直接焚烧处理。各种包装材料一般都经过分拣,然后进入不同的工业部门回收利用。

2. 押金制度

可多次使用的包装,如啤酒瓶不使用"绿点"标志,而通过付"押金"办法进行回收再用。对于饮料包装,条例特别强调使用可多次重复利用的饮料包装,并规定了可多次回收使用的饮料包装必须达到72%。如果多次使用的饮料包装达不到这一比例,一次性饮料包装享有的免征押瓶费的规定将被取消。2003年1月1日开始,在德国购买一次性包装的矿泉水、啤酒和可乐、柠檬等碳酸饮料,必须交25欧分或50欧分的押瓶费。顾客返瓶后,商家会返还押金。目前德国一些零售连锁企业如PLUS、LIDL、ALDI已实现交叉退还制度,即在一家购买物品所交包装品抵押金,可在另一家交还被抵押包装品时领回。这项措施的目的是限制对环境容易造成污染的一次性塑料、金属和玻璃包装,提高可多次重复使用的饮料包装的比例。后来德国政府又提出了新的《包装条例》修订草案,计划对所有一次性包装饮料都征收25欧分押瓶费,也就是说,目前采用一次性包装的果汁、牛奶和葡萄酒等饮料也将征收押瓶费。

押金制度不仅仅是为了提高包装品的回收率，更重要的是让人们改掉使用一次性饮料包装的消费习惯，转向更有利于环保的可多次使用的包装。因为啤酒、可乐、汽水包装大多为一次性的易拉罐或塑料瓶，尽管它们被收集后会被循环利用，再制成新的包装，但这一过程无论是回炉再生产，还是重复的交通运输都将造成很大的能源消耗，而能源消耗直接与温室效应气体的排放挂钩。

6.2.3 法国 ECO-Emballages. S. A. 包装废弃物回收体系

1. 法律基础

法国政府于1992年4月1日出台了包装条例，在欧洲是紧随德国之后的第二个制定包装法规的国家。包装条例以环境管理为名，要求组建一家包装废弃物回收公司，在不改变原地方政府对处理垃圾的传统方式下，责成分装商与进口商对他们的包装废弃物负责。所制定的目标是2002年根据包装材料与回收方式的不同，所有包装废弃物必须回收75%。条例要求以ECO-Emballages. S. A命名的包装废弃物回收体系于1992年8月建成，它的股东是产品生产厂、包装材料制造商、进口商和贸易公司。具体由Ecopar. S. A控制运行，共同解决包装废弃物所引发的垃圾问题。1993年1月，运营许可证得到批准，同时批准Adelphe负责回收葡萄酒与其他酒类的玻璃瓶。Cuclame负责回收医疗包装。法国包装法中还包括运输包装条例(No. 94-1008)与家庭废弃物的处理规定(No. 96-1008)。此外，于1997年成立的国家包装委员会吸收来自政界与工商部门的代表，共同制定包装废弃物处理的长远规划。

2. 组织、运行方式与任务

回收公司由240个股东，70%的股份来自包装制造商与进口商，20%来自保证人，10%来自零售连锁店。它的主要任务就是给36 560个地方政府提供经费支持，并对包装废弃物回收体系的建立与发展提出建议。例如：对处理不同颜色的玻璃、纸和饮料盒、塑料瓶、金属等所发生的费用给予经费补贴；在回收大容器与分类技术方面进行经验交流等。但前提是地方政府必须首先编制一份包装废弃物的管理方案，方案也必须完成回收公司提出的任务目标。2000年，法国拥有4 570万人口的2.44万个地方政府加入回收公司的回收活动。其结果是法国76%以上的人口接受了分类回收体系。据回收公司估计，与2000年年底3 900万人数相比，2001年年底，法国将有4 450万人数加入到回收活动的行列。因此，使更多的人参与分类收集是回收活动中最重要的工作之一，这方面，回收公司给予地方政府很大的支持，这是法国政府1999年允许回收公司扩展业务的重点之一，目的就是使人们认识到，为了生态环境，公众参与回收是极为必要的。

回收公司的另一个主要功能是向地方政府和他们分类收集的各个组织以及处理部门提供服务。例如：一个地方政府可以选择不同的收集方式，然后由回收公司的各个地区分支机构的代表讨论、研究最佳的后勤服务与组织的管理。

3. 经费来源

回收机构的活动经费来自于"竖点"商标收取的许可使用费，这一标志类似于德国的"绿点"，但没有编字码。所有附有回收公司标志的包装物都是被委托回收的。目前，法国95%的包装物都贴有这一标志，这表明这些包装物都已向回收机构支付过费用。从2000年

4月1日起，回收公司采用了新的收费办法，因为1993年以来大多数制造商根据包装物的材料与重量，平均每件包装物向回收公司支付1分，费用的80%是根据容积核算的结果，小包装享有较大优势，而新收费办法的目的就是要改变这种状况。现在，每一件包装物的收费是根据包装物的材料与重量加上包装件数核算，这就意味现在每件包装物平均收费2分。新的收费办法强调了预防的重要作用，包装越轻、付费越少。如果制造商将可回收利用的包装换成不可回收利用的材料，那么就要付双倍的费用，如果包装物使用50%以上的纸或纸板，收费将减少10%。2002年，法国对各种材料按重量计算包装费的基本标准见表6-2。

表6-2 法国对各种材料按重量计算包装费的基本标准

材料	钢铁	铝	纸张/纸板	塑料	玻璃	其他材料
计费标准/(欧分/kg)	2.06	4.12	11.10	16.17	0.33	11.10

为适应地方政府的经费需求，许可证费每年调整一次。2000年，在回收公司注册交费的单位超过9 600家，据统计共交费11.2亿法郎，其中9.2亿法郎支付各城镇、区域用于垃圾的分类管理。2002年，地方政府获得18亿法郎，新的收费办法为分类回收的新增成本提供了保证。

举例：一瓶(1.5L)矿泉水瓶应收取的包装费如下。

按照2002年收费标准计算如下

瓶子重量38g，塑料按重量计算的包装费 = 16.17 欧分/kg × 0.038kg = 0.61 欧分，每个单位包装固定费为0.1欧分。因此，1瓶矿泉水需要支付总的包装费为0.71欧分。

一瓶矿泉水的售价约0.5欧元，合50欧分，由此计算，其包装付费约占到整个商品售价的1.46%。

由于废弃物回收处理成本的增加，同时，为了减少废弃包装物的产生，提高回收利用率，法国政府部门在2004年提高了收费标准(表6-3)，其基本标准提高10%，即每个单位包装的固定费用的收费标准为0.11欧分。

表6-3 法国对各种材料按重量计算包装费的基本标准(2004年)

材料	钢铁	铝	纸张/纸板	塑料	玻璃	其他材料
计费标准/(欧分/kg)	2.26	4.52	12.21	17.78	0.36	12.21

若按照2004年收费标准计算，1个矿泉水瓶需要支付总的包装费为0.79欧分。

对同样的产品而言，各个推广"绿点"废物回收管理方式的国家对包装费的计算标准是不尽相同的，德国是欧洲乃至全世界对环保要求最高的国家，而且环保产业的发展也是走在世界前列的，在制定的包装费收取标准上，要明显高于法国的包装费标准数倍。

4. 回收利用

法国包装条例没有具体规定家庭包装物必须如何被回收，因而再循环回收与焚烧能量回收均得到支持，结果产生了不同的地方、区域模式也不同。而且包装材料的再生利用已得到工业部门的认可，分别建有玻璃、纸、马口铁、铝和塑料再加工公司。

ECO-Emballages股份公司以前是每年或每两年与政府签订特许经营合同，2004年，由于ECO-Emballages股份公司的良好表现和业绩突出，与政府签订了长达6年的合同。在法国还有一家名为 ADELPHE 的公司从事同样的工作,但其发展规模较小,只占到 5% 的份额。

6.3 储运包装回收物流运作

6.3.1 储运包装的分类和回收物流特点

储运包装主要包括集装箱、托盘、纸板箱、玻璃瓶等,是物流过程中最常用的包装。从储运包装物的组成成分及其用途特性来看,一般来说,储运包装物属于复用包装产品,包括不加整理即可使用的包装、修复包装、改制包装。按包装材料,通常可分为木质包装、金属包装、玻璃包装、纸质包装、塑料包装,见表 6-4。

表 6-4 储运包装分类

储运包装种类	主 要 品 种
木质包装	主要有木质托盘、普通木箱、框架木箱、纤维板箱等
金属包装	主要有集装箱、薄钢板箱、铝桶、镀锌铁桶等
玻璃包装	主要有各类玻璃瓶、饮料瓶、罐头瓶等
纸质包装	主要有纸质托盘、瓦楞纸箱、硬纸板箱等
塑料包装	这里指的是可回收利用的塑料包装或容器,如塑料托盘、塑料瓶等

储运包装具有初次使用残损小、种类简单、回收来源少等特点,是最具有回收价值的包装。大多数储运包装初次使用后残损较少,有些经过修复也可以再次使用。如果将这类包装物从生产、使用、回收、处理、再利用的整个过程进行统一控制,不但可以提高全球资源的利用率,带来环境保护的社会效益,而且对于整个产品供应链各个角色来说,都不失为降低物流成本、提高企业竞争力、增加顾客价值的重要手段。储运包装物的回收属于逆向物流的一个分支。这类业务是从对某些产品容器、托运器具(如饮料瓶、托盘、集装箱等)的空返、回收利用进行统一管理逐渐开始并逐渐形成的。

储运包装中托盘和集装箱使用量巨大,具有标准性和通用性,流通范围广泛。本节主要介绍托盘的回收运作,着重是托盘联营体系。

6.3.2 托盘概述和托盘联营

1. 托盘包装的作用

托盘起源于 20 世纪 30 年代,美国军队在澳大利亚首次使用托盘来改善货物搬运效率,保证后勤物资供应。托盘(Pallet)是按一定规格形成的单层或双层平板载货工具。在平板上集装一定数量的单件物资,并按要求捆扎加固,组成一个运输单位,便于运输过程中使用机械进行装卸、搬运和堆存。托盘是在物流领域中适应装卸机械化而发展起来的一种重要集装器具,托盘的出现也促进了集装箱和其他集装方式的形成和发展。现在,托盘已是和集装箱一样重要的集装方式,形成了集装系统的两大支柱。

托盘有很多优点,主要有:自重量小,托盘用于装卸、运输时,所消耗的劳动强度小,无效运输及装卸负荷相对也比集装箱小;返空容易,由于托盘造价低,又很容易互相联系代用，可以互以对方托盘抵补，减少返空量，即使有返空也较容易操作；装盘容易，托盘装盘作业容易，装盘后采用捆扎紧包等技术处理，使用快捷简便；装载量适宜，组合量较大；节省包装材料，降低包装成本。托盘在许多工业化国家得到了普遍应用，被公认为是20世纪物流产业中两大关键性创新之一。目前美国有托盘19~20亿个，80%商品贸易由托盘运载；欧盟有托盘14~15亿个，商品贸易由托盘运载的比例接近80%；日本有托盘7~8亿个，商品贸易由托盘运载的比例达到了77%。我国的托盘总量大约在1.2~1.4亿个左右，而且每年正在以2 000万个的速度迅速增长。

 知识链接

托盘包装

> 托盘包装的优点主要是：整体性能好，堆垛稳定性高，可避免散垛摔箱问题，适合于机械化装卸，提高工作效率3~8倍，也能大大减少流通过程中包装件发生碰撞、跌落、倾倒及野蛮装卸，提高产品运输的安全性。有关资料表明，采用托盘包装代替原来的包装会使流通费用大大降低。其中，家电降低45%，纸及其制品降低60%，杂货降低55%，平板玻璃、耐火砖降低15%。

实际中，由于托盘的所有权不同，把本企业的托盘用于对外运输，回收需要很长的时间。同时各企业的托盘规格不同，质量也不一致。因此托盘的相互交流和及时交换存在很大困难，使得托盘装载着货物从生产企业，向批发企业、零售企业和用户流通，在货物到达用户手中之前，每个环节(货物所有权转换环节和物流运作主体转换环节)，每次都要将托盘上的货物转移到别的托盘上，造成全程的装卸作业很繁重，丧失托盘运输的效果。局限于一定场合不可能充分发挥托盘的效果，如果货物在始发地装上托盘之后，不管途中有怎样复杂的货物储运作业过程，都不改变托盘上货物的原状，直达终点，就能充分发挥托盘运输的效果。不仅在铁路方面，在汽车运输和船舶运输方面，实行托盘直达运输，或者由各种运输方式组成联合直达运输，对运输行业和利用运输的物资单位，都能得到很好的运输经济效果。因此，托盘的直达运输与使用是发展现代物流的必不可少的方式之一。但是在我国，实际情况是绝大多数制造厂都没能实现托盘的直达运输，由此造成的人力、物力资源的浪费十分惊人。根据中国物流与采购联合会托盘专业委员会的调查，在不能实现托盘直达运输的理由中，企业选择托盘周转与回送等管理困难一项者最多。绝大多数企业都把托盘作为企业内部的周转工具，托盘很少离开企业，从而大大降低了托盘的使用效果。

另外从产品用户角度来看，用户真正想购买的是货物，而不是用来载货的托盘。在托盘循环利用机制没有建立的情况下，如果要求用户在购买货物时一并购买托盘，一方面增加了用户的负担，另一方面也造成社会经济资源的浪费。从供应链的角度来看，产品生产企业始终是托盘的需求方，而产品用户始终是托盘的接受方。因此必须在相对独立的经济区域内或全国范围内建立起有效的循环利用机制，才能保证托盘与货物一体化流动。如何使得托盘从分散的产品用户(或零售商)返回到四面八方的产品生产企业，保证托盘有效循环，实现托盘一贯化作业和社会化应用，已成为当前中国物流行业转变运作模式、提高物流效率、改善服务质量、发展物流循环经济的关键所在。

2. 托盘联营

托盘联营是为建立托盘共用和交换系统而形成社会公用运输系统的一种组织，其目的在于使参加联营的成员保有最低需要量的托盘，彻底实行直达运输托盘化。托盘联营的概念早在 1940 年就已经在美国出现了，先是在耐火砖行业、肉食罐头行业，随后在钢铁行业都实行了托盘联营。后来，澳大利亚和欧洲遗留下来的托盘作业形式，成为美国实行托盘联营的开端。最早实行国家托盘联营的是瑞典（1947 年），其次是瑞士（1951 年）。这些国家的托盘联营成功，对欧洲其他国家产生了重大的影响，导致了法国等许多国家纷纷组织各自国内的托盘联营系统。随后，又促进了欧洲各国之间的国际托盘联营体系的成立。目前世界众多工业先进的国家，都实行了托盘联营。在欧洲每年有 2.8 亿个托盘在企业间循环。

通过实行托盘联营，生产企业减少了自有托盘的保有量，减少了搬运装卸作业，减少了包装成本，降低了劳动力成本，加快了产品的流通速度，从而降低了生产成本，使得企业的产品更具有市场竞争力。对于用户来说，收到的产品更易于搬运了，产品数量的检验更容易了，破损率降低了，产品的价格更低了。对运输企业来说，企业不必再保有大量的托盘占压资金，运输的效率也大幅提高，货物的破损率大大降低了。可见，托盘联营使物流的参与者都获得了显著的收益。

6.3.3　托盘联营下托盘的流通模式

发达国家常采用以下 3 种托盘流通模式，见表 6-5。

1. 交换模式

交换模式是指产品生产商在生产活动结束以后，直接将产品集装到托盘上，当产品生产商向批发商、批发商向零售商供货时，承运商向生产商、批发商交还同等数量和规格的托盘；当货物交付给批发商或零售商时，承运商向批发商、零售商索取同等数量和规格的托盘；用户和零售商之间也以同样的方式交换托盘，以保证托盘在企业与用户间顺利流通。该模式又可进一步细分为以下 3 种情况。

1）对口交流模式

主要是由托盘紧密协作关系的企业之间签订托盘流通协议，托盘可以在协议内企业之间自由流通，共同承担接收、使用、回送、维修、归属、滞留期等义务，到一定时间清算的流通方式。这种流通方式起源最早，但应用范围相对较小，瑞士铁路公司最早采用这种模式来提高铁路公司与大客户之间的营运效率。中国也首次尝试曾采用这种模式来促进中国物流托盘在企业与运输公司之间流通，但最终以失败告终。

2）及时交换模式

这种流通模式主要是以承运商为中心。承运商在承运货物时，向发货人交付同等数量和规格的托盘，当货物到达目的地时，承运商向收货人索取同等数量和规格的托盘。例如：对于 A、B、C 3 个运输网点，如果载货托盘由 A 向 B 向 C 连续流动，则 A 从 B、B 从 C 取得空托盘，因而 A、B、C 各自保有的托盘数量毫无增减。在交换的过程中，如遇到当时没有足够数量的托盘，允许缓交，但必须支付相应的滞纳金，超过缓交期限需要交纳高额罚款的流通模式。欧洲 17 个国家依托各国铁路运输公司从 1961 年开始使用这种托盘流通模式。

3）结算交换模式

主要是针对及时交换模式的缺点而产生的一种模式。其交换的程序与及时交换模式基本相同，只是不需要在现场交换托盘，而是通过传票处理，在规定的日期内归还相同数量和规格的托盘。如不能在规定的期限内归还或造成丢失的托盘用户，必须支付赔偿金的一种流通模式。由于农产品的供应链较短，长期以来荷兰农产品拍卖行与农产品生产商、批发商之间一直延续使用这种模式。

2. 租赁模式

租赁模式是由一个服务提供商运作的，它拥有巨大数量的托盘，在全国各地建立服务中心网络，负责托盘的租赁、回收和维护。用户需要托盘时，可在货物始发地就近租借托盘，把货物送达目的地后将腾空托盘归还到货物目的地附近的租赁联营网点，并支付相应的托盘租金。当然，这里的托盘用户可以是发货人或收货人，若是发货人则可以自己就近归还或者委托客户归还托盘，或者带回始发地归还托盘；若是收货人就是直接就近归还托盘，不必将腾空托盘送回货物始发地。该种模式最早产生于澳大利亚，目前众多国家采用此种模式，如韩国托盘联营公司(KPP)。

3. 租换并用模式

这种模式是交换与租赁两种模式的有机结合。当装载货物的托盘在生产商、批发商、零售商与承运商之间循环时，对于供应链较短、协作关系稳定、交换托盘容易的产品采取交换模式；对于供应链较长、协作关系不确定、交换托盘困难的产品采取租赁模式的一种复合模式。这种模式是市场选择的必然结果，顺应了各种厂商对托盘的需求。因此自从全球最大的托盘公司 CHEP 进入欧美市场以后，欧美国家主要是依靠这种复合模式保证了托盘的自由流通，从而大大地提高了托盘在企业间流通的效率。

表6-5　3种托盘流通模式优缺点比较分析

模式	优点	缺点
交换模式	① 使直达运输得以实现； ② 托盘用户不需要支付使用托盘的租金	① 每个运输节点必须储备相当数量的托盘以备交换； ② 空置的托盘需要在企业间运输，营运效率低； ③ 没有统一的托盘维护标准，易产生"搭便车"现象； ④ 托盘标准化程度不高时，供应链主体之间托盘交换困难
租赁模式	① 托盘的利用率高，可降低社会托盘使用总量； ② 托盘能够及时得到清洁、维护，质量有保证； ③ 托盘可就近返还，降低空置运输成本； ④ 托盘租赁服务都由联营公司管理，服务质量相对规范；	① 需要在全国范围内建立起相应的服务站点； ② 投资费用高； ③ 在建设初期，须有政府的大力支持； ④ 托盘流动过程中或在交付、回送、转送托盘时，计算租赁费用的记录比较复杂，并且需要很大规模的管理业务机构
租换并用模式	① 综合上述优点； ② 对托盘在企业间的流通起到信誉保证作用	① 基本同租赁模式； ② 但发货人、收货人和联营组织可以没有直接关系，运输网点才是联营企业的托盘用户，业务手续相对简单

6.3.4 托盘联营公司

托盘联营公司是指向产品生产商、批发商、零售商、承运商和用户提供托盘租赁、回收、维护与更新的服务公司。它是在政府的规范和引导下，由托盘生产企业和物流企业牵头或由物流产业各相关利益主体共同参与组建的，或由政府引导民间资本投资的，在国内各主要港口、码头、机场、公铁货运站、大中型的批零中心和主要交通要道口，建立负责托盘租赁、回收、维护和更新的服务站点，加速运载货物的托盘在生产企业、物流企业和销售企业之间流通循环，促进托盘联运和机械化作业，提高物流效率，缩短供应时间，大大降低物流成本的社会服务实体。

早在20世纪50～60年代，英、美、法、德、瑞典、荷兰、瑞士、澳大利亚和加拿大等发达国家就在主要的交通枢纽例如货运码头、公铁货运站和各类大中型的批发交易市场周围，建起了物流托盘的回收、租赁服务站点，构建了非常完备的托盘租赁服务体系，并相应成立了国家或国际行业协会，负责托盘的协调与管理，如欧盟就成立了总部设在巴黎的欧盟托盘协会。其中，澳大利亚得益于太平洋战争，是世界上最早拥有托盘联营公司的国家。

建立托盘联营公司，负责租赁、回收标准化托盘，引导更多的企业使用标准化托盘，促进托盘在企业间循环，不仅可以有力引导物流托盘化、托盘标准化和托盘社会化应用，而且还可以进一步引导更多的企业选用标准叉车、使用标准货架、租用标准运载工具，建设标准仓储设施，全面推进我国物流标准化进程。此外托盘联营公司还具有广泛的社会经济价值，具体表现在以下几个方面。

1. 有利于降低全社会物流成本

建立托盘联营公司，租赁回收托盘，促进托盘在企业间自由交换，对使用一次性托盘进行货物运输的企业来说，不必再花费大量资金去购买或自制托盘，可以直接向托盘联营公司租用多次可循环利用的托盘，其所付的租金要远低于一次性托盘的成本，可以为企业有效节约托盘成本。例如，目前海尔集团托盘租赁价格为3元/次，而购买一只一次性软木托盘需要花费30多元，两者相差十几倍。对于长期使用多次可循环利用托盘的企业来说，不再需要自行逆向回收托盘，也可以节省一大笔交易费用；而对于那些托盘仅限于内部使用的企业来说，有了托盘联营公司，无须再储存备用的托盘，可以降低使用托盘的开支。

2. 有利于改善物流服务质量

建立托盘联营公司，实现托盘联运和机械化作业，既可以有效避免人工搬运造成的货物损毁，有效降低包装强度，节约包装费用；又可以避免货物未能有效集装所造成的计数差错。而且，还能效仿欧洲物流的普遍做法，在产品一下生产线就集装在标准化托盘上，采用托盘专用包装机械对托盘上的贵重货物用不透明的塑料薄膜进行封装，对普通货物用透明塑料薄膜进行封装，由于用托盘装载的货物在储运过程中一旦开封，就难以复原，因此用这种塑料薄膜进行封装的方式，很容易识别，可以有效地解决中国物流落后的第一大难题。

特别是对鲜活的农产品具有更为现实的经济价值。一般来说，鲜活的农产品只有7～10天的商品使用价值。在建立托盘联营公司，实行托盘联运，可以提高机械化作业效率，大大缩短供货时间；在收获、冷藏、批发、零售环节中还可以有效利用冷库设施，提高农产品的保鲜水平，增强供应能力。

3. 有利于节约社会经济资源，保护生态环境

托盘大部分为木质，根据专家估计一棵成材大树最多只能制造 6 个标准托盘。如果建立托盘联营公司，促进可循环利用的塑料托盘和金属托盘在企业间流通，减少一次性木质托盘的使用数量。既能避免木材垃圾问题、节约森林资源、保护生态环境，又能降低整个国家的经济运行成本。

目前澳大利亚托盘联营公司 CHEP 已经在全球 42 个国家设有 500 多个服务中心向 50 万个制造商和零售商提供服务，是南半球最大的托盘营运公司。CHEP 有 7 500 个员工，每天要搬运 250 万个设备，发送、回收、维护、清洗和循环利用 2.55 亿个托盘和集装箱。

相对澳大利亚来说，加拿大托盘委员会（Canadian Pallet Council，CPC）成立较晚。自 1968 年加拿大国内几个主要的百货零售企业的经理共同商讨并建立了标准托盘互换机制以后，标准托盘应用的范围越来越广泛，于是在 1977 年正式成立加拿大托盘委员会，该委员会是一个非营利性机构，负责托盘的租赁、回收、维护与更新，以及相关的培训、咨询、研发与推广工作，是加拿大唯一的托盘管理与营运机构，目前拥有 1 400 个协会成员，包括生产供应商、配送商、零售商、仓储公司、运输公司、第三方物流公司，以及托盘生产、租赁、维修公司等，下属有 60 多个公司向托盘用户提供优质服务。

在韩国的街头，经常活跃着一些 KPP 托盘发送与回收车，往返于客户与托盘回收站之间。KPP 是韩国最大的托盘联营公司，主要经营托盘租赁。它备有 200 多万个标准托盘，并有高效的托盘回收系统。它的 330 名员工通过 7 个分支机构和遍布全国的 21 个网点为客户提供 7×24 小时的服务。每当接到客户通知，离客户最近的网点就会被委托将托盘送抵客户或将客户用过的托盘回收。这样，KPP 客户的产品一下线，就可以立即附着在租来的托盘上直抵消费者。相对于托盘自备者来说，KPP 客户的产品可以实现"一站式"流通，非常快捷、经济。在韩国遍布石化、食品、纺织、肥料、农产品和流通等行业的 2 040 家企业，正在享受这种服务。KPP 每天发送与回收托盘的数量约 6 万个，2001 年营业额预计将达 430 亿韩元（约 3 400 万美元），利润 68 亿韩元（约 500 万美元）。已经赢利的 KPP，开始向人们展示托盘租赁的魅力。然而，谁能领略这光环背后 15 年的艰辛？据说，KPP 在建立的前 10 年，一直处于亏损或微利阶段。好在它自己有坚韧不拔的毅力，再加上政府的资金支持，托盘租赁业务终于突破困境，走向光明。

不仅在韩国，在物流业比较发达的日本和欧美，托盘租赁业务也已经受到普遍欢迎，托盘租赁公司开始品尝丰收的果实。

6.3.5　我国托盘联营的发展

我国 1965 年曾经在北京广安门车站和上海东站之间采用对口交流托盘流通模式实现托盘联运；20 世纪 80 年代交通部曾拨专款在上海和大连两港一线推广托盘联运。这两个项目均因经营体制、管理机制和托盘标准与质量等原因而失败，最终未能引导我国托盘租赁服务事业的起步。我国目前还没有一家经营托盘租赁业务的公司，这与托盘用户少、托盘非标准化不无关系。而推广标准化需要各方通力协作，特别需要政府相关部门的协作和资金扶持。因此，托盘租赁公司不是一个单纯的企业行为，最起码在启动之初不是。从 KPP 的经历来看，托盘租赁有一个逐步发展的过程，租赁公司在建立的开始几年是没利可赚的。另外，租赁公司的业务网点必须覆盖全国，所以它的启动资金也不是一个小数目。

但是，从长远来看，一旦形成规模经营，肯定收益颇丰，前景广阔。

1. 托盘的标准与质量问题

目前，我国托盘市场的标准和质量的现状表现为三方面特征。

（1）标准包罗万象。根据中国物流标准化委员会托盘专业委员会的调查，我国目前流通中的托盘规格有三十多种。规格太多，阻碍了托盘在企业间流通。

（2）来源五花八门。有托盘生产企业按国家颁布的 GB/T 2934—1996 标准生产的；有企业按照本企业产品尺寸需要自制的；有出口企业出口产品时使用托盘剩余的；也有进口企业从国外进口商品时遗留的。来源是五花八门，规格难以甄别，不利于托盘流通。

（3）质量千差万别。质量相差太大，托盘在企业间交换困难，严重制约了我国托盘共用系统的建立与发展。托盘标准不统一、质量等级不规范，在增加托盘共用系统监督成本的同时，也会造成劣质托盘驱逐优质托盘，最终可能产生托盘共用系统难以维持的局面。

2. 政府角色问题

众所周知，托盘随着商品的流通在生产者、经营者和消费者之间循环，很难确定其地域去向和最终的所有权归属，需要建立一个全国性的公用服务系统，才能充分显现托盘共用对物流产业的作用，提高作业效率，降低物流成本，保护生态环境。但托盘共用系统是一个投资巨大、回收期长、短期内难以有回报的服务系统，是一个公益性强、社会效益远大于经济效益的服务系统，是一个靠几个托盘生产企业或几家物流企业办不好也办不了的服务系统。因此，托盘共用系统的顺利建立，必须要有政府的推动和参与。但在市场经济条件下政府职能转变的过程中，政府对托盘共用系统应当发挥什么样的作用；对循环利用的托盘在企业间流通过程中是否应该征收交易税；在扶持托盘共用系统建立的初期对回收租赁托盘所取得的租金要不要征税等，这些都需要作深入的研究，要借鉴国际经验。

3. 谁来投资问题

根据国外的实践来看，托盘共用系统是投资回收期长、经营风险较大的项目，历经 3~5 年才会有赢利，要在全国各地建立服务站点才能发挥托盘共用系统的作用。这就要求投资者要同全国各地的土管、消防、工商、税务和交通部门打交道。在我国条块管理、地方保护严重的情况下，普通投资者几乎不可能以正常的代价在全国各地的机场、码头、交通货运站点和大中型批零中心等黄金地段顺利设立服务站点。近年来我国物流产业蓬勃发展，却很少有企业涉足托盘租赁服务就是一个有力的反证。显然，仅仅依靠民间资本的力量不足以发展全国性的托盘共用系统。因此是政府全额投资建设、企业化运作，在公司上市以后再收回投资的模式；还是政府给政策、引导民间资本投资经营的模式；还是政府以服务站点的地产作为投资，引导物流产业一部分利益主体共同投资的模式；还是引导建立托盘合作社、实行会员制的模式等，究竟哪一种模式更适合我国国情值得探讨。

4. 服务站点的合理布局问题

托盘共用系统的服务站点布局合理、服务到位，能够吸引更多的企业使用标准化托盘，分享托盘共用系统提供的服务，促进服务站点像滚雪球一样不断增多，形成良性循环。反之，服务站点布局不合理，一方面增加托盘共用系统的服务成本；另一方面也阻碍物流企业对托盘租赁、回收服务的需求，从而可能导致托盘服务需求规模不够使托盘共用系统陷于难以维持的困境。因此服务站点的科学布局是托盘共用系统建立的另一关键问题。目前，对托盘共用系统服务站点的布局有3种可能的选择：一是把服务站点的建设重点放在交通接点上；二是把服务站点的建设重点放在批零中心上；三是建立区域性服务站点，提供流动服务。前两种选择是基于托盘用户到服务站点租赁或归还托盘的模式，后一种选择是基于托盘服务站点上门向用户提供租赁和回收托盘的模式。究竟哪一种服务站点的布局更适合我国国情有待实践检验。

5. 国际合作问题

加强国际合作，让中国早日融入世界经济体系，这是经济发展的必然趋势。如何开展国际合作、同谁合作，建立国际托盘共用系统对我国经济发展更为有利，这需要做认真的调查研究，需要慎重选择。仅就托盘的国际标准来说，国际的利益斗争和互补妥协，导致托盘国际标准种类不断增多的事实，充分反映了托盘标准的选用代表着不同地区和国家集团的经济利益。因此，根据我国与托盘标准有关的产业发展的现状和国际贸易的需要，重点推广一到两种国际标准，更加符合我国的根本利益。目前开展国际合作主要有两种选择：① 与日韩合作，选用 T11(100mm × 1 100mm 的简称)托盘标准；② 与欧洲合作，选用 1 200mm × 1 100mm 国际标准。究竟选择与谁合作对我国更有利，需要结合我国对外贸易状况和国内物流发展状况，全面地加以考虑。

当前日本托盘租赁公司(JPR)、日本托盘租赁株式会社(NPP)、韩国托盘联营公司(KPP)的负责人经常到中国来。全球最大的托盘公司 CHEP 已经在上海建立了分支机构，十分看好中国托盘租赁市场的发展前景。

6.4 绿色包装

6.4.1 绿色包装的含义

包装材料的使用和废弃后的处置会给环境带来极大的负担，尤其是一些难以回收和再利用的塑料和复合化工产品，只能焚烧或掩埋处理，有的降解周期可达上百年，给环境带来极大的危害。因此，产品的包装应摒弃求新、求异的消费理念，简化包装，这样既可减少资源的浪费，又可减少环境的污染和废弃物后的处置费用。同时，产品包装应尽量选择无毒、无公害、可回收或易降解的材料，使包装做到 "3R1D"（Reduce：减量化；Reuse：回收重用；Recycle：循环再生；Degradable：可降解）原则。产品包装结构的改善还可通过改进产品结构设计来实现。已有研究表明，增加产品的内部的结构强度，可减少54%的包装材料需求，并可降低62%的包装费用。

绿色包装发源于1987年联合国环境与发展委员会发表的《我们共同的未来》，到1992年6月联合国环境与发展大会通过了《里约环境与发展宣言》、《21世纪议程》，随即在全世界范围内掀起了一个以保护生态环境为核心的绿色浪潮。

"绿色包装"（Green Package），有人称其为"环境之友包装"（Environmental Friendly Package)或生态包装(Eological Package)。绿色包装应是：对生态环境和人体健康无害，能循环复用和再生利用，可促进国民经济持续发展的包装。也就是说包装产品从原材料选择、产品制造、使用、回收和废弃的整个过程均应符合生态环境保护的要求。它包括了节省资源、能源、减量、避免废弃物产生，易回收复用，再循环利用，可焚烧或降解等生态环境保护要求的内容。绿色包装的内容随着科技的进步，包装的发展还将有新的内涵。绿色包装标志如图6.4所示。

绿色包装一般应具有5个方面的内涵。

(1) 实行包装减量化(Reduce)。包装在满足保护、方便、销售等功能的条件下，应是用量最少。

(2) 包装应易于重复利用(Reuse)，或易于回收再生(Recycle)。通过生产再生制品、焚烧利用热能、堆肥化改善土壤等措施，达到再利用的目的。

(3) 包装废弃物可以降解腐化(Degradable)。其最终不形成永久垃圾，进而达到改良土壤的目的。

(4) 包装材料对人体和生物应无毒无害。包装材料中不应含有有毒性的元素、病菌、重金属，或含有量应控制在有关标准以下。

图6.4 绿色包装标志

(5) 包装制品从原材料采集、材料加工、制造产品、产品使用、废弃物回收再生，直到其最终处理的生命全过程均不应对人体及环境造成危害。

例如，意大利从1991年就开始禁止在其境内使用不能降解的某些塑料杂品袋；德国政府禁止使用聚氯乙烯，只准使用聚乙烯PE或聚酯类可回收使用的包装材料；美国、新西兰、菲律宾等国禁止使用稻草做包装材料；美国、欧盟、澳大利亚、加拿大等国家和地区要求木制包装必须经过熏蒸、防腐等处理才能入境，否则按要求进行销毁处理。

6.4.2 绿色包装的意义

绿色包装之所以为整个国际社会所关注，这是因为环境问题的特殊复杂性，环境的破坏不分国界，一国污染，邻国受损，不仅危害到普通人的生存、社会的健康、企业的生产、市场的繁荣，还通过种种途径引发有关自然资源的国际争端。绿色包装的必要性和积极意义主要体现如下。

(1) 包装绿色化可以减轻环境污染，保持生态平衡。包装若大量采用不能降解的塑料，将会形成永久性的垃圾，塑料垃圾燃烧会产生大量有害气体，包括产生容易致癌的芳香烃类物质；包装若大量采用木材，则会破坏生态平衡，因此通过采取绿色包装可以保护环境和维持生态平衡。

(2) 绿色包装顺应了国际环保发展趋势的需要。在绿色消费浪潮的推动下，越来越多的消费者倾向于选购对环境无害的绿色产品。采用绿色包装并有绿色标志的产品，在对外贸易中更容易被外商接受。

(3) 绿色包装是WTO及有关贸易协定的要求。在WTO一揽子协议中的《贸易与环境协定》，促使各国企业必须生产出符合环境要求的产品及包装。

(4) 绿色包装是绕过新的贸易壁垒的重要途径之一。国际标准化组织(ISO)就环境制定了相应的标准ISO 14000，它成为国际贸易中重要的非关税壁垒。另外，1993年5月欧共体正式推出"欧洲环境标志"，欧共体的进口商品要取得绿色标志就必须向其各盟国申请，没有绿色标志的产品要进入上述国家会受到极大的限制。

绿色包装是促进包装工业可持续发展的唯一途径。可持续发展要求经济的发展必须走"少投入、多产出"的集约型模式，绿色包装能促进资源利用和环境的协调发展。

6.4.3 绿色包装的实现途径

实现绿色包装可通过以下几条途径。

（1）简化包装，节约材料，既降低了成本，又减轻了环境污染，更主要的是树立了企业的良好形象，拉近了同消费者的距离。

（2）包装重复使用或回收再生，如在日本兴起了多功能包装，这种包装用过之后，可以制成展销陈列架、储存柜等，实现了包装的再利用。

（3）开发可分解、可降解的包装材料，目前已开发研制出多种可降解塑料。如有的塑料包装品能够在被弃埋入土壤后，成为土壤中微生物的食物，在很短时间内化为腐殖质。可降解新型塑料：目前国际上流行的"可降解新型塑料"具有废弃后自行分解消失、不污染环境的优良品质。德国发明了一种由淀粉做的、遇到流质不溶化的包装杯，可以盛装奶制品，这项发明为德国节省40亿只塑料瓶，其废弃后也容易分解掉。美国研究出一种以淀粉和合成纤维为原料的塑料袋，它可在大自然中分解成水和二氧化碳。荷兰和意大利等国已立法规定某些塑料包装材料必须采用可降解塑料，有害环境的包装一律不得投放市场。由于纸制品包装使用后可再次回收利用，少量废弃物在大自然环境中可以自然分解，对自然环境没有不利影响，所以世界公认纸、纸板及纸制品是绿色产品，符合环境保护的要求，对治理由于塑料造成的白色污染能起到积极的替代作用。目前，国内外正在研究和开发的纸包装材料有：纸包装薄膜、一次性纸制品容器、利用自然资源开发的纸包装材料、可食性纸制品等。

 知识链接

绿色包装对我国出口贸易的影响

我国在大力发展对外贸易的过程中，绿色包装已成为我国产品出口到许多发达国家和新兴工业化国家和地区遭遇到的门槛之一。据有关资料统计，我国因包装问题每年减少外汇收入约10%，其中相当一部分是因包装不符合绿色要求造成的。盛行于世界市场的各种绿色包装贸易壁垒直接威胁到我国企业出口贸易的发展，对我国外贸出口的负面影响至少包含以下3个方面。

1. 出口商品贸易额和出口市场相对缩小

我国进入WTO后，国外技术性贸易壁垒呈现出从商品本身向商品包装延伸的趋势。据商务部统计，我国每年有价值近240亿美元的出口商品因达不到国外发达国家的包装要求而受影响，而新鲜水果、蔬菜、肉类和花卉作为我国出口产品中的大宗产品，由于包装粗糙致使保鲜水平低下、运输成本大大增加，损失率很高。我国出口贸易以低技术含量的制成品、初级产品为主，出口贸易的主要市场是日本、美国、欧盟、韩国、东南亚等发达或较发达的国家。其设置的绿色包装壁垒，大都是我国产品在短期内难以达到的环境技术标准，使我国遭受了许多不合理的限制，出口市场相对萎缩。

2. 出口企业生产成本加大，削弱国际竞争优势

为了达到进口国的包装要求、符合其包装法规，中国必须开发或进口新的包装材料，并对产品包装重新进行定位、设计等；为了满足进口国对包装物进行强制再循环和再利用的要求，中国不得不依靠进口国的销售商或废物处理中心来处理包装废弃物；为了获得国外的绿色包装标志，中国必须支付包装的检验、测试、评估等费用，以及申请费和标志使用的年费；有时为了满足不同进口国家的不同要求，中国的企业甚至要分别开发不同的包装材料。这些费用使中国的出口产品在国际市场上失去了因价格低廉产生的相对优势，引起市场占有率的下降，使出口企业的效益下降，从而影响出口企业的经营积极性。当包装要求达不到别国标准，或为达到标准使成本增加到无利可图时，有可能会退出国际市场，严重制约了我国对外贸易的发展。

> **3. 绿色包装壁垒引发贸易摩擦增多**
>
> 目前，世界上许多国家都通过制定各项法律法规，对本国商品和进口商品的包装材料提出了越来越严格的环保要求：如欧盟规定，从 2000 年起将不能复用或不能再生的包装用品排除在市场之外；法国规定，生产商、进口商必须达到 70% 的废旧包装回收率。尽管存在国际环保公约、国际环保法规标准，但由于各国所处的发展阶段不同，决定了其对环保技术开发、环保资金的投入存在一定的差距，形成了各国环保标准的差异性，造成了国际贸易的摩擦。作为世界上最大的发展中国家，由于我国在环境标准制定实施及资金投入、环境技术水平等方面与欧美发达国家存在较大的差距，所以绿色包装壁垒对我国出口商品的阻碍作用不断增强。

6.5 过度包装

据《市场报》报道，海南每年扔掉的月饼盒有 300 多万个，仅此一项，产生的废铁、废木、底纸等就多达 700 多吨。而且，有的月饼包装材料选用红木等名贵材料，大大超过月饼本身的价值。有些多重包装，如月饼先放入塑料衬托，塑封保鲜后装入月饼盒，盒内还有填充材料，不符合环保要求。

依据国家标准委 2009 年 3 月 31 日发布的《限制商品过度包装要求食品和化妆品》，对过度包装下的定义如下。

过度包装指超出正常的包装功能需求，其包装空隙率、包装层数、包装成本超过必要程度的包装。

1. 过度包装的形式

过度包装的形式有以下 3 种。

（1）结构过度。有的商品故意增加包装层数，在内包装和外包装间增加中包装，外观漂亮，名不副实；有的商品包装体积过大，实际产品很小，喧宾夺主；还有的商品采用过厚的衬垫材料，保护功能过剩，也属过度包装。

（2）材料过度。在月饼的包装中，很多采用实木、金属制品，大大增加了包装成本。

（3）装潢过度。商家往往盲目采用上好的包装原材料，增加包装成本，有的甚至还在商品中附加几倍甚至几十倍于商品价值的礼品，提升商品价格。

2. 过度包装的危害

包装美观大方一点，有利于商品销售。适当的包装是必要的。但过度包装走向另一个极端，夸大包装的功能，误导消费观念，损害了消费者和社会的利益。过度包装过度消耗了资源，使社会承担了过度的包装成本，其危害表现在以下几个方面。

（1）浪费大量资源。包装工业的原材料如纸张、橡胶、玻璃、钢铁、塑料等，使用原生材料，来源于木材、石油、钢铁等，这些都是我国的紧缺资源。如果用于过度包装大量使用，而没有相应地进行回收利用，就会造成很大的浪费。

（2）污染环境。消费者抛弃大量包装废弃物，加重对环境的污染。我国包装废弃物的年排放量在重量上已占城市固体废弃物的 1/3，而在体积上更达到 1/2 之多，且排放量以每年 10% 的惊人速度递增。过度包装产生的成本相当可观，而这些耗费大量资源的过度包装物，到了消费者手中全部变成了生活垃圾。

(3) 损害社会利益。首先过度包装侵害了消费者的利益，使其在支付了必要的商品价值后，又被强加了额外的巨额包装费；其次伤害了企业利益。激烈的不正当竞争，造成了过度包装在市场上的泛滥，企业为了追求更高的利润，利用夸大包装装饰功能的方法从消费者身上取得更多的价值。在短期内，企业营利可能会有明显上涨，但从长远来看，这无疑不利于企业的可持续发展。最后损害了社会利益。过度包装之风形成了奢华、浮夸的社会风气，不利于建设节约型社会。

2009年3月31日，国家质检总局、国家标准委批准发布了《限制商品过度包装要求 食品和化妆品》（GB 23350—2009）国家标准，标准自2010年4月1日起开始实施。标准对食品和化妆品销售包装的空隙率、层数和成本3个指标做出了强制性规定，分别是包装层数3层以下、包装空隙率不得大于60%、初始包装之外的所有包装成本总和不得超过商品销售价格的20%。同时，针对饮料酒、糕点、粮食、保健食品、化妆品等过度包装现象较为严重的商品，标准按要求进行了相应调整。该标准的发布实施为治理商品过度包装工作提供了技术依据，具体规定见表6-6。

表6-6 食品和化妆品包装空隙率及包装层数的规定

商品类别	限量指标	
	包装空隙率	包装层数
饮料酒	≤55%	3层及以下
糕点	≤60%	3层及以下
粮食*	≤10%	2层及以下
保健食品	≤50%	3层及以下
化妆品	≤50%	3层及以下
其他食品	≤45%	3层及以下

注：当内装产品所有单位含量均不大于30mL或30g，包装空隙率不应超过75%；当内装产品所有单件净含量均大于30mL或30g，并且不大于50mL或50g，其包装空隙率不应超过60%。
*指原粮及其初级加工品

阅读助手

集装箱空箱调运产生的原因和特点

总部设立在荷兰的可持续转运咨询中心于近日透露，数量逐步增多的贸易航线空置集装箱是今后几年全球集装箱运输经营人面临的严峻挑战。按照截至2007年1月底的统计数据，全年大约有5 000万只空置集装箱在全球各条贸易航线上运来运去，在大海上忙来忙去跑运输的各艘集装箱船舶的箱运量中就平均每5只集装箱中就有一只空的。

亚洲/欧洲贸易航线运输的货载集装箱抵达欧洲目的港后，被拆箱变成空箱后，因为无货可装，在被运返亚洲始发港的集装箱中至少有40%是空置的，而在美国/亚洲贸易航线上的空箱比例就更高。

全球各条贸易航线空置集装箱大量消耗集装箱船队运力，造成能源的巨大浪费，提高集装箱运输的额外成本，因此已经引起全球集装箱运输经营人、经纪人、托运人和集装箱港口码头业主的高度注意。

空箱调运的产生包括以下原因。

1. 空箱调运的主要原因

集装箱运输过程中产生大量空箱调运的原因有很多。总体来说，可以分为客观原因（即非人为因素造成的物流不平衡引起的空箱调运）和主观原因（人为因素形成物流不平衡引起的空箱调运两类）。

1）客观原因

产生集装箱空箱调运主要包括以下客观原因。

(1) 集装箱港口进、出口箱数量不均衡。港口所在地区的经济贸易发展水平在很大程度上决定了其进出口货物的数量，使得港口一般形成以进口型为主和以出口型为主两类，很难达到均衡状态。从而使得进、出口货物对其装卸运输的载体——集装箱的需求数量也不均衡。例如，在以亚洲为一端的两大主干远洋贸易航线上，亚洲出口量远远超过进口量，就产生了空箱调运问题。另外，季节变化引起的贸易双方对货物种类和数量需求的不一致也进一步加剧了港口进出口集装箱量的不平衡，使港口间产生大量的空箱调运来满足运输需求。

(2) 集装箱港口进、出口箱型不均衡。从经济效益的角度出发，发货人在进、出口贸易中经常使用不同规格的集装箱，造成不同箱型货物的流量、流向不平衡，形成空箱调运。具体表现为：由于进出口贸易承运货物种类及性质上的差异，使托运人使用不同规格的箱子，造成集装箱流的不平衡；由于运费、装卸费收费标准的不同，运输条件的差异使得运输者使用不同规格的集装箱，这些因素使得集装箱港口进、出口箱型不均衡，从而造成港口间频繁的空箱调运。

(3) 集装箱产销地的空间差异产生空箱运输。往往集装箱的生产地和消费地空间分离。例如，中国是集装箱的主要生产地，制造的干货箱几乎占世界的90%。而世界各地区对集装箱均有大量的需求，由此造成了由中国各集装箱制造厂向世界各地运输空箱的现象。

2）主观原因

产生集装箱空箱调运主要包括以下主观原因。

(1) 港口集装箱空箱大量积压。在装卸搬运设施不完善，未形成国际中转枢纽的中小型港口，存在大量的集装箱空箱积压。例如，我国内陆大批适箱货物出口以散件方式经由公路、铁路、水路运往日本、香港中转，使我国主要港口集装箱出口货源不足，导致港口集装箱进出口比例失调，港口及内陆货运站进大于出，形成空箱积压，不得不将这些空箱运往境外以最大程度减小积压的损失。

(2) 集装箱管理水平不高导致空箱调运。现阶段，许多船公司及其与港口代理机构之间的集装箱管理信息系统尚不完善，使得集装箱运输单证流转不畅，交接手续复杂。加之管理水平落后，货主不能及时提箱取货，严重影响箱子周转速度及调度。为解决这些问题，班轮公司不得不从邻近港口或地区调运空箱，形成大量的空箱调运。

(3) 租箱合同中对退租地点的要求。由于港口进出口箱型和箱量的不平衡，使箱源分布不尽合理。为了避免或弥补租箱人租期满后在集装箱积压地区大量退租而造成的损失，在租箱合同中严格规定了集装箱的退租地点和还箱费用。还箱费用因地而异，从几十到几百美元不等。因此，租箱人在租期满时应将租箱调运至指定还箱地点或者还箱费用比较低的地区；否则，要向租箱公司支付高额的还箱费用。

(4) 修箱费用和修箱要求。因各地集装箱修理费用和各班轮公司对修箱要求的不同，班轮公司出于经济上或质量上的考虑，将集装箱调运至修理成本比较低和技术水平比较高、离港口近的修理厂修理。如在日本集装箱修理工时价为35美元左右，而我国只有3.2～3.5美元；此外国外某些修理厂有乱报修理项目、未如实做出集装箱修理估价单等现象。

2. 集装箱空箱调运的特点

要想科学高效地解决集装箱空箱调运问题，必须充分了解其调运特点。集装箱空箱调运主要有以下特点。

(1) 复杂性。多式联运的发展使集装箱运输系统形成一个综合性系统，包括水路、铁路和公路等运输系统的空箱调运，涉及方较多。如内陆货运站、货主、码头堆场、港口等；箱型多，如20ft、40ft普通箱、特殊箱、冷藏箱，以及其他特种箱等，所有这些都给空箱调运带来很大的复杂性。

(2) 随机性。集装箱空箱的需求和供应产生的随机性、需求和供应的数量和时间的随机性以及系统内影响因素的随机性使得集装箱空箱调运存在随机性。

(3) 动态性。由于需要在不同时间内对空箱调运进行决策(包括数量和流向)，而现实中的集装箱发生量较多，空箱的需求地和供应地之间随时间变异。如某时间段某地对集装箱产生需求，而下一个时间段或下几个时间段内，该地产生出空箱，形成空箱的供应。因此，集装箱空箱调运是动态性的离散过程。

(4) 限制性。运输需求和供应时间上的限制性在实际运作过程中，为保证集装箱用户的贸易能顺利进行，需求方会要求集装箱空箱的供应在规定时间内完成，一旦超过规定时间或过早地完成空箱从需求地到供应地的调运，就会导致不必要的集装箱堆存损失、违反合同损失、空箱需求不足损失等。

习　题

一、判断题

1. 销售包装，以满足运输储存要求为主要目的的包装。它具有保障产品的安全，方便储运装卸，加速交接、点验等作用。　　　　　　　　　　　　　　　　　　　(　　)
2. 销售包装和运输包装回收物流运作，都是对包装物的回收，其回收运作完全相同。
(　　)
3. 德国的双元回收系统回收德国境内所有的包装废弃物。　　　　　　　　(　　)
4. 托盘联营公司是指向产品生产商、批发商、零售商、承运商和用户提供托盘租赁、回收、维护与更新的服务公司。　　　　　　　　　　　　　　　　　　　　(　　)
5. 物流发达国家常采用托盘流通模式有交换模式和租赁模式。　　　　　　(　　)

二、选择题

1. 包装废弃物的回收利用方式有(　　)。
   A. 填埋　　　　　　　　　　　　　B. 循环复用
   C. 回收再生　　　　　　　　　　　D. 生物降解
2. 当前我国托盘联营面临的主要问题是(　　)。
   A. 托盘的标准与质量问题　　　　　B. 政府角色问题
   C. 服务站点的合理布局问题　　　　D. 国际合作问题
3. 实现绿色包装的途径是(　　)。
   A. 简化包装　　　　　　　　　　　B. 尽量采用纸质包装
   C. 尽量采用塑料包装　　　　　　　D. 包装重复使用

4. 销售包装相比于储运包装,回收物流方面的特点有( )。
   A. 包装材料多样性　　　　　　B. 一次性使用
   C. 时间的不确定性　　　　　　D. 地点的广泛性和不可预见性

三、简答题

1. 我国包装废弃物回收的现状和存在的问题是什么?
2. 包装物回收利用的管理原则是什么?
3. 销售包装相比于储运包装,回收物流方面有哪些特点?
4. 简述德国销售包装回收运作方式。
5. 简述法国废弃包装回收体系。
6. 简述托盘的三种流通模式及其优缺点。
7. 什么是过度包装?过度包装的弊端是什么?

实际操作训练

实训项目:瓶装饮用水包装——聚酯瓶的回收方式调查

实训内容和要求:4~5人一组,对目前我国瓶装饮用水包装——聚酯瓶的回收方式调查,并写出不少于1 500字的调查报告。报告应包括以下内容。

(1) 目前我国瓶装饮用水年销售量,主要品牌,聚酯瓶的包装成本。
(2) 目前我国对销售类包装的回收管理法规及其相关方面的规定。
(3) 调查目前我国聚酯瓶的回收方式,及各类回收方式的优缺点。
(4) 最好跟踪调查某个回收小贩,细致了解回收价格、回收量、处理方式和其中的价值链。

案例分析

利 乐 包 装

1. 利乐包装简介

利乐砖是目前发达国家乃至国内都普遍采用的一种乳品包装形式。该类包装是将鲜奶经过135℃超高温瞬间灭菌后在密封无菌的条件下,用6层纸铝塑复合无菌包装材料灌装、封合而成。其成本较高,以250mL左右的液态奶包装为例,约为0.4元/个;"利乐枕"的成本相对较低,约为0.3元/个。2007年利乐中国的年度总产能已跃上400亿包的新高点。

据中国包装工业协会提供的资料显示,包括伊利、光明、三元、蒙牛、娃哈哈、汇源等国内几大乳业及果汁饮料行业巨头所采用的无菌包装生产线及包装材料均来自瑞典利乐公司。

利乐包装主要基于可再生材料,可以回收利用。在利乐,加工和包装系统的设计旨在将原料、能源和其他用于产品制造的自然资源消耗降至最低。利乐包装材料由纸板层、聚乙烯和铝箔组成。对于每一种形式的包装,接触食品的唯一材料都是食品级聚乙烯。纸板为包装提供坚韧度,塑料起到了防止液体溢漏的作用,铝箔能够阻挡光线和氧气的进入,从而保持了产品的营养和品味。

目前,利乐包的回收再利用技术主要有3种:①水力再生浆技术,将利乐包中的纸浆分离出来,生产再生纸,而将其中的铝箔和塑料成分挤压成粒,成为塑铝制品的原料;②塑木技术,利乐包本身含有优质的纸质纤维和塑料,把它们碾碎挤压,可直接生产成室内家具、室外园艺设施、工业托盘等塑木产品;③彩乐板技术:将利乐包直接粉碎、热压处理,制成彩乐板,然后再加工成为果皮箱等既美观又耐用的产品。

2. 利乐包装回收

2006年之前，没有拾荒者会弯腰拾起地上的一个牛奶盒。当时，全球最大的无菌纸包装公司利乐刚开始在中国建立一条"回收产业链"——第一步是培训拾荒者，第二步是找寻造纸厂等可再生利用包装的企业，推动废包装分离技术的开发和应用。怎样让回收利乐包装成为一项赚钱的"业务"？让链条上的每个环节都能赢利？这就是利乐一直在尝试解决的问题。

经过利乐和合作伙伴的努力，废弃包装的回收量从零到有，2008年的回收量大概占了利乐包装生产量的10%。在推动回收量的增长上，利乐主要靠两条腿走路，一方面向外界宣传利乐包装再生利用价值，鼓励回收，一方面推进再生利用技术，为相关企业提供支持。

1) 培训拾荒者

2006年，利乐公司启动了中国的环保回收项目。

为了让这些"放错了地方的资源"变废为宝，利乐想到了拾荒者。参加培训的人员进这样的会场、听这样的课还是头一次——敢情牛奶包、饮料盒都是钱，回去就捡。

2) "捡拾大王"擂台赛

培训后，刚开始，废弃利乐包装回收量没有上来。原来拾荒者嫌牛奶包的残留液脏、有味，按照回收要求打开折角、压扁也麻烦。怎么办？

利乐和联合开源开展了牛奶饮料纸包装"捡拾大王"的评比活动，对回收出色的拾荒者、保洁员给予物质和精神奖励。头一批获奖的人成为废品回收圈里的"意见领袖"，这些"捡拾大王"在受到奖励后，积极向其他拾荒者传播这里面的"商机"和经验。

培训4个月后，联合开源利乐包装回收的数量从0迅速上升到50多吨。同时，在北京培训课开展之后，利乐包装具有回收价值的信息也传遍了全国。

3) 再造纸比同类纸贵60%

利乐对源头的回收组织起来了，那么处理回收的废弃包装的生产商如何寻找？

利乐的再造纸合作伙伴大部分都是中小纸厂，规模不大，但非常具有成长性。北京鑫宏鹏纸业有限公司就是利乐其中一个合作伙伴。该每天至少处理30~40吨的废包装，一吨的量约等于10万个包装盒。一年大概处理1万吨左右的废弃包装。1吨的废包装能再造纸600多千克，铝塑块250多千克。这种再造纸目前市价是每吨4 000元，普通再造纸的市价才2 500元/吨。而且这种纸销路很好，在金融危机之前，造纸厂不用对外宣传，产品就已供不应求。

根据以上案例，试分析以下问题：

(1) 利乐包装属于销售包装还是储运包装？利乐包装的优势是什么？其包装成本高不高？

(2) 你喝完牛奶后，是如何处置产品包装的？为什么会这样处置？

(3) 分析利乐包装的回收价值。分析利乐包装回收物流的特点。

(4) 分析利乐公司的回收方式有优点和缺点。该公司回收方面的做法对你有什么启示？你有没有更好的建议？

第7章 再生资源回收物流运作

【本章教学要点】

知识要点	掌握程度	相关知识	应用方向
再生资源回收物流概述	重点掌握	再生资源回收物流的特点 再生资源回收的规则、办法等 再生资源回收的生产者责任制原则	循环经济体系的构建
	了解	再生资源和再生资源回收概述 再生资源回收的意义	
再生资源回收物流的特点	掌握	电子废弃物的特点 日本废旧家电回收体系 欧盟废旧家电回收体系	电子废弃物回收体系
国内外再生资源回收市场的比较分析	掌握	回收渠道 收购网点现状 参与主体比较 成本收益比较	我国再生资源回收体系的构建

逆向物流

知识架构

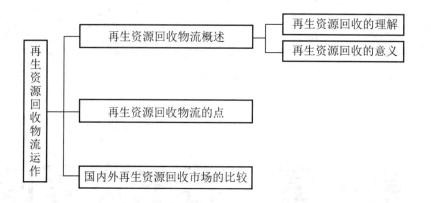

导入案例

我国自20世纪80年代末期，家用电器逐步普及，生产量持续增加。据国家统计局统计，目前我国电视机的社会保有量达到3.5亿台，电冰箱、洗衣机也分别达到1.3亿和1.7亿台。这些电器中很大一部分是20世纪80年代中后期进入家庭，按照10～15年的使用寿命，从2003年起，我国每年至少有500万台电视机、400万台电冰箱、500万台洗衣机要报废。此外，近年来我国电脑、手机的消费量激增。目前全社会电脑保有量近2 000万台、手机约1.9亿部，而电脑、手机的更新速度远快于家电产品，目前约有500万台电脑、上千万部手机已进入淘汰期。由此可以预见，中国作为家用电器的生产、消费大国，在未来一段时期内，"电子垃圾"将以前所未有的速度增长。更令人担忧的是，目前我国还没有形成电子废弃物专业化集中回收、处理、加工的体系。据信息产业部的调查，目前国内废弃电子产品的主要流向有两个：一是通过小贩对废旧家电回收，可使用的，经过旧货市场维修包装，卖到了农村；不能使用的(玻璃、塑料等)，拆解卖掉；其余的当作普通生活垃圾扔掉；二是由小作坊非法拆解，浙江、福建、广东沿海一些农民使用简单的工具，用硫酸在电子废弃物里提炼金、银、铜、锡等贵重金属。这样做，既无法满足"减量化、资源化和无害化"的处理要求，拆解后的酸液以及有毒物质又被填埋或渗入地下，严重污染土地和地下水质，造成二次环境污染，对生态环境造成巨大的破坏。

同时，能源、水、矿石等维系人类生存与发展的重要资源已经远远不能满足我国社会发展的巨大需求。未来30年是工业化迅速发展时期，对能源矿产资源的需求将大幅增长。2010年石油消费量为2.6亿吨，国内产量达到1.65亿吨，缺口约1亿吨，天然气资源达到720亿m^3，缺口300亿m^3，油气资源总共缺口1.74亿吨油当量，据预测，2020年缺口增加到3.26亿吨。

在资源日益短缺的今天，再生资源的回收利用是节约资源、保护环境的重要举措，也是企业提高经济效益的有效途径。本章对再生资源回收物流的特点、回收的规则和办法进行论述。

7.1 再生资源回收物流概述

7.1.1 再生资源回收的理解

依据我国《再生资源回收管理办法》，对再生资源的定义如下。

再生资源(Recycled Resources)是指在社会生产和生活消费过程中产生的，已经失去原有全部或部分使用价值，经过回收、加工处理，能够使其重新获得使用价值的各种废弃物。

再生资源包括废旧金属、报废电子产品、报废机电设备及其零部件、废造纸原料(如废纸、废棉等)、废轻化工原料(如橡胶、塑料、农药包装物、动物杂骨、毛发等)、废玻璃等。

再生资源是一种被重新发现的资源，具有一定的经济效益、社会效益、环境效益，因此有必要进行回收利用。再生资源回收是指由专业的资源回收机构对消费者使用后的产品组织进行的收集、运输和储存活动。再生资源回收与循环利用是指将在社会生产和消费过程中产生的，仍有一定价值的，可回收或直接、间接利用的各类废弃产品进行回收、加工，重新创造价值从而再利用的过程。

我国有关再生资源回收的立法有以下进展。

(1)《报废汽车回收管理办法》已于2001年6月13日国务院第41次常务会议通过，并施行。

(2)《再生资源回收管理办法》已于2006年5月17日商务部第5次部务会议审议通过，并经发展改革委、公安部、建设部、工商总局、环保总局同意，自2007年5月1日起施行。

(3)《电子信息产品污染控制管理办法》已于2006年2月通过，自2007年3月1日起施行。

(4)《中华人民共和国循环经济促进法》已由中华人民共和国第十一届全国人民代表大会常务委员会第四次会议于2008年8月29日通过，自2009年1月1日起施行。

(5)《废弃电器电子产品回收处理管理条例》已于2008年8月20日国务院第23次常务会议通过，自2011年1月1日起施行。

(6)《废旧轮胎回收利用管理办法》即将出台。

7.1.2 再生资源回收的意义

作为当前新的经济增长点和世界潮流，再生资源回收利用揭示了当今可持续发展的新趋势。循环利用再生资源是人类社会工业技术进步的结果，也是保证自然资源的合理开发利用、保持资源循环利用的必要手段和发展循环经济的内在要求。人们可以从以下几个方面来认识再生资源回收利用的重要性。

(1) 再生资源的回收利用可以减少对原始资源的开采，大量节约有限的资源，从而减轻我国人均资源匮乏的压力，满足经济发展的需要。统计资料表明，每回收1t废钢铁炼钢，可以节约各种矿石近20t，利用1t废纸可以节约近$4m^3$的好木材。循环经济是当今国际社会实施可持续发展的一种新的经济发展模式。它强调的是资源利用的减量化、产品的再使用、废弃物的再循环原则,表现形式为"资源—产品—再生资源",而再生资源是实现这一循环的关键环节。

(2) 再生资源可以成为工业生产的重要原料来源。工业的发展必然会加大对各种原材料的需求,从而在资源供给有限的条件下,进一步拉动供求缺口。再生资源的回收利用则有助于缓解工业原材料的供求矛盾。发达国家在经济发展过程中,对再生资源的回收利用均伴随着工业部门的扩张。在美国的地毯行业,很多大公司积极开展地毯回收计划,就是为了用低成本的回收尼龙代替昂贵的原材料,因为地毯中的1/3~1/2是纤维,而纤维中有60%是尼龙。目前,我国40%左右的钢材是以废钢铁为主要原料生产的,约70%~80%的中、低档纸是由废纸生产的。随着科技的进步,我国对再生资源的回收利用率还会不断提高。

(3) 再生资源业本身的发展壮大可以增加就业机会,缓解城乡劳动力。再生资源回收是一个劳动力密集型行业,可以大量吸纳城乡富余劳动力。

(4) 再生资源的回收有利于减轻污染、保护生态环境。虽然近年来国家采取了一系列积极的生态建设措施,但由于历史和主客观等诸多因素,生态环境恶化的趋势没有得到有效控制,固体废弃物堆存量已达70多亿吨,占用土地5亿 m^2。从卫星上看,我国大中城市被成千上万个垃圾填埋场包围,对土壤、地下水、大气造成的现实和潜在污染相当严重。据统计,每回收1t的废旧物资,可以减少4t的垃圾,从而减缓了废旧物资对环境的污染。

目前,我国再生资源的回收率很低。矿产资源的回收率只有30%,煤炭只有32%,废纸只有15%,低于世界平均水平20个百分点。据不完全统计,我国每年有约700万吨的废旧物资没有回收或没有得到充分利用,经济损失达250亿~700亿元。随着科技的进步,再生资源科技开发能力的不断提高及再生资源产业本身的发展,我国对废旧物资的利用水平将不断提高。

例如杜邦公司在经营活动中推行"企业环保哲学",以保护环境为己任,通过开展逆向物流,大大提高了原料利用率;在废料回收处理中,杜邦逐渐为自己开辟了一个新的收入来源;据统计,在2010年,杜邦全球工厂至少有10%的能源需求和25%的收入来自可再生资源。杜邦也因在环保领域的努力荣获联合国的奖项。

7.2 再生资源回收物流的特点

再生资源回收物流有以下特点。

1. 再生资源物流种类繁多,物流数量大,分布地域广泛

几乎所有生产企业都可能产生再生资源,企业类型不同,产生的再生资源也不同。社会各行业,几乎所有人类的物资成果,最终都可能转化为再生资源。

作为再生资源社会化利用的逻辑起点的家庭收集活动,需要庞大的物流系统来支撑。再生资源被利用的可能性很大程度上取决于家庭而不是取决于企业。第一,大量有再利用价值的物品是家庭制造出来的。第二,比之企业,在"自然"的条件下,家庭更倾向于抛弃这些物品而不是提供给他人进行再次利用。企业供给再生资源具有明显的规模优势,而

家庭不具有这种优势。通常大多数家庭在被要求对垃圾进行分类时都会感到麻烦。因此强化公众的参与和责任非常重要。

再生资源产生的渠道多、方式复杂，决定了再生资源物流方式的多样性。

2. 物流环节危害多

为减少回收与再利用过程中的收集、包装、运输、储存和加工等的费用，通常采用粗放运作，但其运输、储存过程中易造成二次环境污染。

3. 企业再生资源物流的路径较短

企业一般采用就近利用的原则，尽可能在企业内部解决或相关企业消化，因而企业再生资源的物流路程不会太长。

4. 再生资源物流的粗放运作

再生资源中除少数特别有价值外，绝大多数都是低价值。一般经过第一次的生产或消费之后，主要使用价值已耗尽，因而在纯度、精度、质量、外观等方面可用度都很低，所以可以采用粗放的物流方式处理，使得物流成本不至于太高。

我国商务部 2006 年 5 月 17 日通过的《再生资源回收管理办法》，规定了再生资源回收的经营规则，如其中第十二条"再生资源的收集、储存、运输、处理等全过程应当遵守国家相关的污染防治标准、技术政策和技术规范。"第十三条"再生资源回收经营者从事旧货收购、销售、储存、运输等经营活动应当遵守旧货流通的有关规定。"第十四条规定"再生资源回收可以采取上门回收、流动回收、固定地点回收等方式。再生资源回收经营者可以通过电话、互联网等形式与居民、企业建立信息互动，实现便民、快捷的回收服务。"

 阅读助手

目前中国已成世界最大电子垃圾倾倒场

相关统计数字显示，全世界每年产生的电子垃圾就有 80% 出口到亚洲，中国成为重灾区。硅谷防止有毒物质联盟的一份报告说，每年美国大约有 50%～80% 的电子垃圾被出口到了亚洲，主要是出口到了中国。有报道称，大约 40% 的英国垃圾是在国外处理的，主要出口国为中国和印尼。

为什么洋垃圾会流入我国？是因为我国与西方在环境管理方面存在势差，就像水从高往低流一个道理。在技术上，美国等西方国家完全有能力处理电子垃圾，不过较高的环保标准和工人工资大大增加了电子垃圾处理的成本，处理成本相当高昂。如美国每吨有毒废物的处理费就超过了 400 美元。因此在商家"利益至上"的驱动下，他们选择了少花钱的办法——把这个烫手的山芋甩给发展中国家。这些商贩将电子垃圾非法收集起来，卖给发展中国家，任其在无设备和无技术的情况下，用简单工具和落后工艺拆卸、回收电子垃圾中的贵重金属等可用物质。

7.3 国内外再生资源回收市场的比较

下面从再生资源回收中的参与主体和成本收益两方面分析对国内外再生资源回收进行比较。

1. 参与主体比较

有些国家强调产品生产者责任延伸，有些国家则更加强调产品生命周期中涉及的各种主体责任延伸，把相关利益方纳入回收利用产业链，使再生资源回收形成全社会共同支持的局面。两种形式均能形成多方面有利于回收利用的局面。如通过对原生资源征税以提高原生资源的价格，刺激生产者使用再生资源的积极性；通过制定更加严格的垃圾填埋标准，以提高再生资源回收利用的竞争力；要求国外产品进口商承担产品废弃后的责任；规定产品生产企业使用一定比例的再生资源；政府通过转移支付补贴从事资源再生产业的主体；政府购买一定数量的再生产品等方法来支持对再生资源的回收利用。

与国外通过多种力量的共同作用促进资源再生产业发展不同，我国从事再生资源回收利用的主体，仅仅包括产业链条上的再生资源回收者和利用者，在我国，消费者出售废旧物资可以获得一定的收益。国家并没有强制推行生产者责任制或产品责任制，产品生产企业也不用考虑自己产品废弃后的处理问题，因此我国的再生资源回收体系实际上是没有消费者和产品生产者参与的第三方回收利用体系。同时，又由于再生资源与原生资源相比，在价格和品质上并没有绝对优势，加之再生资源利用技术，制约了生产企业使用再生资源的积极性。

2. 成本收益比较

比较中外再生资源产业链条可以发现，在对再生资源进行回收利用时，国内外相同的是都要经过收集、回收、分类、资源化、利用等环节，差异主要体现在参与的主体、回收利用的成本及投入资金的来源方面。这是由不同国家的具体国情所造成的，在国外，高昂的回收利用成本必然要求更多的主体参与到回收利用活动中，以及必须多方筹集资金以维持该产业的正常运转。建立的回收付费机制中费用支付问题是整个回收利用体系建立、运行的关键。2003年9月，美国加利福尼亚州通过了电子废物回收再利用法案，规定从2004年7月1日起，顾客在购买新电脑或电视机时，要交纳每件6~10美元的电子垃圾回收处理费，同时向电子产品生产者征收每件新产品6~10美元的处置费用。日本的《家用电器回收法》中，也明确规定了企业及消费者在回收利用电子产品方面的义务。而瑞典电子产品废弃物法令中规定，再生利用的费用由制造商和政府承担。

国外再生资源回收成本高的主要原因有两个：一个是高昂的劳动力成本，例如在劳动力成本高昂的日本，劳动力成本在总成本中所占的比重高达90%；另一个是对回收利用过程的严格的环境标准限制。

与西方国家相比，我们国家的资源再生产业之所以能在多种主体没有参与其中、多种力量不利于再生资源产业发展的条件下，还能够依靠市场机制的力量艰难运营。其主要原因也有两个：一个是劳动力成本低，另外一个是对环境污染的限制标准低。反过来也可以认为，我国的资源再生产业是建立在劳动者艰苦的劳动付出和恶劣的劳动条件下，通过剥削劳动者的剩余价值和牺牲我国的生态环境的基础上发展起来的。

 阅读助手

废旧轮胎回收利用

废旧轮胎被称为"黑色污染",其回收和处理技术一直是世界性难题,也是环境保护的难题。据统计,目前全世界每年有15亿条轮胎报废,其中北美占大约4亿条,西欧占近2亿条,日本1亿条。在20世纪90年代,世界各国最普遍的做法是把废旧轮胎掩埋或堆放。但随着地价上涨,征用土地作轮胎的掩埋/堆放场地越来越困难。另一方面,废旧轮胎大量堆积,极易引起火灾,造成第二次公害。随着中国汽车工业的高速发展,废旧轮胎带来的环保压力也越来越大。

世界新胎和翻新胎比例平均水平为10:1,而中国竟为26:1。国外严重污染环境的再生胶生产企业早已被淘汰,而中国再生胶仍是废轮胎利用的主要深加工产品,不少企业还处于技术水平低、二次污染重的作坊式生产。废旧轮胎散落于民间,没有形成一个通畅的回收系统,交易也未形成市场,回收困难,加工企业得不到充足胎源。为此,国家经贸委目前正在起草《废旧轮胎回收利用管理办法》,同时也在抓紧制定"轮胎翻新与修补安全技术标准"。

随着我国汽车拥有量的增加,废旧橡胶和废旧轮胎的产生量也逐年增加,如何利用废旧橡胶制品和废旧轮胎,是搞好资源综合利用的重要课题,也是合理利用资源、保护环境,促进国民经济增长方式转变和可持续发展的重要措施。

习 题

一、判断题

1. 再生资源,是指在社会生产和生活消费过程中产生的,已经失去原有全部使用价值,经过回收、加工处理,能够使其重新获得使用价值的各种废弃物。（　）
2. 再生资源物流环节危险多分布地域广泛,回收耗费资金多,因此增加社会负担,不建议对再生资源进行回收。（　）
3. 再生资源回收主要是政府和企业的事情,与我们消费者没有关系。（　）
4. 目前我国还没有建立规范的废旧电子及电子产品回收处理体系,因此电子产品尚未进行回收处理。（　）
5. WEEE的适用范围适用于所有产品。（　）

二、选择题

1. WEEE的适用范围有(　　)。
A. 大型家用电器　B. 包装物　　　　C. 玩具　　　　　D. 易拉罐
2. 电子废弃物的特点有(　　)。
A. 高增长性　　　B. 高危害性　　　C. 低价值性　　　D. 难处理性

三、简答题

1. 再生资源回收物流的特点是什么?
2. 什么是电子废弃物?电子废弃物的特点是什么?
3. 简述欧盟家电回收模式。
4. 简述我国目前家电回收体系及其优缺点。

四、讨论题

1. 资源再生利用在循环经济建设中的重要意义体现在哪几个方面？
2. 资源再生利用的关键因素有哪些？

案例分析

芬兰诺基亚公司

全球最大手机制造商之一芬兰诺基亚公司日前发表调查报告说，全球废旧手机回收率仅为3%。诺基亚公司日前分别对芬兰、美国、英国、俄罗斯、中国和印度等13个国家的6500多名手机用户进行了废旧手机回收情况调查。结果显示，大多数人把自己的废旧手机或送人，或搁置，或出售，只有3%的人选择予以回收处理。报告认为，全球废旧手机回收率低的主要原因是，多数手机用户还没有意识到废旧手机中的塑料和金属材料可以被回收利用；即使有些人知道手机可以被回收，也不知道如何去做。

根据以上案例，分析以下问题：

(1) 每4人一组，分组调查周边同学、亲友或同事，共用过几个手机，更换手机的原因，更换淘汰的手机是如何处理的，为什么？有没有更好的处理方法？

(2) 调查后说明手机再资源化的价值是什么？

(3) 如果在我国开展手机回收，你觉得采用何种回收方式比较好？实施过程中会遇到哪些困难？

家电报废淘汰

目前我国已经进入家电报废淘汰的高峰期，对废旧家电及电子产品如果不能进行有效的回收处理，不仅浪费严重后、而且给消费者带来安全隐患。因此国家发改委发布了《废旧家电及电子产品回收处理管理条例》。《条例》以资源循环利用和环境保护为目标，提出建立废旧家电多元化回收和集中处理体系，实行生产者责任制，国家建立废旧家电回收处理专项资金，回收处理企业实行市场化运作，国家在政策上给予鼓励和支持等具体规定。

根据以上案例，试分析以下问题：

(1) 从再生资源回收的角度，试分析该《条例》有哪些突破点和缺陷？

(2) 废旧家电在我国为何回收困难？你觉得有哪些更好的办法？

第8章 废弃物物流运作

【本章教学要点】

知识要点	掌握程度	相关知识	应用方向
废弃物物流概述	重点掌握	废弃物物流基本知识 废弃物物流研究的意义	人类社会的发展对人类生活环境造成的影响
	掌握	废弃物物流的产生 国内废弃物物流的现状	
废弃物物流运作	掌握	废弃物的种类和特性 生活垃圾的物流运作	各种垃圾的处理
	了解	餐饮废弃物的物流运作 医疗废弃物的物流动作 建筑废弃物的物流运作 废旧电子产品物流运作	
国内外废弃物物流运作实践	掌握	国内外废弃物物流运作模式	各种废弃物物流处理方式

知识架构

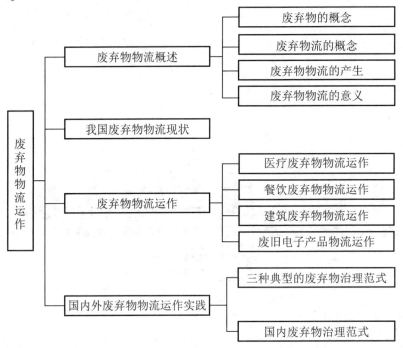

导入案例

各国对生活垃圾处理采取的个性化措施

美国：每个星期的固定日子，美国的城镇居民就会将自家的垃圾桶推到路边，市政部门或与市政部门签约的私营公司派出的垃圾清运车则会将这些垃圾桶清空弄净。随后，这些垃圾将被送到中转站进行分类，一部分进行再循环处理，不可利用的则运到指定地点进行掩埋。在美国社区，没有免费倾倒的垃圾，每个家庭都要为垃圾的收集和处置承担成本。

美国是垃圾制造大国。20世纪80年代以来，美国政府环境保护署开始推广一种叫做"多扔多付"新的垃圾收费体系(简称PAYT)。

PAYT的核心是将居民产生生活垃圾的数量与垃圾清理的费用相挂钩，用多少交多少。PAYT的运用十分灵活，市政当局可以根据本地情形，制定具体的收费方法。大多数社区以垃圾袋或桶为单位向居民收取垃圾费，在一些小型社区，则根据垃圾的重量。如在艾奥瓦州一个有3 700居民的大学城，社区选用了价格标牌的方法。居民们以每个2美元的价格从市政厅或当地零售店购买标牌，然后把这种标牌放在垃圾袋或桶里，每个标牌允许居民处置30加仑的垃圾。该大学城居民每个月还会收到一笔8美元的费用，用于抵消市政部门进行垃圾再循环利用的费用。

PAYT的施行使居民有了减少生活垃圾的动力。美国环保署的评估报告表明，采用PAYT的社区垃圾量明显减少，资源循环利用率提高，市政也节约了大量用于处理固体垃圾的预算。经过近20年的推广，全美已有7 000多个社区采用这一收费方法，涉及全国1/4的人口。

法国：法国清洁生活，消除垃圾，主要从两方面入手：一是遏制垃圾源；二是垃圾得到及时收集处理。据统计，目前法国每人每年产生360kg生活垃圾，目标10年后降低到每人200kg。

法国人有追求时尚和更换物品的习惯。但现在与过去扔弃的方式不一样了，比如一些家具、家用电器等，他们会放到临街显眼处，供路人拣拾再用；一些图书、旱冰鞋、皮箱和滑雪板等会放在同楼的停车库出口处让邻里选取；一些洗得干干净净的儿童服装人们会自觉地送到妇幼中心，供来此为儿童注射疫苗的家长选择。物品互送和再次利用，也使资源节约、垃圾减少。

每家每户积存的垃圾，当日就会得到处理。根据政府强制规定，每家必统一购置四轮、有盖、可推动的大垃圾桶，生活垃圾、玻璃瓶和可回收垃圾分放，在指定的时间推到宅前的街道边，每天准有垃圾车前来收取，只要垃圾工将垃圾桶挂到垃圾车上，翻倒、退还、垃圾的压缩、打包，一切都自动地完成了。无数垃圾车将收集的垃圾随即送到指定的垃圾厂进行处理。

法国的垃圾处理已由原来被动的填埋发展到焚烧，并尽可能综合利用。每吨垃圾焚烧后只有28kg炉渣，焚烧产生的热能可用于发电，而炉渣则可作铺路材料。现在，法国又开始用甲烷化工艺降解垃圾，并生产出沼气和高品质的堆肥。垃圾处理新工艺的出现，使得被填埋的垃圾比例越来越少，被回收利用的比例越来越多。

日本：由于土地资源匮乏，日本始终是垃圾处理问题上的先行者。20世纪80年代，日本对垃圾焚烧的依赖程度居全球之首，导致大气中的二恶英含量严重超标，成为"二恶英大国"。为了减少二恶英，日本政府制定了更为严格的垃圾焚烧排放标准，进行大型焚烧炉的建造。同时发起了大规模的垃圾分类和回收运动，以减少垃圾，增加循环利用。

日本政府将如何扔垃圾的说明做成大海报，详细介绍"垃圾分成可燃垃圾、不可燃垃圾、资源垃圾和粗大垃圾"，并有不同投放时间。每一个分类都有详细的图文说明和举例，像可燃垃圾主要是废报纸、杂志和书，即使第一次来日本，不懂日语的外国人也明白了什么垃圾属于什么类型。

垃圾回收日历上规定有各类垃圾的处理时间，比如说在规定的扔可燃垃圾日，你只能扔可燃性垃圾。扔垃圾要在早上8点之前，过后就不能扔了。在垃圾袋上写上名字。垃圾袋必须是透明或半透明的，以便看清楚里面的垃圾是否合乎要求。

在拥有350万人口的横滨市，有关组织向当地居民分发了一本27页的小册子，罗列了518项常见回收垃圾的详细指南。有着鹰一般尖锐眼睛的志愿者，每天穿梭在城市的大街小巷，随时对那些违反垃圾分类的人进行劝告。

生产和生活废弃物对人类生存环境的影响日益严重，尤其是大城市废弃物的收集处理已成为人们关注的焦点。面对人类自己制造的废弃物物流，应使物流企业介入这个产业，让废弃物得到妥善处置，改善人们的生活环境，真正做到废弃物物流的产业化、减量化、无害化和资源化。

8.1 废弃物物流概述

8.1.1 废弃物的概念

废弃物（Wastes）是指在生产建设、日常生活和其他社会活动中产生的，在一定时间和空间范围内，基本或完全失去了使用价值、无法回收利用的排放物。

按照不同的分类标准，废弃物可以分为不同的类别。

1. 按废弃物的物理状态不同分类

按物理状态不同，废弃物可分为固体废弃物、液体废弃物和气体废弃物。固体废弃物也称为垃圾，其形态是各种各样的固体物、半固体物的混合杂体，固体废弃物物流一般采用收集、分类、加工、包装、搬运、储存等典型的物流方式，是废弃物物流的主体。液体废弃物也称为废液、废水,其形态是各种成分液态混合物,液体废弃物物流常采用管道方式。气体废弃物也称为废气,主要是工业企业,尤其是化工类型工业企业以及汽车等交通工具的气态排放物,多种情况下是通过管道系统直接向空气排放。从发展趋势上讲,气体废弃物和工业液体废弃物多为就地处置,将很少直接进入社会物流系统。另外,根据《中华人民共和国固体废物污染环境防治法》,有容器包装的液、气态废弃物属于固体废弃物。

2. 按废弃物的化学组成不同分类

按化学组成不同,废弃物可分为无机废弃物和有机废弃物。无机废弃物包括碎砖瓦、灰土、碎玻璃、铁屑、废金属等;有机废弃物包括动物尸体、植物残渣、废橡胶、废皮革、废织物、废纸等。有机废弃物又可以分为可分解废弃物和不可分解废弃物,如聚乙烯薄膜和聚苯乙烯泡沫塑料餐具,由于不可分解性造成了"白色污染"。

3. 按照废弃物的来源不同分类

按照废弃物的来源不同,废弃物可以分为生产废弃物和生活废弃物。生产废弃物来自不同的产业,第一产业中的废弃物为农田杂屑,通常不需要专门处理,不需要开展物流;第二产业中的废弃物数量非常大,包括建筑垃圾、工业垃圾、废液、废气等,废弃物流的规模很大;第三产业中的废弃物主要是餐饮垃圾等,由于第三产业涉及行业较多,废弃物种类多,且较为分散,物流难度较大。生活废弃物排放点非常分散,其物流需要耗费大量的人力。

4. 按废弃物污染、危险性的性质不同分类

按污染、危险性的性质不同,废弃物可分为一般废弃物和危险性(有毒有害)废弃物。危害性废弃物按其危害表现分为两类:第一类是影响安全的废弃物,如具有易燃易爆性、可燃性、反应性、腐蚀性等特性的废弃物;第二类是影响人类健康的废弃物,如具有致癌性、致变形、致畸形(刺激性)、生物毒性(急性和慢性毒性反应)、至多年等特性的废弃物。例如:废电池具有腐蚀性;废机油具有易燃性;废汽车防冻液具有生物毒性等。

 阅读助手

温州的生活垃圾处理

温州在消灭城市生活垃圾上又出创举——生活垃圾全部通过100%焚烧发电处理。温州市每天产生的生活垃圾在1 800t左右,以往以填埋方式处理,每年需耗地15~20亩,而目前在地贵于金的温州已很难找到土地填埋垃圾了。温州的垃圾发电厂共建3座,总投资近5亿元人民币,日垃圾处理能力近2 000t,发电功率3.15万kw。

8.1.2 废弃物物流的概念

废弃物物流(Waste Material Logistics)是指对生产、流通、消费活动中所产生的不能再加以利用的废弃物进行妥善处理,以达到排放标准、减少废弃物对环境污染程度的物流活动。

废弃物物流的基本要求是：第一，低排放要求。废弃物物流应达到国家规定的废弃物排放要求，尽量降低对环境的危害。第二，低成本要求。由于废弃物物流不能增加企业的价值，如果废弃物物流的费用过高，将加大企业的开支，对企业造成沉重的负担。

1. 废弃物物流的"流"的特点

废弃物物流的"流"的特点主要表现为它处于供应链的最后环节。从职能上来看，它不再是连接生产与生产性消费或生活性消费的中间环节，也不再是一般意义上的商品流通的桥梁，而是作为生产、流通和消费的末尾环节，对生产、流通、消费发挥着保障作用。

2. 废弃物物流系统的功能要素

它主要表现为以下几个环节，如图8.1所示。

图8.1　废弃物物流系统的功能要素

废弃物物流系统的物资基础要素，如物流设施、物流装备、物流工具、组织及管理等也有自己的特点。

3. 废弃物物流的作用

废弃物物流在企业经济活动中占有重要地位。企业的生产活动是从环境中取得资源，将资源加工和转化为生产资料和生活资料的过程，也是不断产生废弃物的过程，废弃物的处理是企业经济活动的重要环节。因此，企业物流是由供应物流、生产物流、销售物流、回收物流和废弃物物流组成的有机整体。

废弃物物流在社会生活中也占有重要地位。社会经济生活是由生产、流通、消费等经济活动构成的，这些经济活动也是废弃物产生的过程。由于废弃物对人类生存环境的影响，废弃物处理的影响已远远超出了经济的范畴，已成为社会生活中的重要问题。从我国社会发展的角度来看，废弃物物流仍然是我国物流领域的薄弱环节，应该引起全社会的足够重视。

8.1.3　废弃物物流的产生

随着科学技术的发展和人民生活水平的提高，人们对物资的消费要求越来越高：既要质量好又要款式新。于是被人们淘汰、丢弃的物资日益增多。这些产生于生产和消费过程中的物质，由于变质、损坏，或使用寿命终结而失去了使用价值。它们有生产过程的边角余料、废渣废水以及未能形成合格产品而不具有使用价值的物质；有流通过程产生的废弃包装材料；也有在消费后产生的排泄物，如家庭垃圾、办公室垃圾等。这些排泄物一部分可回收并再生利用，称为再生资源，形成回收物流。另一部分在循环利用过程中，基本或完全丧失了使用价值，形成无法再利用的最终排泄物，即废弃物。如炼钢生产中的钢渣、工业废水、废弃电池以及其他各种无机垃圾等。这些废弃物对本企业已没有再利用的价值，但如果不妥善加以处理，就地堆放会妨碍生产甚至造成环境污染。废弃物经过处理后，返回自然界，形成废弃物物流。

知识链接

垃圾围城

> 由中国产业报协会和中国环境报道网联合评选的"2009年全国生态文明建设十大负面事件"日前揭晓,包括重金属污染、环境污染、矿山滥采、极端干旱、职业病等事件。其中中国每年产生垃圾近1.6亿吨,城市人均垃圾年产量440千克,且以每年超过10%的速度增长,其中能够进行无害化处理的占66%,近1/3垃圾只能进行简单填埋,全国600座城市已堆放或填埋各类垃圾80亿吨,垃圾堆存累计侵占土地5亿m^2,有2/3城市被垃圾群包围。

8.1.4 废弃物物流的研究意义

废旧物资是生产和生活的排放物,它以"垃圾"的形态被废弃。只要生产和生活不断循环,废旧物资的排放就是这个链条中不可缺少的一环。这个环节中断,社会生产和生活的循环运动就会出现障碍,以致中止。但是,这种排放物的不断积累,又成了人类的沉重负担。据有关资料显示,美国每年产生工业垃圾27亿吨,城市居民垃圾2.2亿吨,另外还有丢弃的旧汽车1 000多万辆,废轮胎10多亿只。美国全国设有5万多处垃圾场,占地面积相当于19个新加坡。

从社会资源有限性分析,因人类社会所需要的各种物资均来自自然界。随着人类社会的进步,人们生活水平的进步和消费需求的多样性,使人类对自然资源的采掘量增大,一些自然界不可再生的资源在渐渐的减少,因此就资源稀缺性的角度考虑,人类肯定考虑资源保卫和对再生性废弃物的回收再利用,由此而形成的废弃物流的探究与实践,对整个社会文明的进展有积极的推动作用。

从环境保护的角度分析,因废弃物中除了一部分可回收利用外,其余部分已丧失了使用价值,而且很多生产垃圾中含有对人体有害的物质,假如不准时有效的处理,必将影响人们的整个生活环境。尤其是在城市这种人口密度大、企业数目多、废弃物排放量高的地方。不经过处理直接排放到自然界中的废弃物,会严重影响到农业土壤、植被和饮用水源。所以对其处理,使废弃物资源化,成为有利可图的产业,并渐渐市场化;不但实现废弃物再生产,同时增加就业人口,这些已经在一些发达国家开始实施,因此很有探究价值。

从可持续发展的观点来分析:从宏观层次上看,可持续发展思想的实质是追求人与自然的和谐。1987年世界环境与发展委员会在《我们共同的未来》的报告中对"可持续发展"给出的定义是:可持续发展就是在满足当代人的各种需要的同时,不会使后代人满足他们自身需要的能力受到损害。20世纪90年代可持续发展成为全球的共识。正因为人们已经认识到社会资源的有限性,所以也就有了"循环经济"的提法,即"资源—产品—再生资源"。江泽民书记曾指出:"决不能浪费资源,走先污染后治理的路子,更不能吃子孙饭,造子孙孽。"所以从国家长远发展的观点出发,废弃物的有效处理必须加强。

8.2 我国废弃物物流现状

我国加入 WTO 以后，一些限制措施逐渐取消，国外物流服务企业已经进入国内市场，并不断提高其市场占有率。中国已被公认为 21 世纪世界的"加工工厂"。许多国外生产企业早在 20 世纪 80 年代就开始进驻中国市场，开辟了自己的生产领地。物流产业已作为国民经济的一个新兴的产业部门，成为我国本世纪重要产业和国民经济新的经济增长点。然而对于废弃物物流的研究却很少，这使人很容易联想到中国早期的工业发展所走的"先污染，后治理"的道路，面对日益增多的废弃物，可否使其成为一种特殊的商品？使废弃物物流走产业化的路子？这是我国应该研究和面对的一个课题。

1. 我国对废弃物处理的法规及其相关规定

我国对废弃物的法律法规有：《中华人民共和国固体废物污染防治法》、《中华人民共和国清洁生产促进法》、《城市生活垃圾管理规定》等。因为废弃物物流不仅涉及物流企业和废弃物产生者的关系，而且直接涉及经济效益和社会效益的关系。我国对废弃物处理的原则是："谁污染，谁治理"。对于工业废弃物，按照法律规定由产业部门自行处理，处理费用计入生产成本；而对于生活废弃物目前主要由市政环卫部门处理，处理费用由政府财政支付。

2. 国内废弃物物流的现状

目前，我国城市人均日产垃圾约 1 千克，垃圾人均年产量达 440 千克。600 座城市目前已堆放或填埋各类垃圾 80 亿吨，有 2/3 的城市被垃圾群包围。全国垃圾产量达到了 1.8 亿吨，每年以 8~10% 的速度增长，与 GDP 增速相匹敌。尽管我国出台了相关的法律法规，但人们的观念、垃圾制造者的责任感及目前国内落后的废弃物处理设施和尚不健全的法律法规体系，形成了层层障碍，由于长期的分散治理，各自为政，部门和地区分割，导致了目前的许多废弃物无人管、无人治理的尴尬局面。

我国对废弃物的处理水平相对于美、日、德等发达国家相当落后，如对生产垃圾和生活垃圾源头上的分类，可回收再利用的废弃物和不可回收利用的废弃物的分类处理都没有深入的宣传和严格的标准。就现状而言，城市里许多可回收利用的物资主要通过城市里废品收购站回收及小商贩从市内垃圾箱拣选和从住户处回收。回收部门多为私人经营，规模小且设施简陋，对回收物资主要是露天堆放，通过人工拣选再向上一级的物资回收部门出售。作为政府主管部门的环卫机构，对城市里各种无使用价值的生产、生活垃圾进行收集，主要运往垃圾倾倒场地，绝大多数没有进行进一步的处理，致使城市周围的垃圾处理场面积扩大。而把废弃物物流作为盈利性服务的物流公司几乎没有。废弃物不仅威胁着城市，也在向农村蔓延。以甘肃省民勤县为例，一个原本生态环境就很薄弱的地方，近几年因为耕地大量使用地膜覆盖，形成的废旧塑料垃圾已开始严重影响农作物的产量，田间地头这种不可降解的塑料随处可见，这种白色污染，后果又由谁来承担？这与人们倡导的"环保模范城市"、"生态城市"、"可持续发展观"是否背道而驰？

8.3 废弃物物流运作

废弃物物流的运作流程包括废弃物产生的减量化、废弃物的收集、储存、运输、预处理和最终处置。废弃物物流的运作流程如图 8.2 所示。

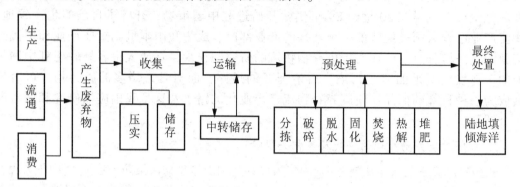

图 8.2 废弃物物流的流程图

8.3.1 医疗废弃物物流运作

1. 医疗废弃物的概念及范围

为了加强医疗废弃物的安全管理，防止疾病传播，保护环境，保障人体健康，根据《中华人民共和国传染病防治法》和《中华人民共和国固体废物污染环境防治法》制定的《医疗废物管理条例》第二条中所称医疗废弃物，是指医疗卫生机构在医疗、预防、保健以及其他相关活动中产生的具有直接或间接感染性、毒性以及其他危害性的废弃物。

在我国由卫生部、国家环保总局联合颁布的《医疗废物名录》将医院废弃物分为五大类：感染性废物、病理性废物、损伤性废物、药物性废物、化学性废物。这其中也包含：一次性使用卫生用品，一次性使用医疗用品，一次性医疗器械，一次性仪器、设备、器具、材料等物品。

医疗废弃物处理流程如图 8.3 所示。

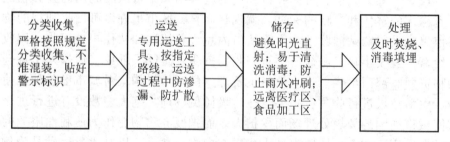

图 8.3 医疗废弃物处理流程

2. 分类收集

医疗卫生机构根据《医疗废物分类目录》，对医疗废物实施分类管理。

根据医疗废物的类别，将医疗废物分置于符合《医疗废物专用包装物、容器的标准和警示标识的规定》的包装物或者容器内；感染性废物、病理性废物、损伤性废物、药物性废物及化学性废物不能混合收集。盛装的医疗废物达到包装物或者容器的 3/4 时，应当使用有效的封口方式，使包装物或者容器的封口紧实、严密。

盛装医疗废物的每个包装物、容器外表面应当有警示标识，在每个包装物、容器上应当系中文标签，中文标签的内容应当包括：医疗废物产生单位、产生日期、类别及需要的特别说明等。

3. 运送

运送人员每天从医疗废物产生地点将分类包装的医疗废物按照规定的时间和路线运送至内部指定的暂时储存地点。运送人员在运送医疗废物前，应当检查包装物或者容器的标识、标签及封口是否符合要求，不得将不符合要求的医疗废物运送至暂时储存地点。运送医疗废物应当使用防渗漏、防遗撒、无锐利边角、易于装卸和清洁的专用运送工具。每天运送工作结束后，应当对运送工具及时进行清洁和消毒。

4. 储存

医疗卫生机构建立医疗废物暂时贮存设施、设备，不得露天存放医疗废物；医疗废物暂时贮存的时间不得超过两天。医疗卫生机构建立的医疗废物暂时贮存设施、设备按以下要求。

(1) 远离医疗区、食品加工区、人员活动区和生活垃圾存放场所，方便医疗废物运送人员及运送工具、车辆的出入。

(2) 有严密的封闭措施，设专(兼)职人员管理，防止非工作人员接触医疗废物。

(3) 有防鼠、防蚊蝇、防蟑螂的安全措施。

(4) 防止渗漏和雨水冲刷。

(5) 易于清洁和消毒。

(6) 避免阳光直射。

(7) 设有明显的医疗废物警示标识和"禁止吸烟、饮食"的警示标识。暂时贮存病理性废物，应当具备低温贮存或者防腐条件。

5. 处理

医疗卫生机构应当将医疗废物交由取得县级以上人民政府环境保护行政主管部门许可的医疗废物集中处置单位焚烧或消毒处置，并依照危险废物转移联单制度填写和保存转移联单。

6. 其他

禁止医疗卫生机构及其工作人员转让、买卖医疗废物。禁止在非收集、非暂时贮存地点倾倒、堆放医疗废物，禁止将医疗废物混入其他废物和生活垃圾。

8.3.2 餐饮废弃物物流运作

1. 餐饮垃圾的含义

所谓餐饮垃圾是指厨房食品加工过程中产生的废料和餐桌上吃剩的食品，是居民在生活消费过程中形成的一种生活废物。餐饮垃圾主要包括：米和面粉类食品残余、蔬菜、植物油、动物油、肉骨、鱼刺等。从化学组成上，有淀粉、纤维素、蛋白质、脂类和无机盐等，其中以有机成分为主，并含有大量的淀粉和纤维素，无机盐中 $NaCl$ 的含量较高，同时含有一定量的钙、镁、钾、铁等微量元素。餐饮垃圾来自于人类生活过程的各个环节。居家、旅行和聚会等过程都会产生一定量的餐饮垃圾。从垃圾产生的主要发生源看，居民区、宾馆、饭店和各类小吃店，以及政府机关、企事业单位和学校等单位的食堂等是餐饮垃圾的集中排放场所。

2. 餐饮垃圾的特点

与一般城市垃圾比较，餐饮垃圾具有以下一些特点。

（1）含油、含水量大，危害特别大。一般餐饮垃圾的含油、含水量达到50%以上。这个特点，使得对餐饮垃圾运用传统的填埋、堆肥或者焚烧方式处理难度较大，处理成本也比较高，环境污染也较严重。

（2）成分复杂，营养丰富，有机质含量高，容易腐败变质。餐饮垃圾的这个特点，使人们在资源匮乏的今天，逐渐认识到餐饮垃圾是一种宝贵的资源，如果对餐饮垃圾进行循环利用，不仅能够解决环境问题，而且能够创造价值。

（3）餐饮垃圾处理。实现餐饮垃圾集中处理的关键是收集和运输。收集主要依靠政府部门的行政手段和居民的素质来保证，而运输则需要特殊的运输技术手段。餐饮垃圾的收运处理系统可采用统一规划，集中处理为主，分散处置为辅的形式。图8.4为餐饮垃圾收运系统。

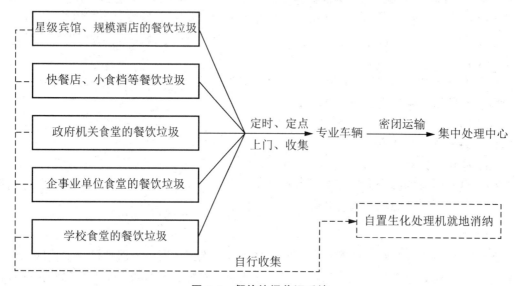

图8.4 餐饮垃圾收运系统

对于某些有条件的餐饮垃圾产生者可以选择分散处置，即一家或几家餐饮垃圾产生单位自行购置一个生化处理机，将餐饮垃圾从源头实行就地处置。

1）收运模式

宾馆、饭店遍布城市的大街小巷，如何将每一家的餐饮垃圾都及时收集到一起，这涉及餐饮垃圾收运模式问题。深圳市餐饮垃圾收运参考以下两种模式：①采取由各区环境卫生管理局负责，政府配备专用车辆，企业承包运行的收集模式；②模式完全采取企业化运作政府管理的模式，收运企业与餐饮垃圾产生单位签订有偿收集合同，由产生单位负担餐饮垃圾的运输、处理费，企业每天派专门车辆定时、定点、定人、定车实行上门收集。

2）收运设备

餐饮垃圾含水率高、极易腐烂，因此餐饮垃圾应该做到日产日清。由于目前使用的普通运输车辆密闭性相对较差，装卸难度大等问题，不适合于餐饮垃圾运输。因此，餐饮垃圾应该使用密闭性好，装卸容易的专门运输车辆运输。除了运输车外，餐饮垃圾的收集容器应该按照餐饮垃圾的日常产生量设定规范的收集容器。此外,还必须标明规范的收集标识。

 知识链接

餐厨垃圾变身有机肥

2010年,南昌市出台《南昌市餐厨垃圾处理办法》,旨在从源头上杜绝"潲水油",管好餐厨垃圾。南昌市区(不含4县)的餐厨垃圾产生量为238吨。目前计划建立麦园餐厨垃圾处理场,餐厨垃圾经过分解、分离、消毒、干燥等处理,变成生物有机肥和饲料,可以用于蔬菜种植和养猪。该项目日处理能力20吨,日后争取达到日处理200吨,基本消除南昌的餐厨垃圾。

8.3.3 建筑废弃物物流运作

1. 建筑废料分类及构成

建筑废料包括土、石等建筑或市政设施建造产生的开挖废料、拆除工程产生的废料、道路建造与养护产生的废料及建造过程中产生的各种建筑废料等。

一般来说,按建筑废料的来源可分成三大类:建筑物的建造、翻新和拆除;构筑物和交通设施(道路、桥梁、停车场、绿化带等)的建造和拆除;场地清理杂物。

2. 建筑废料管理的基本方法

优化建筑废料管理,应遵循分级原则,按以下优先顺序实施不同的废料管理方法:减少废料的产生(Reduce);回收再利用废料(Reuse);循环利用废料(Recycle);剩余废料的处理(Dispose)。

1)建筑废料的回收再利用

建筑废料的回收再利用包括废料在施工现场的回收再利用和施工现场以外的回收再利用,有助于延长材料的使用寿命。在施工现场,建筑废料回收再利用包括砖和混凝土废料用于车道和人行道的路基填筑,木模板可重复多次利用,未被污染的木料可粉碎后用做土壤的肥料等。在设计模板时应尽量运用标准形状和模数尺寸,以利于模板得到多次重复利用,提高材料的利用效率。并尽量选用钢模板代替木模板,因为钢模板可以最大限度地反复利用。

2)减少建筑废料的产生

减少建筑废料的产生就是通过提高材料、能源、水和其他资源的利用效率从源头上(主要指设计阶段)预防和降低建筑废料的产生。

减少建筑废料产生的一些有效措施:① 建筑设计模数的应用;② 减少不必要的包装;③ 设立一个集中区域,用于木料、纤维板和金属等的切割;④ 精确的工料需求测算和采购;⑤ 对工人进行培训和教育,避免和减少由于其操作的无计划性、错误、失误、打破和污染材料而产生的废料。

3)建筑废料的循环利用

建筑废料的循环利用,指对可循环利用的材料进行分类收集、清理并运输至废料回收企业循环利用,并对废料装卸和运输计划作安排。废料回收计划需识别和列出可循环利用的材料清单，评估工程可及范围内的废料回收企业和回收市场的回收能力，并对相关的规章制度要求、环境和生态影响进行综合考虑。

4）不可回收废料的处理

开展建筑废料管理的实践，还应针对混凝土废料进行管理：① 通过精细的工料测量确定商品混凝土的订购数量，减少由于过量采购产生的混凝土废料量；② 回收混凝土废料并进行妥善保存，在工程进展的过程中寻找机会将其破碎后用于基础填埋、路基填筑等；③ 回收混凝土废料并进行妥善保存，通过自行加工处理或将其销售给特定回收企业，将其用作原材料制备再生混凝土骨料、再生水泥等，进行循环利用。

3. 建筑废料管理的实施流程研究

在广泛研究国外建筑废料管理成功实例的基础上，对单一新建建设工程项目施工现场建筑废料管理计划与实施的流程进行总结与提炼，得出工程现场建筑废料管理的一般实践流程（图8.5），包括工程现场实施性建筑废料管理计划的制订和实施。

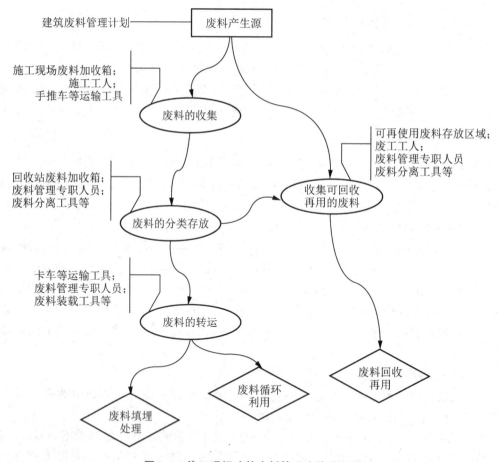

图 8.5 施工现场建筑废料管理实施流程图

4. 改进建筑废料管理实践的建议

（1）降低建筑废料管理成本。为了使实施建筑废料管理的成本最小化，应改进废料管理的实践。精简废料处理流程的环节；提高工人效率，缩短废料处理的工作时间；尽量多使用机械设备来完成废料处理工作；选择那些低耗能的工具或设施来进行废料处理；避免重复的废料处理操作；加强废料处理流程的监控。

（2）充分体现可持续发展思想。将建筑废料造成的污染控制在最低水平，包括空气污染、水污染和噪声污染；最大程度地实现废料回收再用和废料循环利用；在施工人员中推行"绿色施工操作"，减少废料的产生；最大程度地使用绿色建材和采用无污染的施工工艺；尽量使用低污染的施工设备。

（3）实现废料管理绩效持续改进。为了实现废料管理绩效的持续改进，可以对施工现场废料管理流程进行有效性评估。评估内容包括对那些无效的废料处理操作进行识别与分析，并采取必要的措施来改进废料处理操作。而且这个评估过程应当要求和得到现场所有的施工人员参与，这样才能提高评估结果的有效性。

提出建筑废料管理的基本方法及实施流程，丰富了建筑废料管理的应用领域。按照准备工作、设计、实施等流程，从减少建筑废料的产生、建筑废料的回收再用、循环利用及填埋处理等方面进行建筑废料管理，能提高建筑废料管理的水平。

8.3.4 废旧电子产品物流运作

在我国，大量的废旧电子产品涌向了两个渠道：收垃圾的小贩和拆解作坊。小贩收购来的废旧电子电器一般有两条出路：能用的改装之后再卖到农村，这样的废旧电子电器既有安全隐患，又对家电市场形成冲击；不能用的，把玻璃、塑料、金属等材料能卖钱的卖了，其余的当垃圾扔掉。这些包括大量有害物质的东西最终会被当作普通垃圾填埋或焚烧。拆解作坊则把"电子垃圾"中含有的金、银、铜、锡、铬、铂、钯等贵重金属"拆"出来。

具体的回收过程如图 8.6 所示。

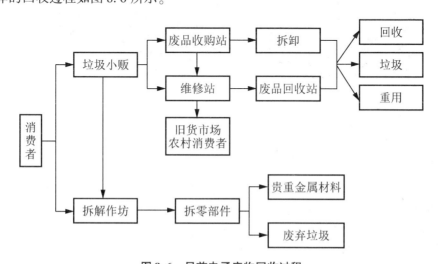

图 8.6　目前电子废物回收过程

电子废弃物回收体系建设的类型，主要有两种形式：一种是在如日本、德国等发达国家，主要是在"生产者责任制"的基础之上建立"大家电联盟"，由联盟企业提供资金，建立基金会，再在基金会的基础上建立专门的管理机构，通过有处理能力的回收企业进行相应物资的回收处理和再利用。

而另一种形式，就是我国目前的再生资源回收现状。目前，我国绝大多数的再生资源回收是由走街串巷的"农民游击大军"低价收购的，再经过手工作坊的简单拆卸，进行二次使用或直接进入二手市场。

目前我国还没有建立规范的废旧电子及电子产品回收处理体系，废旧电子电器的回收和处理完全是在经济利益的驱动下自发进行的。废旧电子电器的无序回收，以及原始落后的拆解处理造成的资源浪费、环境污染情况十分严重，同时也给使用旧电子电器的消费者带来了安全隐患。具体存在以下问题：① 对废旧电子电器进行分散的、小规模的拆解，只提取了部分易于回收的贵重金属，而大量难以回收的有用资源被当作垃圾随意丢弃或者填埋；② 废旧电子电器中含有的有毒有害物质没有进行专门处理，特别是拆解过程中"三废"自接排放，给周边环境及居民健康造成了危害；③ 部分旧电子电器经销商利用废旧电子电器零部件非法拼装和销售质量低劣的电子电器产品，坑害消费者。

如图8.7所示，电路板在回收元器件的加热过程中会释放出大量含铅、锡和有机物的有害气体，如不进行回收和处理会污染环境。取下元器件后的电路板会被进行酸解和以火烧等方式回收金和其他贵重金属。目前有许多非正规的企业采用露天火烧方式和简易的酸解法回收剩余的金属，污染问题十分严重。酸解废液含有重金属，如果不进行环境无害化处理，排放后会对环境造成严重的污染；火烧的废气如果不进行收集处理会产生严重的污染。

图8.7 电路板最终通过露天燃烧回收贵金属的污染状况

除走街串巷的流动摊点外，现有较规范的回收网点管理模式主要有以下5类。

(1) 供销社原回收公司管理的社区回收点。现在通常做法是回收公司通过与居委会或物业签署协议，在社区内择地建设回收亭(或围栏)，办理正式执照，明示收购单品价目，雇外地人(每年向回收公司交2 000~4 000元)收购。回收公司根据社区规模每年向居委会或物业交纳1 000~2 000元的管理费。

(2) 街道授权的回收点。通常由街道授权，选择有可靠身份、信誉的外来人员担负辖区内的再生资源回收任务。这种管理模式能确保3个固定：固定的回收区域、固定回收人员、固定回收车辆。其性质实质是一种承包制，回收人员每月向街道交纳一定的管理费(300~500元)。

（3）物业授权的回收点。通常由物业授权，选择固定人员担负物业辖区内区域的再生资源回收工作。其性质类似于街道授权回收点。回收人员也要按月向物业交纳一定的管理费，也有街道和物业一体化管理的。回收人员有些是小区的保洁人员或保安，他们一般不向街道或物业交管理费。

（4）社会组织的回收点。残联等社会组织系统也有少量回收点，主要为了照顾残疾人和困难群众生活。

（5）废品回收网站下设的回收点。西城区政府开设了北京废品旧货网（www.bj3r.com），居民坐在家里就可以实现"在线预约，上门收废"。

目前中国各地废旧电子产品回收处理领域比较混乱，个体流动回收者占绝大比重，个体收购者受经济利益的驱使，采用简单粗暴的回收处理方法，回收率极低，二次污染严重。如我国最大的电子废弃物处理集散地广东贵屿镇，一度有70%的企业从事电子废弃物的回收和拆解工作，但由于这些作坊式的企业技术手段极其落后，所产生的废液未经任何处理直接排入环境，导致该镇重金属锡、铅在土壤中含量高于正常值的千倍以上，水中污染物超过正常饮用水标准数千倍，生态环境破坏极其严重。

经过10多年的竞争和优胜劣汰，我国已经发展成为全球再生金属的加工利用中心，巨大的市场需求和发展潜力，使国内外市场高度关注中国再生金属产业的状况，也在更积极进入中国再生金属产业，出现了一批具备规模、比较规范的大中型废料拆解加工企业。这些企业已经成为该行业的骨干和主体。

8.4　国内外废弃物物流运作实践

8.4.1　三种典型的废弃物治理范式

社会经济的逐步发展和对环境认识的不断加深使城市固体废弃物的治理范式也处于不断的改进和完善之中。从国内外废弃物物流运作实践来看，目前基本形成了三种完善的治理范式：政府导向型、市场导向型和多方参与型。从城市固废污染治理范式的演进过程来看，实质上体现了环境与经济之间的关系。一开始依靠命令控制手段，把城市固废污染完全看做环境问题，由政府负责这种公共物品的供给。随着环保实践的发展和人们意识的提高，逐渐意识到要借助经济动力来实现改善环境的目的。

1. 政府导向型治理范式

欧洲国家在对待城市固体废弃物处理问题上普遍采用政府规定回收率的做法。欧洲国家在立法中很注意对某些物资回收利用率的控制，通过立法强制要求在一定期限内回收率达到指定的标准。以包装废弃物为例，法国关于工业及商业包装废弃物处理法令中所制定的目标是所有包装废弃物必须回收75%，并要求填埋率不高于10%；荷兰提出废弃物循环使用率达到60%，焚化率达到40%；奥地利的法规要求对80%回收包装材料必须进行再循环；丹麦要求所有废弃物中50%必须进行再循环处理。

以上这些做法在保证回收率、促进循环利用方面取得了显著成效，但是也存在管理成本过高的缺陷。被誉为欧洲典范的德国包装废弃物双元回收体系（DSD），依靠政府立法确定回收率，生产企业为实现回收率，履行生产者责任向 DSD 系统缴纳绿点费，DSD 系统负责统一回收再利用包装废弃物的运行方式，在保持较高回收率的同时也承担了较高的运行成本，回收体系入不敷出，难以为继。另外，命令控制型的环境治理范式，由于仅仅依靠指令和干预的方式，缺乏足够灵活性和激励性，已经越来越不能适应社会可持续发的要求。由于信息不对称和有限理性的制约，政府在理污染问题时存在决策失误、受利益集团影响、信息不完全、体制不健全等缺陷，导致了政府失灵。人们逐渐认识到污染问题本质上是经济问题，是由资源的不合理利用产生的。因此，治理污染的出路在于提高资源利效率，而迄今为止资源配置的最有效方式就是市场。基于市场的治理手段具备在保证治理效果的前提实现成本最小化的优势。

2. 市场导向型治理范式

在包装废弃物污染治理方面，市场化的手段主要包括垃圾收费、生态税和押金返还制度。欧洲大多数城市都采用按户征收垃圾处理费的方式，按废弃物的不同类型、不同产生量收取不同的费用。生态税主要是针对使用对环境有害的材料和消耗了不可再生资源的产品的生产企业而增加的一种税收。1993 年，比利时政府实施生态税对包装废弃物进行管理，为废弃物回收和再生利用提供经费。德国于 1998 年将生态税引入产品税制改革中。押金抵押返还制度要求消费者在购买饮料时，向商店预交一定的寄存保证金，在用完归还给商店时退还保证金。1988 年，德国政府通过了《饮料容器实施强制押金制度》的法令，规定在德国境内任何人购买饮料时都必须多付 0.5 马克，作为容器的押金，以保证容器使用后退还商店循环利用。市场化手段在提供改善环境的经济动力、鼓励生产者采用可再生资源、尽量减少原生资源的消耗以及在产品设计中注重产品的可回收利用的特性方面取得了明显的成效。

3. 多方参与型治理范式

市场失灵与政府失灵为第三部门的介入提供了政府宏观管理信息，但此信息传递慢，不够灵活；企业微观经营的盲目性导致对环境有害的供给过度而对环境有益的供给不足。因此需要中观组织的介入对中观环节进行管理，连接起政府与企业之间信息传递的桥梁。代表公共利益的公共物品的供给需要多方利益主体的参与，形成多级治理结构。这种善治的格局，强调权利中心的多元化和决策过程的互动。

多方参与的善治格局要求对各个利益相关者的责任进行清晰的划分，并形成协调统一的合作机制。欧洲资源再生产业体系中，政府、企业、协会、居民各司其职，构建出多级治理的善治格局。政府是体系中的监管者和调控者，不直接参与管理，主要负责制定法规、标准及政策目标，审查经费使用情况，监督执行。企业是执行者，在生产者责任延伸的制度下负责废弃物的回收利用。中介组织是体系的组织者，处于产业链条的核心位置。如在德国双元回收系统中，生产商向绿点系统交会费获取绿点标志。由该中介组织负责回收，并向会员发放绿点标志，表明该产品包装是由绿点系统负责回收的。居民是体系的参与者。居民接受环保教育，对废弃物进行分选，按照规定进行源头分类。总之，政府是主导地位的，立法先行，引导行业健康发展和市场有序竞争；第三部门（中介组织）负责协调，统一部署；企业积极配合，分工协作；居民热情参与，做好源头分类。

8.4.2 国内废弃物治理范式

中国的城市固体废弃物治理在资源环境观念上与国外有很大区别，中国是以资源为导向的回收体系，以市场化为手段来回收利用，进行城市固废管理。因此，在没有垃圾收费和生产者责任延伸的前提下，中国再生资源产业的行业协会没有经费的管理权，在整个回收体系中不具有核心地位，很难发挥应有的作用。而国外在立法规定回收率、生产者责任延伸的保障下，行业协会在回收体系中处于核心地位，负责经费运作和统一协调，具备弥补市场失灵和政府失效的功能，保障准公共物品的供给效率，起到连接政府宏观管理与企业微观经营信息传递的纽带作用。

中国的回收体系从历史上和现实中看，都要以资源化为主，靠市场来配置资源，因此，改变资源利用方式，实现资源的高效合理利用和资源利用与环境保护双赢是根本宗旨。鉴于中国是资源导向型的回收体系，固体废弃物回收市场配置资源，为改善环境提供充足的经济动力，应该充分发挥市场配置资源的效率优势，借助经济组织来充当统一协调者的角色，弥补政府与企业准公共物品供给不足的缺陷。运用纵向一体化来解决外部成本内部化问题，构建一个由回收者与加工者联合的合作组织。以城市固体废弃物集散中心为核心，以股份制为形式，通过建立利益协调机制实现回收体系运行的规模化和标准化。集散中心与上游的回收摊主联合入股，掌握稳定的货源，当具备一定市场势力后再吸纳下游的加工再利用厂商，形成统一的利益联合体，具备高效的信息流、物质流和资金流优势，为产业发展和政府管理提供组织保障。从产业发展角度来讲，这种回收体系组织形式可以依靠规模化促进技术进步，改善设备，提高资源利用率；依靠标准化保障货源稳定和产品质量，降低污染处理成本，克服垃圾品质的不均质缺陷。从固废管理角度来看，通过资金机制和回收价格这样的经济手段提供利益刺激来规范回收者行为，严格分类标准。总之，合作组织实现了资源再生产业由分散到统一的产业组织形式变革，为减少城市垃圾污染，促进垃圾源头分类，降低二次污染提供经济动力，在提高经济效益的同时实现资源的合理高效利用，在追求私人部门利益最大化的同时实现资源利用与环境保护的双赢。

习　题

一、判断题

1. 废弃物是指在生产建设、日常生活和其他社会活动中产生的，在一定时间和空间范围内基本或者完全失去使用价值，难以回收和利用的排放物。（　）
2. 企业物流是由供应物流、生产物流、销售物流、回收物流和废弃物物流组成的有机整体。（　）
3. 废弃物物流的运作流程包括废弃物的产生、废弃物的收集、储存、运输、预处理和最终处置。（　）
4. 与一般城市垃圾比较，餐饮垃圾含油、含水量大，危害特别大，处理成本也比较高，但是成分简单，营养丰富，有机质含量高，容易腐败变质。（　）
5. 随着环保实践的发展和人们意识的提高，逐渐意识到要借助社会动力来实现改善环境的目的。（　）

二、选择题

1. 废弃物物流的基本要求是低排放要求和（　　）要求。
   A. 低污染　　　B. 低能耗　　　C. 低物耗　　　D. 低成本
2. 消费后产生的排泄物：如家庭垃圾、办公室垃圾等，这些排泄物一部分可回收并再生利用，称为再生资源，形成（　　）。
   A. 回收物流　　　　　　　　　B. 废弃回收物流
   C. 废弃物物流　　　　　　　　D. 逆向物流
3. 中国的城市固体废弃物治理在资源环境观念上与国外有很大区别，中国是以（　　）为导向的回收体系，以市场化为手段来回收利用，进行城市固废管理。
   A. 资源　　　B. 市场　　　C. 客户　　　D. 需求
4. 废弃物物流的"流"的特点主要表现为（　　）。
   A. 不是一般意义上的商品流通的桥梁
   B. 处于生产、流通和消费的末尾环节
   C. 对生产、流通、消费发挥着保障作用
   D. 处于供应链的最后环节
5. 从国内外废弃物物流运作实践来看，目前基本形成了三种完善的治理范式：政府导向型、（　　）和多方参与型。
   A. 生产责任制　　　　　　　　B. 需求导向型
   C. 市场导向型　　　　　　　　D. 顾客导向型

三、简答题

1. 从欧洲的环保法规来看，这些法规对逆向物流的产生有什么影响？
2. 结合实际分析我国废旧物资回收物流存在的主要问题。
3. 试分析城市废弃物的来源和成分构成特点对废弃物物流过程的影响。
4. 将国内外废弃物治理范式进行比较，找出异同。
5. 对我国废弃物物流现状作出分析，并提出相应对策。

四、讨论题

1. 以我国某城市为例，对城市生活固体废弃物物流进行评价分析。
2. 结合实例分析如何对电子废弃物物流及其回收网络进行设计。

案例分析

高科技垃圾困扰欧洲

法国一年有150万吨电子垃圾被运到垃圾站，其中包括被废弃的电脑、电话、电视机、烤面包机和其他家用电器。目前，平均每个法国人每年制造25公斤电子垃圾，而这仅仅是个开始。这种高科技正以惊人的速度增加，其增速是其他家庭垃圾的3倍，估计12年内就会翻一番。

市场的不断变化加速了产品的更新换代。20世纪60年代，一台电脑可以使用10年，如今只有4年就被淘汰，而移动电话、电子记事本和其他创新产品的使用寿命也已经降到了两年。可是这些产品一旦被人们淘汰，它们并不是无害的垃圾，这些高科技材料混合在一起可以形成有毒物质。人们发现这种有毒混合物里含有镉、汞和铅等重金属。垃圾站40%的铅来自电子产品。电子或电器废品主要跟家庭垃圾一起焚烧，焚烧过程中产生大量的二噁英。这种物质不但长期污染空气、土壤和含水层，而且还威胁人类的健康。

由于回收工作难以组织，电子废品的回收利用率很低，据统计，只有1%的电脑被回收利用。另外，回收利用的费用(每吨700法郎)要高于垃圾站的处理费用(每吨600法郎)，使得高科技垃圾的回收工作更加难以展开。

法国政府数年前就开始关注电子垃圾的处理问题。法律规定，到2002年7月，只有不能再进行任何处理的垃圾才有资格被送到垃圾场。

欧盟也非常重视高科技污染问题。2005年之前，每个欧盟国家都要求每位居民每年有选择地收集4公斤垃圾，并且限制厂家在生产过程中使用危险物质。

欧盟的另一项措施是要求厂家对其产品在每个环节上对环境造成的影响负责，相关垃圾的回收和处理费用也由厂家承担。

为自身利益着想，商家们都在积极寻找新材料，以取代不久将被禁止使用的有害材料，并努力设计出符合环保理念的新产品。好几家大企业已经建立起自己的回收站，并且在科研和开发设计中把环保因素考虑进去。

根据以上案例，试探讨欧盟在处理电子废品物流方面给我们哪些启示？

第9章 逆向物流运作模式决策

【本章教学要点】

知识要点	掌握程度	相关知识	应用方向
企业逆向物流的3种运作模式	重点掌握	企业逆向物流3种主要运作模式，逆向物流自营模式、逆向物流外包模式、逆向物流联合运作模式的优势、缺点、适用条件	企业逆向物流运作模式的适用条件
	掌握	逆向物流外包风险的防范措施	
政府公共服务系统、环保或绿色和平组织、协会或民众自发行为	了解	政府公共服务系统、环保或绿色和平组织、协会或民众自发行为逆向物流运作	
逆向物流运作模式的选择和绩效评估	掌握	影响逆向物流运作模式选择的关键因素 逆向物流绩效评估	企业逆向物流运作模式的选择和绩效评估
	了解	企业逆向物流主要3种运作模式的比较	

知识架构

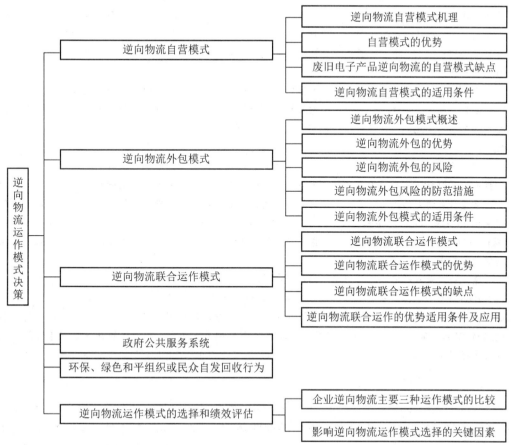

导入案例

索尼逆向物流运作

在日本，索尼公司与其他 5 家日本厂商建立了一个回收网络，它现在已经在日本设立了 15 家回收旧阴极管电视机的工厂。在截至 2006 年 3 月的年度里，索尼公司大约回收了 65 万台阴极管电视机。它的流程是这样的：消费者付费给零售商让他们取回他们的旧电视机和其他设备，然后由零售商转交给相关厂商进行回收再利用。

在美国，索尼公司从 2001 年开始在 18 个州开放 75 个回收中心，这些回收中心将由 Waste Management 公司负责运作。预计同类的回收中心将在一年之内增加一倍。至少每州都设一个回收中心，而且最终实现全美的回收中心总数达到 1 000 个以上。索尼公司甚至也会回收其他公司的产品，但是要收取一定的费用。整个计划对于索尼公司来说是一项重要的投资。索尼公司知道方法不对的话，效果是很有限的。与其他公司一样，索尼公司也试用过几年小规模的笔记本电脑和电视机回收计划。公司让消费者们将他们的旧电脑和其他公司的电脑、摄影机和其他数码相机留下，然后通过全国性的回收链在全国回收可充电电池，同时还在明尼苏达州展开了一项电视机回收再利用计划。但是业内对于哪种做法才是最好的并没有形成一个统一的意见。因此，许多厂商也无法做出很好的承诺。在加利福尼亚州，索尼公司、IBM 公司、三星电子公司、佳能公司、飞利浦公司和其他许多厂商都会收取 6~10 美元的回收费。

2007年索尼电子公司将与美国废物处理公司下属的子公司"循环美国"合作，消费者可将手中废旧的索尼品牌电子产品送至"循环美国"在全美范围内的75个回收站，个人无需交纳任何循环处理费用。其他品牌的消费电子产品也可在这些回收站进行回收，但有些特殊材料需要个人承担一定的回收费用。索尼电子公司还计划和"循环美国"不断扩大回收站规模。未来一年内，它们将把回收站的数目增加到至少150个，美国每个州将保证至少有一个回收站。另外，消费者也可以选择将手中的废旧电器邮递到回收站。

索尼电子公司是第一个与美国全国性的垃圾处理公司合作进行废旧电子产品回收的消费电子生产商。苹果、戴尔、惠普等大公司一般都鼓励消费者将废旧电子产品邮寄到指定地点，但通常人们的积极性并不高。索尼的回收计划以"循环美国"在全美范围内的回收站为依托，将为消费者提供更大便利。

2007年索尼酝酿一项包括该公司的视频游戏系统在内的电子消费品回收计划。凡是自愿捐献出他们拥有的废旧电子产品的用户，都将为他们对环保做出的贡献而骄傲。索尼回收循环计划将免费回收所有索尼自家的产品，而对于其他厂商的同类竞品则要收取一定数额的解体费用。该计划目前已经获得美国75家废旧电子产品回收处理中心的加盟支持。所有回收处理中心的名单列表可以通过咨询电话1-877-439-2795获取。如果当前区域内尚未设立回收处理中心，用户可以将废旧产品邮寄往任意回收处理中心。

索尼公司是欧洲回收再利用组织的创始成员之一。

2008年9月，索尼公司宣布启动一项涉及43.8万台Vaio笔记本的自愿召回计划，原因是这些电脑存在潜在隐患，可能导致机器过热甚至烧伤用户，其中涉及中国市场近7.8万台。此前曾有消息称索尼对TZ系列笔记本宣布召回，随后记者联系了索尼相关负责人，但对方否认了召回事件。而这次索尼宣布对TZ系列笔记本电脑实行免费检测维修，可以看出在2007年7月至2008年8月期间销售的VAIO VGN-TZ系列确实存在一定隐患。

从以上案例可以发现，索尼公司在不同区域、公司发展的不同阶段、对不同的产品、对不同回收目的的逆向物流实施不同的回收策略。那有哪些逆向物流运作模式、如何选择、如何绩效评估呢？目前世界上主要有3种产品回收的逆向物流模式，分别是逆向物流的自营模式、逆向物流的外包模式和逆向物流的联合经营模式。另外还有两种模式即政府公共服务系统模式和绿色协会环保人士自发组织的模式。本章将对这5种模式的运作方式、优势、缺点、适用条件、应用领域等问题做出详细阐述，然后分析影响逆向物流运作模式选择的关键因素及逆向物流绩效评估，使读者对逆向物流运作模式的决策有全面了解。

9.1 逆向物流自营模式

9.1.1 逆向物流自营模式机理

逆向物流的自营模式指生产或销售企业建立独立的逆向物流体系，自己管理退货和废旧物品的回收处理业务。在逆向物流自营模式下，企业不仅重视产品的生产销售和售后服务(包括退货的管理)，还重视产品在消费之后的废旧物品及包装材料的回收和处理。企业建立遍及所有本企业产品销售区域的逆向物流网络，以回收各种回流物品，并将其送到企业的回流物品处理中心进行集中处理，如图9.1所示。在这种模式下，产品回收和处理各环节，企业都没有借助任何的外部力量和资源，依靠自身组织独立实现逆向物流运作。

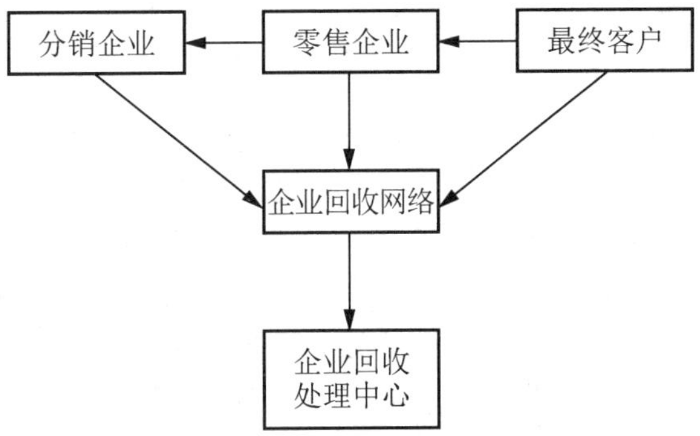

图 9.1 逆向物流自营模式示意图

9.1.2 自营模式的优势

逆向物流采用自营模式有以下优势。

1. 有利于信息反馈以及产品设计的改进

逆向物流企业自营模式和其他模式相比，在信息反馈及对产品设计的改进方面有明显优势。企业直接从顾客手中回收产品，可及时获得产品质量的信息反馈，有利于企业的设计、财务部门及时了解产品的技术缺陷，改进产品设计及生产流程，优化成本核算。

2. 回收处理效率较高

企业自营模式所建立的回收处理中心，只回收本企业生产的产品，产品种类有限，回收处理效率高，也有利于合理调配产品，维护产品品牌形象。

3. 方便与正向物流系统相结合

正向物流是多数企业的主导，从流通产品的数量、价格、时间、空间看，正向物流都比逆向物流重要。在原有正向物流网络的基础上构建逆向物流网络，可以充分利用原有物流网络的资源有利于正向和逆向物流系统的协调运作。

4. 掌握业务控制权，争取市场主动

企业物流系统自营不仅可以对企业内部一体化物流系统运作的全过程进行有效的控制，还可进一步延伸到供应链物流管理过程中，即通过内部信息系统与 Internet，使企业内部产供销物流协同及其与上下游企业的物流协同，以较快的速度解决物流活动管理过程中出现的任何问题，从而保证客户的满意和最终产品的成本降低。此外，企业物流系统自营，还可以运用自身掌握的供应商、经销商以及最终顾客的第一手信息资料有效协调供应链各个环节，及时调整自己的经营战略，在激烈的市场竞争中，掌握业务控制权，争取市场主动。

5. 降低转置成本，减少外购交易风险

物流作业外包，由于信息的不对称性，企业为维持外包物流服务的稳定性与可靠性，相应的监察、协调、集成等转置管理成本也会相应增加。最大的风险是企业无法完全掌握物流服务商完整、真实的资料，由于外包商的不确定性和社会的复杂性以及人的机会主义，可能会引发物流商违规博弈的风险，导致执行外包合约的交易费用上升。而物流系统自营，物流作业处在企业整个业务监控体系之下，协调、监控成本相对大大减少，不确定性因素容易得到控制。

6. 避免机密泄露，保护企业经营安全

任何一个企业的运营都有自身的核心商业机密，这也是企业有别于其他竞争企业的核心能力，如原材料的进货渠道、价格、品项构成、生产制造工艺、技术、产品销售通路、服务手段等，企业不得不采取保密手段。当企业将运营中的物流要素外包，特别是引入第三方来经营其供应、生产环节中的内部物流时，其基本的运营情况和技术就不可避免地向第三方公开。而一般第三方为发挥其规模物流的效率，必将拥有该行业的诸多客户，而这些客户正是企业的竞争对手。企业物流外包就可能会通过第三方将企业经营中的商业秘密泄露给竞争对手，动摇企业的竞争力。因此企业物流系统自营，对企业避免机密泄露、保护企业经营安全有十分重要的意义，这也是企业不愿物流外包的根本原因之一。

7. 提升顾客满意度，提高企业品牌价值

根据有关统计数据报告，在我国目前开展的有限的 TPL 物流服务中，就有 23% 的生产企业和 7% 的商业企业对第三方物流的服务不满意，由此可见，我国物流企业的素质、能力尚处于低水平营运状态，难以代替制造企业实现其顾客满意的价值，为提高顾客满意度、忠诚度，提高企业品牌价值，企业自建物流系统可自主控制营销活动。一方面，企业亲自服务到家，可拉近顾客的距离，使顾客了解企业、熟悉产品，提高企业在顾客群体中的亲和力，树立良好的企业形象；另一方面，企业可以掌握最新的顾客信息和市场信息，从而根据顾客需求和市场发展动向调整战略方案，提高企业的竞争力。

采用这种模式来实施逆向物流，不仅可以及时了解本企业产品的缺陷，不断提高产品质量；可以解除顾客的后顾之忧，增加顾客忠诚度；而且还可以塑造良好的企业形象，增强企业的竞争优势。总之，在当今竞争日益激烈的市场环境下，采用自营运作模式能迅速掌握大量关于顾客需求、喜好及对产品和公司的建议等第一手信息，使得企业能大大提高其反应速度，成为获得竞争优势的有力武器。

9.1.3 废旧电子产品逆向物流的自营模式缺点

电子废弃物是废弃电子产品或电子电气设备的简称，它包括各种废旧的家电、通信设备、电子和电气工具以及被淘汰的电子仪器仪表、电脑等。当前，走可持续发展之路，发展循环经济，减少电子废弃物产生的污染并促进回收利用，已成为世界各国、各环保部门和相关企业关注的焦点。

电子废弃物具有以下特点。

1. 高增长性

随着电子产业技术水平日益快速地不断升级和社会对电子类消费产品需求的不断更新和膨胀，电子产品被废弃和淘汰的速度越来越快。据美国统计，1992 年电脑平均寿命为 4.5 年，到 2005 年仅为 2 年，这将导致今后电脑的废弃量急剧增加。

2. 高危害性

电子产品所用的材料多样，结构复杂，且一般含有毒有害化学物质，若不经处理直接丢弃，其危害是毋庸置疑的。电子废弃物中包含大量《巴塞尔公约》禁止越境转移的有毒有害物。由此可见，若不对电子垃圾加以特殊处理，或将其与城市垃圾一起混合填埋或焚烧，将会对空气、土壤、水和人类造成严重危害。

3. 高价值性

电子废弃物虽含有大量有毒有害物质，但同时也含有大量可回收的有色金属、黑色金属、塑料、玻璃及一些仍有价值的零部件等。典型电子垃圾通常由40%的金属、30%的塑料及30%的氧化物组成，与普通生活垃圾相比拥有的回收价值要高许多。1吨典型电子垃圾的回收价值据估计约为9 000多美元。

4. 难处理性

一方面由于不同电子产品的使用周期、更新替换周期各有所不同，另一方面由于电子产品种类繁多、结构复杂且材料多样，因此，要将电子垃圾完全的资源化、无害化具有相当高的难度。1999年，美国废弃电脑达2 400多万台，其中仅有11%被回收利用，远远低于其它城市垃圾在1997年的回收率。即使在资源化程度较高的欧盟，目前也仅有约10%的电子垃圾被单独收集，而其余与普通城市垃圾被一起处理。

近年来，废弃电子产品不良处置对环境的严重危害及其大量的可回收资源逐步引起了世界各国公众和政府的高度重视，企业在运作逆向物流业务时，可能会遇到以下问题。

1）经营风险加大

企业自营逆向物流，虽然能够减少或规避下游客户的经营风险，但却加大了自身的经营风险，即风险由下游向上游转移。供应链上的需求信息逐级放大的效应，致使上游企业所获得的信息严重失真，这两方面因素共同作用，致使企业经营风险大大增加。

2）逆向物流业务与正向物流业务互相冲突

企业在实施逆向物流过程中，部分回收品业务可能会与产品在正向物流中加工、库存、配送等业务环节上互相冲突，在紧急情况下，企业为了确保产品正常业务的运作，不得不放弃回收品业务。

3）逆向物流需要更先进的相关技术

逆向物流业务对企业的物流技术、信息技术、产品设计和生产能力、人员素质和组织结构等方面提出了更高的要求，且需要投入大量的物力、人力和财力。因此企业实施逆向物流战略时必须谨慎，决不能草率行事。

4）容易忽视逆向物流自身的特点

逆向物流具有结构复杂、时空分散、不确定性更大等特点，使其在实施过程中的难度加大，因此对这些特点的重视与否和如何在决策和实施过程中将这些特点的决定因素考虑在内，是区分企业逆向物流管理能力和水准高低的最直接的分水岭。

9.1.4 逆向物流自营模式的适用条件

采用这种模式来有效地实施企业逆向物流，通常需要具备几个最基本的条件。

（1）逆向物流量要达到一定的规模。逆向物流系统从收集到处理的各个环节的规模效应都特别明显，如果回收物品的数量过少，企业将难以承受巨额成本，甚至日常的运行成本都难以弥补。

（2）具备应有的技术力量。企业不但要熟知产品结构和相关处理技术，而且要具备运行和维护废弃产品处理设备的技术力量。

(3)拥有雄厚的资金实力。建立一个逆向物流运作系统,不仅在软、硬件两方面均投资巨大,而且投资回收期相对较长。

因此,逆向物流自营模式适合于社会产品总量较大、专业性强、且其回收再利用价值相对较高的产品和经济技术实力比较强大的大型企业,或者是法律规定企业必须回收处理或召回的,主要包括退货和维修(召回)、废旧物品的回收处理、包装材料的循环使用等。IBM、DELL、NEC、松下、东芝等著名的电子产品制造商电子生产企业已经建立了自己的逆向物流系统,并已经开始实施具体的产品回收业务。在国内,2002年6月,诺基亚公司开展绿色环保回收活动,回收废旧手机、电池及配件,在全国98个城市设置了160多个专门的回收箱,到2007年10月初,已回收3万多部废旧手机。这些回收的手机及配件将从上海集中运往新加坡,交专业公司处理,而手机电池则运往法国处理。摩托罗拉公司曾在我国一些地区推行回收手机废旧电池板的活动并与中华人民共和国环境保护部联合推出"绿色中国计划",在北京、上海、广州等6城市回收废旧手机及配件,并集中送往天津压碎,再运到新加坡回收其中的塑料和贵重金属,电池则被运往韩国回收其中的镍、铁等。

2004年,我国颁布了《缺陷汽车产品召回管理规定》,并相继有一系列相关的法律法规颁布。所以,国外汽车企业的逆向物流管理大都采用自营模式。这也与国外很多汽车生产商是实力较强的大型企业有关。例如,奔驰、戴姆勒—克莱斯勒、宝马、福特等世界著名汽车厂商都曾有过召回产品的纪录,并且召回的全过程和最终的处置都是由这些厂商自己独立管理完成的。

9.2 逆向物流外包模式

9.2.1 逆向物流外包模式概述

逆向物流的外包模式指生产或销售等企业,为集中精力增强核心竞争能力,通过协议形式将其回流产品的回收处理业务,以支付费用等方式交由专门从事逆向物流服务的企业负责实施(图9.2)。外包是一种长期的、战略的、相互渗透的、互利互惠的业务委托和合约执行方式。这种方式的承担者就是第三方物流公司。依据《中华人民共和国国家标准 物流术语》,第三方物流(Third Party Logistics,TPL)指"接受客户委托为其提供专项或全面的物流系统设计以及系统运营的物流服务模式。"它是由供方与需方以外的物流企业提供物流服务的业务模式。

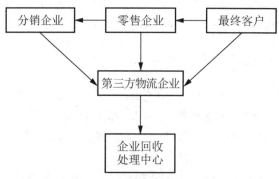

图9.2 逆向物流的外包模式

企业将逆向物流业务外包，可以减少企业在逆向物流设施和人力资源方面的投资，将巨大的固定成本转变为可变成本，降低逆向物流管理的成本；由于外包服务的专业化运作，可以提高服务质量，可以集中精力在自己核心业务上，更利于提高企业竞争力。

9.2.2 逆向物流外包的优势

将物流外包给专业的第三方物流供应商(3PL)，可以有效降低物流成本，提高企业的核心竞争力。具体说来，将物流业务外包能够带来以下优势。

1. 企业得到更加专业化的服务，从而降低营运成本，提高服务质量

当企业的核心业务迅猛发展时，也需要企业的物流系统跟上核心业务发展的步伐，但这时企业原来的自理物流系统往往因为技术和信息系统的局限而相对滞后。与企业自营物流相比，3PL可以集成小批量送货的要求来获得规模经济效应，在组织企业的物流活动方面更有经验、更专业化，从而降低企业的营运成本，改进服务，提高企业运作的灵活性。

通过将物流外包给3PL，委托企业不但可以引入资金、技术，同时也可以根据自己的需要引入"外脑"。物流方面的专家或是专门人才不一定属于该委托企业，却可以成为企业所使用的一部分有效的外部资源。特别是对于那些财力、物力有限的小企业而言，通过将物流外包，更容易获得企业所需要的智力资本。例如，第三方物流可提供针对退货过程的仓储服务，退货产品根据客户的需要进行抢救、处置或退回制造商。

外包逆向物流过程使质量保证也得到了好处，这些第三方企业的逆向物流管理信息系统通常可让企业利用计算机进行产品追踪。通过追踪获得的信息也是进行营销研究的重要资源，企业可以使用这些信息做更有效的决定，以便进一步降低退货率。

另外，逆向物流外包有利于信息反馈，有利于优化产品设计。第三方逆向物流企业为方便回收处理的拆卸加工等，往往从逆向物流专业的角度，提出改进产品设计、原材料构成等方面的建议，有利于企业及时优化产品设计和生产流程。

在逆向物流的重要性不断显现的时候，许多公司都不能把握好逆向物流流程所必需的复杂网络。因此这些公司将逆向物流流程的全部或部分外包给拥有运作逆向物流的必要资源的第三方物流企业。据报道，国际物流巨头如UPS、联邦快递等公司已经进入我国并专门提供逆向物流管理服务。

2. 解决本企业资源有限的问题，更专注于核心业务的发展

企业的主要资源，包括资金、技术、人力资本、生产设备、销售网络、配套设施等要素。资源的有限性往往是制约企业发展的主要"瓶颈"，特别是在当今时代，技术和需求的变化十分复杂，一个企业的资源配置不可能局限于本组织的范围之内。即使对于一个实力非常强大、有着多年经验积累的跨国企业集团来说，仅仅依靠自身的力量，也是不经济的。物流外包策略对于企业有限资源的合理利用非常重要，国内外的许多企业正是通过利用物流外包，突破原有的资源"瓶颈"，获得了难以想象的增长速度。如safeway公司取消了在退货方面的投资，并将退货从自身的网络中转移出去，将重点集中在自己的核心业务上。

利用物流外包策略，委托公司可以集中资源，建立自己的核心能力，并使其不断提升，从而确保委托公司能够长期获得高额利润，并引导行业朝着有利于企业自身的方向发展。应该认识到，无论企业是处于扩张期还是压缩期，大多数企业用于投资的资金总是有

限的，通过 3PL 可以节约资金和资本投入，使公司资本集中在主要的、能产生高效益并取得主要竞争力的业务上。通过 3PL 不仅可以减少物流基础设施的新投资，而且可以腾出自有仓库与车队所占用的资金，并把资金用在更有效率的地方。如施乐公司将更换办公室打印机的逆向物流现场拆装工作全部外包。

3. 可以提高企业的运作柔性

委托企业选择 3PL 的重要原因之一是提高柔性的需要。企业可以更好地控制其经营活动，并在经营活动和物流活动中找到一种平衡，保持两者之间的连续性，提高其柔性，使实行物流外包的委托企业由于业务的精简而具有更大的应变空间。

4. 降低风险，同时也可以同合作伙伴分担风险

逆向物流系统的建设对于大部分企业而言是一项风险投资。逆向物流业务对企业的生产能力、物流技术、信息技术、人员素质、组织结构等方面提出了新的要求。逆向物流系统中的回收处理中心的建设、处理设施的配置，以及信息系统的研究和开发等都需要大量的资金，并且资本回收周期很长。同时逆向物流系统建设和实施，需要大量的专业技术人员和管理人员。对于一般的中小企业来说，这种高投资带来的高风险不应是其首要的选择。因而将逆向物流业务外包给专业的物流供应商，无疑是分担风险的一个不错的选择。第三方逆向物流企业，实行的是规模化经营，面对的是众多的客户，通过将退回的产品集中起来进行分类处理，提高处理速度，本身就可以产生规模效益。

第三方逆向物流商以获利为目的，这种管理模式的特点以及所适用产品的特点见表 9-1。

表 9-1 第三方逆向物流管理模式及适用产品的特点

模式特点	适用产品特点
第三方负责废旧产品的回收、处理和再利用 生产者投入较低成本，不存在财物风险 生产者专注核心业务 覆盖各种规模公司的多样产品 第三方逆向物流商以获利为目的 生产者更多关注自己核心业务	产品生命周期短，市场需求受新技术影响大 返品率变化较大 产品时间边际价值高 再利用产品市场或和新产品市场一致或是第三方物流商开拓的新市场 不一定形成闭环供应链

近年来，随着生产者对自己核心能力关注的提高，采用第三方来完成逆向物流管理逐渐成为企业最重要的战略管理选择。但这种方式在运作过程中也面临一些困难，如分拆处理废旧产品时，为了保证资源的最大化再利用，需要知道产品的设计知识，这就关系到与生产商的核心保密技术的协调问题。此外还涉及第三方逆向物流商再生的零部件、原材料的市场需求问题，即如何有效开拓再生资源新市场。

9.2.3 逆向物流外包的风险

企业采用第三方逆向物流企业，可以在一定程度上降低风险，让企业谋取更高的经济效益和更广阔的发展前景。但在外包的过程中，风险虽然得到了减小，但是也带来了新的风险，主要表现在以下几个方面。

1. 合作管理中的风险

例如，不现实的期望和服务要求，缺乏双方共同的利益和目标，缺乏高层的支持，双

方权利上的不平等；成本与定价不合理，缺乏信任，沟通不良；对市场变化不能做出相应的改变，服务水准不确定，承诺高，实施低等，都是导致第三方合作风险与合作失败的可能的原因。这是因为合作双方未达到共识或者物流服务方承诺过高而造成的，因为在签订合同时，合作双方都可能存在某些疏忽和大意。

2. 企业物流管理人员存在有抵触情绪

第三方逆向物流合作协议一般由公司高层领导决定，但在具体操作中，必须得到公司各个部门的实际支持。对购买方来说，第三方逆向物流合作将对公司的经营方式产生重大影响，而这些部门管理人员可能从合作初就产生抵触情绪。这种抵触情绪对第三方逆向物流合作的影响不可低估。如一些管理人员会对本职工作采取消极态度，当合作中出现困难或障碍时，就会形成一股很强的反对势力来阻碍合作进程，当这种隐藏的抵触情绪发展成对合作失败的渴望时，就会对第三方逆向物流合作产生致命性的危害。特别是很多企业原来就有逆向物流管理机构，有很多从事逆向物流工作的人员，如果把逆向物流业务外包给第三方去做，无疑会产生多余的物流工作人员，要让这些员工下岗就必然会遭到这些人员的不满，情况严重时，还可能损害企业的形象，给企业带来很大的影响。

3. 可能会有失去控制的危险

企业的终端销售情况由第三方逆向物流公司第一手接触，生产企业只是随后才能知道终端的销售情况，这样企业就极有可能不能直接控制逆向物流职能，不能保证货物回流情况的准确和及时，不能快速地有效地提高经营绩效。对贵重物品的退货，处理过程要经过检测、维修、分解、处理或者再制造等一系列复杂的过程，在这一过程中的业务出错会导致以下几种可能出现的问题：①资金损失；②CRM 质量差，可能导致顾客不满损坏其形象；③可能会遗失完好物品和错把完好物品当成缺陷物品来处理，或者配送时间跟不上，耽误维修好的物品的最佳销售时期；④处理退货物品时，技术欠缺，或者发现了技术漏洞也不能及时反馈，耽误生产企业改进技术的最佳时机。

4. 合作风险也即信用道德的风险

企业与第三方逆向物流企业的关系实际上是一系列委托与被委托、代理与被代理的关系，是完全以信用体系为基础的，存在着服务商的稳定性和质量下降或不履行先前的承诺等风险。第三方逆向物流运作过程中体现的关系，实际上就是处于信息优势与信息处于劣势的市场参加者之间的关系。由于信息不对称现象的存在，使得第三方逆向物流运作合同难免出现道德风险问题。

5. 未来的不确定性增加

不确定性是企业面临的固有风险。生产环节的增多、销售区域的扩大、公司雇员文化的差异等商业环境的变化，都可能为企业的发展带来不确定的影响。

6. 企业选择第三方逆向物流供应商时存在的风险

如果由于信息不对称和信息不完全，企业合作伙伴选择不当，不仅会减少企业的利润，还会使企业失去其他的机会，从而无形中抑制了企业竞争力的提高，增加了整条供应链的运行成本。

7. 计算逆向物流成本的科学与否直接关系到企业经营逆向物流的利润

逆向物流成本包括物流各项活动的成本，如商品回收、检验、分拆、处理、检验后的配送、分拆后的运输、检验分拆后的包装、运输、储存、装卸搬运、流通加工、信息处理等方面的成本与费用，这些成本以费用之和构成了物流的总成本，也是物流的总投入。公司支付给第三方逆向物流公司的逆向物流费用并不是逆向物流成本的全部，它还包括了企业内部所消耗的物流成本，如管理成本、外包成本也即委托费用等。

8. 逆向物流服务不能满足最终客户需求

合作过程中，由于逆向物流服务供应方所提供的物流服务不能满足最终客户需求，或企业虽然认识到逆向物流服务对自身发展和客户关系管理的重要性，但对第三方逆向物流服务绩效缺乏有效的监督和约束机制，不能直接和适时控制物流服务质量，在这种矛盾状况下就会产生逆向物流服务不能满足最终客户需求的合作陷阱。而在逆向物流服务日益重要的情形下，这无疑会给企业带来不利的影响。

另外，在处理退货物品时，技术人员发现的技术缺陷或者技术漏洞也不能及时反馈，耽误生产企业尽早改进技术、减少损失的时机，也可能会泄漏商业秘密和内部资讯，同时由于企业把业务外包给第三方逆向物流企业去做，放弃了自己对逆向物流专业技术的开发，这样对第三方逆向物流公司过分依赖，可能会错过发展自己核心业务的机会。

从我国的物流发展水平来说，我国的逆向物流市场还处在刚刚起步阶段，缺少能进行全程回收处理的专业第三方企业，现有的企业或是规模较小，或是回收处理技术落后对环境污染严重。如果企业将逆向物流活动外包，可能会有废旧产品回收处理工作不能按期完成以及以企业利益为先不惜以环境为代价的不良结果，再有我国在这方面缺少相关法规和行规进行规范，企业与合作方的信息有被泄漏的风险，进而可能造成企业的核心技术和关键信息泄漏的严重后果。

9.2.4　逆向物流外包风险的防范措施

（1）要仔细分析企业的逆向物流业务是外包、自营还是外包与自营混合。企业在进行物流决策时，应根据自己的需要和资源条件，综合考虑以下主要因素：① 逆向物流对企业成功的影响度和企业对逆向物流的管理能力；② 企业对物流控制力要求；③ 企业产品自身的物流特点；④ 企业规模和实力；⑤ 第三方逆向物流的客户服务能力。

（2）企业可以采用分包的方式，把大部分业务分包给第三方逆向物流公司，而其中的关键业务留给自己，特别是涉及关键技术的方面，可以由企业自己提供技术人员来检测退货物品，控制检测关，这样就可以保证及时反馈技术或者设计缺陷。

（3）要正确选择第三方逆向物流企业。物流外包决策中很重要的一个问题是外包伙伴的选择。首先需要对外部的潜在逆向物流供应商进行调查、分析、评估，调查逆向物流供应商的管理状况、战略导向、信息技术支持能力、自身的可塑性和兼容性、行业运营经验等，评价其从事逆向物流活动的成本状况，长期发展能力，信誉度等。特别是对于物流供应商的承诺和报价，企业务必认真分析衡量。在评价的基础上，对潜在的多个逆向物流外包伙伴进行比较，从中选择最适合企业需要的外包伙伴。

（4）建立逆向物流物品跟踪系统，切实跟踪退货物品在每一个回收环节的情况，并且要建立退货管理信息系统。这样就可以减少完好物品失踪或者贵重物品的零件遗失的危险。

（5）不把价格当成选择物流供应商的决定性因素。仔细估算逆向物流整个过程的物流成本，并把这一结果纳入选择物流供应商的考虑因素。若对方的要价低于这一估算值，则要考虑该第三方逆向物流企业有没有欺诈的企图了。

（6）要与第三方逆向物流企业建立战略伙伴关系，把它纳入供应链的一部分。对企业而言，与第三方逆向物流合作不仅能降低库存持有成本和物流服务管理成本等企业物流综合成本，还能使企业获取集中于核心竞争力、增强客户满意度、提高企业灵活性等诸多利益。如果合作顺利的话，可以实现合作共赢的目标。为此，要与第三方逆向物流企业建立战略关系而不是狭隘的交易关系，让第三方逆向物流企业明白生产企业的需求，并在合同上写清楚企业所要求的逆向物流服务，不能含糊或者笼统。

9.2.5 逆向物流外包模式的适用条件

逆向物流的外包模式，适合逆向物流的大多数经营项目，无论是产品退货、维修(召回)，还是报废后废旧物品的回收，都可以部分或全部采用外包的模式。技术和经济实力较弱的中小企业，无力投资进行逆向物流系统的建设，缺乏从事逆向物流的专业知识、技术和经验，第三方的专业化运作就显得更有优势，更适合外包逆向物流业务，以降低企业经营成本；实力较强的从事电子产品生产的大企业，部分或全部逆向物流活动外包，有利于实施专业化运作，增强核心竞争力。

芬兰库萨克斯基公司是电子产品第三方逆向物流的典型企业，它专门为大量使用电子设备的客户提供全套产品逆向物流服务，根据不同客户的需求，制订产品回收计划并签订回收协议，定期到这些公司、机构及政府有关部门回收废旧物品。芬兰每年回收利用的电子产品及家电设备达 2 万多吨，其中约 50% 由库萨克斯基公司加工处理。3M 公司自 1996 年起就将逆向物流外包给了两家物流服务商，委托他们处理由零售商及企业用户处退回的约 50 000 件的商品。

而英国邮政更为先声夺人，它们最近推出了一项新的逆向物流服务，该项服务可通过更加有效的退货管理，帮助零售商节省上百万英镑的开支，据悉，目前英国 safeway 公司已经成为首家同英国邮政合作开展退货服务的零售商。英国邮政可直接在 safeway 公司的网点对错投、损坏的商品，或对那些撤销订单的商品进行退货管理。双方希望通过有效的管理，取消 safeway 公司内部的仓储运营、库存以及货物搬移等环节，从而为该公司带来成本上的大幅度下降。英国邮政正在全国范围内向 477 家商店拓展此项服务，该项服务目前只适用于在非食品类物品领域开展。按照有关协议条款，英国邮政将对 safeway 公司位于斯文顿的仓库里的所有退货进行估价，货品估价、清点完成以后，safeway 公司就可以通过不同的渠道，在最大限度保证利益的前提下，通过重新分发、重新出售、重新整理以及丢弃等方法，迅速、有效地清除仓库里的商品。目前，该项服务的试验已获得成功，双方接下来的合作可以使 safeway 公司取消在退货方面的投资，并将退货从自身的网络中转移出去，将重点集中在自己的核心业务上。逆向物流的市场是巨大的，同时更是开放的。国内对这一领域的专业开发无论是服务或软件系统都存在着大量的空白和潜在空间，对于产品企业而言，拥有良好的逆向物流系统将使它们减压增劲，巩固实力；对于第三方物流，软件开发商等服务提供商而言，逆向物流这桌丰盛和美味的大餐才刚刚开席。

9.3 逆向物流联合运作模式

9.3.1 逆向物流联合运作模式概述

逆向物流的联合运作模式是指生产相同或相似产品的同行业企业进行合作，以合资等形式成立联盟组织，来建立共同的逆向物流系统(包括回收网络和废弃产品处理工厂)，并且负责各合作企业的逆向物流，同时也可为非合作企业提供逆向物流服务。在政府管制条件下建立联合逆向物流系统，不仅可减轻单个企业在建立逆向物流系统上的巨额投资压力，具有专业技术优势，容易实现规模经营，而且还可为各合作企业提供廉价原材料，保证该企业运作过程中的原材料来源，实现企业间合作共赢。工业同盟或行业协会在管理逆向物流的过程中，也可以发挥其独特的作用，将类似的很多企业联系起来共同面对逆向物流的管理，从而实现规模效益和技术进步。

从图9.3中可以看出，各企业的产品从终端消费进入联合回收网络，然后进入处理系统，并且根据产品的不同状况采取产品再利用、部件再利用、原料再利用或不利用(废物处置)等方式进行处理，在法律限定的框架内追求效益的最大化。各企业之间还要根据先前的合作条件分担成本、分享利益。

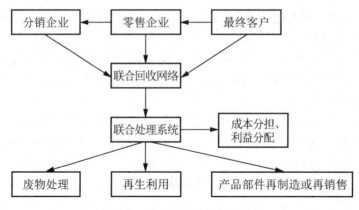

图 9.3　逆向物流联合运作模式

9.3.2 逆向物流联合运作模式的优势

1. 资源共享

处理回流物品并回收其中的资源，不仅需要先进的技术，还需要相当大的资金，而这通常是单个企业难以承担的。因此，作为生产相同或相似产品的诸多企业，有可能通过合资等方式，建立面向各合作方甚至整个行业的专门从事逆向物流特别是回收处理废旧物品的企业。一般来讲，建立联合逆向物流系统的行业集中度比较高，行业内的一些领先企业具有比较大的影响力，可以推动多家企业进行合作。再者，这种模式还能在一定程度上解决小规模生产商进入逆向物流领域的高门槛问题。小企业只需加入行业的联合责任组织，就能共享该组织的逆向物流设施和管理功能。

2. 规模化、专业化

联营运作模式相对于生产商自营模式来说最明显的优势在于，联合体回收的是同类的具有相似性的产品，这样便提高了规模经济，只需建立少数回收处理中心，减少了产品回收的中间环节，节约了回收成本。同时生产商联合体可以在行业内做到真正的回收处理专业化，发展适用于整个行业的专门技术。

9.3.3 逆向物流联合运作模式的缺点

逆向物流联合运作模式也不可避免地具有以下缺陷。

（1）产生的问题在成本分担方面。在一个联合体中，每一个生产商应当负担多少逆向物流费用，采用什么样的机制去辨别和计算这些成本，这样的机制在多大程度上是精确的，这些问题都涉及这个公共的逆向物流系统的设计机理。同时，在一个行业的产品类别中，生产责任组织往往可以垄断 EOL 产品的市场价格，这更给系统的成本反馈方面造成了负面影响。

（2）信息流通方面，尽管联合体回收的是同类产品，但它们在一定程度上仍有各自厂商的专业机密信息，而联合责任组织很难获得这些信息，增加了回收拆卸工作的难度；而关于某种产品在拆卸过程中获得的信息也较难反馈到该产品的设计者处。

（3）生产商联营模式较难以形成产品的闭环回收网络，因为 EOL 产品被联合责任组织回收之后，不太可能进入该产品的闭环再循环，而只能进行其他产品的再利用和再制造工作。

（4）联盟的伙伴往往很难寻找，且企业之间存在信任危机的风险。

9.3.4 逆向物流联合运作模式的适合条件及其应用

采用该模式来有效实施企业逆向物流需要具备的主要条件有以下 3 点。

（1）产品之间存在的较大的类似性。产品在原理、构造、规格以及处理流程等方面的类似，才能共享逆向物流系统的设施设备，才能获得较好的效益。

（2）成员企业在各方面均存在较大的相似性。除了产品的类似性外，成员企业本身在规模、经营方式以及消费者的特点方面也应存在较大的相似性。比如，各成员企业的顾客在地域上的相似，可以大大节省建立回收网络方面的成本。

（3）具备专业技术力量或能得到各成员企业的技术支持。技术障碍是联合运作模式和 PRP 运作模式可能遇到难以解决的问题。各成员企业的产品虽然基本类似，但企业为了追求差异化以吸引顾客，满足多样化的需求，各企业产品在材料、设计等方面往往存在较大的差异，这与联合处理系统效率的提高构成了突出的矛盾。一个通常的解决办法就是各成员企业能够对联合处理系统提供技术支持。但是各成员企业之间往往是类似企业，甚至是直接竞争对手，各企业对核心技术的泄露存在不同程度担心，因而可能不愿提供技术支持。

因此，对于同类企业较多且产品技术较成熟的企业，较容易通过这种模式来实现其逆向物流的运作。

适合于这种模式的物品主要是生产或消费之后的废旧物品，如消费后的废旧家用电器、电子产品、家具、生产过程中报废的金属器具、塑料制品、橡胶制品、纸张和玻璃等，这些物品的回收利用价值较高，有些回收之后经过简单修理可以进入二手市场，有些经过拆借之后可以作为零件重新使用，有些经过拆借处理之后可以作为工业原料重新进入生产领域。因此，对于生产企业来说，废旧物品可以作为重要的零件或原料来源，其中蕴藏着巨大的商机。由于这些废旧物品可能会对环境产生巨大的潜在威胁，因此法律规定生产企业要对产品的整个使用寿命周期负责，承担回收处理的责任。要适当处理这些报废物品并回收其中的资源，不仅需要先进的技术，而且还需要相当大的资金，而这通常是单个企业难以承担的。因此，作为生产相同或相似产品的诸多企业，有可能通过合资等方式，建立面向各合作力量甚至整个行业的专门从事逆向物流特别是回收处理废旧物品的企业。一般来讲，建立联合逆向物流系统的行业集中度比较高，行业内的一些领先企业具有比较大的影响力，可以推动多家企业进行合作。

在日本，电视机生产厂家索尼联合三菱电机、日立制作所、三洋电气、夏普、富士通等15家公司成立了绿色循环工厂，共同建立了一种低成本、高效率的家电再循环系统。在国内，最近有摩托罗拉、三星、诺基亚、海尔等7家国内外手机厂商联合有关机构，在北京发起"移动电话环境保护行动"，承诺将对污染环境的手机及配件进行回收处理。或许，这会成为国内手机企业联合建立逆向物流系统的开始。

9.4 政府公共服务系统

逆向物流涉及面广、物流量大、处理环节多、费用高，靠生产者责任制，生产、流通企业难以胜任所有逆向物流运作责任，特别是涉及公共环境安全时，企业更是力不从心。环境是一种公共物品，一般应由政府来承担或主导实施保护。对于连接生态系统和经济系统，如包装物回收、再生资源回收和废弃物回收处理，政府公共服务系统也应承担相关回收处理工作。比如，我国生活废弃物的收集、运输和处理实施监督管理；对生活垃圾减量化、资源化、无害化处理和粪便、死禽畜、变质肉类等无害化处理的组织实施和监督管理的工作由各地环卫部门负责。

德国在电子废弃物回收方面，回收处理体系主要是建立在市政系统或制造商联盟基础上，市政当局公共废物管理机构免费收集家用电子废弃物，收集费用由市政当局承担；德国电子废弃物收集系统基本由4 500个公共废物管理机构设立的收集点；30 000个商业收集点；以及1 000个生产商提供的收集点组成。

丹麦公共的废弃物管理组织有35个，各地方自治体负责管辖范围内的废弃物管理，并负责垃圾焚烧及填埋业务，其他业务全部委托给承包商负责。在丹麦的奥尔胡斯市，可回收利用物一律由居民在家庭进行源头分类后，送入路边的废物收集系统，由市政当局统一收集后送到垃圾处理设施进行分拣或分选。丹麦在报废电子产品回收方面，由国家建立统一的电子报废产品回收机构，与电子产品生产者签订相应的回收合同，委托该回收机构回收其超过安全使用期的产品。这种回收利用模式中政府或半政府性质的机构直接参与资金、技术、管理等方面的运作。1998年丹麦立法规定，家庭产生的废弃电器，由地方当局负责收集、回用和处置，并征收每个家庭约200~300美元的管理费。

日本在废弃物的回收处理过程中建立起了有效运转的回收处理体系。日本家庭生活垃圾的回收由各级地方政府负责，所需费用主要来自地方税收。

但政府公共服务系统从事具体的回收工作也有弊端。政府作为公共政策的制定者，有着双重身份：一是作为国家的代议者，政府是社会利益代表者，它的行为以社会公共利益为基础；二是政府委托政府官员代理其行为，由官员组成的政府部门的行为很容易倾向于以部门自身利益为基础。

在逆向物流系统中，政府一方面是良好制度的供给者，从整个社会的经济效益、社会效益和生态效益出发，提供相应的制度，制定相应的政策；另一方面政府部门在某些政策的制定和执行中，往往从自身部门的利益出发，比如多点税收，少些支出或尽可能从上级财政预算中争取资金、运作效率低等。所以政府承担可持续发展的责任，主要是进行必要的制度安排，调动各方面的积极性，通过法律、政策、税收、教育等手段来调整各利益主体之间的关系，组织、推动逆向物流，担任裁判员的角色。市场经济，运动员的主体是企业，故许多国家逐步将回收处理工作通过招标等方式交由专业回收企业运作，提高效率。

9.5 环保、绿色和平组织或民众自发回收行为

逆向物流的运作离不开环保组织、消费者的配合和支持。

法国于 2005 年 8 月启用全国性的电子垃圾回收办法，强调全社会共同尽责，起草有关法令前与行业协会和消费者协会协商。

为加强对废电池的回收管理，德国实施了废电池回收管理新规定。规定要求消费者将使用完的干电池、纽扣电池等各种类型的电池送交商店或废品回收站回收。

日本也重视发挥民间环保组织、社会中介的作用。建于日本北海道山区的野村兴产株式会社主要业务是废弃电池处理和废荧光灯处理。他们每年从全国收购的废电池达 13 000 吨，收集的方式 93% 是通过民间环保组织收集，7% 是通过各厂家收集。

美国民间环保组织——"地球行动"在 4 月 22 日"地球日"，在华盛顿、费城和西雅图等城市发起了手机回收利用宣传活动，具体目标是在未来一年内在全美回收 50 万部手机，但更重要的是增强公众的环保意识，以大大提高美国废旧手机的回收利用率。此外，手机回收行动的组织者还鼓励中小学等机构组织起来参与手机回收，这样做既可帮助实现提高手机回收利用率的目标，又可以提高青少年的环保意识，另外，有关学校每回收一部手机还可以得到 1 美元的奖励，可谓一举多得。

2006 年 3 月 24 日，我国由国家几大部委倡导发起的中国废旧电子电器回收联盟正式成立。该联盟是一个纯民间的组织，各联盟成员将成立一家废旧电子电器回收公司，进行专门运营。在国内的回收体系、回收物流、处理基地等也正在积极建设，一旦中国相关法律实施，即可进入应用。

国际绿色和平组织作为全球主要民间环保组织之一，在国内的项目工作包括生物安全、可持续农业、电子废物、气候和可再生能源、森林保护等几个领域。主要是督促厂商在设计、生产的源头上不使用有毒物质。因为所有有毒物质，是不可能通过回收、处理而消失。

逆向物流活动是对可持续发展战略的具体实施，而可持续发展战略的一个重要原则是强调公众的参与。公众参与的内容主要包括：社会个人或团体在环境保护方面的自律，监控他人和企业的违规行为，通过舆论的理论宣传和培训公众的环境意识。特别要发挥行业协会的积极作用，发挥其作为非正式的社会制度对企业间合作的促进作用，通过加强与企业的交流与协作，及时制止企业的违规行为，这样可以克服法律惩罚的延时性和条款不足

带来的机会主义的问题,提高惩罚幅度。建议政府可以给予一定的鼓励政策,以支持这些非正式的社会制度对企业的合作予以促进和提高。

但单纯依靠民间力量也有其缺点。

1. 没有完善的技术链做保证,回收后无法有效处理

如大连市几所高校环保社团联手在学校开展了废电池回收活动,引起了社会各界的关注,在环保志愿者的四处游说下商场和企业也加入到回收队伍中,一系列回收活动引起了政府有关部门和各媒介的支持。但随着回收点的不断增加和回收量的增大,仓库已堆放了近30吨废旧电池,已远远超出了当时的预算,他们希望政府能给予他们相关的政策和资金支持,以便研制技术处理这些废电池。

在北京,一个从2003年起就一直从事废旧电池回收活动的志愿者服务队,如今,面对着大量回收来的废电池开始发愁了。因为它没有处理技术,仅仅只是存放在库房里面,集中回收上来的废旧电池由于长期得不到妥善的处理,很多电池表皮开始变软,表层都是锈迹斑斑,甚至有些已经开始腐烂了。

2. 回收资金困难,有的民间组织生存困难

我国现有近3 000家环保民间组织,缺钱依然是我国环保民间组织的重要问题。七成以上环保民间组织没有固定经费来源。环保民间组织资金最普遍的来源是会费,其次是组织成员捐赠、政府及主管单位拨款和企业捐赠。环保民间组织一直面临经费不足的压力和挑战,致使回收活动难以持续。

另外,单靠民间自发的回收,回收量太小,回收活动不能长期有效的坚持。

9.6 逆向物流运作模式的选择和绩效评估

9.6.1 企业逆向物流主要三种运作模式的比较

综合以上企业逆向物流运作模式的分析、比较,结合企业的实际情况,进行逆向物流运作模式的决策,见表9-2。

表9-2 企业逆向物流运作模式比较

对比项	自营模式	外包模式	联合运作模式
物流成本	较高	低	一般
财务风险	完全由企业独自承担,风险较大	由保险业或第三方承担,企业只承担部分风险,风险一般	由联合体共同承担,风险一般
规模经济效益	不能达到规模经济	明显的规模经济效益	一般
服务质量	一般	较好	可能较好,也可能一般
信息反馈	反馈及时、准确	很难反馈	反馈有难度
产品类型特点	种类较少,差异性不大	分类繁多,差异性大	种类较少,差异性不大
产品设计改进	可以及时改进	较难	较难

9.6.2 影响逆向物流运作模式选择的关键因素

环境效益与经济利益的结合是企业实施逆向物流的总体目标，但是企业在实施逆向物流过程中还有很多困难要克服，因而，在具体运作时，首先必须做出合适的模式选择，这样才能保证下一步能采取有效的管理策略，最终达到环境效益与经济利益双赢的目标。而要想选择适合本企业的逆向物流模式，就必须先分析逆向物流模式选择的影响因素。影响逆向物流运作模式选择的关键因素主要有以下5点。

1. 战略因素

战略因素是指逆向物流和企业的发展战略是否相符，在企业的发展战略上是否处于重要的地位。逆向物流的战略重要性对企业进行逆向物流模式的选择起着至关重要的作用。企业构建逆向物流系统解决废旧电子产品的回收处理问题，是为了满足国家法规要求；还是将来要涉足回收处理废旧电子产品这个行业，企业是否将其视为未来的利润源，站在战略角度重视这一问题。因此，如果企业视逆向物流系统为未来的利润源，从而具有战略意义，则要考虑采取自营模式或联合经营的模式。如果仅是未来满足国家法律法规要求则要首要考虑外包，把精力放在核心竞争力上。

2. 经济性因素

经济性因素是反映逆向物流经济性的指标，主要包括：投资额、赢利性和成本等。

1）投资额

从事逆向物流通常需要进行投资，特别是回收物流系统，需要在回收处理的设施设备以及人力资源等方面投入较多的资金。由于许多产品含有有毒有害物质和不易处理的材料，企业要对其进行适当的回收处理需要有专门的设施设备，并进行严格的环境管理，以确保整个过程不会对环境产生危害。此外，其中一些技术性较强的工作还需要对操作人员进行专门的培训。但是对于不同的运作方式，企业在逆向物流方面所需的投资额是不相同的。在自营条件下，逆向物流方面的投资主要由企业自身来承担；而在联合经营或者外包方式下，企业自身只需承担建立逆向物流系统的部分投资或者基本上不需要承担，而完全由合作企业来承担。

2）赢利性

对企业而言，赢利性是企业必然要考虑的因素。在自营方式下，赢利性主要表现为将废旧物品转变为再生资源，能为企业带来的原材料成本节约，以及逆向物流管理带来的顾客服务水平、产品质量的提高和企业形象的改善等。而在联合经营或者外包方式下，企业在上述几方面所获得的收益可能较少，或者仅仅避免法律法规的惩罚。

3）成本

成本是逆向物流管理中一个不可忽视的因素。当企业采用自营方式时，需要为逆向物流业务支付较高的成本，这主要是因为这些商品通常缺少规范的包装，又具有不确定性，难以充分利用运输和仓储的规模效益；另一个重要原因在于许多商品需要人工的分类、检测、判断和处理，不可避免地增加了人工费用。在采用外包方式和联合经营方式时，企业也需要向合作方支付固定的回收处理费用。此外，还有企业之间合作时的"交易成本"。

3. 管理性因素

管理性因素指生产企业对逆向物流各种运作方式的运用和管理能力，反映逆向物流管理性的指标主要有设施设备管理能力、人员管理与沟通能力、信息管理能力。

1）设施设备管理能力

逆向物流的运作过程中通常需要许多设施设备，包括回收处理设施、检验检测设备、修理设备以及运输车辆等，对这些设施设备的维护保养及管理能力是企业需要考虑的一个重要因素。在采用自营方式的条件下，这些设施设备完全需要企业自己维修保养和管理；而在联合经营或者外包方式下，这些工作主要由合作企业来承担。

2）人员管理与沟通能力

企业现有员工的业务知识和技术水平能否满足逆向物流的要求，是否需要招聘新员工，是否需要对员工进行培训，以及如何加强企业内部员工的交流与沟通，这是企业在采用自营方式时必须考虑的问题。而在联合经营和外包方式下，企业还需要加强与外部合作企业员工的交流和沟通，以保证良好的合作关系。因此，在不同方式下的人员管理和沟通能力是企业需要考虑的重要因素。

3）信息管理能力

在采用自营方式的条件下，企业可以通过加强企业内部的逆向物流信息的管理，实现信息共享，不断提高产品和服务质量。在采用联合经营与外包方式的情况下，企业还需要加强与合作伙伴的信息交流与沟通。因此，逆向物流信息的管理能力同样是企业逆向物流决策中要考虑的因素之一。

4. 技术性因素

技术性因素指逆向物流对技术水平的要求。在逆向物流的某些环节尤其是废旧物品处理环节，通常需要专门的技术设备，需要技术工人，才能实现废旧物品的再生利用或者无害化处理。

5. 社会因素

包括客户满意度、环保、社会责任。客户的价值在于他可以为企业带来直接的经济收益。客户可能是最终的消费者，也可能是中间商或零售商。竞争的加剧和产品供应量的增加，意味着买家在供应链中的地位提升。零售商可以拒绝承担未出售商品和过度包装品的处理责任，顾客也可以退换不满意的产品。在这种环境中，只有维系客户的满意度，并努力培养客户的忠诚度，才能赢得信任，占据长久不败的市场份额。

企业在进行逆向物流模式选择时需要慎重考虑各个方面的情况，结合各自企业的资源状况、战略发展方向来选择适合自己的逆向物流经营模式。例如，在我国家电行业以及电子计算机行业中，小企业适合将逆向物流业务外包；物流基础雄厚并且技术经济实力很强的企业适合建立自营模式；而有一定经济实力的企业缺乏物流基础的企业比较适合逆向物流联合经营模式。我国有一定规模的家电及电子产品生产企业大都缺乏物流基础，通过组建行业内企业联合经营的逆向物流网络，共同回收处理废旧电子产品，不仅可以完成国家法规要求、树立企业良好公众形象，而且由于国家对环保要求越来越严格，投资于废旧电子产品回收处理工作将在未来成为企业新的利润源。

在现实的逆向物流实践中，企业通常会根据需要为逆向物流过程中不同的活动、逆向物流发生的不同区域，选择不同的运作模式，综合利用几种模式来实施逆向物流。

知识链接

逆向物流影响因素

> 国内外学者对逆向物流影响因素的研究成果还包括以下内容，有兴趣的读者可以参考有关资料深入研究。影响因素还包括生态环境、经济效益、成长与利益、竞争者、利于知识管理、企业形象、环境责任、伦理标准、个人责任、产品生命周期、绩效水平、逆向物流处理、产品创新、废物减少、资源减量化、环境友好、政府法规、企业竞争力、顾客便利性、服务水平、客户满意度、市场信息、企业文化、竞争优势、降低成本、新技术应用、增加收入、提高赢利能力、供应商、法律法规等。

9.7 逆向物流绩效评估

关于逆向物流绩效评估方法，主要有层次分析法、模糊综合评价方法、数据包络分析法、模糊聚类分析法、灰色关联分析法等，这些方法各有优缺点，在具体应用于逆向物流时应根据企业的具体情况来采用。

在对逆向物流运作状况全面评估的基础上，还应该及时查漏补全，对于体系运作中存在的问题及时做出相应的调整，以保证整个系统的稳定有序运行。

逆向物流绩效评估指标体系见表9-3。

表9-3 逆向物流绩效评估指标体系

效用指标		运营指标		环保指标	
客户服务水平指数	缺货率 送货出错率 顾客满意度 平均交货期 交货柔性	管理水平指数	设备时间利用率 业务流程规范度 管理人员比重 决策准确性	资源再利用指数	再循环材料利用率 产品回收率 包装回收率
运输效率指数	运输能力 车辆满载率 运输频率 运输准确率	企业影响力指数	信息化水平 设备先进程度 市场占有率 市场增长率	循环经济指数	生态效率 资源整合利用率
成本指数	成本降低百分比	企业声誉指数	员工素质 经营理念认同度 市场信誉 社会责任	污染降低指数	废弃排放率 废水排放率 废弃物合理处置率

逆 向 物 流

 阅读助手

物流如何外包

由于物流业务外包市场是买方市场,在分析外包过程中出现的问题,往往将原因或根源归结在供应商方面,而需求商方面存在的不足却很难被人发现。良好的外包合作关系是建立在相互信任和尊重的基础上,物流作业一体化的程度决定着物流供应商的服务水平和需求商的满意度。需求商如要成功实施外包,并与供应商建立良好、互利、长期的外包合作关系,应注意以下几个方面的问题。

1. 正确理解物流外包

虽然"外包"目前是一个流行的词语,但并不是每一家企业都应该采用外包,企业应深入分析内部物流状况,并探讨物流是否是企业的核心能力,物流是否能为企业带来外部战略经济利益;如何在无缝衔接的基础上调整业务流程,进行职能变革;如何对外包的物流功能进行持续有效的监控;企业文化是否鼓励创新与变革;企业领导和员工对变革持何种态度等。外包本身并不是企业发展战略,它仅仅是实现企业战略的一种方式,企业应确定在行业中是否存在有能力和可供选择的供应商,否则,实施外包不仅不能成功,反而外包了一系列问题。企业只有在拥有了合适的合作伙伴,企业内部管理层也认识到外包的重要性而且清楚针对外包应做的准备工作,才能决定是否实施外包。

2. 严格筛选物流供应商

在选择供应商时,首先要改变现有的观点,即仅着眼于企业内部核心竞争能力的提升,而置供应商的利益于不顾,需求商应以长远的战略思想来对待外包,通过外包既实现需求商利益最大化,又有利于供应商持续稳定的发展,达到供需双方双赢的局面。在深入分析企业内部物流状况和员工心态的基础上,调查供应商管理深度和幅度、战略导向、信息技术支持能力、自身的可塑性和兼容性、行业运营经验等,其中战略导向尤为重要,确保供应商有与企业相匹配的或类似的发展战略。供应商的承诺和报价,需求商务必认真分析衡量。报价应根据供应商自身的成本确定,而非依据市场价格,报价不仅仅是一个总数,应包括各项作业的成本明细。对于外包的承诺尤其是涉及政府政策或供应商战略方面的项目,必须来自供应商企业最高管理者,避免在合约履行过程中出现对相关条款理解不一致的现象。

3. 明确列举服务要求

许多外包合作关系不能正常维持的主要原因是服务要求模糊。由于服务要求没有量化或不明确,导致供需双方理解出现偏差,供应商常常认为需求商要求过高,需求商认为供应商未认真履行合约条款。例如:供应商在没有充分了解货物流量、货物类别、运输频率的情况下就提交了外包投标书;或者供应商缺乏应有的专业理论知识,不能对自身的物流活动予以正确的、详细的描述等,需求商应该详细列举供应商应该具备的条件:生产能力、服务水平、操作模式和财务状况。比如:订单是否能够100%完成,准时率是否能够达到100%等。

4. 合理选择签约方式

分别签订仓库租赁合约和操作合约,这样两个合约单独履行,互不影响,即使取消了操作合约,仓库租赁合约仍然生效。要注意不同企业商业文化的差异,特别是企业的上游和下游,对两者都要提前做出判断,从而有效协调沟通,确保与供应商签定的合约满足各方的需求,实现各自目标。合约不可能对环境变化做出全面准确的预测,签订前后的各种情况会有所不同,诸如行业政策、市场环境、供应商内部发展状况等,同时,供应商签订合约的成员不再是合约的执行者,合约执行时间越长,需求商将会越不满意,在某种情况下,即使供应商的操作方式或理念比较超前,但并不一定适合需求商发展的需要。

5. 共同编制操作指引

需求商不能认为外包作业是供应商单方面的工作，与供应商一起制定作业流程、确定信息渠道、编制操作指引，供双方参考使用，操作指引能够使双方对口人员在作业过程中相互步调一致，也为检验对方作业是否符合要求提供了标准和依据。

6. 提前解决潜在问题

建立外包合作关系后，认真细致地考虑未来发生的变化及潜在的问题，在问题出现之前就要提出解决方案。在物流外包方面，有时企业内部物流经理会把供应商当作威胁自己地位的竞争对手。当供应商规模越来越大时，会出现工作官僚化的现象。一种经常使用的方法是与供应商探讨如何解决假设存在的问题，例如何处理客户投诉、服务质量的下降、应变能力的降低等。

7. 积极理顺沟通渠道

导致外包合作关系失败的首要原因是计划错误，其次是沟通不畅，沟通的重要性仅次于计划，供需双方在日常合作过程中出现的问题大多与沟通不畅有关。供应商是顾客关系中最重要的环节之一，供应商应该被包括在企业整个业务链中。建立正确的沟通机制，双方应就矛盾产生的根源达成一种共识，即矛盾和冲突是业务本身产生的，而工作人员主管原因导致，当问题出现时，双方应理性对待，不要过于冲动，给对方考虑和回复的时间。同时在履行合约的过程中，花费一定的时间和精力相互沟通了解，探讨合约本身存在的问题以及合约以外的问题对维持双方的合作关系是很重要的，这一点常常容易被忽视。

8. 明确制定评估标准

一般情况下，对供应商服务水平的评估是基于合约条款，而合约条款多数只对结果做出描述，因此对外包业务过程不能进行有效的评估，也不能建立适宜的持续改进机制。随着时间的推移，当需求商准备向供应商增加外包项目时，才发现供应商已不符合企业进一步发展的要求。不能有效考核的工作，正是管理薄弱的环节，当建立合作关系后，依据既定合约，充分沟通协商、详细列举绩效考核标准，并对此达成一致。绩效评估和衡量机制不是一成不变的，应该不断更新以适应企业总体战略的需要，促进战略的逐步实施和创造竞争优势。实施外包变革是一个长期的、艰巨而又曲折的过程，合约的签订只是外包的开始，在这个过程中，需要不断地对完成的活动进行考核，甚至包括外包决策，使每个步骤都能达到预期的目的，从而确保变革的有效性，企业不断对供应商进行考核的目的是促使供应商的核心能力得到长期、持续、稳定的发展。

需求商不仅对供应商不断进行考核，也要对企业内部与外包活动相关的职能进行持续监控。外包虽不是企业的核心能力，但它日益成为企业创造竞争优势的重要贡献者。过去，外包决策是基于扩大生产规模而采取的一种短期战术行为，现在它是基于实现资本有效利用的长远目标而考虑的，企业管理者应时时关注、考核自身的核心能力，同时找出问题，加以改进。

9. 适时采用激励方法

绩效考核标准应立足实际，不能过高而使供应商无法达到，同时要有可操作性，但是标准应该包含影响企业发展的所有重要因素。良好的工作业绩应该受到肯定和奖励，供应商或企业内部职能部门即使对所做的工作有自豪感，也同样需要得到承认和好的评价。表扬、奖励、奖品甚至一顿晚宴都是一种激励因素，管理者应充分应用一切有效的方式和方法达到激励的目的。

10. 持续巩固合作关系

物流供应商对企业和企业的客户的服务能力是依靠企业自身的工作表现的好坏，外包意味着双方利益是捆绑在一起的，而非独立的，良好的合作伙伴关系将使双方受益，任何一方的不良表现都将使双方受损。供需双方自我真诚的评估和定位、行为道德、相互信任和忠诚以及履行承诺是建立良好的外包合作关系的关键因素。

习 题

一、判断题

1. 逆向物流的自营模式是指生产或销售企业建立的独立逆向物流体系，自己管理退货和废旧物品的回收处理业务。（   ）
2. 环境是一种公共物品，一般应由政府来承担或主导实施保护。对于连接生态系统和经济系统，如包装物回收、再生资源回收和废弃物回收处理都应由政府公共服务系统来承担。（   ）
3. 逆向物流外包模式存在的风险太大，企业尽量不要采用。（   ）
4. 影响逆向物流运作模式选择的关键因素主要的运作成本。（   ）
5. 环保、绿色和平组织或民众自发回收行为，回收量大，回收活动长期坚持有效。（   ）

二、选择题

1. 逆向物流采用自营模式的优势有（   ）。
   A. 回收处理效率较高
   B. 有利于信息反馈以及产品设计的改进
   C. 避免机密泄露，保护企业经营安全
   D. 提高企业的运作柔性
2. 逆向物流联合经营模式的优势有（   ）。
   A. 回收处理效率较高
   B. 规模化、专业化
   C. 技术先进
   D. 较易形成闭环回收网络
3. 影响逆向物流运作模式选择的关键因素有（   ）。
   A. 战略重要性
   B. 成本
   C. 企业的柔性和灵活性
   D. 企业的核心竞争力

三、简答题

1. 逆向物流自营模式的优缺点是什么？哪些企业逆向物流适合采用自营模式？
2. 逆向物流外包模式的优缺点是什么？哪些企业逆向物流适合采用外包模式？
3. 逆向物流联合运作模式的优缺点是什么？哪些企业逆向物流适合采用联合运作模式？
4. 影响逆向物流运作模式选择的关键因素有哪些？
5. 逆向物流绩效评估的指标体系有哪些？

四、讨论题

1. 与正常的物资采购和供应过程对比，逆向物流中的"供应"环节有哪些特殊之处？
2. 产品生产商在逆向物流过程中可以发挥哪些作用？

案例分析

UPS 为 MBS 提供的图书退货逆向物流服务

MBS 是一家规模庞大的教材交易公司，旗下有一家经营网上虚拟书店的分公司，该书店向附近地区的培训机构、高校及中学提供教材及教辅资料的供应。为支持其日益增长的业务，该公司利用 UPS 的专业服务以增强客户服务管理和退货管理。

1. 来自客户的挑战

MBS直销在线书店允许学生购买所需的某门功课的新书、旧书或学习资料;一旦该课程学习结束,学生们还可以将这些书再卖给MBS直销书店。因此,其退货业务与销售业务同样地频繁。

该公司创立于1992年,现已发展壮大成为一家经营范围涉及250 000门课程,服务对象超过130万学生,遍布美国、加拿大、波多黎各的大型企业。面对仍在继续发展的业务,MBS面临更大的挑战,即如何进行图书跟踪、退货管理和资产管理,如何处理跨国际的图书资料的双向物流。为此,MBS将其整个物流服务活动外包给UPS,利用UPS的专业化服务,来提高服务水平,降低退货处理成本,更有效地进行资产管理。

2. UPS的解决方案

为提高图书退货处理的效率,UPS开发了一套基于Web的UPS回收管理系统,为准备退书的学生提供一个网络入口。在课程即将结束的前几周,MBS直销店给那些购买书的学生发封E-mail,将UPS服务入口的链接提供给这些学生。学生们可以单击链接,浏览MBS的退书报价。如果决定接受价格,只需要再单击就可以创建一个UPS退货标签,学生们可将该标签贴在他们的退书包裹上。另外,学生还可根据网络上的说明,安排UPS的收货计划。

贴有标签的包裹可以送交UPS的任何一个司机或UPS的任一服务网点。这使得学生的退货非常方便。打印的标签含有MBS编制的条形码,其中包含了报价信息、一套客户服务信息、国内账号、目录清单等信息。MBS一旦收到UPS送来的退货,通过扫描标签,系统将自动通知MBS的会计部门处理支票兑付问题,学生也会很快收到通知,告知退书已经收到、书款已经付出等。

3. 成效

UPS的专业服务帮助MBS直销书店大大提高了客户服务满意度和退货管理水平。项目实施4个月,新的系统就处理了110 000个退货标签,比上一年同期水平增加了300%。另外,MBS直销书店预测,新的系统将帮助企业取得15%的年业务增长率。

根据以上案例,试分析MBS图书逆向物流的成功之处,并提出国内书店退货物流的改善措施。

第10章 逆向物流技术

【本章教学要点】

知识要点	掌握程度	相关知识	应用方向
二维条码	掌握	二维码的特点、分类以及二维条码的识读设备	二维码在物流领域中的应用
电子监管码	掌握	电子监管码与商品条码的区别	电子监管码在商品监管中的应用
电子监管码	了解	电子监管码特征与管理要求、电子监管网	电子监管码在商品监管中的应用
RFID技术	重点掌握	射频识别技术的特点、射频识别技术的应用	物流领域中自动识别技术的应用
RFID技术	掌握	RFID的基本原理和工作流程	物流领域中自动识别技术的应用
EPC编码	掌握	EPC与RFID及EAN/UCC的关系	EPC产品电子代码在物流领域中的应用
EPC编码	了解	EPC系统的组成及工作流程	EPC产品电子代码在物流领域中的应用

 **知识架构**

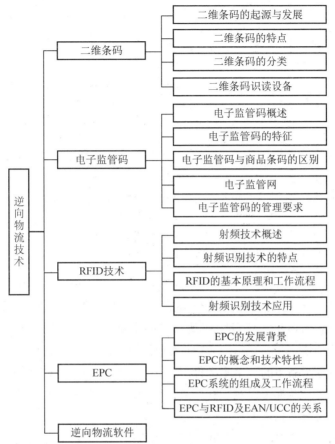

导入案例

Sticki System 采用 RFID 技术实现互动服务

位于北卡罗来纳州的 Targeted Group 专注于帮助客户获取和管理现有和潜在顾客的数据，该公司于 2009 年 3 月发布一个新系统，采用 RFID 捕获顾客信息，并提供一种方式利用这些实时数据识别顾客，实现与顾客间的互动。

Targeted System 采用 Nuwire Corp 开发的 Sticki System 技术，Targeted System 在 3 月收购了 Nuwire Corp。Sticki System 采用 UHF EPC Gen2 标签和阅读器，运行平台是 Microsoft. Net。

Nuwire 的创建者，现 Targeted Group 集团的首席技术官 Cromwell Evely 开发了 Sticki System。Sticki System 是一个移动 RFID 应用，最早设计用于汽车经销商。Evely 称，最早的想法是，汽车经销商向顾客提供 EPC Gen2 RFID 贴纸，贴纸粘在车辆的挡风玻璃上，接着指导顾客在一个安全网站上填写表单，输入 RFID 贴纸的打印序列号和顾客的姓名、联系信息和偏好。汽车经销商可以获取这些信息，Evely 称将每个顾客的服务记录和车辆 RFID 标签的 ID 码相对应。

当顾客开车来经销店时，安装在车道旁一台固定 EPC Gen2 阅读器捕获 RFID 贴纸的 ID 码。标签的读取触发一个服务警报或向店内职工发送一封电子邮件，邮件内容包括顾客的信息和偏好。

2009 年 3 月在新奥尔良举行的 Microsoft Convergence Expo 上，Targeted Group 展示了基于 Sticki System 的方案：Administaff。休斯敦一家为中小型企业提供外包人力资源的 Administaff，在会议上采用该系统精确地获取潜在客户的信息。

> Administaff 向每位参观其展位的潜在顾客发放一张含 RFID 标签的卡片,顾客收到卡片后到一个自助服务亭填写网页表格,输入标签的打印号码、姓名、职务、联系方式和公司信息。通过填写这张表,参观者建立了 Targeted Group 所谓的在线存储空间。
>
> 接着这些参观者被邀请去尝试一个高尔夫球挥杆分析项目,该项目可以鼓励潜在客户参与活动,为服务提供商提供一个机会与潜在顾客建立联系。高尔夫球挥杆分析项目记录了参观者的挥杆视频,对它进行分析,并提供意见和建议。这些信息接着出现在参观者的在线存储空间里。
>
> 安装在 Administaff 展位的一台固定 RFID 阅读器读取每位参观者的 RFID 卡。参观者信息接着显示在 Administaff 员工的一个计算机屏幕上。销售人员通过这些数据可以更好地了解他们的潜在客户,将双方的互动提高到一个新水平。
>
> Targeted Group 计划继续开发和销售 Sticki System,该系统可以特制用于其他多种用途,包括在快餐店和零售店会员项目。据 Evely 称,一家不愿透露名称的全国连锁快餐店计划实施这个系统,将它集成进现有的会员项目和收银平台。顾客可以在一个安全网站在线填写信息,将一张 RFID 贴纸贴在挡风玻璃上。这样当他们订购快餐时,销售人员可以根据他们的偏好向他们提供个性化的订餐体验。
>
> "举个例子,店员们了解到某位顾客喜欢在冰茶里加两片柠檬,喜欢吃鸡肉三明治等。当这位顾客驱车前来时,店员可以上前问好,并询问他们是否喜欢常订的套餐。这种服务非常有效,以全新的方式让顾客感受到个性化的服务。"

发展逆向物流系统的一个最重要的环节是应用信息技术。新技术和尖端技术可以帮助企业收集被回收产品的信息。信息的流动与产品本身的流动一样重要。目前比较流行的 RFID 技术可以应用于搜集产品信息。这种条码包含着产品所有权的多重信息,可以应用到单个产品上甚至是产品中的一个零部件。对于逆向物流系统,使用条码技术使得物品管理非常简便。在任何时候都可以对所有产品进行追踪,实时的产品状况和损坏信息可以帮助物流经理理解逆向物流系统的需求。

数据管理可以使企业追踪产品在客户之间的流动信息,同时也允许企业辨识出于回收目的的产品返回比例。这些信息将会被利用到提高产品可靠性以及识别逆向物流系统中的特殊问题上。信息同样也可以运用到提高产品供应的预测水平上去。就像预测需求水平一样,对产品回收水平的预测可以减少系统的随机性,改善系统性能。

对企业来说,信息化的具体实现方式是信息系统的开发和应用。目前很多企业的信息系统并没有应用起来和发挥应有的作用,更不用提开发和应用考虑逆向物流的信息了。产品回收水平预测系统、产品跟踪系统、再制造执行系统以及逆向物流库存管理系统等的开发和利用,无疑将为管理者和企业管理逆向物流带来莫大的效益。在将来,综合性的逆向物流信息将会成为企业进行逆向物流活动的有效工具,利用逆向物流信息企业可以对逆向物流中物品的流向、流量和相关信息及时掌握,控制和降低可能发生的风险,对逆流物品进行及时有效的配送处理,把它们送到能发挥更大价值的地方去。

10.1 二维条码

10.1.1 二维条码的起源与发展

条码(Bar Code)技术自 20 世纪 70 年代初问世以来,发展十分迅速,仅仅 20 年时间，它已广泛应用于商业流通、仓储、医疗卫生、图书情报、邮政、铁路、交通运输、生产自动化管理等领域。条码技术的应用极大地提高了数据采集和信息处理的速度，改善了人们的工作和生活环境，提高了工作技率，并为管理的科学化和现代化做出了重要贡献。

二维条码技术是在一维条码无法满足实际应用需求的前提下产生的。由于受信息容量的限制，一维条码通常是对物品的标识，而不是对物品的描述。所谓对物品的标识，就是给某物品分配一个代码，代码以条码的形式标识在物品上，用来标识该物品以便自动扫描设备的识读，代码或一维条码本身不表示该产品的描述性信息。

因此，在通用商品条码的应用系统中，对商品信息，如生产日期、价格等的描述必须依赖数据库的支持。在没有预先建立商品数据库或不便联网的地方，一维条码表示汉字和图像信息几乎是不可能的，即使可以表示，也显得十分不便且效率很低。

随着现代高新技术的发展，迫切需要用条码在有限的几何空间内表示更多的信息，以满足千变万化的信息表示的需要。

国外对二维条码技术的研究始于20世纪80年代末。在二维条码符号表表示技术研究方面，已研制出多种码制，常见的有PDF 417、QR Code、Code 49、Code 16K、Code One等。这些二维条码的密度都比传统的一维条码有了较大的提高，如PDF 417的信息密度是一维条码Code 39的20多倍。在二维条码标准化研究方面，国际自动识别制造商协会（AIM），美国标准化协会（ANSI）已完成了PDF 417、QR Code、Code 49、Code 16K、Code One等码制的符号标准。新成立的国际标准化组织——国际电工委员会第一联合委员会的第三十一分委员会，即条码自动识别技术委员会（ISO/IEC/JTCl/SC31），已制定了QR Code的国际标准（ISO/IEC 18004：2000《自动识别与数据采集技术——条码符号技术规范——QR码》），起草了PDF 417、Code 16K、Data Matrix、Maxicode等二维条码的ISO/IEC标准草案。在二维条码设备开发研制、生产方面，美国、日本等国的设备制造商生产的识读设备、符号生成设备，已广泛应用于各类二维条码应用系统。二维条码作为一种全新的信息存储、传递和识别技术，自诞生之日起就得到了世界上许多国家的关注。美国、德国、日本、墨西哥、埃及、哥伦比亚、巴林、新加坡、菲律宾、南非、加拿大等国，不仅已将二维条码技术应用于公安、外交、军事等部门对各类证件的管理，而且也将二维条码应用于海关、税务等部门对各类报表和票据的管理，商业、交通运输等部门对商品及货物运输的管理，邮政部门对邮政包裹的管理，工业生产领域对工业生产线的自动化管理。

我国对二维条码技术的研究开始于1993年。中国物品编码中心对几种常用的二维条码PDF 417、QR Code、Data Matrix、Maxicode、Code 49、Code 16K、Code One的技术规范进行了翻译和跟踪研究。随着我国市场经济的不断完善和信息技术的迅速发展，国内对二维条码这一新技术的研究和需求与日俱增。例如：矽感科技条码识别子系统采用自主知识产权的CIS影像传感技术，配合自主研发的Compact Matrix二维条码，克服了软硬件方面的专利壁垒，有效地降低了二维条码识别子系统的成本。龙贝二维码系统拥有包括底层核心技术的全套自主知识产权，填补了我国空白。

中国物品编码中心在原国家质量技术监督局和国家有关部门的大力支持下，对二维条码技术的研究不断深入。在消化国外相关技术资料的基础上，制定了两个二维条码的国家标准：GB/T 17172—1997《四一七条码》，GB/T 18284—2000《快速响应矩阵码》。有关龙贝二维条码、矽感二维条码的中国标准正在制定过程中，为使二维条码技术能够在我国的证照管理领域得到应用，在国外应用软件平台的基础上，中心开发了人像照片和指纹数据压缩软件。二维条码技术已在我国的汽车行业自动化生产线、医疗急救服务卡、涉外专利案件收费、珠宝玉石饰品管理及银行汇票上得到了应用。1999年3月在北京举行的全国人大第九届三次全体会议和全国政协第九届三次会议期间，在随行人员证件、记者证、旁听证上成功地应用了二维条码技术，引起了与会代表和新闻界的极大关注。我国香港特别行政区已将二维条码应用在特别行政区的护照上。对于我国自主开发的龙贝二维条码和CM二维条码的应用已经有相关的报道，它将广泛地应用于安全性要求高的各类证照，物流和信息流同步要求高的邮政、生产线、仓储、货物配送等领域以及管理要求高的银行、工商、税务、海关等部门。中国民航总局在全国127个机场的机动车驾驶证安全防伪系统中开始采用龙贝二维条码。在中国民航驾驶证的龙贝二维码中装有24位全天然彩色面部照片生物装置，面积只有$6.0cm^2$，且信息密度比美国军人身份证采用的二维码技术要高24.55倍，比美国最先进的肯塔基州驾驶证要高66.26倍。矽感科技研究开发的拥有完全自主知识产权的CM二维条码及相应的识读技术，在其关键的信息存储量最大可达32KB，从而使得利用这一技术对诸如头像、指纹、声音、掌纹等更多的信息进行编码和存储成为可能，且可容纳信息密度高、纠错能力强、译码可靠性高，加之该公司采用独特的CIS影像传感专利技术，使其识读设备具有极高的价格竞争力。美国40个州驾照制作有望全面采用中国的CM二维条码(Compact Matrix)技术，还与墨西哥达成了其全国身份证使用这一技术的推介应用意向。

10.1.2 二维条码的特点

由于二维条码与一维条码的特点不同，二维条码与磁卡、IC卡的特点也不同，我们将从它们的区别入手，进行比较和介绍。

1. 二维条码与一维条码的区别与比较

二维条码(图10.1(a))除了左右(条宽)的粗细及黑白线条有意义外，上下的条高也有意义。与一维条码相比，由于左右(条宽)上下(条高)的线条皆有意义，故可存放的信息量就比较大。

在超级市场看到商品上的条码和储运包装物上的条码，基本上是一维条码(图10.1(b))，其原理是利用条码的粗细及黑白线条来代表信息，当拿扫描器来扫描一维条码，即使将条码上下遮住一部分，其所扫描出来的信息都是一样，所以一维条码的条高并没有意义，只有左右(条宽)的粗细及黑白线条有意义，故称一维条码。

从符号学的角度讲，二维条码和一维条码都是信息表示、携带和识读的手段。但从应用角度讲，尽管在一些特定场合可以选择其中的一种来满足需要，但他们的应用侧重点是不同的：一维条码用于对"物品"进行标识，二维条码用于对"物品"进行描述。EAN 和 UCC 在充分考虑两种码制的特点的基础上，为非常小的产品项目（如注射器、小瓶、电信电路板）、随机计量的零售项目（如肉、家禽和袋装农产品）、单个农产品项目（如苹果、橘子）、可用空间不足以提供所有信息的物流单元（如混合贸易项目托盘的内容信息）提供更好的自动识别方法，开发了 RSS（Reduced Space Symbology）条码符号和 EAN·UCC 复合码。

(a) 二维条码　　　　　　　　(b) 一维条码

图 10.1　二维条码与一维条码

信息容量大、安全性高、读取率高、错误纠正能力强等性能是二维条码的主要特点。二维条码与一维条码在相同数据自识读速度、信息密度和综合对照可分别见表 10 - 1、图 10.2(a) 和图 10.2(b)。

表 10 - 1　二维条码与一维条码的比较

项目 条码类型	信息密度与信息容量	错误检验及纠错正能力	垂直方向是否携带信息	用途	对数据库和通信网络的依赖	识读设备
一维条码	信息密度低，信息容量较小	可通过校验字符进行错误校验，没有纠错能力	不携带信息	对物品的标识	多数应用场合依赖数据库及通信网络	可用线扫描器识读，如光笔、线阵 CCD、激光枪等
二维条码	信息密度高，信息容量大	具有错误校验和纠错能力，可根据需求设置不同的纠错级别	携带信息	对物品的描述	可不依赖数据库及通信网络而单独应用	对于行排式二维条码可用线扫描器的多次扫描识读；对于矩阵式二维条码仅能用图像扫描器

实例：一个由80个字符组成信息
1234567890-123456720-123456-30-234567-40ABCDEFGH50WKLMNOP60QRSTUVWX70YZABCDEF80

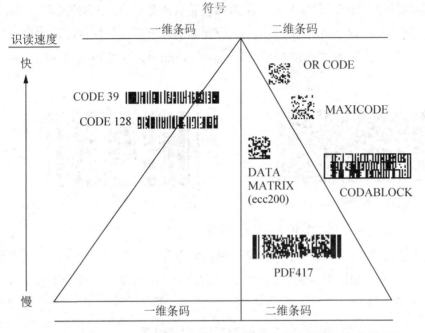

图10.2(a) 一维条码和二维条码表示同样字符的识读速度对照

实例：27个字符组成信息
　　　+HIBC12345678901/9901510234

图10.2(b) 一维条码和二维条码表示同样字符的数据密度对照

2. 二维条码与磁卡、IC 卡、光卡之比较

二维条码与其他几种自动识别技术的比较可见表 10-2。

表 10-2 二维条码与磁卡、IC 卡、光卡的比较

比较点	二维条码	磁卡	IC 卡	光卡
抗磁力	强	弱	中等	强
抗静电	强	中等	中等	强
抗损性	强 可折叠 不可穿孔 不可切割	弱 不可折叠 不可穿孔 不可切割	弱 不可折叠 不可穿孔 不可切割	弱 不可折叠 不可穿孔 不可切割

10.1.3 二维条码的分类

二维条码通常分为以下两种类型。

1. 行排式二维条码

行排式二维条码(又称堆积式二维条码或层排式二维条码),其编码原理是建立在一维条码基础之上,按需要堆积成二行或多行。它在编码设计、校验原理、识读方式等方面继承了一维条码的一些特点,识读设备与条码印刷与一维条码技术兼容。但由于行数的增加,需要对行进行判定,其译码算法与软件也不完全同于一维条码。有代表性的行排式二维条码有 Code 49、Code 16K、PDF 417 等。其中的 Code 49,是 1987 年由 David Allair 博士研制,Intermec 公司推出的第一个二维条码,如图 10.3 所示。

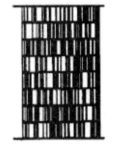

图 10.3 Code 49 码

Code 49(图 10.3)是一种多层、连续型、可变长度的条码符号,它可以表示全部的 128 个 ASCⅡ字符。每个 Code 49 条码符号由 2~8 层组成,每层有 18 个条和 17 个空。层与层之间由一个层分隔条分开。每层包含一个层标识符,最后一层包含表示符号层数的信息。Code 49 的特性见表 10-3。

表 10-3 Code 49 条码的特性

项　　目	特　　性
可编码字符集	全部 128 个 ASCⅡ字符
类型	连续型,多层
每个符号字符单元数	8(4 条,4 空)
每个符号字符模块总数	16
符号宽度	81X(包括空白区)
符号高度	可变(2~8 层)

续表

项　目	特　性
数据容量	2层符号：9个数字字母型字符或15个数字字符
	8层符号：49个数字字母型字符或81个数字字符
层自校验功能	有
符号校验字符	2个或3个，强制型
双向可译码性	是，通过层
其他特性	工业特定标志，字符分隔符，信息追加，序列符号链接

1988 年，Laserlight 系统公司的 Ted Williams 推出第二种二维条码 Code 16K 码（图 10.4）。表 10-4 是 Code 16K 条码的特性。

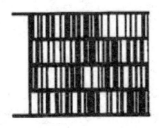

图 10.4　Code 16K 码

表 10-4　Code 16K 条码的特性

项　目	特　性
可编码字符集	全部 128 个 ASCⅡ字符，全部 128 个扩展 ASCⅡ字符
类型	连续型，多层
每个符号字符单元数	6(3 条，3 空)
每个符号字符模块总数	11
符号宽度	81X(包括空白区)
符号高度	可变(2~16 层)
数据容量	2层符号：7个ASCⅡ字符或14个数字字符
	8层符号：49个ASCⅡ字符或1541个数字字符
层自校验功能	有
符号校验字符	2个，强制型
双向可译码性	是，通过层(任意次序)
其他特性	工业特定标志，字符分隔符，信息追加，序列符号链接，扩展数量长度选择

Code 16K 条码是一种多层、连续型可变长度的条码符号，可以表示全 ASCⅡ字符集的 128 个字符及扩展 ASCⅡ字符。它采用 UPC 及 Code128 字符。一个 16 层的 Code 16K 符号，

可以表示77个ASCⅡ字符或154个数字字符。Code 16K通过唯一的起始符/终止符标识层号，通过字符自校验及两个模107的校验字符进行错误校验。

2. 矩阵式二维条码

矩阵式二维条码(又称棋盘式二维条码)，它是在一个矩形空间通过黑、白像素在矩阵中的不同分布进行编码。在矩阵相应元素位置上，用点(方点、圆点或其他形状)的出现表示二进制"1"，点的不出现表示二进制的"0"，点的排列组合确定了矩阵式二维条码所代表的意义。矩阵式二维条码是建立在计算机图像处理技术、组合编码原理等基础上的一种新型图形符号自动识读处理码制。具有代表性的矩阵式二维条码有：QR Code、Data Matrix、Maxicode、Code One、矽感CM码(Compact Matrix)、龙贝码等。

在目前几十种二维条码中，常用的码制有：PDF 417、Data Matrix、Maxicode、QR Code、Code 49、Code 16K、Code One等，除了这些常见的二维条码之外，还有Vericode条码、CP条码、Codablock F条码、田字码、Ultracode条码、Aztec条码。

以下是几种较常见的二维条码，它们的具体结构如图10.5所示。

图10.5 几种常见的二维条码图形符号

10.1.4 二维条码识读设备

二维条码的识读设备依识读原理的不同可分为以下内容。

1. 线性CCD和线性图像式识读器(Linear Imager)

可识读一维条码和行排式二维条码(如PDF 417)，在阅读二维条码时需要沿条码的垂直方向扫过整个条码，又称为"扫动式阅读"，这类产品的价格比较便宜。

2. 带光栅的激光识读器

可识读一维条码和行排式二维条码。识读二维码时将扫描光线对准条码，由光栅部件完成垂直扫描，不需要手工扫动。

3. 图像式识读器（Image Reader）

采用面阵 CCD 摄像方式将条码图像摄取后进行分析和解码，可识读一维条码和二维条码。另外，二维条码的识读设备依工作方式的不同还可以分为：手持式、固定式和平版扫描式。二维条码的识读设备对于二维条码的识读会有一些限制，但是均能识别一维条码。

10.2 电子监管码

电子监管码

> 2007 年 12 月 4 日，国家质检总局在"关于贯彻《国务院关于加强食品等产品安全监督管理的特别规定》实施产品质量电子监管的通知"（国质检质联〔2007〕582 号）中，决定对纳入工业产品生产许可证和强制性产品认证（CCC）管理的重点产品实施电子监管。食品、家用电器、人造板、电线电缆、农资、燃气用具、劳动防护用品、电热毯、化妆品等九大类 69 种重点产品将在 2008 年 6 月底前全面实施电子监管，所有产品加贴电子监管码才能上市。

10.2.1 电子监管码概述

电子监管码（Product Indientification Authentication and Tracing Code）是中国政府对产品实施电子监管为每件产品赋予的标识。每件产品的电子监管码唯一，即"一件一码"，好像商品的身份证，简称监管码。

监管码由 20 位数字组成，也有部分产品使用 16 位监管码，一般印刷或粘贴在产品包装上，或印刷在产品合格证上，标有"中国产品质量电子监管网"字样和红色三角图标，并注明查验方法，企业准确登记其产品的商品编码后，电子监管码可以建立与商品编码的对应关系，完成在零售领域的结算计价功能，如图 10.6 所示。

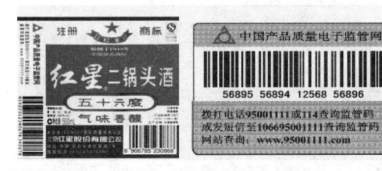

图 10.6 电子监管码实例

生产企业通过电子监管码将产品的生产、质量等源头信息传输到监管网数据库中，流通企业通过电子监管码进行进货检查验收并将进货信息传输到监管网数据库中，在销售时将销售信息传输到监管网数据库中，这些数据信息可供消费者进行真假与质量查询，供政府进行执法打假、质量追溯和产品召回管理,供企业了解市场供求情况、渠道销售情况和涉假信息。

阅读助手

中国产品质量电子监管网

剑南春酒是中国白酒"三强"之一,是国家质检总局确认的"原产地域保护产品";"剑南春"牌和"绵竹牌"商标是国家工商总局认定的"中国驰名商标";剑南春品牌还是商务部认定的"中华老字号"。可令人痛心的是,社会上一些不法分子见利忘义,为了获取不义之财,采取多种非法手段,生产销售假冒产品,侵害企业的合法权益,扰乱了正常的市场秩序。许多企业为此投入了大量人力、物力开展打假工作。尽管企业一直在努力地打假,并且也得到了国家执法部门和媒体的支持和帮助,但打假的收效始终有限。究其原因,重要原因就在于过去没有一个覆盖全国的系统的打假平台。因为打击假冒违法行为,需要全社会、全方位的支持与配合,尤其是政府加大从源头监管的力度。

"中国产品质量电子监管网"正是这样的一个系统平台。企业加入"中国产品质量电子监管网"以后,就能够利用政府、媒体、企业和社会多方面的资源,有效地开展打击假冒违法活动,维护企业的正当权益,并保护消费者的合法权益。因此,加入"中国产品质量电子监管网"是企业有效开展打假维权并借此提升管理水平的最优选择。

剑南春集团公司是白酒企业中首批入网企业。目前,公司的核心产品剑南春酒已经开始赋码、激活上市。就现阶段情况而言,公司加入和实施"产品质量电子监管工作"的主要收获有以下两个方面。

(1) 由于加入"产品质量电子监管网"的每一件产品,箱、盒和码要求是一一对应的,这就必然要求企业的基础管理工作要与之相适应。公司实施"产品质量电子监管工作"以后,物料管理、工艺流程管理和质量管理(包括产品溯源管理)等方面的工作,得到了进一步的提升。

(2) 过去,打击假冒的主要难度在于,既要让消费者容易识别产品真伪,又要使制假者难以仿制产品,这往往很难同时做到。但是现在,"产品质量电子监管网"凭借其系统的管理,能够做到这一点。从激活的产品情况来看,通过产品质量电子监管网络系统,消费者能够方便地利用电话、网络和终端设备、短信等形式查询产品真伪;执法部门能够迅速发现并准确有效地打击假冒违法行为。这对打假维权工作具有很大的促进作用。

下一阶段,公司的产品将陆续实现赋码和激活上市。公司计划对不同的产品,根据其不同的产品特性,分别采取不同的技术方法加入"产品质量电子监管网"。比如对于公司的"绵竹大曲酒"等产品,采取在商标上印制电子监管码"瓶码",在外箱上粘贴与"瓶码"对应的"箱码"。这样做,既操作方便,成本又较低。对于公司的"剑南春年份酒"等高档产品,则采取在酒盒上粘贴电子监管码"盒码",通过自动对"盒码"扫描,自动生成与"盒码"对应的"箱码",粘贴在外箱上。这样做,既方便消费者识别,又美观大方。

10.2.2 电子监管码的特征

1. 一件一码

突破了传统一类一码的机制,做到对每件产品唯一识别、全程跟踪,实现了政府监管、物流应用、商家结算、消费者查询的功能统一。

2. 数据库集中存储动态信息

为突破质量信息和流通动态信息无法事先印刷的局限，监管网对产品动态信息实时集中存储在超大规模监管数据库中，同时满足了生产、流通、消费、监管的实时动态信息共享使用需求。

3. 全国覆盖

由于产品一地生产、全国流通销售的特点，只有做到全国统一、无缝覆盖的系统网络平台才能满足全程监管的要求。

4. 全程跟踪

监管网对产品的生产源头、流通消费的全程闭环信息采集，具备了质检、工商、商务、药监等各相关部门信息共享和流程联动的技术功能，为实现对产品的质量追溯、责任追究、问题召回和执法打假提供了必要的信息支撑。

10.2.3　电子监管码与商品条码的区别

电子监管码是中国国家规定的产品标识，是一件一码，可以实现对产品生产、流通、消费的全程监管，实现产品真假判断、质量追溯、召回管理与全程跟踪等功能，可以方便为珠宝、农资等特殊产品赋码。

应用在零售商品的 13 位商品条码(目前主要是 EAN – 13/8)是国际组织公布的非强制标准，是一类一码，主要用于 POS 扫描结算，不能分辨真假和记录产品质量，不能实现产品流通跟踪，也不适用珠宝、农资等复杂价格或不在超市销售的产品。

10.2.4　电子监管网

中国产品质量电子监管网(以下简称"电子监管网")是利用现代信息技术、网络技术和编码技术，对产品质量实施电子监管的全国性网络系统。该系统对每一件入网产品标注数码信息，消费者可以通过电话、短信、互联网、信息终端等途径查询产品真伪；生产企业和经销商可以通过互联网迅速掌握产品营销情况；行政执法部门可以随时掌握有关假冒产品的信息并采取处置措施。通过"中国产品质量电子监管网"可以查询。

"电子监管网"构成包括："一网、一中心、一库、四个系统"。"一网"——覆盖全国的中国产品质量电子监管网；"一中心"——运营服务与呼叫支持中心；"一库"——数据信息库；"四系统"——网上申报备案系统、网上监管码申领服务系统、网上查询系统、网上通报系统。

通过监管网，生产企业和经销企业可以迅速了解产品市场情况，保护知识产权，实现品牌推广，掌握物流信息；消费者可以借助短信、电话、网络以及终端设施等形式查询产品真实性和质量信息；监管执法部门可以及时掌握有关产品假冒违法的信息并迅速采取执法行动，对质量问题进行流程追溯和责任追究，对问题和缺陷产品进行及时准确的召回管理，将政府监管、企业自律和社会监督很好地结合起来，推动了和谐社会的建设。

 阅读助手

电子监管网

> 遵循国务院领导关于对产品质量实行电子监管的指示,"电子监管网"由国家质量监督检验检疫总局(以下简称:"国家质检总局")负责组织协调全系统推广工作,各省、自治区、直辖市质量技术监督部门(以下简称"质监部门")负责推动生产企业加入电子监管网;中信国检信息技术有限公司(以下简称"中信国检")负责基础设备规划建设、产品赋码等技术支撑,网络系统开发、运行的技术服务和技术保障;生产企业负责为入网产品赋码,及时上传真实、有效的产品质量信息;经销商负责核实购进售出产品的监管码,鼓励消费者购买赋码产品并查询赋码产品真伪。

10.2.5 电子监管码的管理要求

电子监管码使用的最终目的在于管理电子监管的流程及使用,其管理的方法通过生产过程的包装监管码关联数据来实现,此管理要求目的在于规范作业过程,确保赋码系统能够充分为监管码的推行服务,要求包括:监管码使用管理、条码标签设计、人员编码管理、现场作业、流通管理要求。

1. 监管码使用管理

电子监管码由电子监管监控信息网络统一核发,数量有限,当有监管码包装或条码被废弃时,可以通过系统来重新利用,以免监管码损失过多,不能满足后续生产需要。如确实监管码有过剩,则废弃的监管码不必重新利用,但需要导出成规定的文件,登录上传给监控信息网络系统。经过申请获取监管码后,所有赋码须经赋码系统实现,原则上不允许人为干预,确保赋码系统数据与实际包装情况一致性。

2. 条码标签设计

监管码条码采用 CODE 128C 码制,编码长度为 20 位,条码密度大于 7mil,宽度大于 4cm,高度大于 5mm。根据生产企业的管理需要,条码标签除了监管码外,可以包含产品编码、产品名称、生产日期、批号、有效期至等信息。

3. 生产线、工位、人员编码管理

生产企业通常包含多条生产线,同一条生产线可能有多个工位,为有效管理现场作业,对包装数据关联加以严格控制,需要对生产线及工位进行编码,各工位对应的数据采集及信息反馈即可依次加以控制和区分;作业过程中的不同人员,通过人员编码,并赋予相应的作业权限,使每位作业人员能够按照分工各司其职。

4. 作业指令条码标签

现场包装作业过程中,存在包装正常数据采集及各种异常处理,作业人员需要在不同的系统功能间切换,为方便作业,将功能指令制作成条码,并粘贴在工作站方便的位置(具体位置在项目过程中确定),当需要执行某系统功能时,扫描切换即可。

5. 现场作业要求

赋码系统将包装过程中收集的包装监管码数据形成关联数据后导出成规定格式文件,

供流通、使用过程监控使用。于是，实际的包装必须与监管码关联数据一致，若生产过程中，因为人为或其他因素导致实际包装的情况与赋码系统的关联数据不一致（如二级包装完成后，已经装箱的一级包装被人为更换，但没有作系统处理），在流通、使用的过程中将会发生较大问题，而此问题赋码系统在生产过程中是难以发觉和管理的，必须通过管理制度、行政手段、绩效考核等辅助管理，确保包装与监管码关联的一致性。

6. 流通管理要求

在仓储流通过程中，相关的管理系统需要能够支持监管码的管理，如在仓库管理中，需要进行包装变化时，因此而带来的监管码关联数据变化需得以体现，否则原先的关联数据已经导入到电子监管监控信息网络系统，相应的关联数据与实际包装就会出现偏差，给流通过程的监管带来麻烦。

10.3 RFID 技术

10.3.1 射频技术概述

1. 射频技术概念

射频技术（Radio Frequency，RF）也称无线射频或无线电射频技术，是一种无线电通信技术，其基本原理是电磁理论，利用无线电波对记录媒体进行读写。目前，RF 用的较多的是 IEEE 802.11b 标准，且 2.4GHz 的高频道使服务器与终端之间的通信速度可达 12MB/s，这段频道干扰小，在绝大部分国家都不受无线管制。

RF 技术以无线信道作为传输媒体，建网迅速，通信灵活，可以为用户提供快捷、方便、实时的网络连接，也是实现移动通信的关键技术之一。

RF 技术的应用已经渗透到商业、工业、运输业、物流管理、医疗保险、金融和数学等众多领域。

2. 射频识别技术

无线射频识别（Radio Frequency Identification，RFID）技术即射频识别技术是 20 世纪 90 年代开始兴起的一种自动识别技术，是一项利用射频信号通过空间耦合（交变磁场或电磁场）实现无接触信息传递并通过所传递的信息达到识别目的的技术。简单地说，RFID 是利用无线电波进行数据信息读写的一种自动识别技术或无线电技术在自动识别领域中的应用。

RFID 的应用，将大大降低流通成本与管理费用，为现代物流业的发展带来革命性的变化。埃森哲实验室首席科学家弗格森认为 RFID 是一种突破性的技术：第一，可以识别单个的非常具体的物体，而不是像条形码那样只能识别一类物体；第二，其采用无线电射频，可以透过外部材料读取数据，而条形码必须靠激光来读取信息；第三，可以同时对多个物体进行识读，而条形码只能一个一个地读。此外，存储的信息量也非常大。

RFID 技术在 20 世纪 80 年代开始逐渐成熟起来。1985 年，美国在研究哥伦比亚鲑鱼迁移的特性时使用了 RFID 技术，获得了很大的成功。在欧洲，RFID 的技术已经在工业自动化、商业自动化、仓储管理及运输控制等领域得到广泛应用，例如，欧共体规定在 1997 年后生产的新车型必须装有基于 RFID 技术的防盗装置。RFID 改变了生活中的很多方面，同样这种高效的新技术也给供应链管理带来了巨大的影响。RFID 的发展历程见表 10-5。

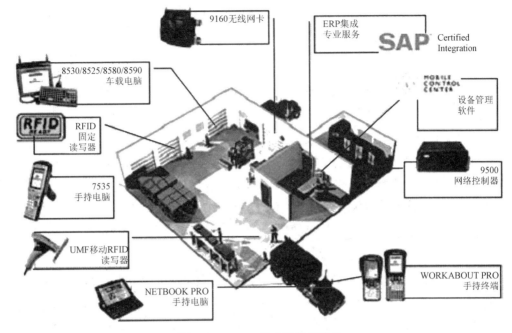

图 10.7　RFID 技术的应用图例

表 10-5　RFID 技术的发展历程

时　　间	RFID 技术发展
1941—1950 年	雷达的改进和应用催生了 RFID 技术，1984 年奠定了 RFID 技术的理论基础
1951—1960 年	早起 RFID 技术的探索阶段，主要出于实验室实验研究
1961—1970 年	RFID 技术的理论得到了发展，开始一些应用尝试
1971—1980 年	RFID 技术测试得到加速，出现了一些早期的 RFID 应用
1981—1990 年	RFID 产品进入商业应用阶段，各种封闭式系统应用开始出现
1991—2000 年	RFID 技术标准化问题日趋得到重视，RFID 产品得到广泛采用
2001 年—现在	标准化问题日趋为人们所重视，产品更加丰富，电子标签成本不断降低

由于 RFID 技术的先进性，应用范围逐渐扩大，随着使用成本的逐年下降，大有取代条形码和 IC 卡的趋势。

10.3.2　RFID 技术的特点

RFID 技术具有以下 6 个特点。

1. 全自动快速识别多目标

RFID 阅读器利用无线电波，全自动瞬间读取标签的信息，并且可以同时识别多个 RFID 电子标签，从而能够对标签所对应的目标对象实施跟踪定位。

2. 应用面广

电子标签很小,因此可以轻易地嵌入或附着在不同类型、形状的产品上,RFID 在读取时不受尺寸大小与形状限制,所以 RFID 技术的应用面很广。

3. 数据记忆量大

RFID 系统中电子标签包含存储设备,可以存储的数据很大,而且随着存储技术的进一步发展,存储容量会越来越大。

4. 环境适应性强

RFID 电子标签是将数据存储在芯片中,不会或比较少受到环境因素的影响,从而可以保证在环境恶劣的情况下正常使用。同时,RFID 利用的电磁波可以穿透纸张、木材和塑料等非金属或非透明的材质,由此具有很强的穿透性,而且可以长距离通信,进一步增强环境适应性。

5. 可重复使用

RFID 可以重复使用,重复增加、修改、删除电子标签中的数据,不像条码是一次性、不可改变的。

6. 安全性能高

RFID 电子标签中的信息,其数据内容可设密码保护,不易被伪造及修改,因此,使用 RFID 更具安全性。

10.3.3 RFID 的基本原理和工作流程

1. RFID 的基本原理

RFID 系统利用感应无线电波或微波能量进行非接触式双向通信、识别和交换数据的自动识别技术。电子标签由耦合元件及芯片构成,里边含有内置天线,阅读器和电子标签之间可按约定的通信协议互传信息。

RFID 的基本原理是:阅读器通过发射天线发送一定频率的射频信号,当电子标签进入发射天线工作区域时,产生感应电流,电子标签获得能量被激活,将自动编码等信息通过内置发送天线发送出去;当系统接收天线收到从电子标签发送的载波信号,经天线调节器传送到阅读器,阅读器对接收的信号进行解调和解码,然后送到后台主系统进行相关处理。主系统根据逻辑运算判断该卡的合法性,针对不同的设定做出相应的处理和控制,发出指令信号控制执行机构动作。其基本工作原理如图 10.8 所示。

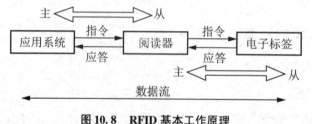

图 10.8 RFID 基本工作原理

2. RFID 的工作流程

RFID 系统两个重要的组成部分是电子标签和阅读器，它们实现系统的信息采集和存储功能。

电子标签由天线和专用芯片组成，天线是在塑料基片上镀上铜膜线圈，在塑料基片还嵌有体积非常小的集成电路芯片，芯片中有高速的射频接口。阅读器的控制模块能够实现与应用系统软件进行通信，执行应用系统软件发来的命令的功能，其工作流程如图 10.9 所示。

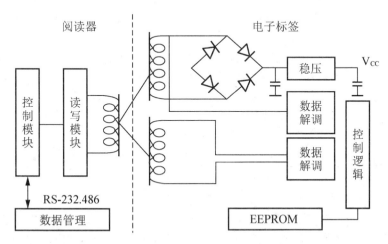

图 10.9　RFID 电子标签与读写器工作流程

RFID 具体包括以下工作流程。

（1）编程器预先将数据信息写入标签中。

（2）阅读器经过发射天线向外发射无线电载波信号。

（3）当射频标签进入发射天线的工作区时，射频标签被激活后立即将自身信息标签通过天线发射出去。

（4）系统的接收天线收到射频标签发出的载波信号，经天线的调节器传给阅读器，阅读器对接收到的信号进行解调解码，送到后台计算机。

（5）计算机控制器根据逻辑运算判断射频标签的合法性，针对不同的设定做出相应的处理和控制，发出指令信号控制执行机构的动作。

（6）执行机构按计算机的指令动作。

（7）通过计算机通信网络将各个监控点连接起来，构成总控信息平台。

10.3.4　RFID 技术的应用

RFID 技术以其独特的优势，逐渐被广泛应用于工业自动化、商业自动化和交通运输控制管理等领域。随着大规模集成电路技术的进步以及生产规模的不断扩大，RFID 产品的成本将不断地降低，其应用将越来越广泛。

1. RFID 典型应用

表 10-6 列举了 RFID 技术几个典型的应用。

表10-6 RFID技术典型应用对比

典型应用领域	具 体 应 用
车辆自动识别管理	铁路车号自动识别是RFID技术最普遍的应用
高速公路收费及智能交通系统	高速公路自动收费系统是RFID技术最成功的应用之一,它充分体现了非接触识别的优势。在车辆高速通过收费站的同时完成缴费,解决了交通的瓶颈问题,提高了车行速度,避免了拥堵,提高了收费结算效率
仓储、配送等物流环节	目前在仓储、配送等物流环节已有许多成功的应用。随着RFID技术在开放的物流环节统一标准的研究开发,物流业将成为RFID技术最大的受益行业
货物的跟踪、管理及监控	为货物的跟踪、管理及监控提供了快捷、准确、自动化的手段。以RFID技术为核心的集装箱自动识别,成为全球范围最大的货物跟踪管理应用
电子钱包、电子票证	射频识别卡是RFID技术的一个主要应用。射频识别卡的功能相当于电子钱包,实现非现金结算。目前主要应用在交通方面
生产线产品加工过程自动控制	主要应用在大型工厂的自动化流水作业线上,实现自动控制、监视,提高生产效率,节约成本
动物跟踪和管理	可用于动物跟踪:在大型养殖场,可通过采用RFID技术建立饲养档案、预防接种档案等,达到高效、自动化管理牲畜的目的,同时为食品安全提供了保障;还可用于信鸽比赛、赛马识别等,以准确测定到达时间
物流和供应链管理	信息的准确性和及时性是物流及供应链管理的关键因素。RFID系统使供应链的透明度大大提高,物品能在供应链的任何地方被实时的追踪,同时消除了以往各环节上的人工错误。安装在工厂、配送中心、仓库及商场货架上的阅读器能够自动记录物品在整个供应链的流动——从生产线到最终的消费者

阅读助手

美国食品供应商应用RFID技术带动消费者参与废弃物品回收

美国卡夫食品公司(Kraft)制定了物品回收项目,并做出以下规定:RFID技术对空容器的使用情况进行跟踪并对参与物品回收的消费者进行物质激励。Kraft食品公司是RecycleBank的官方食品供应商,Kraft的客户遍及美国各州,公司主要采用以下技术:在回收车回收垃圾时,使用RFID技术对回收箱的重量进行称量,并记录回收物曾经的使用人。使用人可凭RFID记录从网上下载现金券或其他奖券,现金或奖券的多少取决于回收数量的多少。

RecycleBank声称希望与一些在环保方面有卓越贡献,而且是领军者的公司合作,从每一个行业选择一个企业并给予"官方赞助"的冠名。Kraft食品公司主要销售包括Kraft品牌以及知名品牌如Maxwell House coffee、Planters nuts在内的商品,Kraft食品公司近年来在减少环境污染,倡导绿色环保方面可谓是不遗余力。其中有一点就是他们在产品包装方面的探索与努力。

> Kraft 食品公司的可持续发展部部长 Elisabeth Wenner 说,"我们正在寻找可以减少包装使用的方法,包装最终会被当作垃圾处理,而鼓励回收可以帮助 Kraft 减少公司本身或其他公司使用包装的数量。Recycle Bank 发现了一种有效的方法,此方法就是对参与回收物品的消费者进行物质奖励,此方法操作起来简单实用。"
>
> Recycle Ban 的创始人兼首席执行官 Gonen 说:"Recycle Bank 于 2006 年在费城正式启动了此项目,此后在 Eastern Seaboard 地区推广,目前为止此项目已经有 70 000 消费者的加入,预计还将有 250 000 的消费者参与其中。公司为全市提供操作系统,此操作系统可以对现有回收系统进行更好的完善。市政机关支付实施和使用费,并有权决定市民是否有偿使用。"
>
> 每一个参与者可以得到一个 Recycle Bank 回收箱,回收箱的一面嵌有 134.2MHz(低频/LF) RFID 有源标签,消费者把报纸、罐子、玻璃瓶、塑料容器以及其他可回收物品放在里面,然后将回收箱放在路边,回收卡车会自动将回收箱提起,放进车内,一个 ID 卡对应 Recycle Bank 系统端一个参与者的数据信息,RFID 标签负责传输 ID 卡数据。每一个回收车辆的吊杆都配有一个由 Avery Weigh-Tronix 和 McNeilus 提供的 Recycle Bank 标尺。Recycle Bank 标尺可以称量回收箱以及里面回收物的重量。

2. RFID 技术在现代物流中的应用

1)高速公路的自动收费系统

高速公路上的人工收费站由于效率低下而成为交通瓶颈。RFID 技术应用在高速公路自动收费上,能够充分体现它非接触识别的优势,让车辆在高速通过收费站的同时自动完成收费。据测试,采用这种自动收费方式,车辆通过自动收费卡口车速可保持为 40km/h,与停车领卡交费相比,行车时间可节省 30%~70%。

2)交通督导和电子地图

利用 RFID 技术可以进行车辆的实时跟踪,通过交通控制中的网络在各个路段向司机报告交通状况,指挥车辆绕开堵塞路段,并用电子地图实时显示交通状况,使得交通流量均匀,大大提高道路利用率。通过实时跟踪,还可以自动查处违章车辆,记录违章情况。

另外,公共汽车站实时跟踪显示公共汽车到站时间及自动显示乘客信息,可以方便乘客。

3)停车智能化管理系统

出入无须停车,系统自动识别车辆的合法性,完成放行(禁止)、记录等管理功能,节约进出场的时间,提高工作效率,杜绝管理费的流失。

4)邮政包裹管理系统

在邮政领域,如果在邮票和包裹标签中贴上 RFID 芯片,不仅可以实现分拣过程的全自动化,而且邮件包裹到达某个地方,标签信息就会被自动读入管理系统,并融入"物联网"供顾客和企业查询。

5)铁路货运编组调度系统

火车按既定路线运行,读写器安装在铁路沿线,就可得到火车的实时信息以及车厢内装的物品信息、通过读到的数据,能够得到火车的信息,监控火车的完整性,以防止遗漏在铁轨上的车厢发生撞车事故,同时在车站能将车厢重新编组。

阅读助手

铁道部的调度利器

铁道部的调度利器——我国铁路的车辆调度系统是应用 RFID 最成功的案例。铁道部在中国铁路车号自动识别系统建设中，推出了完全拥有自主知识产权的远距离自动识别系统。在 20 世纪 90 年代中期，国内有多家研究机构参与了该项技术的研究，在多种实现方案中最终确定了 RFID 技术为解决"货车自动抄车号"的最佳方案。过去，国内铁路车头的调度都是靠手工统计、手工进行，费人、费时还不够准确，造成资源极大浪费。铁道部在采用 RFID 技术以后，实现了统计的实时化、自动化，降低了管理成本，提高了资源利用率。据统计，每年的直接经济效益可以达到 3 亿多元。这是国内采用 RFID 唯一的一个全国性网络，但是美中不足的是，这个系统目前还是封闭的，无法和其他系统相连接。如果这个系统开放，将有利于推动整个物流行业的信息化和标准化，有利于像 RFID 这样的技术得到更有效地应用，有利于物流全流通的整合。

6）集装箱识别系统

将记录集装箱位置、物品类别、数量等数据的标签安装在集装箱上，借助射频识别技术，就可以确定集装箱在货场内的确切位置，在移动时可以将更新的数据写入射频卡。系统还可以识别未被允许的集装箱移动，有利于管理和安全。

7）RFID 库存跟踪系统

将 RFID 标签贴在托盘、包装箱或元器件上，无须打开产品的外包装，系统就可以对其成箱成包地进行识别，实现对商品从原料、半成品、成品、运输、仓储、配送、上架、最终销售，甚至退货处理等所有环节的实时监控，极大地提高自动化程度，大幅降低差错率，提高供应链的透明度和管理效率。

8）生产物流的自动化及过程控制

用 RFID 技术在生产流水线上实现自动控制、监视，可提高生产率，改进生产方式，节约成本。如德国宝马汽车公司在装配流水线上应用射频卡以尽可能大量地生产用户定制的汽车。宝马汽车的生产是基于用户提出的要求式样而生产的，用户可以从上万种内部和外部选项中选定自己所需车的颜色、引擎型号及轮胎式样等。这样一来，汽车装配流水线上就得装配上百种式样的宝马汽车，如果没有一个经过高度组织的、复杂的控制系统，是很难完成这样复杂的任务的。宝马公司就在其装配流水线上配有 RFID 系统，他们使用可重复使用的射频卡，该射频卡带有详细的装配汽车的所有要求，在每个工作点处都有读写器，这样可以保证汽车在各个流水线位置处能毫不出错地完成装配任务。

阅读助手

沃尔玛采用 RFID 技术

2003 年 6 月 19 日，在美国芝加哥召开的"零售业系统展览会"上，沃尔玛宣布将采用 RFID 的技术以最终取代目前广泛使用的条形码，成为第一个公布正式采用该技术时间表的企业。如果供应商们在 2008 年还达不到这一要求，就可能失去为沃尔玛供货的资格，而沃尔玛的供应商大约有 70%来自于中国。能坐上零售业的头把交椅，沃尔玛的成功宝典上写满了有关搭建高效物流体系的密技,以保证竞争中的成本优势。可以看出,所有技术无一例外地都是围绕着改善供应链与物流管理这个核心竞争能力展开的。作为沃尔玛历史上最年轻的 CIO 凯文·特纳,曾说服了公司创始人山姆·沃顿建立了全球最大的移动计算网络,并推动沃尔玛引进电子标签。如果 RFID 计划实施成功,沃尔玛闻名于世的供应链管理将又朝前领先一大步。一方面,可以即时获得准确的信息流,完善物流过程中的监控,减少物流过程中不必要的环节及损失,降低在供应链各个环节上的安全存货量和运营资本;另一方面,通过对最终销售实现的监控,把消费者的消费偏好及时地报告出来,以帮助沃尔玛调整优化商品结构,进而获得更高的顾客满意度和忠诚度。

10.4 EPC

10.4.1 EPC 的发展背景

20 世纪 70 年代开始大规模应用的商品条码,现在已经深入到日常生活的每个角落中,以商品条码为核心的国际编码协会(EAN/UCC)全球统一标志系统已成为全球通用的商务语言。目前已有 100 多个国家和地区的 120 多万家企业和公司加入了 EAN/UCC 系统,上千万种商品应用了条码标志。EAN/UCC 系统在全球的推广加快了全球流通领域信息化、现代物流及电子商务的发展进程,提升了整个供应链的效率,对全球经济及其信息化的发展起到了举足轻重的推动作用。商品条码的编码体系是对每一种商品项目的唯一编码,信息码的载体是条码。随着市场的发展,传统的商品条码逐渐显示出一些不足之处。

首先,从 EAN/UCC 系统编码体系的角度来讲,它主要以全球贸易项目代码(GTIN)体系为主,而 GTIN 体系是对一组产品和服务,即所谓的"贸易项目",在买卖、运输、仓储、零售与贸易运输结算过程中提供唯一标志。虽然 GTIN 标准在产品识别领域得到了广泛应用,但它却无法做到对单个商品的全球唯一标志。而新一代的 EPC(Electronic Product Code,产品电子码)编码则因为编码容量的极度扩展,从而能够从根本上解决这一问题。

其次,虽然条码技术是 EAN/UCC 系统的主要数据载体技术,并已成为识别产品的主要手段,但条码技术存在以下缺点。

(1) 条码是可视的数据载体,阅读器必须"看见"条码才能读取它,必须将阅读器对准条码才有效。相反,无线电频率识别并不需要可视传输技术,RFID 标签只要在阅读器的读取范围内就能进行数据读/写。

(2) 如果因有条码的横条被撕裂、污损或脱落,阅读器就无法扫描这些商品,而 RFID 标签只要与阅读器保持在既定的识读距离内,就能进行数据识读。

(3) 现实生活中对某些商品进行唯一的标志越来越重要,如食品、危险品和贵重物品的追溯。而条码只能识别制造商和产品类别,而不包含具体的商品。牛奶纸盒上的条码到处都一样,想要自动识别哪盒牛奶已经超过保质期是不可能的。

随着网络技术和信息技术的飞速发展以及射频技术的日趋成熟,EPC 系统的产生开始为供应链提供前所未有的、近乎完美的解决方案。EPC 技术的出现,革命性地解决了以上诸多问题,同时还发挥了 RFID 与互联网的诸多优势,使得对供应链的管理和控制水平大大增强。它通过对实体对象的唯一标志,并借助计算机网络系统来完成对单个商品的访问，突破性地实现了 EAN/UCC 系统 GTIN 体系所不能完成的对单个商品的跟踪和管理任务，丰富了原有的以商品条码为基础的全球统一标志系统(即 EAN/UCC 系统)。

10.4.2　EPC 的概念和技术特性

1. EPC 的概念

EPC(Electronic Product Code)为产品电子代码，是基于 RFID 与 Internet 的一项物流信息管理新技术，它通过给每一个实体对象(包括零售商品、物流单元、集装箱、货运包装等)分配一个全球唯一的代码来构建一个全球物品信息实时共享的实物互联网(an Internet of things，简称"物联网")。

EPC 的概念最初由麻省理工学院 Auto – ID 中心在 1999 年提出。随后，该中心开展了一系列的研究和测试，直至 2003 年 5 月，使 EPC 及其应用走出了实验室。2003 年 11 月 1 日，国际物品编码协会(EAN)和统一代码委员会(UCC)成立全球产品电子代码管理中心(EPCglobal)，正式接手了 EPC 在全球的推广应用。EPCglobal 旨在搭建一个可以自动识别任何地方、任何事物的开放性的全球网络，EPC 系统也被形象地称为"物联网"。2004 年 4 月 22 日，EPCglobal China 正式成立，负责我国 EPC 的注册、管理与实施工作，从组织机构上保障了我国 EPC 事业的有效推进。标志着我国在跟踪 EPC 与物联网技术的发展动态、研究 EPC 技术、推进 EPC 技术的标准化、推广 EPC 技术的应用等方面工作的全面启动。

2. EPC 的技术特性

EPC 是条码技术的延伸和拓展，已成为 EAN/UCC 全球统一标志系统的重要组成部分，被视为继条码后的第二代货品识别技术。它可以极大地提高物流效率、降低物流成本，是物品追踪、供应链管理、物流现代化的关键。EPC 技术是集编码技术、射频识别技术和网络技术为一体的新兴技术，EPC 系统的推广和应用将引起物流管理过程的革命。EPC 的编码体系完全与 EAN/UCC 编码体系相兼容。

新一代的 EPC 编码创造性地解决了条码无法做到的单件商品识别问题，而且 EPC 是以互联网为信息资源的支撑，因此 EPC 能在更广泛的领域得到深入的应用。

EPC 编码结构适合描述几乎所有的货品，同时通过 IP 地址可以识别网络节点上存有货品信息的计算机。EPC 标签芯片的面积不足 $1mm^2$，可实现二进制 96(128) 字节信息存储。EPC 编码结构容量巨大，以 96 位的 EPC 编码结构为例，它可以对全球 2.68 亿家公司、每个公司可以对 1 600 万种商品、每种商品可以对 680 亿个单品进行唯一标志。这意味着每类产品的每个单品都能分配一个标志身份的唯一电子代码。

EPC 编码中不包含有关识别货品的具体信息，只提供指向这些目标信息的有效的网络指针，人们只需要识别拥有这些目标参考信息的组织及其计算机服务器即可。通过指针所指向的 IP 地址，可以访问网络节点上存有货品信息的计算机，从而获取所需要的货品信息。

跟条形码相比，EPC 的优势还在于超强的标志能力。EPC 系统电子标签与阅读器之间是利用无线感应方式进行信息交换的，因此可以进行无接触识别，"视线"所及，可以穿过水、油漆、木材甚至人体进行识别。使用 EPC 技术在 1 秒内可以识别 50~150 件物品。

EPC 应用的是芯片，它存储的信息量和信息类别是条形码无法企及的。未来 EPC 在标志产品的时候将要达到单品层次。如果制造商愿意,它还可以对物品的成分、工艺、生产日期、作业班组,甚至是作业环境进行描述。EPC以互联网为平台,能实现全球物品信息的实时共享,这将是继条码技术之后,再次变革商品零售结算、物流配送及产品跟踪管理模式的一项新技术。

10.4.3 EPC系统的组成及工作流程

1. EPC系统的组成

EPC系统是一个非常先进的、综合性的、复杂的系统,其最终目标是为每一单品建立全球的、开放的标志标准。它由全球产品电子代码(EPC)编码体系、射频识别系统及信息网络系统三部分组成,主要包括6个方面,见表10-7和如图10.10所示。

表10-7 EPC系统的构成

系统构成	名 称	注 释
全球产品电子代码的编码体系	EPC编码标准	识别目标的特定代码
射频识别系统	EPC标签	贴在物品之上或者内嵌在物品之上
	阅读器	识读EPC标签
信息网络系统	Savant管理软件 对象名称解析服务(ONS) 实体标记语言(PML)	EPC体系的软件支持系统

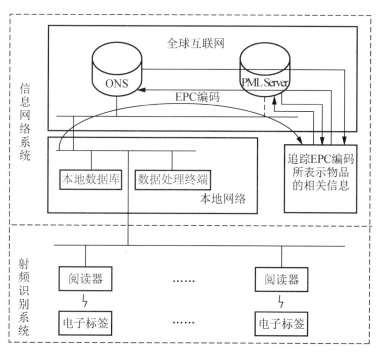

图10.10 EPC系统的组成

1) EPC编码体系

全球产品电子代码EPC编码体系是EAN/UCC全球统一标志系统的拓展和延伸,是全球统一标志系统的重要组成部分,是 EPC 系统的核心与关键。

EPC 编码仅对生产厂商和产品进行编码,而不嵌入有关产品的其他信息,如货品重量、尺寸、有效期、目的地等。EPC 编码给批次内的每一单件产品分配唯一的 EPC 代码,同时该批次也可视为一个单一的实体对象,分配一个批次的 EPC 代码。

EPC 代码是由版本号(标头)、域名管理者(厂商识别代码)、对象分类、序列号等数据字段组成的一组数字,具体结构见表 10-8。其中版本号标志 EPC 的版本号,它使得 EPC 随后的码段可以有不同的长度;域名管理是描述与此 EPC 相关的生产厂商的信息,例如"可口可乐公司";对象分类记录产品精确类型的信息,例如"美国生产的 330mL 罐装减肥可乐";序列号唯一标示货品,它会精确地告诉人们所说的究竟是哪一罐 330mL 罐装减肥可乐。

表 10-8 EPC 编码结构

		版本号	域名管理	对象分类	序列号
EPC-64	类型Ⅰ	2	21	17	24
	类型Ⅱ	2	15	13	34
	类型Ⅲ	2	26	13	23
EPC-96	类型Ⅰ	8	28	24	36
EPC-256	类型Ⅰ	8	32	56	160
	类型Ⅱ	8	64	56	128
	类型Ⅲ	8	128	56	64

EPC 代码具有以下特性。

(1) 唯一性:EPC 提供对实体对象的全球唯一标志,一个 EPC 代码只标示一个实体对象。

(2) 科学性:结构明确,易于使用和维护。

(3) 兼容性:EPC 编码标准与目前广泛应用的 EAN7UCC 编码标准是兼容的,GTIN 是 EPC 编码结构中的重要组成部分,目前广泛使用的 GTIN、SSCC、GLN 等都可以顺利转换到 EPC 中去。

(4) 全面性:可在生产、流通、存储、结算、跟踪、召回等供应链的各环节全面应用。

(5) 合理性:由 EPCglobal、各国 EPC 管理机构、被标志物品的管理者分段管理、共同维护、统一应用,具有合理性。

(6) 国际性:不以具体国家、企业为核心,编码标准全球一致,具有国际性。

(7) 无歧视性:编码采用全数字形式,不受地方色彩、语言、经济水平、政治观点的限制,是无歧视性的编码。

当前,出于成本等因素的考虑,参与 EPC 测试所使用的编码标准采用的是 64 位数据结构,未来将采用 96 位及 256 位的编码结构。

2) 射频识别系统

EPC 射频识别系统是实现 EPC 代码自动采集的功能模块,由电子标签和射频阅读器组成。电子标签是产品电子代码(EPC)的载体,附着于可跟踪的货品上,在全球流通。射频阅读器与信息系统相连,是读取标签中的 EPC 代码并将其输入网络信息系统的电子设备。EPC 系统电子标签与射频阅读器之间利用无线感应方式进行信息交换。射频识别具有非接触识别、快速移动物品识别和多个物品同时识别等特点。

3) 信息网络系统

信息网络系统由本地网络和全球互联网组成,是实现信息管理、信息流通的功能模块。EPC 系统的信息网络系统是在 Internet 的基础上,通过 EPC 中间件(又称 Savant 管理软件)、对象名称解析服务(Object Naming Service,ONS)和实体标记语言(Physical Markup Language,PML)等三大部分的组成来实现全球"实物互联"。其中,EPC 中间件起了系统管理的作用,ONS 起了寻址的作用,PML 起了描述产品信息的作用。

(1) EPC 中间件。EPC 中间件是连接阅读器和企业应用程序的纽带,是一个网络的数据交换软件,用于加工和处理来自阅读器的所有信息和事件流。主要任务是在将数据送往企业应用程序之前进行标签数据校对、阅读器协调、数据传送、数据存储和任务管理。

(2) 对象名称解析服务(ONS)。EPC 标签对于一个开放式的、全球性的追踪货品的网络需要一些特殊的网络结构。因为 EPC 只存储了产品电子代码,计算机还需要一些将产品电子代码匹配的相应商品信息。这个角色就由对象名称解析服务(ONS)担当,它是一个自动的网络服务系统,类似于域名解析服务(DNS)。当读一个电子标签 EPC 码时,是不能立即知道这个 EPC 码所表示的意思的,这个 EPC 码所代表物品的详细信息是存在整个互联网上的。EPC 的这个编码是它寻找这些详细信息的一个指针或者标志,ONS 的服务就是根据从这个电子标签所得到的 EPC 码,告诉这个码所对应物品的详细信息是存在于哪个计算机(服务器)上,ONS 每收到一个 EPC 码,即回送一个 IP 地址。ONS 给 EPC 中间件指明了存储该产品相关信息的所在服务器,ONS 服务是联系 EPC 中间件和 EPC 信息服务的网络枢纽。

(3) 实体标记语言(PML)。实体标记语言(PML)是基于人们广为接受的可扩展标志语言(XML)发展而来的,是一种用于描述有关产品信息的计算机语言。

2. 工作流程

EPC 物联网是一个基于互联网并能够查询全球范围内每一件物品信息的网络平台,物联网的索引就是 EPC 代码。在由 EPC 标签、阅读器、EPC 中间件、Internet、ONS 服务器、EPC 信息服务(EPCIS)及众多数据库组成的实物互联网中,阅读器读出的 EPC 只是一个信息参考(指针),由这个信息参考从 Internet 找到 IP 地址并获取该地址中存放的相关的物品信息,并采用分布式的 EPC 中间件处理由阅读器读取的一连串 EPC 信息。由于在标签上只有一个 EPC 码,计算机需要知道与该 EPC 匹配的其他信息,这就需要 ONS 来提供一种自动化的网络数据库服务,EPC 中间件将 EPC 代码传给 ONS,ONS 指示 EPC 中间件到一个保存着产品文件的 PML 服务器里查找,该文件可由 EPC 中间件复制,因而文件中的产品信息就能传到供应链上。

如将 EPC 标签放到一本书上,这本书通过阅读器把 EPC 标签的信息采集进来,阅读器和计算机网络连接起来,通过 EPC 中间件送到物联网中,存到 EPC 信息服务器里,再通过一个中间件就可以实现对这本书其他信息的咨询。EPC 系统的工作流程如图 10.11 所示。

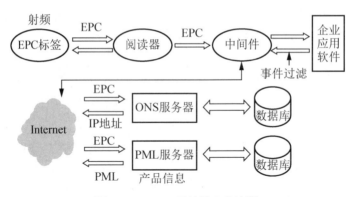

图 10.11　EPC 系统的工作流程

10.4.4　EPC 与 RFID 及 EAN/UCC 的关系

1. EPC 系统的特点

EPC 系统以其独特的构想和技术特点赢得了广泛的关注，其主要具有以下特点。

1）开放的结构体系

EPC 系统采用全球最大的公用 Internet 系统。这就避免了系统的复杂性，同时也大大降低了系统的成本，并且还有利于系统的增值。

2）独立的平台与高度的互动性

EPC 系统识别的对象是一个十分广泛的实体对象，因此，不可能有哪一种技术适用所有的识别对象。同时，不同地区、不同国家的射频识别技术标准也不相同。因此，开放的结构体系必须具有独立的平台和高度的交互操作性。EPC 系统网络建立在 Internet 系统上，并且可以与 Internet 系统所有可能的组成部分协同工作。

3）灵活的可持续发展的体系

EPC 系统是一个灵活的、开放的、可持续发展的体系，可在不替换原有体系的情况下做到系统升级。EPC 系统是一个全球的大系统，供应链的各个环节、各个节点、各个方面都可受益。但对低价值的识别对象来说，如食品、消费品等，它们对 EPC 系统引起的附加价格十分敏感。EPC 系统正在考虑通过本身技术的进步，进一步降低成本，同时通过系统的整体改进使供应链管理得到更好的应用，提高效益，以便抵消和降低附加价格。

2. EPC 与 RFID 之间的关系

EPC 产品电子代码及 EPC 系统的出现，使 RFID 技术向跨地区、跨国界物品识别与跟踪领域的应用迈出了划时代的一步。EPC 与 RFID 之间的关系如图 10.12 所示。

EPC 与 RFID 之间有共同点，也有不同之处。从技术上讲，EPC 系统包括物品编码技术、RFID 技术、无线通信技术、软件技术、互联网技术等，是在计算机互联网和射频技术 RFID 的基础上，利用全球统一标志系统编码技术给每一个实体对象一个唯一的代码，构造了一个实现全球物品信息实时共享的实物互联网。而 RFID 技术只是 EPC 系统的一部分，主要用于 EPC 系统数据存储与数据读/写，是实现系统其他技术的必要条件。而对 RFID 技术来说，EPC 系统应用只是 RFID 技术的应用领域之一，EPC 的应用特点，决定了电子标签的价格必须降低到市场可以接受的程度,而且某些标签必须具备一些特殊的功能(如保密功能等)。因此,并不是所有的 RFID 电子标签都适合做 EPC 标签。换句话说 EPC 标签只是应用了 EPC 编码的电子标签,只有符合特定频段的低成本电子标签才能应用到 EPC 系统。

EPC 与 RFID 的关系应该为:EPC 代码 + RFID + Internet = EPC 系统(物联网)

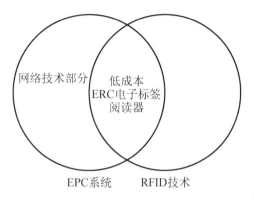

图 10.12　EPC 与 RFID 之间的关系

3. EPC 与 EAN/UCC 的关系

产品电子代码 EPC 与目前应用最成功的 EAN/UCC 全球统一标志。系统是兼容的,EPC 是 EAN/UCC 系统的延续和拓展。在组织上,EPCglobal 通过 EAN 和 UCC 在全球各国的编码组织在各国推广实施。

这与目前我国以商品条码为主要组成部分的 EAN/UCC 系统的管理方法是一致的。在技术上,EPC 结构与现行的 EAN/UCC 系统中的商品码是相兼容的,也就是说商品码是 EPC 编码结构中的重要组成部分,两者之间既有区别又有联系,整体上必须维护 EAN/UCC 系统的一致性和连续性。

EAN/UCC(GTIN)体系结构制造商编码与产品编码部分将以 EPC 管理编码和 EPC 对象分类编码的形式保留在 EPC 产品电子码里,但条码扫描必需的校验值属性将从数据结构中删除。UPC 编码、EAN/UCC – 13 编码和 EAN/UCC – 8 编码,均可以转换为唯一的 EPC 编码。虽然 EPC 具有条码没有的众多优势,但是 EPC 不会取代条码,EPC 将与条码长期共存,共同打造供应链的完美管理。

10.5　逆向物流软件

1. SAP 逆向物流软件

SAP 起源于 Systems Applications and Products in Data Processing。SAP 既是公司名称,又是其产品——企业管理解决方案的软件名称。SAP 是目前全世界排名第一的 ERP 软件。另有,计算机用语 SAP,同时也是 Stable Abstractions Principle(稳定抽象原则)的简称。

SAP 公司逆向物流软件(图 10.13)主要功能是及时有效的处理逆向供应链当中的产品以及零部件。

通过实施逆向物流供应链管理能够稳步增长供应链的整体利益,与此同时,供应链上的企业可以降低产品或零部件回收率,并且从回收的产品或零部件中提取更多的利用价值。

SAP 的集成软件主要功能包括零部件的供应计划、仓储计划、补货计划以及回收物流,以简化、合理化供应链中零部件服务的延伸网络。与此同时，借助软件的分析功能，供应链当中的企业通过分析当前的服务水平与关键指标，可以尽快找出关键问题并及时纠正。

SAP 逆向物流软件中的零部件管理功能主要包括：售后管理、索赔处理、授权管理、上门维修、返厂维修、废弃物回收管理。

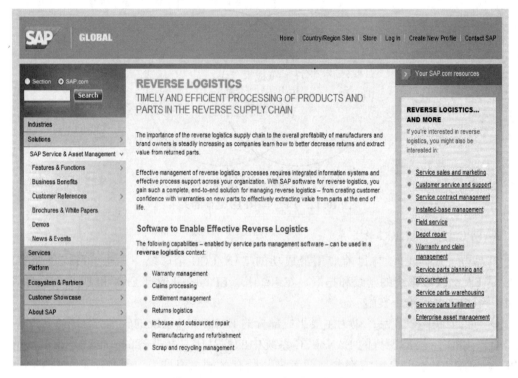

图 10.13　SAP 公司逆向物流软件

2. DEX 退货管理软件

DEX Returns 是 DEX 系统开发的针对于回收物流解决方案中的一个模块，是 DEX 中的 IT 部分。DEX Returns 是一种很完善的、高效的、便捷的工具，它有效利用了 Oracle 公司对电子商务的前端拓展技术，尤其适用于为 RMA 回收物流进程管理而设计。

DEX Returns 是为解决现实问题而设计的，它能为整个回收物流过程提供可视化的、可控性的、可预见性的解决方案，并对包括 RMA 启动到产品整个生命周期的整个回收环节进行跟踪，如图 10.14 所示。

3. GENCO 逆向物流软件

回收是做生意不可避免的，对回收过程的有效管理是节省时间和成本的关键因素。这就是为什么回收物流界的先驱——GENCO 公司开发回收物流这个项目，它尤其能有效优化回收进程。

R – Log（图 10.15）是当今市场上最具综合性和灵活性的回收管理软件。在众多的回收物流的现实操作过程中和全世界范围内各种各样的行业节点上的表现，足以证明它的标准化和高效率。事实上，它在消除人为操作误差和简化文书工作方面取得了成功。

R – Log 具有以下优点。

（1）回收物流工作时间减少 80%。

(2) 仓库劳动时间减少 60%。
(3) 销售回收物流工作时间减少 50%。
(4) 购货退回库存需求量减少 30% ~ 50%。

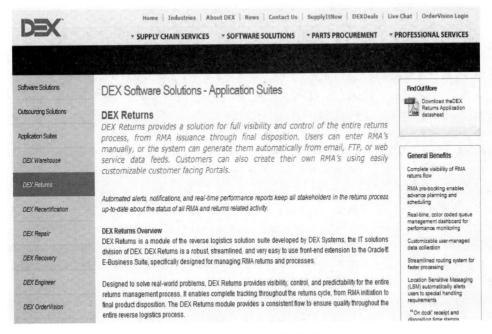

图 10.14　DEX 退货管理软件

图 10.15　GENCO 逆向物流软件

逆向物流

阅读助手

上海新锦华首创回收物流新路

2009年12月29日,上海再生资源回收物流传出佳音,新锦华"在线收废"宝山区分中心揭牌。这样新锦华"在线收废"实现了上海市19个区县废旧物资联网交投全覆盖。上海地区的市民和企事业单位只要登录网站或拨打电话962300,就可以享受方便快捷的上门收废服务了。

新锦华"在线收废"从2003年7月发展至今,已形成了1个网络中心、18个分中心、208个交投站、近2 000名从业人员的再生资源回收网络,推出了"统一规划、统一标识、统一着装、统一价格、统一衡器、统一车辆、统一管理"的经营规范理念;确立了"一个城市一个收废热线"、"一个区域一个分中心"、"一个街道一个交投站"、"一个收废人员一张IC卡"的服务特色;实践"无失约、无盲区、无投诉"的服务宗旨。"在线收废"启动以来,累计实现网上交投点击率31.42万次,电话交投3万次。2009年,实现网上交投点击率9.12万次,电话交投1.23万次。

上海市民和企业从这种交易形式中得到了便捷和实惠。通过互联网,上海市18个区县的回收物流建立了默契的协作关系,新锦华"在线收废"成为上海市再生资源回收领域一个极具特色的品牌。凭借着覆盖全上海的再生资源回收网络,各个区县分中心信息共享,在各项商业活动中逐渐显露出战略优势。不久前上海举行的加点"以旧换新"活动,新锦华"在线收废"回收体系的优势,成为唯一一家入围的回收企业,既寻找到了上级,又扩大了市场覆盖率,增加了行业影响力。而各区县分中心也借此机会重新拓展了业态模式,如:徐汇区分中心2009年实现废品交投2 500多笔,家电以旧换新400多台,废旧物资的销售从180余万上升至1 600余万。他们和国美电器及区域各街道开展的"进社区迎世博家电以旧换新一站式便民活动",获得居民极大反响。杨浦区、普陀区分中心在区内开展了电子电器废弃物回收工作,也收到了积极成效。

随着"在线收废"回收体系的不断完善,新锦华公司产业战略将向加工体系转移,从平台建设进入到产业化建设中。该公司打算购买或长期租赁形式获得50~70亩土地使用权,作为公司"总部型交易场所"。该公司将立足高定位、高起点、高标准的"三高"原则,全面提高整体实力。一是要做到工业化信息化的融合;二是要做到总部型、园区型、环保型;三是要做到提升企业的集中加工能力。总部型建设:引进行业领先企业入驻,形成总部集聚效应;环保型建设:市场规划、设计及建设要生态环保,园区绿化,环境幽雅。从而建立起回收、加工、交易和连锁为一体的再生资源回收利用产业链,打造覆盖全上海、辐射长三角的再生资源回收利用商务平台。

习 题

一、判断题

1. 二维条码技术是在实际应用需求不断变化发展的前提下产生的。（   ）
2. 电子监管码是中国国家规定的产品标识,是一件一码,可以实现对产品生产、流通、消费的全程监管,实现产品真假判断、质量追溯、召回管理与全程跟踪等功能。（   ）
3. 信息量容量大、安全性高、读取率高、错误纠正能力强等性能是二维条码的主要特点,主要用于对物品的标识。（   ）
4. 无线射频识别技术可以同时对多个物体进行识读,但只能识别一类物体。（   ）
5. 以商品条码为核心的国际编码协会（EAN/UCC）全球统一标志系统已成为全球通用的商务语言。（   ）

二、选择题

1. 射频识别技术的特点不包括（　　）。
   A. 应用面广　　　　B. 读取率高　　　　C. 可重复使用　　　D. 安全性能高
2. 射频识别技术以其独特的优势，逐渐被广泛应用于工业自动化、商业自动化和（　　）领域。
   A. 资产管理　　　　B. 电子商务　　　　C. 交通运输控制管理　D. 信息通信
3. RFID系统两个重要的组成部分是电子标签和（　　），它们实现系统的信息采集和存储功能。
   A. 阅读器　　　　　B. 发射天线　　　　C. 应用系统　　　　D. 天线调节器
4. （　　）是EAN/UCC系统的主要数据载体技术，并已成为识别产品的主要手段。
   A. RFID技术　　　　B. EDI技术　　　　C. 条码技术　　　　D. 物联网技术
5. （　　）是条码技术的延伸和拓展，已成为EAN/UCC全球统一标志系统的重要组成部分，被视为继条码后的第二代货品识别技术。
   A. EPC　　　　　　B. RFID　　　　　C. Bar Code　　　　D. EAN

三、简答题

1. 讨论产品的哪些信息会影响产品逆向物流过程？
2. 逆向物流中的信息具有什么特殊性？
3. "二维条码"较"一维条码"的优越性有哪些？
4. "RFID"的全称是什么？"EPC"是指什么？它们对逆向物流有何支持作用？
5. 产品跟踪对逆向物流系统有什么重要作用？

四、讨论题

1. 论述我国逆向物流技术研究的新进展。
2. 以家电产品为例，探讨逆向物流关键技术。

 案例分析

信息技术在医药行业逆向供应链中的应用

1. 药品供应链面临的退货挑战问题

由于药品的特殊性，每年因各种原因(例如质量问题、过期、假冒等)有大量的药品需要从消费者手中、零售店或医院药房回流到药品生产厂，由此产生巨大的药品逆向物流。目前，大多数的药品零售商及其供应链伙伴对于药品回收管理能力较差，在药品回收、假冒药品检验方面，供应链缺乏对药品的跟踪、识别、召回及销毁的信息，库存管理的不善也导致很多昂贵药品的过期或损坏，造成巨大经济损失。

为应对这种挑战，零售商通过不断地学习、咨询，最后找到一种能追踪、记录药品家谱的方法——RFID，试图通过这种信息技术来构建一条安全可靠的药品供应链，以降低药品回收处理成本。

2. 药品追踪

将RFID标签贴在药品外包装上，一是便于药品身份鉴别；二是能实现追踪和追溯。该标签将伴随着药品从"摇篮"到"坟墓"的整个旅行，在每一个阶段都会通过唯一的鉴定，如果标签是有效的，系统将能一直检查并检测药品，直到期满。

如果某零售商或伙伴成员决定处置某种药品，中心登记处将改变该药品的状态，标记为"处理了" (For Disposal)。那么，以后的药品扫描都会显示该药品的新状态。这一功能对于追踪药品来源，防止报废药品进口或转卖到落后地区，提供了非常重要的帮助。

　　3. 药品召回

　　如果药品召回涉及严重的人体健康危害，通常需要100%地检查所有层次的销售商。应用RFID，就能沿着药品供应链一直追踪到最下游，即末端消费者手中。

　　4. 有害废弃物鉴别

　　在药品行业，经常会发生这样的事情，一直在公开使用的药品可能会突然在某一天被认为是对身体有害的，利用电子标签网络，就能将供应链上包括报废处理在内的每个环节进行药品的自动鉴别。

　　5. 便于自动化的操作

　　RFID使自动化的收集、分类、储存和报废处理成为可能，对于减少人员与潜在危险的直接接触具有重要意义。

　　6. 通过库存控制，降低退回量

　　使用RFID，能方便、快速、也更频繁地在不同地点查看药品信息，这就增强了药品库存的可见性。退回品库存过期药品的盘点更容易，便于在规定期限尽快处理药品，避免累积。库存的可见性使销售商与生产商之间的合作更容易，可以通过共同规划、预测和制订补货计划，降低供应链中的库存水平。

　　由以上分析可知，将RFID应用到逆向物流过程中，保证了产品的可追踪性，从而增强了逆向供应链的可视性；另外，便于逆向供应链伙伴之间开展更深层的合作和协作，共同预测回收量，共同设计更有效的回收政策。

　　根据以上案例，试分析RFID对药品逆向物流链的支持作用体现在哪些方面？

第11章 各国逆向物流发展概览及展望

【本章教学要点】

知 识 要 点	掌 握 程 度	相 关 知 识	应 用 方 向
碳交易	了解	碳税制	低碳经济
节能减排	了解	二氧化碳价格	尾气排放
绿色GDP	了解	国民幸福指数	以人为本

知识架构

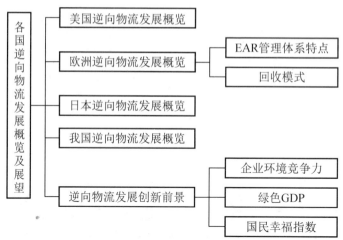

导入案例

美国风格的逆向物流实践

美国杜邦公司是北美最大的尼龙生产商。1991年，杜邦公司与地毯零售商、生产厂家、设计单位和客户建立了地毯回收伙伴关系。杜邦公司负责回收废弃地毯，将废旧地毯加工成新的树脂材料供应给汽车行业。到1997年，全美80个杜邦的零售商参与了这一回收计划，每年大约回收10 000吨废地毯。回收材料中的28%是尼龙66，被加工成颗粒状树脂材料后，销售给汽车公司，用于空气净化装置和其他零部件的生产；地毯中的48%是非尼龙材料，可被加工成纤维，作为填料、隔音材料和草皮固化材料使用，或用于体育场馆、高尔夫球道的铺设材料；地毯中的17%是苯乙烯，加工后可制成地面铺设材料，用于仓库或舞厅等各种地面装饰；另有7%的其他类材料，不具有回收价值，可作为煤的替代品用于火力发电。

当我们还在为挤干正向物流中的水分而费尽心机之时，一些世界著名的大制造商已经开始向逆向物流要效益了。正如零售巨头西尔斯公司的物流副总裁所言："逆向物流也许是企业在降低成本中的最后一块处女地了。"开展逆向物流对资源相对贫乏、遭遇巨大的资源和环境制约的中国而言，前景诱人。然而，真正尝到逆向物流之甘甜的中国企业却不多见。在此情况下，如何让逆向物流不再沉默，成为我们思索的主题。

11.1 美国逆向物流发展概览

为了从根本上控制废弃物的增长，促进资源的回收利用和有效保护环境，美国既对逆向物流进行立法，又采取政府或行业协会补贴的方式促使企业运作绿色物流业务。美国政府先后通过了《运输安全法》、《清洁空气法》、《清洁水法》、《资源保护和恢复法》、《综合环境责任赔偿和义务法》、《危险品材料运输法》等，以尽量减少物流发展对自然环境和人类安全构成的威胁。

知识链接

西方机构贱价收购中国减排量

按照《京都议定书》规定，发达国家第一承诺期的减排义务到2012年终止。英国新能源财务公司曾在2009年6月发表报告，预测表示全球碳交易市场2020年将达到3.5万亿美元，有望超过石油市场，成为世界第一大市场。这个市场中，中国已经成为碳减排的最大供给国。国家发改委规定二氧化碳保护价是8~10欧元/吨，国际上价格13~14欧元/吨，国际的碳买家低价购买中国企业的碳排放量，重新包装一下，转手卖掉，就可以获得超过30%的利润。

如果国内企业有能力，可以在欧洲注册公司直接交易。但受渠道和风险控制能力的制约，大多数企业没有能力直接去国际市场交易，一些国际买家在到手的过程中承受一定的风险。中国发展低碳经济需要碳交易市场。2008年8月以来，北京环境交易所、上海环境能源交易所、天津排放权交易所等交易机构相继成立，但几大交易所在碳减排量的交易很小。在《京都议定书》中，中国没有强制减排的义务，即没有现实的需求，企业的认识也没上去。一些企业购买碳减排量，也是处于试水或者广告宣传目的，量很小。

与国内购买意愿低相对的是，一些拥有碳减排量的企业正在争先恐后将碳减排量卖掉。中国已经成为CDM机制下提供碳减排量最大的国家。2009年10月，中国政府已经批准2 232个CDM项目，其中663个已在联合国CDM执行理事会注册，预期年减排量为1.9亿吨，约占全球注册项目减排量58%以上，注册数量和年减排量均世界第一。

2009年5月19日，美国总统奥巴马宣布了一项汽车节能减排计划，要求美国乘用车在2016年前达到每100公里耗油不超过6.62升的水平，这将节约大约1.8亿桶原油，温室气体排放量也将减少8亿公吨。2009年9月15日，奥巴马正式宣布将在全国施行新的汽车及轻型卡车排放及油耗标准，以促使2010年在美销售的汽车满足平均油耗每加仑38英里的目标。此举期望增加汽油利用率，并减少尾气排放对大气环境的污染。

FedEx Corp与美国环境保护协会(Environmental Defense)及Eaton Corporation联手推出一种低污染复合电动车。此产品将成为联邦快递中型车队的标准车辆。它不仅能将含微粒物质的尾气及烟雾排放量分别减低90%及75%，而且还能使燃料使用率提高50%。联邦快递总裁兼首席执行官David J. Bronczek表示："联邦快递能成为首家许下长期承诺，去发展和使用这种环保汽车的公司，实在感到非常自豪。这款复合电动货车证明了科技既能保护环境，又能迎合我们的运作需求。这项计划所带来的环保及商业效益，印证了汽车科技的革命，并且为汽车业奠定了新的标准。"美国环境保护协会主席Fred Krup则表示："通过这项计划，联邦快递巩固了在商界的环保领导地位。在与美国环境保护协会合作后，联邦快递成功开发出更洁净、健康的货车，减低车辆的燃油使用量，进而减低对气候改变的影响。美国环境保护协会已开始敦促其他公司效仿联邦快递，使用这种环保的新科技。"

DHL与国际航空运输协会合作，率先开展了全球电子货运推广计划，以减少每票空运货物所需处理的纸质文件数量。这一改进能够有效减少全世界纸质文件消耗量，每年减少的纸质文件消耗量可达7 800吨以上，相当于80架波音747货机的总重量，从而有效保护环境。此外，电子货运计划还有助于降低成本，其货运流程时间平均可减少24h。

以上两个方面已经有力证明:"低碳"已经成为世界各国发展研究的重心。

11.2 欧盟逆向物流发展概览

德国是欧洲国家中节能减排法律框架最完善的国家之一。德国的《废弃物处理法》最早制定于1972年。1996年,德国实施《循环经济与废物管理法》。1997年,欧盟正式出台了电工电子产品回收再利用法规,规定凡是将其电工电子产品投放欧洲市场销售的制造商或进口商,必须对其因销售而产生的终极产品,即EOL产品(End–of–Life Product)予以回收并进行加工再利用,由此提出了生产商责任延伸的概念。

2005年,欧盟正式实施废弃电子电气设备指令(WEEE),旨在解决急速增长的电子电气设备废弃物问题。文中明确规定:欧盟成员国所使用电子电器设备从产品设计开始就必须考虑环保要求;报废设备与普通市政垃圾实行分开收集;按特殊处理程序处理报废设备;由生产者或第三方在单独或集中基础上建立回收系统并制定各类产品的回收率;报废产品的回收处理费用由生产者承担。根据此项法律,欧盟的许多国家都已或正在建立废旧家电逆向物流系统,对废旧家电进行处理。

阅读助手

电动快递轻卡

> 日前,TNT在英国、荷兰、比利时和卢森堡推广使用电动快递轻卡。这类电动快递轻卡的维护费用相较于传统燃油车辆更低。TNT还致力于在印度、荷兰和德国等地进行将生物燃料、生物气体或者氢气作为驱动能源的快递车辆的测试。这些努力都是TNT全球二氧化碳减排战略"心系我星"的重要部分,旨在通过提升TNT二氧化碳排放治理方面的透明度,在公司运营过程中大幅度减少二氧化碳排量,同时号召和激励TNT全球161 500名员工在日常生活中,同样为实现这项使命做出努力。
>
> 作为TNT全球减排计划的一部分,此举也是TNT立志成为全球首家实现二氧化碳零排放的公路和航空运输公司的重要布局。

产品责任制是德国推进循环经济的重要经济政策手段之一。按照《循环经济与废物管理法》的规定,谁开发、生产、加工和经营的产品,谁就要承担满足循环经济目的的产品责任,产品生产者应最大可能地在生产过程中避免产生废物,保证有利于环境的利用,确保在利用中产生的废物得到处置。

在德国电子废弃物管理体系中,UBA是电子废弃物回收处理的主管部门。EAR基金会(2004年8月19日,由27个电子电气生产商和3个协会联合成立的行业非赢利性组织)受UBA的全权授权,履行中立的结算中心、注册机构的职责,包括:生产商注册;收集统计生产商和处理厂报告的数据,计算、汇总生产商的市场份额并向UBA报告;接收由市政回收点发出的电子废弃物提取通知,同时向生产商或指定第三方发出电子废弃物提取通知;对生产商的相关活动进行监督。另外目前进口业者也已经组织一个协会HD(Hauptverband des Deutschen Einzelhandels),以期望能够有一个统合的力量与政府协商。

11.2.1 EAR 管理体系特点

市政当局公共废物管理机构免费收集家用电子废弃物，收集费用由市政当局承担；运输、处理费用由生产商/进口商承担，生产商/进口商也可指定自己的合约运输公司和处理公司。从市政当局之后的相关作业，就是生产者责任的开始。EAR 负责组织和协调从市政回收点开始的电子废弃物的登记接收、从回收点到处理厂的运输事宜。同时允许生产者采取尽可能多的个别回收方案（有利于有效检举和制止搭便车者），建立个别的或行业的回收计划，确保电子废弃物回收处理领域的竞争性。德国反垄断管理机构（BKA）不允许任何行业在任一类别电子废弃物市场上回收计划占有超过 25% 的市场份额。

EAR 根据产品市场份额确定每个生产商/进口商应分担的费用并向其开出费用发票。EAR 体系费用机制采取事后收费模式，在生产商/进口商环节收取，由 EAR 负责电子废弃物处理费用的统一收集和支付，生产商/进口商根据每一类产品的现有市场份额分担实际发生的电子废弃物处理费用。对于新的电子废弃物，该个别生产商可以要求 EAR 计算其相应的承担费用（生产商需提供相应数据）。

11.2.2 回收模式

 知识链接

WEEE 回收指令

2003 年 2 月 13 日，欧盟发布了《关于报废电子电气设备指令》(*Waste Electrical and Electronic Equipment*，WEEE 回收指令）其核心内容是生产厂商对列入指令管辖的电子电气产品进行回收并要求生产商加贴回收标志。

1. 发布背景

电子电器设备产量的成倍增长；废弃物总量的快速增长，废弃物处理体系的薄弱；电子垃圾不仅量大而且危害严重。特别是电视、电脑、手机、音响等产品，含有大量对环境和生物体有毒有害的物质。一台电脑显示器中仅铅含量平均就达到了 1kg 多。

2. WEEE 指令核心内容

2005 年 8 月 13 日起，欧盟市场上流通的电子电气设备的生产商必须在法律上承担起支付报废产品回收费用的责任，同时欧盟各成员国有义务制订自己的电子电气产品回收计划，建立相关配套回收设施，使电子电气产品的最终用户能够方便并且免费地处理报废设备。

3. WEEE 的适用范围

适用于十大类产品：① 大型家用电器；② 小型家用电器；③ IT 和通信设备；④ 消费类电子电器设备；⑤ 照明设备（白炽灯泡和家用荧光灯除外）；⑥ 电子电气工具（大型固定工业工具除外）；⑦ 玩具、休闲和运动设备；⑧ 医用器材（植入部件或污染处除外）等；⑨ 检测和控制仪器；⑩ 自动售货机。包括产品的所有元件、配件及消耗材料，但不包括：与成员国重要的安全利益相关的设备、武器、军需品和战争物资。

4. WEEE 指令目标

2005 年 8 月 13 日生产者建立或使用回收系统，一年后达到 50%~80% 的回收率考核目标（由生产商包括其进口商和经销商负责回收、处理进入欧盟市场废弃的电子电气产品）。

> 5. WEEE 对中国企业的影响
> ① WEEE 指令有关建立回收体系的要求虽然是针对欧盟内部的"生产商"(包括其进口商和经销商),但最终成本势必会转嫁到欧盟以外的出口商身上,由此产生的直接成本及间接成本势必提高我国电子电气产品的出口成本;②我国企业在出口时要额外缴纳高额的电子垃圾回收费用。
> 6. WEEE 对欧洲消费者的影响
> 对消费者而言,他们再也不能简单地把报废电器电子产品当做未分类的废弃物一扔了事。而欧盟市场销售的所有需要回收和处理的家电和电子产品将必须贴有打叉的垃圾桶图案的特殊标签,以提醒消费者该产品不能随便弃置。

以德国为代表的 WEEE 回收处理体系主要是建立在市政系统或制造商联盟基础上,分别建立市政系统专业回收处理公司、制造商专业回收处理公司、社会专业回收处理公司、专业危险废物回收处理公司等,回收处理已经形成了一个产业。

目前德国每年的电子废弃物约为 200 万吨,年均增长率为 3%~5%,其中电子废弃物的 60%~70% 由市政当局公共废物管理机构收集,30% 由私人公司收集,人均收集量达到 5.5kg/年。

德国负责废旧家电逆向物流的机构都是各市区直属的市政企业。为了方便民众进行废旧电器的回收,当局提供了几种收集废旧电器的方法:一是居民主动与负责回收旧电器的市政企业取得联系,由企业派人上门服务,但居民需要支付一定的运输费用;二是居民自己开车将旧电器送到指定的回收中心,不用交纳任何费用;三是居民按照指定的时间,将旧电器送到指定的地点,然后由有关部门统一运走。以上收集到的废旧电器到了回收处理中心后,经过科学整理分类,尚可使用的电器经过安全检查,更换老部件及清理、消毒后提供给社会进行再利用;没有使用价值的废电器,须在环保部门认可的拆卸场所按金属、塑料、电路板、电气元件等分类,送交专业化处理,或熔炼,或化学分解,或焚烧处置。

德国电子废弃物收集系统基本由 4 500 个公共废物管理机构设立的收集点,30 000 个商业收集点,以及 1 000 个生产商提供的收集点组成。德国不少城市规定,在每周的某一天可以将电器垃圾扔到指定地点,然后由有关部门统一运走。在柏林这种大都市,不允许随便扔旧电器,只要居民给指定机构打个电话,发个 E-mail,就有专人上门服务,但居民要根据电器的体积大小交纳相应的运输费用。

德国电子废弃物回收处理体系主要有:ProReturn 体系、ENE(欧洲生态网)、废物管理公司体系和 ERP(欧洲再生利用平台)。ProReturn 体系由 Loewe、飞利浦和夏普建立,主要处理信息技术和通信设备、用户设备;ENE(欧洲生态网)由松下与 Thomson 和 JVC 建立,处理除照明设备外的所有类别电子废弃物;ERP(欧洲再生利用平台)由 Braun、伊莱克斯、惠普和索尼发起;废物管理公司体系在全国大约有二十多个这样的联合体。

11.3 日本逆向物流发展概览

1979 年,日本颁布了《节约能源法》,后来又对其进行了多次修订,最近一次是在 2006 年。该法对能源消耗标准作了严格的规定,并奖惩分明。1998 年 6 月,日本公布了《家用电器再利用法》,并于 2001 年 4 月 1 日正式实施。该法鼓励使用再循环产品,对妨碍环境保护、产生污染的企业征收环境补偿费。该法是对电视机、电冰箱、洗衣机、空调 4 种废旧家用电器进行有效再生利用,减少废弃物排放的特定法律。2003 年 10 月,又规定对家用电脑实施强制回收,在销售环节交纳回收处理费。明确规定生产企业必须回收再利用废弃家电的比例为:空调 60% 以上,电视机 55% 以上,冰箱 50% 以上,洗衣机 50% 以上。

该法律规定,消费者废弃以上 4 种废旧家用电器时,须按要求支付回收利用的费用,包括收集、运输和再利用的费用;零售商有责任回收以上 4 种废弃家电,并交付给制造商再利用;制造商有责任再利用以上 4 种废弃家电,并达到规定的回收再利用率(50% ~ 60%);政府的任务则是提供再利用的必要信息,加强国民对特定家用电器回收和再商品化的认识,采取要求国民共同努力的必要措施,对废旧家用电器回收再利用过程进行监管。零售商、制造商必须预先公布特定家用电器回收再利用的费用,费用额度不得超出有效实施再商品化的标准成本,不得妨碍消费者交付废旧家电。

在日本,电脑、复印机的回收处理未纳入 2001 年 4 月 1 日颁布实施的《家用电器再利用法》的规定范围,而是按《资源有效利用促进法》的规定,由生产企业负责回收处理。一般情况,办公电脑由排出单位与再生资源化工厂直接联系,双方以报价形式协商确定资源化费用,费用由排出单位直接交给处理企业。家用电脑由制造商负责进行回收和再利用,由消费者在废弃时交纳各厂家设定的回收再资源化费用。

此外,日本还颁布《推进形成循环型社会基本方法》、《促进资源有效利用法》、《容器包装循环法》、《废弃物处理法》等。

日本已建设成覆盖全日本的废旧家电回收网络和资源循环处理工厂。《家用电器再利用法》规定,为避免垄断,全日本国内回收处理体系必须是两个以上,而且设置指定回收场所时,制造商等必须考虑地理条件、交通状况、自己制造的特定家用器具的销售情况以及其他条件,进行适宜的配置,以确保对特定家用器具废弃物再商品化等采取有效的措施。东京、大阪等大都市,在半径 30km 的范围内要考虑设一个回收点,乡镇半径 50km 考虑设一个回收点。为此,日本家电生产企业根据自愿组合的方式,A 组是以东芝、松下、大金等为代表的 21 家企业,B 组是以日立、三菱、夏普、索尼、三洋等为代表的 20 多家企业。两组各自负责承担本组别产品的回收处理,进口的产品由家电制品协会确定其回收再利用费用金额和回收处理组别。回收点由有关物流公司等与 A 组、B 组签订合作协议,处理工厂与相关组别确定合作关系。A 组的处理工厂是家电生产企业新建的,以联合股份制方式运营,B 组大部分是依托现有的资源循环企业。目前,A 组有 24 个处理工厂、B 组有 16 个处理工厂,分别拥有 190 个回收点,日本全国境内有近 7.5 万家零售店和上万家邮局可接收废弃家电。可以说,日本废弃家电的回收处理网络已有序建设起来。

在日本,通过市政回收处理的电子废物很少,大约占到回收的 10% 左右,每年环境省查获的非法丢弃废弃家电 15 万台左右,相对于每年回收处理上千万台的量来说,还是比较少的。因此市政回收基本被排除在电子废物回收体系之外,他们主要处理非法丢弃的电子废物。通过日本家用电器协会回收的废旧电子电器产品也很少。

11.4 我国逆向物流发展概览

1992 年 5 月 22 日,联合国政府间谈判委员会就气候变化问题达成公约——《联合国气候变化框架公约》。这是世界上第一个为全面控制二氧化碳等温室气体排放以应对气候变化的国际公约,也是国际社会在对付气候变化问题上进行国际合作的一个基本框架。

1992年，第27届联大决议通过把每年的6月5日作为世界环境日，每年的世界环境日都规定有专门的活动主题，以推动世界环境保护工作的发展。联合国环境署、世贸组织环境委员会等国际组织展开了许多环保方面的国际会议，签订了许多环保方面的国际公约与协定。

1997年12月，《联合国气候变化框架公约》第3次缔约方大会在日本京都召开，会议通过了《京都议定书》。在《京都议定书》的第一承诺期，即从2008—2012年，主要工业发达国家的温室气体排放量要在1990年的基础上平均减少5.2%，其中欧盟将6种温室气体的排放量削减8%，美国削减7%，日本削减6%，《京都议定书》在2005年2月如期生效。至2010年2月共有55个国家递交了到2020年的温室气体减排和控制承诺，这些国家温室气体总排放量占目前人类总排放量的78%。

我国政府于2007年制定《中国应对气候变化国家方案》，通过推进一系列政策和措施的实行以应对日益加剧的气候变化问题，并在这一年颁布了《公路、水路交通实施〈中华人民共和国节约能源法〉办法》。2008年制定了《通行业节能中长期规划》，确定了2015年和2020年的总体目标和主要任务，发布了《营运客车燃料消耗量限值及测量方法》（JT 711—2008）和《营运货车燃料消耗量限值及测量方法》（JT 719—2008）两个强制标准，开展了《交通运输行业能源消耗状况分析及能源标准体系建设研究》，并在全国范围内推出了若干个节能减排示范项目。

2007年3月5日，国务院总理温家宝曾在第十届全国人大五次会议上作的政府工作报告中提出，要大力抓好节能降耗、保护环境，并指出在节能环保方面，重点要做好8个方面的工作。2010年3月5日，温家宝总理在第十一届全国人民代表大会第三次会议上作政府工作报告中，再次强调要努力建设以低碳排放为特征的产业体系和消费模式，积极参与应对气候变化国际合作，推动全球应对气候变化取得新进展。

 阅读助手

中国碳税税制框架设计

2010年5月11日，《经济参考报》报道了国家发改委和财政部有关课题组经过调研，形成了"中国碳税税制框架设计"的专题报告的消息。

该报告称：我国碳税比较合适的推出时间是2012年前后；由于采用二氧化碳排放量作为计税依据，需要采用从量计征的方式，所以适合采用定额税率形式；在税收的转移支付上，应利用碳税重点对节能环保行业和企业进行补贴。碳税的纳税人可以相应确定为：向自然环境中直接排放二氧化碳的单位和个人。其中，单位包括国有企业、集体企业、私有企业、外商投资企业、外国企业、股份制企业、其他企业和行政单位、事业单位、军事单位、社会团体及其他单位。碳税应根据煤炭、天然气和成品油的消耗量来征收。

报告建议碳税起步时，每吨二氧化碳排放征税10元，征收年限可设定在2012年；到2020年，碳税的税率可提高到40元/吨。

我国国家发展改革委员会、信息产业部和国家环保总局等部门也制定了《建立我国废旧家电及电子产品回收处理体系初步方案》。

在我国，各地的资源状况不尽相同，因此也就有了不同的发展模式。有的地区立足绿色资源优势，通过合理开发利用资源，发展绿色产品，创建了一批绿色品牌，走出了一条

"绿色资源—绿色产品—绿色品牌"发展之路,如我国的黑龙江省。对于生态脆弱地区,如宁夏、甘肃等地,可以通过生态环境建设,开发绿色产品,发展绿色品牌,带动绿色产业的发展,走"生态环境建设—绿色品牌—绿色产业"之路,进而促进生态良性循环,实现生态效益、经济效益和社会效益的有机结合。

绿色供应链管理必须要有标兵企业或龙头企业的带动,"龙头企业—绿色品牌群—绿色原料基地建设—生态环境建设"是培育绿色供应链的一个重要的发展路径,即借助龙头企业相对稳定的市场和销售渠道,突破市场瓶颈的约束,通过绿色产品的开发及绿色品牌的培育,把构建绿色原材料基地与当地生态环境保护和建设结合起来,带动农民脱贫致富。因此,在条件适宜的地区,应该培养和利用强势企业,开发绿色产品,创建绿色品牌,建设绿色原材料基地,带动当地资源合理开发和有序利用,进而促进产业结构调整和生态环境建设。

21世纪,人类面临着众多问题,例如人口膨胀、资源短缺、环境恶化等,严重影响着人类自身的生存发展。而作为耗能高、污染重的物流业,在发展上必须有超前意识,提倡绿色物流理念。开展绿色物流可以采取以下对策。

1. 政府规制

规制(Regulation)是指依据一定的规则对构成特定社会的个人和构成特定经济的经济主体的活动进行限制的行为。政府规制就是在市场经济体制下,政府为了规范企业的行为,矫正市场机制存在的问题,对企业等经济实体的活动进行一定的干预。由于物流对环境影响是一种外部效应,市场调节有时会"失灵",需要政府用法律法规和政策来规制。

从发达国家的实践来看,政府对绿色物流的规制主要体现在3个方面。

1)发生源规制

它主要是指对物流过程中产生环境问题的来源进行管理。由于物流活动的日益增加以及配送服务的发展,在途运输车辆的增加,必然导致大气污染加重。因此可以采取以下措施对发生源进行控制:制定相应的环境法规,对废气排放量及车种进行限制;采取措施促进使用符合限制条件的车辆;普及使用低公害车辆;对车辆产生的噪声进行限制;收取车辆排污费;限制城区货车行驶路线;普及推广无公害车等。我国自20世纪90年代末开始不断强化对污染源的控制,如北京市为治理大气污染公布了两阶段治理目标,不仅对新生产的车辆制定了严格的排污标准,而且对在用车辆进行治理改造,在鼓励提高更新车辆的同时,采取限制行驶路线、增加车辆检测频次、按排污量收取排污费等措施,经过治理的车辆,污染物排放量大为降低。

2)交通量规制

交通量规制主要是发挥政府的指导作用,推动企业从自用车运输向营业用货车运输转化;促进企业选择合理的运输方式,发展共同配送;政府统筹物流中心的建设;建设现代化的物流管理信息网络等,从而最终实现物流效益化,特别是要提高中小企业的物流效率。通过这些措施来减少货流,有效地消除交错运输,缓解交通拥挤状况,提高货物运输效率。

3)交通流管制

交通流管制的主要目的是通过建立都市中心环状道路、制定道路停车规则、实现交通管制系统的现代化等措施来减少交通阻塞、提高运输效率。交通规制主要表现在4个方面,即环状道路建设;公路与铁路的交叉发展;建立现代化的交通管制系统;制定合理的道路停车规则。

2. 民间组织倡导

民间组织主要是指行业协会、企业联合会、商会及社会团体等，它们是政府与企业间联系的纽带，在开展绿色物流方面拥有自己的特色。民间组织倡导绿色物流的作用主要有促进建立物流网络体系、实施物流标准化、促进物流社会化、推广低公害物流技术的应用等。

3. 企业自觉履行

企业是开展绿色物流的主体，只有所有物流企业和相关企业接受绿色物流的理念并自觉履行环保的义务，绿色物流的时代才会真正到来。作为企业的管理者应该具备强烈的公德意识和社会责任感，不仅重视经济发展，而且还要承担社会责任，从绿色物流出发来谋求企业的最大发展。物流企业要围绕绿色环保和可持续发展的理念开展经营，不能安于现状，更不能存在"环保不经济，绿色等于花费"的思想。

企业除了采用可行的绿色物流技术外，还必须转变观念，加强绿色管理。首先，企业应加强其内部管理以及与外界的协调；其次，要培养员工的环境意识，使员工关心采购、包装、仓储等物流活动中涉及的环境问题，提高企业全体员工的环保意识和绿色观念。另外，企业还应创造良好的绿色文化氛围，将绿色管理作为企业的文化渗透到企业的各个环节。

绿色物流管理强调全局和长远的利益，强调全方位对环境的关注，体现了企业的绿色形象，是一种新型的物流管理模式。首先，通过绿色物流，可以树立良好的公众形象，这将是企业最有价值的资产；其次，增强企业的持续发展能力。绿色物流虽然短期内可能对企业的发展不利，但是从长远的角度看，绿色物流会给企业带来发展的契机，走在其他传统物流企业的前面，在未来的竞争中立于不败之地。绿色物流管理强调全局和长远的利益，强调全方位对环境的关注，体现了企业的绿色形象，是一种新型的物流管理模式。

4. 消费者引导

消费者的需求取向决定生产者的经营管理方式。对于消费者来说，要积极倡导绿色需求、绿色消费，通过绿色消费方式引导企业实施绿色生产、绿色营销和绿色物流，迫使企业不得不改进原先的只重效益不重环保的管理方式，向绿色管理方向转变。

5. 与第三方物流企业合作

将企业绿色物流作业外包给第三方物流企业，通过对物流流程、环节以及各设施工具的技术创新、技术引进和技术改造，提高企业的运营能力和技术水平，最大限度地降低物流的能耗和货损，增强环保能力，防止二次污染。另外，通过利用第三方逆向物流企业的技术和资源的规模效益，可以使企业集中精力于核心竞争力上，降低逆向物流的运作成本，达到双赢的目的。

6. 供应链视角

21世纪的物流企业不仅要考虑自身的绿色物流效率，而且还必须与供应链上的其他关联者协同起来，从整个供应链的角度来组织物流，最终在整个经济社会建立起包括供应商、制造商、批发商、零售商和消费者在内的绿色循环物流系统，使供应链的各个环节都贯彻绿色物流的运作模式，提高整个供应链的绿色水平。

11.5 逆向物流发展创新前景

11.5.1 企业环境竞争力

1960年，美国学者海默(Stephen H. Hymer)在麻省理工学院的博士论文《民族企业的国际经营：一项对外直接投资的研究》中第一次提及企业竞争力的概念，企业竞争力开始成为政界、企业界和学术界关注和研究的热点问题。20世纪80年代初，企业竞争力理论逐步形成。

企业竞争力(Competetitiveness)是指在竞争性的市场中，一个企业所具有的能够比其他企业更有效地向市场提供产品和服务，并获得赢利和自身发展的综合素质。企业的竞争力分为3个层面。

第一层面是产品层，包括企业产品生产及质量控制能力、企业的服务、成本控制、营销、研发能力。

第二层面是制度层，包括各经营管理要素组成的结构平台、企业内外部环境、资源关系、企业运行机制、企业规模、品牌、企业产权制度。

第三层面是核心层，包括以企业理念、企业价值观为核心的企业文化、内外一致的企业形象、企业创新能力、差异化个性化的企业特色、稳健的财务、拥有卓越的远见和长远的全球化发展目标。

第一层面是表层的竞争力；第二层面是支持平台的竞争力；第三层面是最核心的竞争力。

企业环境竞争力是在企业竞争力理论基础上发展起来的一个新概念，它是实施可持续发展战略的直接产物。企业环境竞争力是指企业从产品设计—生产储运—进入市场—回收整个过程中所表现出来的有关环境保护、环境适应、环境相容等方面的优势、生存能力和持续发展能力的总和，是构成和影响产品核心竞争力环境因素的综合。其内涵至少包括4个要素：① 环境竞争力体现的是产品整个生命周期；② 环境竞争力应该体现在有关环境保护、环境适应、环境相容等方面；③ 环境竞争力是一种支撑性的能力，能使企业产生竞争强势；④ 环境竞争力是企业长期积累而形成并长期起作用的能力。环境竞争力的形成是其自身不断学习、创新的过程。

近年来，环境保护与经济协调发展的问题日益受到各国政府的重视，环境因素正在使企业竞争力的内涵发生新的重要变化，在全面衡量企业产品竞争力时，除了考虑价格因素和非价格因素外，还应重视环境因素的影响，它与企业价格竞争力、非价格竞争力并列。因此企业竞争力既包括价格竞争力、非价格竞争力，又包括环境竞争力。

决定和影响企业环境竞争力的因素不只局限于产品本身，而是渗透到产品的原料生产采购、加工和制造、包装与销售、产品使用后的处理等产品生命周期的全过程。归纳起来，主要有以下4个方面。

(1) 产品本身的环境因素。这是第一位因素，也是直接因素。消费者在购买某种产品时，首先考虑的是产品本身是否符合环境保护的要求，有环保认证标志的产品，其环境竞争力会比一般产品要强。

(2) 生产过程的环境因素。现在不仅产品本身要符合环保要求，而且其生产过程也要符合环保要求,不对环境造成污染,或尽量减少污染,包括原材料的准备、采购与储存、生产工艺的实施与监控、产品的加工及制造、物耗及能耗控制、技术保障、生产环境控制与调节、"三废"处理等各个环节,都必须符合环保要求。

(3) 企业管理的环境因素。要求企业通过环境认证,建立起一套健全、科学的环境管理体系,包括确定方针、建立文件体系、进行培训,并不断审评提高,以达到环境水平的持续改善。

(4) 生命周期的环境因素。包括产品研发、原材料采购与储存、产品的加工及制造、产品包装储运销售、回收处理等各个环节的全过程,即产品的整个生命周期都应该符合环境要求,这也是对产品环境竞争力的最高要求。

图11.1说明了环境竞争力的影响因素、环境竞争力与价格竞争力及非价格竞争力的关系(箭头表示增强推进的逻辑关系)。从图中可看出,环境竞争力已成为企业竞争力的重要组成部分,处于各方面因素的中心地位,它不仅对提升企业核心竞争力有直接推动作用,而且还可以通过增强价格竞争力和非价格竞争力间接促进核心竞争力的提升。环境竞争力强,则产品价格竞争力及非价格竞争力强,企业的核心竞争力也会非常强;反之,企业的核心竞争力就弱。提升环境竞争力既是"治标"的权宜之计,又是"治本"的长远发展战略的必然选择。

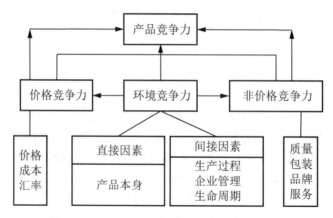

图11.1 环境竞争力构成要素及作用关系

图11.2采用"金字塔模型"揭示了环境竞争力、价格竞争力与非价格竞争力的地位对比关系。在企业竞争力的诸要素力量对比中,价格竞争力是最弱的,处于金字塔的最底端,非价格竞争力的地位次之,而环境竞争力的力量是最强的,效用是最好的,因此处于金字塔的塔顶。

图11.2 金字塔模型

随着人们环保意识的提高，上述决定环境竞争力的因素中，一方面直接因素影响越来越大、趋向越来越严格，另一方面间接因素也有不断增强的趋势，而且对环境竞争力的作用也将不断加强。

阅读助手

FSC 森林认证

> 志豪家具公司是顺德的一家家具制造龙头企业，其生产的高档皮沙发远销欧洲、美国、新西兰等发达国家和地区。最近，一位合作多年的挪威客商向他们提出了一个难题：产品是否有一种绿色标签，如果有的话才会下批量的订单，否则停止贸易往来。
>
> 据了解，这个绿色标签要通过极其严格的 FSC 森林认证，该认证不仅对家具原材料提出了较高的环保要求，而且认证价格不菲。顺德区检验检疫局对顺德家具企业进行调查发现，越来越多的企业出口到欧洲的产品开始受到森林认证的限制。
>
> 目前在环保意识较强的欧洲，消费者承诺只购买经过认证的、源自经营良好森林的木材和林木产品，即便是这些产品的价格高于未经认证的产品。众多跨国公司开始生产和销售 FSC 森林认证林木产品以迎合消费者的需求，树立公司的绿色形象。
>
> 顺德区检验检疫局相关人员认为，虽然森林认证对一般的木材加工企业影响还不大，但对外向型木材加工企业的出口贸易影响较大。如果不立即适应形势，这些企业将逐渐失去已经拥有的欧美国际市场份额，即使其产品质高价低也将无济于事。

知识链接

绿色贸易壁垒

> 绿色贸易壁垒是指在国际贸易活动中，进口国以保护自然资源、生态环境和人类健康为借口，设置一系列苛刻的高于国际公认或绝大多数国家不能接受的环保法规和标准，对外国商品进口采取的准入限制或禁止措施。主要包括国际和区域性的环保公约、国别环保法规和标准、ISO 14000 环境管理体系和环境标志等自愿性措施、生产和加工方法及环境成本内在化要求等分系统。
>
> 在国际贸易中，关税壁垒曾经是贸易保护的重要手段，美国、德国、日本等主要发达国家在发展的过程中都曾依靠关税壁垒保护本国产业的发展。但是，随着全球生态环境问题的日益严重，环境与贸易的冲突也越来越激烈，从而使贸易保护主义从传统的关税壁垒逐渐转向非关税壁垒，而绿色壁垒作为一种新型的非关税壁垒就应运而生了，并成为发达国家以保护环境为名限制发展中国家进出口贸易的一种工具。

11.5.2 绿色 GDP

第二次世界大战以后，国内生产总值（GDP）逐步成为国际通用的衡量国家经济实力的指标。国内生产总值即 GDP，包括商品和服务，这个指标比较容易进行计算和横向、纵向比较。但是随着人们对发展认识的深入以及 GDP 所固有的局限性，GDP 无法衡量耗尽有限资源以及环境破坏的代价，GDP 没有反映国民收入分配以及环境损失。

20 世纪 90 年代以来，国际组织开始利用复合指数衡量发展。诺贝尔经济学奖得主阿玛蒂亚森提出，自由的扩展是发展的首要目的和主要手段，他所发明的人类发展指数（HDI）成为重要的衡量发展的指数，涵盖健康水平、教育成就和实际人均 GDP 3 个方面，体现了经济发展应与人力的发展相结合。

联合国开发计划署（UNDP）从 1990 年开始利用 HDI 代替 GNP 作为衡量发展的指标。此外，1995 年世界银行又提出了绿色 GDP 核算体系来衡量一国或地区的真实国民财富。该核算是在传统 GDP 核算的基础上扣除了自然资源枯竭以及环境损失，体现了要重视经济发展与资源环境之间的协调发展。绿色 GDP，即扣除资源耗尽和环境破坏代价等环境成本后的产品和服务的价值。

2006 年 9 月，中国发表了第一份凝结着"绿色会计"努力的报告。这份报告是中国国家统计局（NBS）和中国国家环境保护总局（SEPA）两年工作的结晶。在这份国家统计局和环保总局的报告中，有 3 个主要结论。

（1）2004 年中国的污染达到 5 118 亿元（640 亿美元），相当于 GDP 的 3.1%。

（2）消除这些污染所需的费用估计为 2 874 亿元（360 亿美元），相当于 GDP 的 1.8%，然而实际用于污染清理的款项只有 1 005 亿元（130 亿美元），占所需费用的约 1/3。

（3）如果中国依靠现有的技术和标准来解决上述的污染，需要进行一次性投资 10 800 亿元（1 350 亿美元），即 GDP 的 6.8%。

2003 年，中国人均 GDP 首次超过 1 000 美元，2008 年达到 3267 美元（根据世界银行世界发展指数）。随着高速的经济增长，中国正在逐步由中低收入国家向中等收入国家发展。作为全球有影响的大国，中国正处在工业化、城市化的关键时期，经济发展正面临诸多挑战，包括经济增长模式的转变与经济增长的可持续性问题、经济增长与收入分配问题、经济与社会协调发展问题。

首先，经济增长的结构性问题越来越突出，经济的可持续发展需要迫切解决经济增长方式的问题。基于投资驱动的经济增长模式使得经济结构在消费和投资上出现严重失衡，这种失衡状况甚至不断恶化。而且，中国已经不具备支持这种高投入发展模式的国内资源基础。其次，收入分配格局随着经济增长也趋于恶化。居民家庭收入占 GDP 的比重在 1996—2006 年期间下降了大约 10 个百分点，城乡差距和居民内部的贫富差距仍趋于扩大，并且仍看不到扭转的趋势。毫无疑问，收入分配问题已经成为建设和谐社会的重要隐患之一。第三，相对于经济的快速增长，民生领域的发展仍然是中国全面发展的"短板"。随着计划经济体制下福利系统的解体，"读书贵、看病难、房价高"逐渐凸显成为普遍关注的社会问题，食品安全、生产安全、环境恶化、腐败案件、群体性事件频发等一系列的问题均对政府治理提出挑战。

五年规划是中国最重要的国家政策手段之一，起着明确国家战略和意图的作用。在中国的绿色发展战略中，五年规划的政策手段将继续处于关键地位。从 2005—2020 年刚好是 3 个五年规划的时期，即"十一五"到"十三五"。在每个五年中根据具体的国情以及长期的战略制定出恰当的发展目标，实现一个"上台阶"，从而通过这 3 个五年规划的努力，实现长期绿色发展战略的 2020 年"分步走"中期目标。这就是中国五年规划发展哲学与绿色发展战略的完美结合。

在 2005—2010 年的"十一五"规划中，中国较为成功地完成了节能减排的各项目标，为 2020 年绿色发展目标打下了一个较好的开局，即上好了第一个"台阶"。"十一五"时期，GDP 能耗实现下降 20% 左右的规划目标；耕地保有量控制在 1.212 亿公顷，优于规划要求；工业增加值用水量下降35%，超额实现规划所规定的下降30%的目标，农业灌溉用水有效系数提高到规划要求的0.5；化学需氧量下降14%、二氧化硫排放量累计下降12%，超额实现下降10%的规划目标。特别是节能减排指标作为约束性指标，起到了"硬约束"的作用。

"十二五"规划首次以"绿色发展"为主题，再次专篇论述"建设资源节约型、环境友好型社会"，明确提出：面对日趋强化的资源环境约束，必须增强危机意识，树立绿色、低碳发展理念，以节能减排为重点，健全激励与约束机制，加快构建资源节约、环境友好的生产方式和消费模式，增强可持续发展能力，提高生态文明水平。"十二五"规划更加凸显了绿色发展指标。绿色指标的比重大幅度上升，不包括人口指标，资源环境指标由"十一五"规划的7个提高到"十二五"的8个，占总数比重由27.2%提高至33.3%。"十二五"明确提出中国积极应对全球气候变化的主要目标。制定了到2015年减少单位GDP二氧化碳排放减少量、增加非化石能源消费比重的直接相对减排的量化指标，以及增加森林覆盖率、林木蓄积量、新增森林面积的直接增强固碳能力的量化指标。充分反映了中国特色的控制温室气体排放、增强适应气候变化能力的特点。

"十二五"规划明确了绿色发展的激励约束机制。首次将深化资源型产品价格和环保收费改革作为五年规划改革攻坚的方向。要求强化节能减排目标责任考核，合理控制能源消费总量，把绿色发展贯穿经济活动的各个环节。

"十二五"规划首次提出实行"生态安全"战略。对限制开发区、禁止开发区实施严格的生态保护，保障生态安全，明确国家生态屏障布局，实施专项生态修复工程，保护生态环境，为中华民族子孙后代留下美好的绿色家园。

"十二五"规划是真正意义上的"绿色发展规划"，这标志着中国进入"绿色发展时代"，也是中国发动和参与世界绿色革命的重大历史起点，这将在全世界产生积极的深远的影响。

11.5.3 国民幸福指数

在党的十七大报告中，胡锦涛总书记明确提出，"以人为本"是科学发展观的核心。温家宝总理在十一届全国人大三次会议的政府工作报告也指出，我们所做的一切都是要让人民生活得更加幸福、更有尊严，让社会更加公正、更加和谐。因此，提高国民幸福水平就是建立以人为本的发展模式，基于提高国民幸福感的公共政策将成为中国建设和谐社会的基础。

随着社会开放性的不断提高以及快速城市化、老龄化带来的社会结构转型，中国的发展模式迫切地需要从"GDP挂帅"转向"以人为本"的发展模式，即经济发展应当从粗放式、高投入的增长模式转向注重经济增长的质量、注重经济增长的公平性、注重经济发展与生态环境、社会环境的协调发展，否则就有陷入"中等收入陷阱"的危险。

当前，国民幸福指数（Gross National Happiness，GNH）逐步成为国际上衡量发展的新探索。该指数最早于1970年由不丹国王提出的。当时的不丹国王认为，政府施政应该以实现幸福为目标，注重物质和精神的平衡发展。基于此，不丹政府把政府善治、经济增长、文化发展和环境保护视为国家发展的四大支柱。时至今日，"国民幸福指数"这一概念逐渐得到国际认同。

2008年，法国总统萨科齐组建了一个专家组，成员包括以诺贝尔经济学奖获得者约瑟夫·斯蒂格里茨和阿马蒂亚·森等在内的20多名世界知名专家，进行了一项名为"幸福与测度经济进步"（Happiness and Measuring Economic Progress）的研究。该项研究认为应当对国民经济核算方式进行改革，将国民主观幸福感纳入衡量经济表现的指标，以主观幸福程度、生活质量及收入分配等指标来衡量经济发展。

在幸福问题的研究中，国际上最有影响的研究当属"世界价值观调查"（World Values Survey）。迄今为止，该项调查已访问了全球98个国家/地区。利用该数据，国际研究幸福问题的著名学者Inglehart把生存和福祉（Survival and Well - being）与人均GDP的关系划分为两个阶段：经济收益阶段（Economic Gains）和生活方式多样化阶段（Life Style）。在前一阶段，福祉提高对经济增长比较敏感，福祉随着经济增长明显提高；而到了生活方式多样化阶段，经济增长对福祉提高的作用并不显著，即当人们的收入达到一定水平之后，"主观幸福"和GDP的增长就不呈现出显著的正相关关系。

根据Inglehart研究结论，5 000美元（以1995年美元的购买力作为计量标准）是经济收益阶段和生活多样化阶段的分界点。1995年的美元购买能力相当于2009年7 038美元，而中国人均GDP水平在2010年将超过了这个临界点（按照IMF的估计，2009年以PPP计算的中国人均GDP为6 567美元）。因此，从国际比较的视角，当前中国人均GDP水平（按照PPP计算）已经进入Inglehart所定义的第二阶段（即居民的幸福感提升对经济增长不敏感），旨在促进国民幸福的发展政策将不应该单单以GDP增长为中心。从这个意义上讲，当中国逐步进入中等发展阶段，对于国民幸福问题的研究是政府制定公共政策的重要参考。

习　　题

一、判断题

1. 以美国为代表的WEEE回收处理体系主要是建立在市政系统或制造商联盟基础上，分别建立市政系统专业回收处理公司、制造商专业回收处理公司、社会专业回收处理公司、专业危险废物回收处理公司等，回收处理已经形成了一个产业。（　　）

2. 日本法律规定，消费者废弃电视机、电冰箱、洗衣机、空调、电脑、复印机等废旧家用电器时，须按要求支付回收利用的费用。（　　）

3. 双元回收系统是德国推进循环经济的重要经济政策手段之一。（　　）

4. 1992年，第27届联大决议通过把每年的3月22日作为世界环境日。（　　）

5. 最早制定逆向物流法律法规的国家是日本。（　　）

二、选择题

1. （　　）已经成为世界各国逆向物流发展研究的重心。
   A. 低碳　　　　B. 绿色　　　　C. 可持续　　　　D. 环保

2. （　　）是欧洲国家中节能减排法律框架最完善的国家之一。
   A. 荷兰　　　　B. 挪威　　　　C. 德国　　　　D. 卢森堡

3. 谁开发、生产、加工和经营的产品，谁就要承担满足循环经济目的为了履行产品责任，（　　）应最大可能地在生产过程中避免产生废物，保证有利于环境的利用，确保在利用中产生的废物得到处置。
   A. 产品制造者　　B. 产品生产者　　C. 产品销售者　　D. 产品消费者

4. （　　）是世界上第一个为全面控制二氧化碳等温室气体排放以应对气候变化的国际

公约,也是国际社会在对付气候变化问题上进行国际合作的一个基本框架。
    A. 京都议定书   B. 循环经济与废物管理法
    C. 联合国气候变化框架公约   D. 节约能源法
5. 企业环境竞争力是在企业竞争力理论基础上发展起来的一个新概念,它是实施(   )战略的直接产物。
    A. 可持续发展   B. 科学发展   C. 和谐发展   D. 绿色发展

三、讨论题

1. 比较世界各国在逆向物流领域的发展成果并分析成因。
2. 试展望逆向物流发展未来面临的主要问题?
3. 论述逆向物流的创新发展趋势。
4. 论述电子商务环境下逆向物流发展模式的分析与设计。

案例分析

危 机 袭 来

1. 案例背景

美国强生(Johnson & Johnson)公司是一家拥有180多个公司、近10万雇员的世界大家庭,生产婴儿护理、医疗用品、家庭保健产品、皮肤护理用品、隐形眼镜和卫生用品等系列产品。1982年9月,公司经受了一场大危机的侵袭,该公司的主导产品——泰诺(Tylenol)与芝加哥地区的7起死亡报道有联系。事故发生时,泰诺在10亿美元的止痛剂市场上占有35%的份额,但是到了9月底,该市场份额已下跌到7%。不过1983年年底,泰诺又成为销售量最高的品牌,在27亿美元的止痛剂市场中拥有30%的份额。强生公司如何能够在经受一场毁灭性的灾难后又重新获得市场份额并重塑领导形象的呢?这与公司物流系统的运作密切相关。

2. 形象再造

当新闻媒体首次出现抨击强生公司生产的超强度泰诺胶囊(Extra-Strength Tylenol)受到氰化物污染的报道时,公司并不清楚究竟是在其制造作业中还是销售环节中发生了污染事件。但是,当从第一批几个死亡案例中鉴别出货票号码后,公司立即停止了有责任工厂的生产活动,并开始回收其零售价值高达1亿美元的3 100万瓶产品。

强生公司组织起一支包括强生公司以及麦克内尔消费产品部的董事和最高经理人员的急救队,因为来自同一批货的样品则是正常的,所以该救援队判断事件原因发生在零售层次上,于是决定回收这批货物中剩余的9.3万瓶产品。第6位中毒者的出现使得急救队进一步确定损害事件发生在零售层次,因为该药瓶来自其附属工厂制造的同一批货中。接下来,强生公司就能把精力集中在抑制受到污染的药品的传播,其中最关键的举措就是大张旗鼓地进行一次总回收。

在这次总回收活动当中,强生公司在大范围面积内进行物流系统的逆向运作,首先从零售商和消费者手中买回产品,然后装运返回到处理中心,同时对这些产品创建临时性包装。据估算,在这次活动当中,回收费用至少在1亿美元以上,其中大部分涉及逆向物流作业。

到1983年1月,新的防损害的泰诺瓶装药剂已经重新出现在零售货架上。由于广泛的自愿回收计划、有效的公共联系以及销售计划和重新包装作业等的作用,强生公司很快就重新获得消费者的信任。事实表明,这一年底,泰诺产品重新获得30%的市场份额。在行业总销售金额上升到27亿美元的情况下,公司的销售额已经成倍增加!

根据以上材料,试分析以下问题:

(1) 本章介绍了逆向物流这个问题,请你来分析一下逆向物流对物流系统运作稳定性的作用。
(2) 你还能够举出类似于本案例的逆向物流的情况吗?请说明。

附录A 缺陷汽车产品召回管理规定

第一章 总 则

第一条 为加强对缺陷汽车产品召回事项的管理，消除缺陷汽车产品对使用者及公众人身、财产安全造成的危险，维护公共安全、公众利益和社会经济秩序，根据《中华人民共和国产品质量法》等法律制定本规定。

第二条 凡在中华人民共和国境内从事汽车产品生产、进口、销售、租赁、修理活动的，适用本规定。

第三条 汽车产品的制造商（进口商）对其生产（进口）的缺陷汽车产品依本规定履行召回义务，并承担消除缺陷的费用和必要的运输费；汽车产品的销售商、租赁商、修理商应当协助制造商履行召回义务。

第四条 售出的汽车产品存在本规定所称缺陷时，制造商应按照本规定中主动召回或指令召回程序的要求，组织实施缺陷汽车产品的召回。

国家根据经济发展需要和汽车产业管理要求，按照汽车产品种类分步骤实施缺陷汽车产品召回制度。

国家鼓励汽车产品制造商参照本办法规定，对缺陷以外的其他汽车产品质量等问题，开展召回活动。

第五条 本规定所称汽车产品，指按照国家标准规定，用于载运人员、货物，由动力驱动或者被牵引的道路车辆。

本规定所称缺陷，是指由于设计、制造等方面的原因而在某一批次、型号或类别的汽车产品中普遍存在的具有同一性的危及人身、财产安全的不合理危险，或者不符合有关汽车安全的国家标准的情形。

本规定所称制造商，指在中国境内注册，制造、组装汽车产品并以其名义颁发产品合格证的企业，以及将制造、组装的汽车产品已经销售到中国境内的外国企业。

本规定所称进口商，指从境外进口汽车产品到中国境内的企业。进口商视同为汽车产品制造商。

本规定所称销售商，指销售汽车产品，并收取货款、开具发票的企业。

本规定所称租赁商，指提供汽车产品为他人使用，收取租金的自然人、法人或其他组织。

本规定所称修理商，指为汽车产品提供维护、修理服务的企业和个人。

本规定所称制造商、进口商、销售商、租赁商、修理商，统称经营者。

本规定所称车主，是指不以转售为目的，依法享有汽车产品所有权或者使用权的自然人、法人或其他组织。

本规定所称召回，指按照本规定要求的程序，由缺陷汽车产品制造商（包括进口商，下同）选择修理、更换、收回等方式消除其产品可能引起人身伤害、财产损失的缺陷的过程。

第二章 缺陷汽车召回的管理

第六条 国家质量监督检验检疫总局（以下称主管部门）负责全国缺陷汽车召回的组织和管理工作。

国家发展改革委员会、商务部、海关总署等国务院有关部门在各自职责范围内，配合主管部门开展缺陷汽车召回的有关管理工作。

各省、自治区、直辖市质量技术监督部门和各直属检验检疫机构（以上称地方管理机构）负责组织本行政区域内缺陷汽车召回的监督工作。

第七条 缺陷汽车产品召回的期限，整车为自交付第一个车主起，至汽车制造商明示的安全使用期止；汽车制造商未明示安全使用期的，或明示的安全使用期不满10年的，自销售商将汽车产品交付第一个车主之日起10年止。

汽车产品安全性零部件中的易损件，明示的使用期限为其召回时限；汽车轮胎的召回期限为自交付第一个车主之日起3年止。

第八条 判断汽车产品的缺陷包括以下原则：

（一）经检验机构检验安全性能存在不符合有关汽车安全的技术法规和国家标准的；

（二）因设计、制造上的缺陷已给车主或他人造成人身、财产损害的；

（三）虽未造成车主或他人人身、财产损害，但经检测、实验和论证，在特定条件下缺陷仍可能引发人身或财产损害的。

第九条 缺陷汽车产品召回按照制造商主动召回和主管部门指令召回两种程序的规定进行。

制造商自行发现，或者通过企业内部的信息系统，或者通过销售商、修理商和车主等相关各方关于其汽车产品缺陷的报告和投诉，或者通过主管部门的有关通知等方式获知缺陷存在，可以将召回计划在主管部门备案后，按照本规定中主动召回程序的规定，实施缺陷汽车产品召回。

制造商获知缺陷存在而未采取主动召回行动的，或者制造商故意隐瞒产品缺陷的，或者以不当方式处理产品缺陷的，主管部门应当要求制造商按照指令召回程序的规定进行缺陷汽车产品召回。

第十条 主管部门会同国务院有关部门组织建立缺陷汽车产品信息系统，负责收集、分析与处理有关缺陷的信息。经营者应当向主管部门及其设立的信息系统报告与汽车产品缺陷有关的信息。

第十一条 主管部门应当聘请专家组成专家委员会，并由专家委员会实施对汽车产品缺陷的调查和认定。根据专家委员会的建议，主管部门可以委托国家认可的汽车产品质量检验机构，实施有关汽车产品缺陷的技术检测。专家委员会对主管部门负责。

第十二条 主管部门应当对制造商进行的召回过程加以监督，并根据工作需要部署地方管理机构进行有关召回的监督工作。

第十三条 制造商或者主管部门对已经确认的汽车产品存在缺陷的信息及实施召回的有关信息，应当在主管部门指定的媒体上向社会公布。

第十四条 缺陷汽车产品信息系统和指定的媒体发布缺陷汽车产品召回信息，应当客观、公正、完整。

第十五条 从事缺陷汽车召回管理的主管部门及地方机构和专家委员会、检验机构及其工作人员，在调查、认定、检验等过程中应当遵守公正、客观、公平、合法的原则，保守相关企业的技术秘密及相关缺陷调查、检验的秘密；未经主管部门同意，不得擅自泄露相关信息。

第三章 经营者及相关各方的义务

第十六条 制造商应按照国家标准《道路车辆识别代号》(GB/T 16735—16738)中的规定,在每辆出厂车辆上标注永久性车辆识别代码(VIN);应当建立、保存车辆及车主信息的有关记录档案。对上述资料应当随时在主管部门指定的机构备案。

制造商应当建立收集产品质量问题、分析产品缺陷的管理制度,保存有关记录。

制造商应当建立汽车产品技术服务信息通报制度,载明有关车辆故障排除方法、车辆维护、维修方法,服务于车主、销售商、租赁商、修理商。通报内容应当向主管部门指定机构备案。

制造商应当配合主管部门对其产品可能存在的缺陷进行的调查,提供调查所需的有关资料,协助进行必要的技术检测。

制造商应当向主管部门报告其汽车产品存在的缺陷;不得以不当方式处理其汽车产品缺陷。

制造商应当向车主、销售商、租赁商提供规定的文件,便于其发现汽车产品存在缺陷后提出报告。

第十七条 销售商、租赁商、修理商应当向制造商和主管部门报告所发现的汽车产品可能存在的缺陷的相关信息,配合主管部门进行的相关调查,提供调查需要的有关资料,并配合制造商进行缺陷汽车产品的召回。

第十八条 车主有权向主管部门、有关经营者投诉或反映汽车产品存在的缺陷,并可向主管部门提出开展缺陷产品召回的相关调查的建议。

车主应当积极配合制造商进行缺陷汽车产品召回。

第十九条 任何单位和个人,均有权向主管部门和地方管理机构报告汽车产品可能存在的缺陷。

主管部门针对汽车产品可能存在的缺陷进行调查时,有关单位和个人应当予以配合。

第四章 汽车产品缺陷的报告、调查和确认

第二十条 制造商确认其汽车产品存在缺陷,应当在5个工作日内以书面形式向主管部门报告;制造商在提交上述报告的同时,应当在10个工作日内以有效方式通知销售商停止销售所涉及的缺陷汽车产品,并将报告内容通告销售商。境外制造商还应在10个工作日内以有效方式通知进口商停止进口缺陷汽车产品,并将报告内容报送商务部并通告进口商。

销售商、租赁商、修理商发现其经营的汽车产品可能存在缺陷,或者接到车主提出的汽车产品可能存在缺陷的投诉,应当及时向制造商和主管部门报告。

车主发现汽车产品可能存在缺陷,可通过有效方式向销售商或主管部门投诉或报告。

其他单位和个人发现汽车产品可能存在缺陷应参照上述附件中的内容和格式向主管部门报告。

第二十一条 主管部门接到制造商关于汽车产品存在缺陷并符合相应的报告后,按照缺陷汽车产品主动召回程序处理。

第二十二条 主管部门根据其指定的信息系统提供的分析、处理报告及其建议,认为必要时,可将相关缺陷的信息以书面形式通知制造商,并要求制造商在指定的时间内确认其产品是否存在缺陷及是否需要进行召回。

第二十三条 制造商在接到主管部门依第二十二条规定发出的通知，并确认汽车产品存在缺陷后，应当在5个工作日内以书面报告格式向主管部门提交报告，并按照缺陷汽车产品主动召回程序实施召回。

制造商能够证明其产品不需召回的，应向主管部门提供翔实的论证报告，主管部门应当继续跟踪调查。

第二十四条 制造商在第二十三条所称论证报告中不能提供充分的证明材料或其提供的证明材料不足以证明其汽车产品不存在缺陷，又不主动实施召回的，主管部门应当组织专家委员会进行调查和鉴定，制造商可以派代表说明情况。

主管部门认为必要时，可委托国家认可的汽车质量检验机构对相关汽车产品进行检验。

主管部门根据专家委员会意见和检测结果确认其产品存在缺陷的，应当书面通知制造商实施主动召回，有关缺陷鉴定、检验等费用由制造商承担。如制造商仍拒绝主动召回，主管部门应责令制造商按照第六章的规定实施指令召回程序。

第五章 缺陷汽车产品主动召回程序

第二十五条 制造商确认其生产且已售出的汽车产品存在缺陷决定实施主动召回的，应当在按本规定第二十条或者第二十三条的要求向主管部门报告，并应当及时制订包括以下基本内容的召回计划，提交主管部门备案：

(一)有效停止缺陷汽车产品继续生产的措施；
(二)有效通知销售商停止批发和零售缺陷汽车产品的措施；
(三)有效通知相关车主有关缺陷的具体内容和处理缺陷的时间、地点和方法等；
(四)客观公正地预测召回效果。

境外制造商还应提交有效通知进口商停止缺陷汽车产品进口的措施。

第二十六条 制造商在向主管部门备案同时，应当立即将其汽车产品存在的缺陷、可能造成的损害及其预防措施、召回计划等，以有效方式通知有关进口商、销售商、租赁商、修理商和车主，并通知销售商停止销售有关汽车产品，进口商停止进口有关汽车产品。制造商须设置热线电话，解答各方询问，并在主管部门指定的网站上公布缺陷情况供公众查询。

第二十七条 制造商依第二十五条的规定提交报告之日起1个月内，制定召回通知，向主管部门备案，同时告知销售商、租赁商、修理商和车主，并开始实施召回计划。

第二十八条 制造商按计划完成缺陷汽车产品召回后，应在1个月内向主管部门提交召回总结报告。

第二十九条 主管部门应当对制造商采取的主动召回行动进行监督，对召回效果进行评估，并提出处理意见。

主管部门认为制造商所进行的召回未能取得预期效果，可通知制造商再次进行召回，或依法采取其他补救措施。

第六章 缺陷汽车产品指令召回程序

第三十条 主管部门依第二十四条规定经调查、检验、鉴定确认汽车产品存在缺陷，而制造商又拒不召回的，应当及时向制造商发出指令召回通知书。国家认证认可监督管理部门责令认证机构暂停或收回汽车产品强制性认证证书。对境外生产的汽车产品，主管部门会同商务部和海关总署发布对缺陷汽车产品暂停进口的公告,海关停止办理缺陷汽车产品的进口报关手续。在缺陷汽车产品暂停进口公告发布前,已经运往我国尚在途中的,或业已到达我国尚未办结海关手续的缺陷汽车产品,应由进口商按海关有关规定办理退运手续。

主管部门根据缺陷的严重程度和消除缺陷的紧急程度,决定是否需要立即通报公众有关汽车产品存在的缺陷和避免发生损害的紧急处理方法及其他相关信息。

第三十一条 制造商应当在接到主管部门指令召回的通知书之日起5个工作日内,通知销售商停止销售该缺陷汽车产品,在10个工作日内向销售商、车主发出关于主管部门通知该汽车存在缺陷的信息。境外制造商还应在5个工作日内通知进口商停止进口该缺陷汽车产品。

制造商对主管部门的决定等具体行政行为有异议的,可依法申请行政复议或提起行政诉讼。在行政复议和行政诉讼期间,主管部门通知中关于制造商进行召回的内容暂不实施,但制造商仍须履行前款规定的义务。

第三十二条 制造商接到主管部门关于缺陷汽车产品指令召回通知书之日起10个工作日内,应当向主管部门提交符合本规定第二十五条要求的有关文件。

第三十三条 主管部门应当在收到该缺陷汽车产品召回计划后5个工作日内将审查结果通知制造商。

主管部门批准召回计划的,制造商应当在接到批准通知之日起1个月内,依据批准的召回计划制定缺陷汽车产品召回通知书,向销售商、租赁商、修理商和车主发出该召回通知书,并报主管部门备案。召回通知书应当在主管部门指定的报刊上连续刊登3期,召回期间在主管部门指定网站上持续发布。

主管部门未批准召回计划的,制造商应按主管部门提出的意见进行修改,并在接到通知之日起10个工作日内再次向主管部门递交修改后的召回计划,直至主管部门批准为止。

第三十四条 制造商应在发出召回通知书之日起,开始实施召回,并在召回计划时限内完成。

制造商有合理原因未能在此期限内完成召回的,应向主管部门提出延长期限的申请,主管部门可根据制造商申请适当延长召回期限。

第三十五条 制造商应自发出召回通知书之日起,每3个月向主管部门提交符合本规定要求的召回阶段性进展情况的报告;主管部门可根据召回的实际效果,决定制造商是否应采取更为有效的召回措施。

第三十六条 对每一辆完成召回的缺陷汽车,制造商应保存符合本规定要求的召回记录单。召回记录单一式两份,一份交车主保存,一份由制造商保存。

第三十七条 制造商按计划完成召回后,应在1个月内向主管部门提交召回总结报告。

第三十八条 主管部门应对制造商提交的召回总结报告进行审查,并在15个工作日内书面通知制造商审查结论。审查结论应向社会公布。

主管部门认为制造商所进行的召回未能取得预期的效果,可责令制造商采取补救措施,再次进行召回。

如制造商对审查结论有异议,可依法申请行政复议或提起行政诉讼。在行政复议或行政诉讼期间,主管部门的决定暂不执行。

第三十九条 主管部门应及时公布制造商在中国境内进行的缺陷汽车召回、召回效果审查结论等有关信息,通过指定网站公布,为查询者提供有关资料。

主管部门应向商务部和海关总署通报进口缺陷汽车的召回情况。

第七章 罚 则

第四十条 制造商违反本规定第十六条第一、二、三、四款规定,不承担相应义务的,质量监督检验检疫部门应当责令其改正,并予以警告。

第四十一条 销售商、租赁商、修理商违反本规定第十七条有关规定,不承担相应义务的,质量监督检验检疫部门可以酌情处以警告、责令改正等处罚;情节严重的,处以1 000元以上5 000元以下罚款。

第四十二条 有下列情形之一的,主管部门可责令制造商重新召回,通报批评,并由质量监督检验检疫部门处以10 000元以上30 000元以下罚款:

(一)制造商故意隐瞒缺陷的严重性的;

(二)试图利用本规定的缺陷汽车产品主动召回程序,规避主管部门监督的;

(三)由于制造商的过错致使召回缺陷产品未达到预期目的,造成损害再度发生的。

第四十三条 从事缺陷汽车管理职能的管理机构及其工作人员,受其委托进行缺陷调查、检验和认定的工作人员,徇私舞弊,违反保密规定的,给予行政处分;直接责任人徇私舞弊,贪赃枉法,构成犯罪的,依法追究刑事责任。

有关专家作伪证,检验人员出具虚假检验报告,或捏造散布虚假信息的,取消其相应资格,造成损害的,承担赔偿责任;构成犯罪的,依法追究刑事责任。

第八章 附 则

第四十四条 制造商实施缺陷汽车产品召回,不免除车主及其他受害人因缺陷汽车产品所受损害,要求其承担的其他法律责任。

第四十五条 本规定由国家质量监督检验检疫总局、国家发展和改革委员会、商务部、海关总署在各自职责范围内负责解释。

第四十六条 本规定自2004年10月1日起实施。

＊自2006年8月1日起对M2、M3类车辆(驾驶员座位在内座位数超过9个的载客车辆)也开始适用《缺陷汽车产品召回管理规定》。

附录 B 药品召回管理办法

第一章 总 则

第一条 为加强药品安全监管，保障公众用药安全，根据《中华人民共和国药品管理法》、《中华人民共和国药品管理法实施条例》、《国务院关于加强食品等产品安全监督管理的特别规定》，制定本办法。

第二条 在中华人民共和国境内销售的药品的召回及其监督管理，适用本办法。

第三条 本办法所称药品召回，是指药品生产企业（包括进口药品的境外制药厂商，下同）按照规定的程序收回已上市销售的存在安全隐患的药品。

第四条 本办法所称安全隐患，是指由于研发、生产等原因可能使药品具有的危及人体健康和生命安全的不合理危险。

第五条 药品生产企业应当按照本办法的规定建立和完善药品召回制度，收集药品安全的相关信息，对可能具有安全隐患的药品进行调查、评估，召回存在安全隐患的药品。

药品经营企业、使用单位应当协助药品生产企业履行召回义务，按照召回计划的要求及时传达、反馈药品召回信息，控制和收回存在安全隐患的药品。

第六条 药品经营企业、使用单位发现其经营、使用的药品存在安全隐患的，应当立即停止销售或者使用该药品，通知药品生产企业或者供货商，并向药品监督管理部门报告。

第七条 药品生产企业、经营企业和使用单位应当建立和保存完整的购销记录，保证销售药品的可溯源性。

第八条 召回药品的生产企业所在地省、自治区、直辖市药品监督管理部门负责药品召回的监督管理工作，其他省、自治区、直辖市药品监督管理部门应当配合、协助做好药品召回的有关工作。

国家食品药品监督管理局监督全国药品召回的管理工作。

第九条 国家食品药品监督管理局和省、自治区、直辖市药品监督管理部门应当建立药品召回信息公开制度，采用有效途径向社会公布存在安全隐患的药品信息和药品召回的情况。

第二章 药品安全隐患的调查与评估

第十条 药品生产企业应当建立健全药品质量保证体系和药品不良反应监测系统，收集、记录药品的质量问题与药品不良反应信息，并按规定及时向药品监督管理部门报告。

第十一条 药品生产企业应当对药品可能存在的安全隐患进行调查。

药品监督管理部门对药品可能存在的安全隐患开展调查时，药品生产企业应当予以协助。

药品经营企业、使用单位应当配合药品生产企业或者药品监督管理部门开展有关药品安全隐患的调查，提供有关资料。

第十二条 药品安全隐患调查的内容应当根据实际情况确定，可以包括：

（一）已发生药品不良事件的种类、范围及原因；

（二）药品使用是否符合药品说明书、标签规定的适应症、用法用量的要求；

（三）药品质量是否符合国家标准，药品生产过程是否符合 GMP 等规定，药品生产与批准的工艺是否一致；

（四）药品储存、运输是否符合要求；

（五）药品主要使用人群的构成及比例；

（六）可能存在安全隐患的药品批次、数量及流通区域和范围；

（七）其他可能影响药品安全的因素。

第十三条 药品安全隐患评估的主要内容包括：

（一）该药品引发危害的可能性，以及是否已经对人体健康造成了危害；

（二）对主要使用人群的危害影响；

（三）对特殊人群，尤其是高危人群的危害影响，如老年、儿童、孕妇、肝肾功能不全者、外科病人等；

（四）危害的严重与紧急程度；

（五）危害导致的后果。

第十四条 根据药品安全隐患的严重程度，药品召回分为：

（一）一级召回：使用该药品可能引起严重健康危害的；

（二）二级召回：使用该药品可能引起暂时的或者可逆的健康危害的；

（三）三级召回：使用该药品一般不会引起健康危害，但由于其他原因需要收回的。

药品生产企业应当根据召回分级与药品销售和使用情况，科学设计药品召回计划并组织实施。

第三章 主 动 召 回

第十五条 药品生产企业应当对收集的信息进行分析，对可能存在安全隐患的药品按照本办法第十二条、第十三条的要求进行调查评估，发现药品存在安全隐患的，应当决定召回。

进口药品的境外制药厂商在境外实施药品召回的，应当及时报告国家食品药品监督管理局；在境内进行召回的，由进口单位按照本办法的规定负责具体实施。

第十六条 药品生产企业在作出药品召回决定后，应当制订召回计划并组织实施，一级召回在24小时内，二级召回在48小时内，三级召回在72小时内，通知到有关药品经营企业、使用单位停止销售和使用，同时向所在地省、自治区、直辖市药品监督管理部门报告。

第十七条 药品生产企业在启动药品召回后，一级召回在1日内，二级召回在3日内，三级召回在7日内，应当将调查评估报告和召回计划提交给所在地省、自治区、直辖市药品监督管理部门备案。省、自治区、直辖市药品监督管理部门应当将收到一级药品召回的调查评估报告和召回计划报告国家食品药品监督管理局。

第十八条 调查评估报告应当包括以下内容：

（一）召回药品的具体情况，包括名称、批次等基本信息；

（二）实施召回的原因；

（三）调查评估结果；

（四）召回分级。

召回计划应当包括以下内容：

（一）药品生产销售情况及拟召回的数量；

（二）召回措施的具体内容，包括实施的组织、范围和时限等；

（三）召回信息的公布途径与范围；

（四）召回的预期效果；

（五）药品召回后的处理措施；

（六）联系人的姓名及联系方式。

第十九条 省、自治区、直辖市药品监督管理部门可以根据实际情况组织专家对药品生产企业提交的召回计划进行评估，认为药品生产企业所采取的措施不能有效消除安全隐患的，可以要求药品生产企业采取扩大召回范围、缩短召回时间等更为有效的措施。

第二十条 药品生产企业对上报的召回计划进行变更的，应当及时报药品监督管理部门备案。

第二十一条 药品生产企业在实施召回的过程中，一级召回每日，二级召回每3日，三级召回每7日，向所在地省、自治区、直辖市药品监督管理部门报告药品召回进展情况。

第二十二条 药品生产企业对召回药品的处理应当有详细的记录，并向药品生产企业所在地省、自治区、直辖市药品监督管理部门报告。必须销毁的药品，应当在药品监督管理部门监督下销毁。

第二十三条 药品生产企业在召回完成后，应当对召回效果进行评价，向所在地省、自治区、直辖市药品监督管理部门提交药品召回总结报告。

第二十四条 省、自治区、直辖市药品监督管理部门应当自收到总结报告之日起10日内对报告进行审查，并对召回效果进行评价，必要时组织专家进行审查和评价。审查和评价结论应当以书面形式通知药品生产企业。

经过审查和评价，认为召回不彻底或者需要采取更为有效的措施的，药品监督管理部门应当要求药品生产企业重新召回或者扩大召回范围。

第四章 责令召回

第二十五条 药品监督管理部门经过调查评估，认为存在本办法第四条所称的安全隐患，药品生产企业应当召回药品而未主动召回的，应当责令药品生产企业召回药品。

必要时，药品监督管理部门可以要求药品生产企业、经营企业和使用单位立即停止销售和使用该药品。

第二十六条 药品监督管理部门作出责令召回决定，应当将责令召回通知书送达药品生产企业，通知书包括以下内容：

（一）召回药品的具体情况，包括名称、批次等基本信息；

（二）实施召回的原因；

（三）调查评估结果；

（四）召回要求，包括范围和时限等。

第二十七条 药品生产企业在收到责令召回通知书后，应当按照本办法第十六条、第十七条的规定通知药品经营企业和使用单位，制订、提交召回计划，并组织实施。

第二十八条 药品生产企业应当按照本办法第二十条、第二十一条、第二十二条、第二十三条的规定向药品监督管理部门报告药品召回的相关情况，进行召回药品的后续处理。

药品监督管理部门应当按照本办法第二十四条的规定对药品生产企业提交的药品召回总结报告进行审查，并对召回效果进行评价。经过审查和评价，认为召回不彻底或者需要采取更为有效的措施的，药品监督管理部门可以要求药品生产企业重新召回或者扩大召回范围。

第五章 法律责任

第二十九条 药品监督管理部门确认药品生产企业因违反法律、法规、规章规定造成上市药品存在安全隐患，依法应当给予行政处罚，但该企业已经采取召回措施主动消除或者减轻危害后果的，依照《行政处罚法》的规定从轻或者减轻处罚；违法行为轻微并及时纠正，没有造成危害后果的，不予处罚。

药品生产企业召回药品的，不免除其依法应当承担的其他法律责任。

第三十条 药品生产企业违反本办法规定，发现药品存在安全隐患而不主动召回药品的，责令召回药品，并处应召回药品货值金额3倍的罚款；造成严重后果的，由原发证部门撤销药品批准证明文件，直至吊销《药品生产许可证》。

第三十一条 药品生产企业违反本办法第二十五条规定，拒绝召回药品的，处应召回药品货值金额3倍的罚款；造成严重后果的，由原发证部门撤销药品批准证明文件，直至吊销《药品生产许可证》。

第三十二条 药品生产企业违反本办法第十六条规定，未在规定时间内通知药品经营企业、使用单位停止销售和使用需召回药品的，予以警告，责令限期改正，并处3万元以下罚款。

第三十三条 药品生产企业违反本办法第十九条、第二十四条第二款、第二十八条第二款规定，未按照药品监督管理部门要求采取改正措施或者召回药品的，予以警告，责令限期改正，并处3万元以下罚款。

第三十四条 药品生产企业违反本办法第二十二条规定的，予以警告，责令限期改正，并处3万元以下罚款。

第三十五条 药品生产企业有下列情形之一的，予以警告，责令限期改正；逾期未改正的，处2万元以下罚款：

（一）未按本办法规定建立药品召回制度、药品质量保证体系与药品不良反应监测系统的；

（二）拒绝协助药品监督管理部门开展调查的；

（三）未按照本办法规定提交药品召回的调查评估报告和召回计划、药品召回进展情况和总结报告的；

（四）变更召回计划，未报药品监督管理部门备案的。

第三十六条 药品经营企业、使用单位违反本办法第六条规定的，责令停止销售和使用，并处1000元以上5万元以下罚款；造成严重后果的，由原发证部门吊销《药品经营许可证》或者其他许可证。

第三十七条 药品经营企业、使用单位拒绝配合药品生产企业或者药品监督管理部门开展有关药品安全隐患调查、拒绝协助药品生产企业召回药品的，予以警告，责令改正，可以并处2万元以下罚款。

第三十八条 药品监督管理部门及其工作人员不履行职责或者滥用职权的，按照有关法律、法规规定予以处理。

第六章 附则

第三十九条 本办法由国家食品药品监督管理局负责解释。

第四十条 本办法自公布之日起施行。

二〇〇七年十二月十日

附录 C 食品召回管理规定

第一章 总　则

第一条　为了加强食品安全监管,避免和减少不安全食品的危害,保护消费者的身体健康和生命安全,根据《中华人民共和国产品质量法》、《中华人民共和国食品卫生法》、《国务院关于加强食品等产品安全监督管理的特别规定》等法律法规,制定本规定。

第二条　在中华人民共和国境内生产、销售的食品的召回及其监督管理活动,应当遵守本规定。

第三条　本规定所称不安全食品,是指有证据证明对人体健康已经或可能造成危害的食品,包括：

（一）已经诱发食品污染、食源性疾病或对人体健康造成危害甚至死亡的食品；

（二）可能引发食品污染、食源性疾病或对人体健康造成危害的食品；

（三）含有对特定人群可能引发健康危害的成份而在食品标签和说明书上未予以标识,或标识不全、不明确的食品；

（四）有关法律、法规规定的其他不安全食品。

第四条　本规定所称召回,是指食品生产者按照规定程序,对由其生产原因造成的某一批次或类别的不安全食品,通过换货、退货、补充或修正消费说明等方式,及时消除或减少食品安全危害的活动。

第五条　国家质量监督检验检疫总局(以下简称国家质检总局)在职权范围内统一组织、协调全国食品召回的监督管理工作。

省、自治区和直辖市质量技术监督部门(以下简称省级质监部门)在本行政区域内依法组织开展食品召回的监督管理工作。

第六条　国家质检总局和省级质监部门组织建立食品召回专家委员会(以下简称"专家委员会"),为食品安全危害调查和食品安全危害评估提供技术支持。

第七条　国家质检总局应当加强食品召回管理信息化建设,组织建立食品召回信息管理系统,统一收集、分析与处理有关食品召回信息。

地方各级质监部门对本行政区域内的食品生产者建立质量安全档案,负责收集、分析与处理本行政区域内的有关食品安全危害和食品召回信息并逐级上报。

第八条　食品生产者应当建立完善的产品质量安全档案和相关管理制度,应当准确记录并保存生产环节中的原辅料采购、生产加工、储运、销售以及产品标识等信息,保存消费者投诉、食源性疾病事故、食品污染事故记录,以及食品危害纠纷信息等档案。

第九条　食品生产者应当向所在地的省级或市级质监部门及时报告所有相关的食品安全危害信息,包括消费者投诉、食品安全危害事件等,不得隐瞒或虚报其生产的食品危害人体健康的事实。

第二章　食品安全危害调查和评估

第十条　判定食品是否属于不安全食品,应当进行食品安全危害调查和食品安全危害评估。

第十一条　食品安全危害调查的主要内容包括：

（一）是否符合食品安全法律、法规或标准的安全要求；
（二）是否含有非食品用原辅料、添加非食品用化学物质或者将非食品当作食品；
（三）食品的主要消费人群的构成及比例；
（四）可能存在安全危害的食品数量、批次或类别及其流通区域和范围。

第十二条 食品安全危害评估的主要内容包括：
（一）该食品引发的食品污染、食源性疾病、或对人体健康造成的危害，或引发上述危害的可能性；
（二）不安全食品对主要消费人群的危害影响；
（三）危害的严重和紧急程度；
（四）危害发生的短期和长期后果。

第十三条 食品生产者获知其生产的食品可能存在安全危害或接到所在地的省级质监部门的食品安全危害调查书面通知，应当立即进行食品安全危害调查和食品安全危害评估。

食品生产者应当及时通过所在地的市级质监部门向省级质监部门提交食品安全危害调查、评估报告，调查、评估报告的内容应当包括本规定第八条、第十一条和第十二条所述的内容。

第十四条 食品生产者接到通知后未进行食品安全危害调查和评估，或者经调查和评估确认不属于不安全食品的，所在地的省级质监部门应当组织专家委员会进行食品安全危害调查和食品安全危害评估，并做出认定。

第十五条 食品生产者和销售者应当配合省级质监部门组织的食品安全危害调查，不得以食品已通过任何符合性审查为由拒绝。

第十六条 食品生产者的食品安全危害调查和食品安全危害评估的结果与其所在地的省级质监部门所组织的专家委员会的结果不一致时，省级质监部门可以采取听证等方式进行处理，并做出确认结果的决定。

第十七条 经食品安全危害调查和评估，确认属于生产原因造成的不安全食品的，应当确定召回级别，实施召回。

第十八条 根据食品安全危害的严重程度，食品召回级别分为三级：
（一）一级召回：已经或可能诱发食品污染、食源性疾病等对人体健康造成严重危害甚至死亡的，或者流通范围广、社会影响大的不安全食品的召回；
（二）二级召回：已经或可能引发食品污染、食源性疾病等对人体健康造成危害，危害程度一般或流通范围较小、社会影响较小的不安全食品的召回；
（三）三级召回：已经或可能引发食品污染、食源性疾病等对人体健康造成危害，危害程度轻微的，或者属于本规定第三条第(三)项规定的不安全食品的召回。

第三章 食品召回的实施

第一节 主动召回

第十九条 确认食品属于应当召回的不安全食品的，食品生产者应当立即停止生产和销售不安全食品。

第二十条 自确认食品属于应当召回的不安全食品之日起，一级召回应当在1日内，二级召回应当在2日内，三级召回应当在3日内，通知有关销售者停止销售，通知消费者停止消费。

第二十一条　食品生产者向社会发布食品召回有关信息，应当按照有关法律法规和国家质检总局有关规定，向省级以上质监部门报告。

第二十二条　自确认食品属于应当召回的不安全食品之日起，一级召回应在3日内，二级召回应在5日内，三级召回应在7日内，食品生产者通过所在地的市级质监部门向省级质监部门提交食品召回计划。

第二十三条　食品生产者提交的食品召回计划主要内容包括：

（一）停止生产不安全食品的情况；

（二）通知销售者停止销售不安全食品的情况；

（三）通知消费者停止消费不安全食品的情况；

（四）食品安全危害的种类、产生的原因、可能受影响的人群、严重和紧急程度；

（五）召回措施的内容，包括实施组织、联系方式以及召回的具体措施、范围和时限等；

（六）召回的预期效果；

（七）召回食品后的处理措施。

第二十四条　自召回实施之日起，一级召回每3日，二级召回每7日，三级召回每15日，通过所在地的市级质监部门向省级质监部门提交食品召回阶段性进展报告。

食品生产者对召回计划有变更的，应当在食品召回阶段性进展报告中说明。

所在地的市级以上质监部门应当对食品召回阶段性进展报告提出处理意见，通知食品生产者并上报所在地的省级质监部门。

第二节　责令召回

第二十五条　经确认有下列情况之一的，国家质检总局应当责令食品生产者召回不安全食品，并可以发布有关食品安全信息和消费警示信息，或采取其他避免危害发生的措施：

（一）食品生产者故意隐瞒食品安全危害，或者食品生产者应当主动召回而不采取召回行动的；

（二）由于食品生产者的过错造成食品安全危害扩大或再度发生的；

（三）国家监督抽查中发现食品生产者生产的食品存在安全隐患，可能对人体健康和生命安全造成损害的。

食品生产者在接到责令召回通知书后，应当立即停止生产和销售不安全食品。

第二十六条　食品生产者应当在接到责令召回通知书后，按照本规定第二十条规定发出通知。

食品生产者应当同时按照本规定第二十三条规定制定食品召回报告，按照本规定第二十二条规定的时限通过所在地的省级质监部门报国家质检总局核准后，立即实施召回；食品召回报告未通过核准的，食品生产者应当修改报告后，按照要求实施召回。

第二十七条　食品生产者应当按照本规定第二十四条规定，提交食品召回阶段性进展报告。

所在地的市级以上质监部门应当按照本规定第二十四条规定对召回阶段性进展报告提出处理意见，并将有关情况逐级上报国家质检总局。

第三节　召回评估与监督

第二十八条　食品生产者应当保存召回记录，主要内容包括食品召回的批次、数量、比例、原因、结果等。

第二十九条　食品生产者应当在食品召回时限期满15日内，向所在地的省级质监部门提交召回总结报告；责令召回的，应当报告国家质检总局。

第三十条　食品生产者所在地的省级质监部门应当组织专家委员会对召回总结报告进行审查，对召回效果进行评估，并书面通知食品生产者审查结论；责令召回的，应当上报国家质检总局备案。

食品生产者所在地的省级以上质监部门审查认为召回未达到预期效果的，通知食品生产者继续或再次进行食品召回。

第三十一条　食品生产者应当及时对不安全食品进行无害化处理；根据有关规定应当销毁的食品，应当及时予以销毁。

食品生产者对召回食品的后处理应当有详细的记录，并向所在地的市级质监部门报告，接受市级质监部门监督。

第三十二条　市级以上质监部门应当在规定的职权范围内对食品生产者召回进展情况和召回食品的后处理过程进行监督。

第三十三条　任何单位和个人可以对违反本规定规定的行为或有关召回情况，向各级质量技术监督部门投诉或举报，食品生产者不得以任何手段限制。受理投诉或举报的部门应当及时调查处理并为举报人保密。

第四章　法　律　责　任

第三十四条　食品生产者在实施食品召回的同时，不免除其依法承担的其他法律责任。

食品生产者主动实施召回的，可依法从轻或减轻处罚。

第三十五条　食品生产者违反本规定第十九条或第二十五条第二款规定未停止生产销售不安全食品的，予以警告，责令限期改正；逾期未改正的，处以3万元以下罚款；违反有关法律法规规定的，依照有关法律法规的规定处理。

第三十六条　食品生产者有下列情况之一的，予以警告，责令限期改正；逾期未改正的，处以2万元以下罚款。

（一）接到质量技术监督部门食品安全危害调查通知，但未及时进行调查的；

（二）拒绝配合质量技术监督部门进行食品安全危害调查的；

（三）未按本规定要求及时提交食品安全危害调查、评估报告的。

第三十七条　食品生产者违反本规定第二十条、第二十一条、第二十二条、第二十三条、第二十四条、第二十六条、第二十七条、第二十九条规定的，予以警告，责令限期改正；逾期未改正的，处以3万元以下罚款；违反有关法律法规规定的，依照有关法律法规的规定处理。

第三十八条　食品生产者违反本规定第二十八条规定义务的，予以警告，责令限期改正；逾期未改正的，处以2万元以下罚款。

第三十九条　食品生产者违反本规定第三十一条规定义务的，予以警告，责令限期改正；逾期未改正的，处以3万元以下罚款；违反有关法律法规规定的，依照有关法律法规的规定处理。

第四十条 从事食品召回管理的公务人员,以及受委托进行食品安全危害调查、食品安全危害评估的专家或工作人员捏造散布虚假信息、违反保密规定、伪造或者提供有关虚假结论或者意见的,依法给予行政处分;造成损失的,依法承担赔偿责任;构成犯罪的,依法追究刑事责任。

第四十一条 本规定规定的行政处罚,由县级以上质量技术监督部门在职权范围内依法实施。法律、行政法规对行政处罚机关另有规定的,依照有关法律、行政法规的规定执行。

第五章 附　则

第四十二条 进出口食品的召回管理,由出入境检验检疫机构按照国家质检总局有关规定执行。

第四十三条 本规定所涉及的信息发布、文书格式等具体要求由国家质检总局另行制定。

第四十四条 本规定由国家质检总局负责解释。

第四十五条 本规定自公布之日起施行。

二〇〇七年八月二十七日

附录D 资源综合利用目录(2003年修订)

一、在矿产资源开采加工过程中综合利用共生、伴生资源生产的产品

1. 煤系伴生的高岭岩(土)、铝钒土、耐火粘土、膨润土、硅藻土、玄武岩、辉绿岩、大理石、花岗石、硫铁矿、硫精矿、瓦斯气、褐煤蜡、腐植酸及腐质酸盐类、石膏、石墨、天然焦及其加工利用的产品;

2. 黑色金属矿山和黄金矿山回收的硫铁矿、铜、钴、硫、萤石、磷、钒、锰、氟精矿、稀土精矿、钛精矿;

3. 有色金属矿山回收的主要金属以外的硫精矿、硫铁矿、铁精矿、萤石精矿及各种精矿和金属,以及利用回收的残矿、难选矿及低品位矿生产的精矿和金属;

4. 利用黑色、有色金属和非金属及其尾矿回收的铁精矿、铜精矿、铅精矿、锌精矿、钨精矿、铋精矿、锡精矿、锑精矿、砷精矿、钴精矿、绿柱石、长石粉、萤石、硫精矿、稀土精矿、锂云母;

5. 黑色金属冶炼(企业)回收的铜、钴、铅、锌、钒、钛、铌、稀土,有色金属冶炼(企业)回收的主要金属以外的各种金属及硫酸;

6. 磷、钾、硫等化学矿开采过程中回收的钠、镁、锂等副产品;

7. 利用采矿和选矿废渣(包括废石、尾矿、碎屑、粉末、粉尘、污泥)生产的金属、非金属产品和建材产品(*1);

8. 原油、天然气生产过程中回收提取的轻烃、氦气、硫磺及利用伴生卤水生产的精制盐、固盐、液碱、盐酸、氯化石蜡和稀有金属。

二、综合利用"三废"生产的产品

(一)综合利用固体废物生产的产品

9. 利用煤矸石、铝钒石、石煤、粉煤灰(渣)、硼尾矿粉、锅炉炉渣、冶炼废渣、化工废渣及其他固体废弃物、生活垃圾、建筑垃圾以及江河(渠)道淤泥、淤沙生产的建材产品、电瓷产品、肥料、土壤改良剂、净水剂、作物栽培剂;以及利用粉煤灰生产的漂珠、微珠、氧化铝;

10. 利用煤矸石、石煤、煤泥、共伴生油母页岩、高硫石油焦、煤层气、生活垃圾、工业炉渣、造气炉渣、糠醛废渣生产的电力、热力及肥料,利用煤泥生产的水煤浆,以及利用共伴生油母页岩生产的页岩油;

11. 利用冶炼废渣(*2)回收的废钢铁、铁合金料、精矿粉、稀土、废电极、废有色金属以及利用冶炼废渣生产的烧结料、炼铁料、铁合金冶炼溶剂、建材产品;

12. 利用化工废渣(*3)生产的建材产品、肥料、纯碱、烧碱、硫酸、磷酸、硫磺、复合硫酸铁、铬铁;

13. 利用制糖废渣、滤泥、废糖蜜生产的电力、造纸原料、建材产品、酒精、饲料、肥料、赖氨酸、柠檬酸、核甘酸、木糖,以及利用造纸污泥生产的肥料及建材产品;

14. 利用食品、粮油、酿酒、酒精、淀粉废渣生产的饲料、碳化硅、饲料酵母、糠醛、石膏、木糖醇、油酸、脂肪酸、菲丁、肌醇、烷基化糖苷;

15. 利用炼油、合成氨、合成润滑油、有机合成及其他化工生产过程中的废渣、废催化剂回收的贵重金属、絮凝剂及各类载体生产的再生制品及其他加工产品。

（二）综合利用废水（液）生产的产品

16. 利用化工、纺织、造纸工业废水（液）生产的银、盐、锌、纤维、碱、羊毛脂、PVA（聚乙烯醇）、硫化钠、亚硫酸钠、硫氰酸钠、硝酸、铁盐、铬盐、木素磺酸盐、乙酸、乙二酸、乙酸钠、盐酸、黏合剂、酒精、香兰素、饲料酵母、肥料、甘油、乙氰；

17. 利用制盐液（苦卤）及硼酸废液生产的氯化钾、溴素、氯化镁、无水硝、石膏、硫酸镁、硫酸钾、制冷剂、阻燃剂、燃料、肥料；

18. 利用酿酒、酒精、制糖、制药、味精、柠檬酸、酵母废液生产的饲料、食用醋、酶制剂、肥料、沼气，以及利用糠醛废液生产的醋酸钠；

19. 利用石油加工、化工生产中产生的废硫酸、废碱液、废氨水以及蒸馏或精馏釜残液生产的硫磺、硫酸、硫铵、氟化铵、氯化钙、芒硝、硫化钠、环烷酸、杂酚、肥料，以及酸、碱、盐等无机化工产品和烃、醇、酚、有机酸等有机化工产品；

20. 从含有色金属的线路板蚀刻废液、废电镀液、废感光乳剂、废定影液、废矿物油、含砷含锑废渣提取各种金属和盐，以及达到工业纯度的有机溶剂；

21. 利用工业酸洗废液生产的硫酸、硫酸亚铁、聚合硫酸铁、铁红、铁黄、磁性材料、再生盐酸、三氯化铁、三氯化二铁、铁盐、有色金属等；

22. 利用工矿废水、城市污水及处理产生的污泥和畜禽养殖污水生产的肥料、建材产品、沼气、电力、热力及燃料；

23. 利用工矿废水、城市污水处理达到国家有关规定标准，用于工业、农业、市政杂用、景观环境和水源补充的再生水。

（三）综合利用废气生产的产品

24. 利用炼铁高炉煤气、炼钢转炉煤气、铁合金电炉煤气、火炬气以及炭黑尾气、工业余热、余压生产的电力、热力；

25. 从煤气制品中净化回收的焦油、焦油渣产品和硫磺及其加工产品；

26. 利用化工、石油化工废气、冶炼废气生产的化工产品和有色金属；

27. 利用烟气回收生产的硫酸、磷铵、硫铵、硫酸亚铁、石膏、二氧化硅、建材产品和化学产品；

28. 利用酿酒、酒精等发酵工业废气生产的二氧化碳、干冰、氢气；

29. 从炼油及石油化工尾气中回收提取的火炬气、可燃气、轻烃、硫磺。

三、回收、综合利用再生资源生产的产品

30. 回收生产和消费过程中产生的各种废旧金属、废旧轮胎、废旧塑料、废纸、废玻璃、废油、废旧家用电器、废旧电脑及其他废电子产品和办公设备；

31. 利用废家用电器、废电脑及其他废电子产品、废旧电子元器件提取的金属（包括稀贵金属）非金属和生产的产品；

32. 利用废电池提取的有色（稀贵）金属和生产的产品；

33. 利用废旧有色金属、废马口铁、废感光材料、废灯泡（管）加工或提炼的有色（稀贵）金属和生产的产品；

34. 利用废棉、废棉布、废棉纱、废毛、废丝、废麻、废化纤、废旧聚酯瓶和纺织厂、服装厂边角料生产的造纸原料、纤微纱及织物、无纺布、毡、黏合剂、再生聚酯产品；

35. 利用废轮胎等废橡胶生产的胶粉、再生胶、改性沥青、轮胎、炭黑、钢丝、防水材料、橡胶密封圈，以及代木产品；

36. 利用废塑料生产的塑料制品、建材产品、装饰材料、保温隔热材料；

37. 利用废玻璃、废玻璃纤维生产的玻璃和玻璃制品以及复合材料；

38. 利用废纸、废包装物、废木制品生产的各种纸及纸制品、包装箱、建材产品；

39. 利用杂骨、皮边角料、毛发、人尿等生产的骨粉、骨油、骨胶、明胶、胶囊、磷酸钙及蛋白饲料、氨基酸、再生革、生物化学制品；

40. 旧轮胎翻新和综合利用产品。

四、综合利用农林水产废弃物及其他废弃资源生产的产品

41. 利用林区三剩物、次小薪材、竹类剩余物、农作物秸秆及壳皮（包括粮食作物秸秆、农业经济作物秸秆、粮食壳皮、玉米芯）生产的木材纤维板（包括中高密度纤维板）、活性炭、刨花板、胶合板、细木工板、环保餐具、饲料、酵母、肥料、木糖、木糖醇、糠醛、糠醇、呋喃、四氢呋喃、呋喃树脂、聚四氢呋喃、建材产品；

42. 利用地热、农林废弃物生产的电力、热力；

43. 利用海洋与水产产品加工废弃物生产的饲料、甲壳质、甲壳素、甲壳胺、保健品、海藻精、海藻酸钠、农药、肥料及其副产品；

44. 利用刨花、锯末、农作物剩余物、制糖废渣、粉煤灰、冶炼废矿渣、盐化工废液（氯化镁）等原料生产的建材产品；

45. 利用海水、苦咸水产生的生产和生活用水；

46. 利用废动、植物油，生产生物柴油及特种油料。

附：《目录》名词解释

为减少重复，特将《目录》中多次出现的名词解释如下：

*1 建材产品：包括水泥、水泥添加剂、水泥速凝剂、砖、加气混凝土、砌块、陶粒、墙板、管材、混凝土、砂浆、道路井盖、路面砖、道路护栏、马路砖及护坡砖、防火材料、保温和耐火材料、轻质新型建材、复合材料、装饰材料、矿（岩）棉以及混凝土外加剂等化学建材产品。

*2 冶炼废渣：包括转炉渣、电炉渣、铁合金炉渣、氧化铝赤泥、有色金属灰渣，不包括高炉水渣。

*3 化工废渣：包括硫铁矿渣、硫铁矿煅烧渣、硫酸渣、硫石膏、磷石膏、磷矿煅烧渣、含氰废渣、电石渣、磷肥渣、硫磺渣、碱渣、含钡废渣、铬渣、盐泥、总溶剂渣、黄磷渣、柠檬酸渣、制糖废渣、脱硫石膏、氟石膏、废石膏模。

参 考 文 献

[1] Hyun Jeung Ko, Gerald W Evans. *A genetic algorithm – based heuristic for the dynamic integrated forward/reverse logistics network for 3PLs* [J]. Computers & Operations Research, 2007, 34 (2): 346 – 366.

[2] Mortiz Fleischmann, Hans Ronald Krikke, Rommert Dekker, Simme Douwe P Flapper. *A characterization of logistics networks for product recovery* [J]. Omega, 2000, 28 (6): 653 – 666.

[3] Moritz Fleischmann, Jo A E E van Nunen, Ben Grave. *Integrating closed – loop supply chains and spare – parts management at IBM* [J]. Interfaces, 2003, 33 (6): 44 – 56.

[4] Moritz Fleischmann, Jacqueline M, et al. *Quantitative model for reverse logistics: a review* [J]. European Journal of Operational Research, 1997 (103): 1 – 17.

[5] Rommert Dekker, Mortiz Fleischmann, Karl Inderfurth. *Reverse logistics: quantitative models for closed – loop supply chains* [M]. Berlin: Springer, 2004.

[6] Scott Webster, Supriya Mitra. *Competitive strategy in remanufacturing and the impact of take – back laws* [J]. Journal of Operations Management, 2007, 5 (6): 1123 – 1140.

[7] Supriya matra, scott webster. *Competition in remanufacturing and the effects of government subsidies* [J]. International journal of production economics, 2008, 111 (2): 287 – 298.

[8] V Jayaraman1, VDR Guide Jr, R Srivastava. *A closed – loop logistics model for remanufacturing* [J]. The Journal of the Operational Research Society, 1999, 50 (5): 497 – 508.

[9] Savaskan R. Canan, Shantanu Bhattacharya, Luk N. Van Wassenhove. *Closed – loop supply chain models with product remanufacturing* [J]. Management Science, 2004, 50 (2): 239 – 252.

[10] Joaquín Bautista, Jordi Pereira. *Modeling the problem of locating collection areas for urban waste management: an application to the metropolitan area of Barcelona* [J]. Omega, 2006, 34: 617 – 629.

[11] Hokey Min, Hyun Jeung Ko, Chang Seong Ko. *A genetic algorithm approach to developing the multi – echelon reverse logistics network for product returns* [J]. Omega, 2006, 34: 56 – 69.

[12] Carol Prahinski, Canan Kocabasoglu. *Empirical research opportunities in reverse supply chains* [J]. Omega, 2006, 34: 519 – 532.

[13] Li – hsing Shih. *Reverse logistics system planning for recycling electrical appliances and computers in Taiwan* [J]. Resources, Conservation and Recycling, 2001, 32: 55 – 72.

[14] Ovidiu Listes, Rommert Dekker. *A stochastic approach to a case study for product recovery network design* [J]. European Journal of Operational Research, 2005, 160: 268 – 287.

[15] Barros AI, Dekker R, Scholten V. *A two – level network for recycling sand: a case study* [J]. European Journal of Operational Research, 1998, 110: 199 – 214.

[16] Real. MJ, Ammons JC, Newton D. *Carpet recycling: determining the reverse production system design* [J]. The Journal of Polymer – Plastics Technology and Engineering. 1999, 38 (3): 547 – 567.

[17] Kroon L, Vrijens G. *Returnable containers: an example of reverse logistics* [J]. International Journal of Physical Distribution & Logistics Management, 1995, 25 (2): 56 – 68.

[18] Marin A, Pelegrin B. *The return plant location problem: modeling and resolution* [J]. European Journal of Operational Research, 1998, 104 (2): 375 – 392.

[19] Peirce, J. J., Davidson, G. M. *Linear programming in hazardous waste management* [J]. Journal of Environmental Engineering, 1982, 108 (5): 1014 – 1026.

[20] Jennings, A. A., Scholar, R. L. *Hazardous waste disposal network analysis* [J]. Journal of the Environmental Engineering, 1984, 110 (2): 325 – 342.

[21] Zografos, K. G., Samara, S. S. A. *Combined location – routing model for hazardous waste transportation and disposal* [J]. Transportation Research Record, 1990, 1245: 52 – 59.

[22] Vaidyanathan Jayaraman, Raymond A. Patterson, Erik Rolland. *The design of reverse distribution networks: Models and solution procedures* [J]. European Journal of Operational Research, 2003, 150: 128 – 149.

[23] Nema, A. K., Gupta, S. K. *Optimization of regional hazardous waste management systems: an improved formulation* [J]. Waste Management, 1999, 19: 441 – 451.

[24] 中华人民共和国质量监督检验检疫总局. 中华人民共和国国家标准 物流术语 (GB/T 18354—2006). 2007. 5.

[25] 夏绪辉, 刘飞. 逆向供应链物流的内涵及研究发展趋势 [J]. 机械工程学报, 2005, 41 (4): 103 – 109.

[26] 储洪胜, 宋士吉. 反向物流及制造技术的研究现状和发展趋势 [J]. 计算机集成制造系统, 2004, 10 (1): 10 – 14, 64.

[27] 达庆利, 黄祖庆, 张钦. 逆向物流系统结构研究的现状及展望 [J]. 中国管理科学, 2004, 12 (1): 131 – 138.

[28] 孙林岩, 王蓓. 逆向物流的研究现状和发展趋势 [J]. 中国机械工程, 2005, 16 (10): 928 – 934.

[29] 吴刚, 陈兰芳, 晏启鹏. 基于生产者延伸责任的逆向供应链运作机制研究综述 [J]. 计算机集成制造系统, 2007, 13 (7): 1395 – 1400.

[30] 黄得春, 许长新. 公益性投资项目后评价方法研究 [J]. 河海大学学报 (自然科学版), 2004, 32 (6): 712 – 715.

[31] 姜增伟. 商务部姜增伟副部长在再生资源回收体系建设工作会议上的讲话 [EB/OL]. http://www.bj3r.com/Front/2006 – 08 – 08.html.

[32] 李帮义, 姚恩瑜. 最短路问题的字典序多目标算法 [J]. 系统工程, 1999, 17 (5): 23 – 24, 80.

[33] 胡刚, 陈峻, 王炜. 基于层次分析法和多指标决策的物流园区建设序列研究 [J]. 公路交通科技, 2003, 20 (2): 157 – 160, 164.

[34] 张永, 李旭宏, 毛海军. 物流园区建设序列的多阶段多指标决策模型 [J]. 公路交通科技, 2005, 22 (90): 155 – 158.

[35] 张永, 李旭宏, 毛海军. 基于熵权和理想解法的物流中心建设序列决策模型 [J]. 东南大学学报 (自然科学版), 2005, 35 (6): 967 – 971.

[36] 刘清君. 公路网规划现实思考与新思路 [J]. 交通运输工程学报, 2004, 4 (2): 71 – 75.

[37] 沈祖志, 余福茂. 基于适度递阶控制的物流系统规划研究 [J], 中国公路学报, 2003, 16 (2): 120 – 122, 126.

[38] 许国志. 系统科学 [M]. 上海: 上海科技教育出版社, 2000.

[39] 芪汪. 回收波音飞机 [J]. 羊城晚报, 2010, 10.

[40] 范江华. 企业逆向物流运作方式研究 [D]. 上海: 上海海事大学, 2004.

[41] 谢黎黎. 企业逆向物流运作模式与决策研究 [D]. 大连: 大连理工大学, 2006.

[42] 余利娥. 基于电子商务的逆向物流研究 [D]. 武汉: 武汉科技大学, 2007.

[43] 孙宜南. 零售业逆向物流系统研究 [D]. 合肥: 合肥工业大学, 2006.

[44] 张丽娜. 我国连锁零售企业逆向物流管理问题及对策研究 [D]. 广州: 暨南大学, 2007.

[45] 李许峰. 制造业逆向物流模式选择方法研究 [D]. 长沙: 长沙理工大学, 2007.

[46] 游金松. 废旧产品再制造逆向物流管理策略研究 [D]. 武汉: 武汉理工大学, 2007.

[47] 钱海琴. 面向电子废弃物的逆向物流网络优化研究 [D]. 南京: 南京理工大学, 2007.

[48] 孙明贵. 回收物流管理 [M]. 北京: 中国社会科学出版社, 2005.

[49] 曹文琴, 胥兵. 基于核心制造企业的供应链整合研究 [J]. 商讯商业经济文荟, 2005 (6).

[50] 张继承,李华友,冯慧娟. 国内外再生资源回收市场的比较 [J]. 环境与可持续发展, 2008 (2).

[51] 龚英. 循环经济下的回收物流 [M]. 北京：中国物资出版社, 2007.

[52] 马凯. 加快增长方式转变是十分紧迫的任务 [J]. 当代经济, 2007 (4)：4-5.

[53] 黄益平. 经济繁荣的环境成本 [J]. 财经, 2007 (6)：27-30.

[54] 申曙光. 生态文明及其理论与现实基础 [J]. 北京大学学报（哲学社会科学版），1994 (3)：31-37.

[55] 潘岳. 论社会主义生态文明 [J]. 绿叶, 2006 (10)：10-18.

[56] 冯之浚,刘燕华,周长益. 我国循环经济生态工业园发展模式研究 [J]. 中国软科学, 2008 (4)：1-10.

[57] 黄贯虹. 系统工程方法与应用 [M]. 广州：暨南大学出版社, 2005.

[58] 葛晓梅,王京芳,孙万佛. 基于生命周期的产品环境成本分析模型研究 [J]. 环境科学与技术, 2006, (5).

[59] 闫启平. 2007 年我国废钢铁供需预测及近策远略 [J]. 冶金管理, 2005 (3)：11-13.

[60] 王永生. 有政策讲规范重技术——国外矿山地质环境治理集粹 [J]. 国土资源, 2007 (1)：60-61.

[61] 庾晋,白杉. 废旧轮胎回收利用现状和利用途径 [J]. 化工技术与开发, 2003 (4)：43-49.

[62] 马永欢. 周立华. 我国循环经济的梯度推进战略与区域发展模式 [J]. 中国软科学, 2008 (2)：82-88.

[63] 甘永辉,甘卫华,宋庆泽. 基于逆向物流管理的恢复链分析 [J]. 南昌大学学报（人文社科版), 2004 (6).

[64] 甘卫华,尹春建,曹文琴. 现代物流基础 [M]. 2 版. 北京：电子工业出版社, 2010.

[65] 魏杰,李军. 生产商延伸责任制下逆向物流回收模式研究 [J]. 科技进步与对策, 2005, (6)：143-145.

[66] 胡鞍钢. 构建中国国民幸福指数 [EB/OL]. http：//www. chinadialogue. net/article/show/single/ch/4130/2011-02-24. html.

[67] 王志浩. 中国的"浅绿"GDP [EB/OL]. http：//www. chinadialogue. net/author/show/115-Stephen-Green/2006-12-24. html.

[68] 中国物品编码中心. 条码技术与应用 [M]. 北京：清华大学出版社, 2003.

[69] 电子监管简介 [EB/OL]. http：//www. 95001111. com/websiteserv/web/com/lw_content1. jsp/2011-04-24. html.

[70] 中国再制造行业网（http：//www. chinarem. org）.

[71] 锦程物流网（http：//www. jctrans. com）.

[72] 世界经理网（http：//www. ceocio. com. cn）.

[73] 中国包装网（http：//www. pack. cn）.

[74] 中国物流传播网（http：//www. china56cb. com. cn）.

[75] MBA 智库百科（http：//wiki. mbalib. com）.

[76] 中国汽车召回网（http：//www. qiche365. org. cn）.

[77] 中国再生资源网（http：//www. ziyuan365. cn）.

21世纪全国高等院校物流专业创新型应用人才培养规划教材

序号	书 名	书 号	编著者	定价	序号	书 名	书 号	编著者	定价
1	物流工程	7-301-15045-0	林丽华	30.00	39	物流项目管理	7-301-20851-9	王道平	30.00
2	现代物流决策技术	7-301-15868-5	王道平	30.00	40	供应链管理	7-301-20901-1	王道平	35.00
3	物流管理信息系统	7-301-16564-5	杜彦华	33.00	41	现代仓储管理与实务	7-301-21043-7	周兴建	45.00
4	物流信息管理(第2版)	7-301-25632-9	王汉新	49.00	42	物流学概论	7-301-21098-7	李 创	44.00
5	现代物流学	7-301-16662-8	吴 健	42.00	43	航空物流管理	7-301-21118-2	刘元洪	32.00
6	物流英语	7-301-16807-3	阚功俭	28.00	44	物流管理实验教程	7-301-21094-9	李晓龙	25.00
7	第三方物流	7-301-16663-5	张旭辉	35.00	45	物流系统仿真案例	7-301-21072-7	赵 宁	25.00
8	物流运作管理(第2版)	7-301-26271-9	董千里	38.00	46	物流与供应链金融	7-301-21135-9	李向文	30.00
9	采购管理与库存控制	7-301-16921-6	张 浩	30.00	47	物流信息系统	7-301-20989-9	王道平	28.00
10	物流管理基础	7-301-16906-3	李蔚田	36.00	48	物料学	7-301-17476-0	肖生苓	44.00
11	供应链管理(第2版)	7-301-27313-5	曹翠珍	49.00	49	智能物流	7-301-22036-8	李蔚田	45.00
12	物流技术装备(第2版)	7-301-27423-1	于 英	49.00	50	物流项目管理	7-301-21676-7	张旭辉	38.00
13	现代物流信息技术(第2版)	7-301-23848-6	王道平	35.00	51	新物流概论	7-301-22114-3	李向文	34.00
14	现代物流仿真技术	7-301-17571-2	王道平	34.00	52	物流决策技术	7-301-21965-2	王道平	38.00
15	物流信息系统应用实例教程	7-301-17581-1	徐 琪	32.00	53	物流系统优化建模与求解	7-301-22115-0	李向文	32.00
16	物流项目招投标管理	7-301-17615-3	孟祥茹	30.00	54	集装箱运输实务	7-301-16644-4	孙家庆	34.00
17	物流运筹学实用教程	7-301-17610-8	赵丽君	33.00	55	库存管理	7-301-22389-5	张旭凤	25.00
18	现代物流基础	7-301-17611-5	王 侃	37.00	56	运输组织学	7-301-22744-2	王小霞	30.00
19	现代企业物流管理实用教程	7-301-17612-2	乔志强	40.00	57	物流金融	7-301-22699-5	李蔚田	39.00
20	现代物流管理学	7-301-17672-6	丁小龙	42.00	58	物流系统集成技术	7-301-22800-5	杜彦华	40.00
21	物流运筹学(第2版)	7-301-28110-9	郝 海	45.00	59	商品学	7-301-23067-1	王海刚	30.00
22	供应链库存管理与控制	7-301-17929-1	王道平	28.00	60	项目采购管理	7-301-23100-5	杨 丽	38.00
23	物流信息系统	7-301-18500-1	修桂华	32.00	61	电子商务与现代物流	7-301-23356-6	吴 健	48.00
24	城市物流	7-301-18523-0	张 潜	24.00	62	国际海上运输	7-301-23486-0	张良卫	45.00
25	营销物流管理	7-301-18658-9	李学工	45.00	63	物流配送中心规划与设计	7-301-23847-9	孔继利	49.00
26	物流信息技术概论	7-301-18670-1	张 磊	28.00	64	运输组织学	7-301-23885-1	孟祥茹	48.00
27	物流配送中心运作管理	7-301-18671-8	陈 虎	40.00	65	物流管理	7-301-22161-7	张佥举	49.00
28	物流项目管理(第2版)	7-301-26219-1	周晓晔	40.00	66	物流案例分析	7-301-24757-0	吴 群	29.00
29	物流工程与管理	7-301-18960-3	高举红	39.00	67	现代物流管理	7-301-24627-6	王道平	36.00
30	交通运输工程学	7-301-19405-8	于 英	43.00	68	配送管理	7-301-24848-5	傅莉萍	48.00
31	国际物流管理	7-301-19431-7	柴庆春	40.00	69	物流管理信息系统	7-301-24940-6	傅莉萍	40.00
32	商品检验与质量认证	7-301-10563-4	陈红丽	32.00	70	采购管理	7-301-25207-9	傅莉萍	46.00
33	供应链管理	7-301-19734-9	刘永胜	49.00	71	现代物流管理概论	7-301-25364-9	赵跃华	43.00
34	逆向物流	7-301-19809-4	甘卫华	33.00	72	物联网基础与应用	7-301-25395-3	杨 扬	36.00
35	供应链设计理论与方法	7-301-20018-6	王道平	32.00	73	仓储管理	7-301-25760-9	赵小柠	40.00
36	物流管理概论	7-301-20095-7	李传荣	44.00	74	采购供应管理	7-301-26924-4	沈小静	35.00
37	供应链管理	7-301-20094-0	高举红	38.00	75	供应链管理	7-301-27144-5	陈建岭	45.00
38	企业物流管理	7-301-20818-2	孔继利	45.00	76	物流质量管理	7-301-27068-4	钮建伟	42.00

如您需要浏览更多专业教材，请扫下面的二维码，关注北京大学出版社第六事业部官方微信(微信号：pup6book)，随时查询专业教材、浏览教材目录、内容简介等信息，并可在线申请纸质样书用于教学。

感谢您使用我们的教材，欢迎您随时与我们联系，我们将及时做好全方位的服务。联系方式：010-62750667，63940984@qq.com，pup_6@163.com，lihu80@163.com，欢迎来电来信。客户服务QQ号：1292552107，欢迎随时咨询。